CICIR 中国现代国际关系研究院
CHINA INSTITUTES OF CONTEMPORARY INTERNATIONAL RELATIONS

ROOTS OF EXTREMISM IN MUSLIM HISTORY

# 穆斯林与激进主义

方金英·著

时事出版社
北京

# 目　录

序一　正本清源，润物无声 …………………………………（1）

序二　伊斯兰教在中国的和平之路 …………………………（13）

**导论** ……………………………………………………………（24）
 一、致读者：为什么要撰写这部《穆斯林与激进主义》
  专著 …………………………………………………（24）
 二、激进主义概念界定 ………………………………（27）
 三、内容提要 …………………………………………（29）

**第一章　穆斯林世界兴衰史的思考** …………………………（30）
 一、穆斯林世界的兴盛时期及其特征 ………………（30）
 二、穆斯林世界的衰弱岁月及其特征 ………………（37）
 三、穆斯林世界由盛转衰的思考 ……………………（40）

**第二章　当今穆斯林激进圈盛行的关键概念** ………………（51）
 一、"认主独一" ………………………………………（51）
 二、"乌玛"及哈里发国家 ……………………………（55）
 三、伊斯兰"圣战" ……………………………………（58）
 四、"沙里亚法" ………………………………………（70）
 五、"萨拉菲派" ………………………………………（71）
 六、"卡菲尔"及"塔克菲尔" ………………………（80）
 七、"迁徙"及"伊吉拉特" …………………………（88）

## 第三章　穆斯林思想史上激进理论家和践行家 …… （111）
- 一、9世纪罕百里教法学派鼻祖伊本·罕百里 …… （112）
- 二、14世纪罕百里教法学派传承人伊本·泰米叶 …… （116）
- 三、18世纪瓦哈比派创始人瓦哈布 …… （127）
- 四、"伊斯兰促进会"创始人毛杜迪 …… （135）
- 五、埃及穆斯林兄弟会精神领袖库特卜 …… （147）
- 六、"全球圣战"始作俑者阿扎姆 …… （154）
- 七、埃及"伊斯兰圣战"创始人法拉叶 …… （159）
- 八、"基地"组织创始人本·拉登 …… （164）
- 九、"基地"组织精神领袖拉赫曼 …… （184）
- 十、"独狼"理论集大成者塞特马里阿姆 …… （188）
- 十一、"伊斯兰国"头目巴格达迪 …… （201）

## 第四章　穆斯林演进史中的激进运动 …… （208）
- 一、7—9世纪哈瓦利吉派 …… （208）
- 二、10世纪罕百里教法学派 …… （212）
- 三、12—13世纪伊斯玛仪派分支尼扎里耶派 …… （213）
- 四、18世纪瓦哈比运动 …… （221）
- 五、1979年至今的"全球圣战主义" …… （223）

## 第五章　21世纪穆斯林激进势力发展趋势 …… （252）
- 一、激进势力在全球不断坐大 …… （253）
- 二、暴恐乱象实质 …… （282）
- 三、未来展望 …… （289）

## 第六章　从"基地"组织到"伊斯兰国" …… （307）
- 一、"基地"组织领衔全球化时代的恐怖性
  不对称战争 …… （307）
- 二、"伊斯兰国"诞生宣告第三次国际"圣战"

浪潮的到来 ……………………………………………（359）

**结语** …………………………………………………………（403）
　　一、主流伊斯兰是温和的，对激进势力发展
　　　　有强大制约力 ………………………………（403）
　　二、激进势力目前尚未强大到足以改变世界格局的
　　　　地步 …………………………………………（411）
　　三、面对暴恐乱象，我们怎么办 …………………（413）

**后记** …………………………………………………………（419）

# 序一　正本清源，润物无声

回望历史，伊斯兰文明之发展、帝国的改朝换代、国力之盛衰起伏、疆域版图变化、民族荣枯等发生于"绿土地"的"伊斯兰故事"，呈现了1400多年来伊斯兰世界的教情、国情、世情、社情、民情；记录了穆斯林祖祖辈辈的命运辗转。但无论历史发展如何沧海桑田，本质上都离不开教与政、教与人、教与教、人与人之关系。

## 一、黄金岁月，光影交织

人类文明星河浩瀚，色彩缤纷：希腊文明、印度文明、中国文明、伊斯兰文明——"赤橙黄绿青蓝紫，谁持彩练当空舞？"光阴远去，岁月无声，把目光投向历史深处，可以说，中世纪人类文明虽说是各大文明"各美其美"，交相辉映，但文明高峰，当属灿烂辉煌、极富魅力的伊斯兰文明。

伊斯兰文明之高峰，亦是中世纪人类文明发展的最高点。它一度超越了本质上地方属性的其他文明：既容纳了各种古文明的精华，也丰富了东方、西方文明，呈现几大文明美人之美、我亦美之、美美与共的包容和开放。人类文明长河，正是得益于文明形态的多样性和多元化，才构成和谐发展的主旋律。

中华文明与伊斯兰文明共同蕴含和而不同、求同存异、和合交融的精神内核。几大文明相传至今，应该高度觉察文明对话、交往之价值，并建立文明对话、荣辱与共的价值自觉，走向"美美与共，天下大同"。

伊斯兰文明盛衰起落，绵延流传，1400多年，如大江东去，浩浩荡荡，浪淘尽、千古风流人物。其发展有过蒸蒸日上的黄金岁月：公元632年至10世纪，弹指一挥间，大漠腹地的阿拉伯人南征北战、金戈铁马、剑影之下、河山换颜，一个信仰伊斯兰教的阿拉伯帝国崛起于全球战略地平线。帝国兵精粮足，进如风雨：东向深入亚洲腹地，兵锋远及印度及中国西域，西沿地中海直抵大西洋，南部锋线伸向黑非洲，北部进入欧洲白人统治的战略要冲，在西罗马帝国与萨珊王朝的废墟上，建立起政治与行政架构。

阿拉伯帝国全面出击，东西合围，攻城略地，迅疾膨胀为地跨欧亚、欧非的大帝国。当代伊斯兰世界的基本地域仍然不出帝国时期的版图：57个国家（其中22个属阿拉伯国家），人口十几亿，占地3200万平方千米。伊斯兰教也由阿拉伯民族宗教升华为世界宗教。伊斯兰帝国崛起，重塑了当时的世界战略格局，与远东地区的唐朝、西欧的东罗马帝国（即拜占庭帝国）形成鼎立态势：崛起与守成三大力量围绕欧亚大陆展开战略大博弈。

回顾黄金岁月，其辉煌期长达500年：前30年由艾布·伯克尔、欧麦尔、奥斯曼、阿里四朝哈里发主政。哈里发武功赫赫、彪炳史册，完成了由麦地那公社向世界帝国的跃升。随后90年由贵族穆阿维叶建立了尊奉逊尼派的伍麦叶王朝。之后阿巴斯王朝取代伍麦叶王朝，建国大业的主体民族则被波斯人取代。

三百年河东，三百年河西。帝国国运未能跳出新桃换旧符的圈圈。此后千年，国运起伏，朝代绵延，阿巴斯王朝日薄西山之际，草原民族西来，骁勇善战的塞尔柱突厥人攻克伊拉克，"挟天子令诸侯，此诚不可与争锋。"塞尔柱王朝凭借坚甲利兵、高城深池，又存续了上百年。公元1258年，蒙古铁骑攻陷巴格达，诛杀末代哈里发，阿巴斯王朝消失于历史烟尘。

蒙古称雄的几个世纪里，突厥人为主体民族的奥斯曼帝国崛起，多年征战、威加四海：于1453年攻占君士坦丁堡，然后兵锋东向，占领小亚细亚和巴尔干半岛；1536年征服阿拉伯半岛，至此，帝国版图横跨欧亚非三大洲。文犹可长用，武难久行。只识弯弓射雕的奥斯曼帝国从18世纪开始衰落，直至1924年灭亡并诞生世界上第一个世俗伊斯兰国家土耳其。

青山看景知高下，流水闻声觉浅深。伊斯兰教绵延 1400 多年，一方面显现了阿巴斯、奥斯曼两大帝国筚路蓝缕，以启山林之辉煌；另一方面，也暴露出帝国内部同根相煎，内战内行、空耗资源的败象。数代王朝低吟绝唱，给世界留下具有帝国烙印的遗产："泛伊斯兰主义""伊斯兰复兴运动"，以及"圣战""迁徙""乌玛"、哈里发等令人深思、又常被误解的概念。

## 二、复兴运动，治国寻路

绵延千余年的伊斯兰教并非朝朝鼎盛，代代繁华。每当伊斯兰世界常态性地为内外矛盾所困：国运式微、外敌环伺、道德沦丧、信仰动摇、吏治腐败，苦无出路的穆斯林精英，便孜孜不倦地在历史与现实链接中寻求治国、复兴、强盛的方略。立志欲坚不欲锐，成功在久不在速。18 世纪以来，发轫并活跃于世界各地的伊斯兰复兴运动高潮迭起，应该从这一历史大背景中寻找起因。

纵览伊斯兰复兴运动的历史天空，从中世纪到近现代，这股社会思潮的兴盛，都有时势造英雄，英雄造时势的因果关系；一批复兴运动"先驱"和"理论家"应运而生。我国古代名言曰："文变染乎世情，兴废系乎时序"，应该也是讲社会发展、时代变迁与理论的关系吧。

在中国权威专家看来，"所谓伊斯兰复兴，其含义主要指'复兴'伊斯兰教的思想活力、社会活力和政治活力，并借此来解决当代穆斯林在社会发展进程中所遇到的各种困难、问题和危机。"[①]"伊斯兰复兴主义的最高纲领，就是要振兴伊斯兰教兴盛时期的精神，恢复原创的宗教模式。"[②]

伊斯兰复兴运动如火如荼，"平等"与"公正"是一面旗帜。宗

---

[①] 吴云贵：《当代伊斯兰教法》，中国社会科学出版社，2003 年 3 月版，第 2 页。
[②] 钱学文：《中东恐怖主义研究》，时事出版社，2013 年 7 月版，第 221 页。

教一旦被当作一种手段、一面旗帜、一个阵地、一支力量，进而与王权、法律、政党、文化相结合，势将产生巨大影响。特别是20世纪70年代以来，伊斯兰复兴以新的装束和武器，强调伊斯兰思想在化育人心、凝聚精神方面的作用，倡导以"清""真""正"来净化伊斯兰内部，抵御西方化和世俗化。简言之，"复兴"的最终目标，在于建设伊斯兰教统领的新社会和新国家，包括新政治、新经济、新文化。

主义之旗帜立起来后，伊斯兰复兴党派和组织如雨后春笋，聚集在复兴旗帜之下。精神上，也由被动转入主动，把伊斯兰教作为政治斗争武器，摆开阵势展开进攻。从18世纪的瓦哈比运动到20世纪30年代的穆斯林兄弟会运动，复兴运动高潮迭起，直至20世纪70年代，已由自发性发展成组织化、跨国化。特别是1979年伊朗伊斯兰革命的成功，推高了用伊斯兰教法为建国之基、施政之钥的追求。

党外有党，党内有派，历来如此。中东地区的伊斯兰复兴思潮和运动，基本上可划分为保守派、温和派、激进派。三派的根本分歧在于选择什么手段或方式实现宏大的复兴目标。换言之，举什么旗？走什么路？成为划分保守、温和与激进的准绳。

从保守派的定性看，瓦哈比派、"萨拉菲派"属这一营垒。这些教派在宗教实践上鼓动改变世俗化宗教形态，严格按《古兰经》和圣训内容规范个人社会行为，倡导"回到先知和圣门弟子时代生活"的观念：女性在公共场所戴面纱；强调年轻男性蓄胡须，全社会严格戒烟禁酒，提倡简朴生活。当然，婚丧习俗的改变、礼拜次数多寡等绝不能视为极端主义。

传统的"萨拉菲派"（在中国称"赛莱菲耶"）虽然迄今在宗教上未见"走极端"苗头，但于世俗化国家政权而言，保守派推动的"七世纪生活"方式，实质是以宗教势力挑战世俗社会的法律和公共秩序，放任不管，势将形成"教权大于政权"的格局，侵犯公民权利。2014年3月7日，沙特阿拉伯内政部声明，将埃及穆斯林兄弟会等组织列入恐怖组织黑名单，并要求在国外参与"圣战"的沙特公民回国自首。此举表明国家利益远远大于同一宗教利益，奉行瓦哈比派教义的沙特阿拉伯也认为本国受到极端主义威胁。①

从温和派的定性看，该派认为伊斯兰教法的复兴应循序渐进，以和平、非暴力方式进行；主张"尊重政府，话题仅限于社会伦理规范领域，不涉及政治问题"。可见，该派对政教关系分野也是清楚的，即"井水不犯河水"。全世界伊斯兰复兴运动组织林林总总，大多数采取温和、合法方式，如土耳其的复兴主义政党"繁荣党"。

那么，什么是激进派呢？我一直在咀嚼激进派的内涵，包括其衍生的相关概念：激进主义、激进思想、激进宗教学校、激进宗教分子、激进宣传等等。

从对激进派的定性看，中国学者的一些观点，启智明理，令人顿悟。权威专家指出，20世纪80年代中国学术研究"所划定的激进派，即是今天所讲的'宗教极端主义'"；"所谓激进派，是指那些无视国家法律，鼓吹诉诸暴力恐怖活动，具有极端倾向的伊斯兰教派别组织。"② 另一种权威说法是，"坚持极端主义的恐怖分子都属于激进派。"③ 基于这两种权威观点，笔者以为，穆斯林激进派与宗教极端主义是可以划等号的。

之所以称其为激进派，可以肯定，关乎旗帜与道路的问题，它与保守、温和派定是"两股道上跑的车，走的不是一条路"。激进派主张建立非法武装、策动武装夺权、输出革命理论、采取暴力恐怖、发动世界"圣战"、恢复帝国版图，最终建立哈里发国家等等。

任何社会思潮的激进化，都有一个从量变到质变的渐进过程。"萨拉菲主义"于20世纪80年代进入我国新疆南部时，并不主张搞暴力破坏，但后经阿富汗、巴基斯坦经文学校激进主义改造，主张通过暴力和恐怖活动建立伊斯兰政权。这和该派最初倡导自我修行的宗教实践理念有云泥之别。

---

① 引自吐尔文江·吐尔逊："南疆原教旨主义思潮调查笔记"，《中国新闻周刊》，2014年第19期。

② 吴云贵：《当代伊斯兰教法》，中国社会科学出版社，2003年3月版，第373页。

③ 钱学文：《中东恐怖主义研究》，时事出版社，2013年7月版，第3页。

此外，埃及的"定叛与迁徙"组织①（即"伊吉拉特"），阿尔及利亚的"伊斯兰拯救阵线"，叙利亚的"胜利阵线"，南亚的"哈卡尼网络""突厥斯坦伊斯兰党""真主军""圣战者运动""简格维军"，中亚的"乌兹别克斯坦伊斯兰运动""哈里发战士"等等，均属于激进派。②

## 三、激进路程，刀光剑影

物有本末，事有终始。关于穆斯林激进主义的研究文章常见诸中外报刊，探寻其思想源头时，可以说，作为穆斯林激进分子的"活灵魂"——赛义德·库特卜、阿卜杜拉·阿扎姆、本·拉登、阿曼·扎瓦希里、奥马尔·阿布德勒·拉赫曼、穆斯塔法·塞特马里阿姆·纳赛尔等人死而不亡，阴魂不散。阿扎姆曾说："每项原则都需要先驱来推动，在将这一原则推进到社会的过程中，必须付出艰苦努力和巨大牺牲。没有一种意识形态不需要这样一个先驱。"

这些激进思想家对真主的箴言加以"史无前例地篡改、歪曲"，大放厥词。如对"圣战"观念的偷梁换柱、歪曲滥用；鼓吹创建"基于伊斯兰主义的新世界秩序"、复兴政教合一制度；为其成员设计了花样繁多、滥杀无辜、舍生殉教的"死亡之路"；悍然祭起恐怖主义大旗，不遗余力组建"圣战"军队，制定并完善重建哈里发的短、中、长期战略。

俗话说，知其心，然后才能肃其毒。在国际反恐大格局背景下，欲连根铲除恐患，必须了解、掌握其思想根源。在现代穆斯林激进主义发展历史中，以下人物具有里程碑式的影响。

一是首推"现代穆斯林激进主义开山宗师"——埃及穆斯林兄弟会精神领袖库特卜（2015年元月，该组织被当局定性为恐怖组织）。库特卜在20世纪60年代大肆鼓吹"伊斯兰秩序"之路必须由暴力和

---

① 参考北京大学陈嘉厚教授在其著《现代伊斯兰主义》一书中的译法。
② 钱学文：《中东恐怖主义研究》，时事出版社，2013年7月版，第273页。

鲜血铺就。库特卜的激进思想蛊惑、煽动了大批穆斯林，并成为"圣战"组织策动暴恐事件的精神"路标"。

二是号称"全球圣战之父"的阿扎姆。此人曾与本·拉登联袂建立了"基地"的意识形态理念；曾撰写《保卫穆斯林的领土》《共同前行》等书，"启发了包括本·拉登在内的许多青年人"。阿扎姆对"圣战"本质做出了极端主义的阐释："要把历史上属于穆斯林统治的领地从非穆斯林统治者的手中夺回来。"他还提出，为培养伊斯兰先锋战士，必须打造一个坚固的意识形态"基地"。

三是臭名昭著的本·拉登进一步发展了"基地"组织的意识形态理论。他宣扬泛伊斯兰团结，以取代泛阿拉伯团结，欲打造超越民族的伊斯兰"圣战""快反力量"——号称"基地"的"全球恐怖主义阵线"。此举堪称穆斯林激进主义的一大理论突破。"基地"组织是20世纪第一支正规的、有信仰、有武装、规模最大的跨国恐怖主义组织，吸引了激进分子聚集到其黑旗之下，遂使恐怖主义变为激进分子的战略工具。

四是被誉为"基地"组织"真正大脑"及"首席战略思想家"的阿曼·扎瓦希里。他是文武全才，一生致力于"将库特卜的伊斯兰暴力革命理论付诸行动"。他还是秘密恐怖行动老手，从埃及到巴基斯坦，再转战阿富汗、苏丹，潜入车臣，"基地"组织策动的重大恐怖活动都有其幕后黑手。

在极端思想方面，他填补了阿扎姆死后的意识形态空白，认定"'圣战'是一场没有休战的意识形态斗争"，宣称"'9·11'恐袭仅是万炮齐轰异教徒的开端"；在恐袭对象上，他首次提出，"腐败的穆斯林国家政权是变节者"，必须发动"圣战"讨伐；鼓噪"将阿拉伯国家政府视为首要袭击目标"。

五是被吹嘘为"当代穆斯林恐怖主义化身"及"基地"组织"精神领袖"的谢赫奥马尔·阿布德勒·拉赫曼。拉赫曼本乃埃及"伊斯兰组织"的精神领袖，长期辗转于埃及、沙特、苏丹、巴基斯坦、阿富汗、美国等地传播激进思想，其激进思想流毒甚至影响了阿尔及利亚、菲律宾等地的极端组织。拉赫曼鼓吹，"圣战"已成整个穆斯林民族的职责，号召反美、反以、反世俗化伊斯兰国家政权；鼓噪以血还血，不惜对平民大开杀戒，袭击民用设施，袭击飞机、船只；鼓动把斗争矛头转向以美国为首的西方及世俗化中东国家。

六是披着"激进主义新生代"及"新生代首席战略家"外衣的穆斯塔法·塞特马里阿姆·纳赛尔。他曾撰写了数千篇宣传激进意识形态及为"圣战"配套的军事学、战争学、政治学文章，出笼了"最重要的'圣战'战略研究著作"，并掌握特种作战、游击战等技能，号称"互联网时代'个体恐怖主义'首席战略理论家"。他曾"设计"了国际反恐高压态势下，恐怖组织的单元结构及游击战方式；提出了"个体圣战"理论，即将"圣战者"组成潜伏型、飞闪型、蛰伏型、原子化、独狼式个人或小组，发动麻雀战、游击战，叫嚣不惜使用大规模杀伤性武器。受其教唆，恐怖主义活动的信息化水平大幅提升。①

进入 21 世纪以来，国际社会暴恐袭击事件频发，且波及范围越来越大：从底格里斯河、幼发拉底河流域，到兴都库什山脉、萨赫勒地带，中东、北非、南亚、中亚、东南亚，直至巴尔干半岛，恐怖活动狼烟四起，多地呼应。

暴力恐怖主义是所有激进社会思潮的待选手段，这与以和平为主旨的伊斯兰教并无本质联系。相反，伊斯兰文明内在的和平精神已为越来越多的人所领悟、所接受，其推动世界和平与发展的巨大价值也为其他文明所肯定、所赞扬。

## 四、恐怖主义，祸乱清平

一从大地起风雷，便有精生白骨堆。自 2001 年"9·11"国际社会打响反恐战以来的 13 年间，国际战略格局、地缘战略环境发生了巨大变化；战略思想界或未曾预见，国际恐怖主义能量如此巨大、对国际安全搅局的时间如此之长。美国及北约联军为此打响了阿富汗和

---

① 上述关于激进思想家的撰写，引自方金英的著述。

伊拉克两场战争。

声势浩大的雷霆行动，好比砸巨石于水坑，水花四溅，渗透地下，事倍功半。2011年5月2日，停泊在阿拉伯海面的美国航母"卡尔文森"号甲板上，本·拉登血迹斑斑的遗体被缓慢滑入海中，标志着美国这场师老兵疲的反恐战争取得阶段性胜利。

遏制本·拉登的思想传播比击毙其本人更为艰难，只要激进意识形态还具有感召力，就能蛊惑越来越多的穆斯林前赴后继投身"圣战"。原因在于美国及其盟国在围剿"基地"组织时，"忽视了政治战的'盲点'"——这是所犯下的最致命战略错误。尽管美军的重磅炸弹摧毁了"基地"组织的有形结构，但其意识形态却仅受皮肉之伤。它通过全球的意识形态网络与卫星组织体系弥补了损失。

2014年6月29日，一个简称IS的组织在伊拉克宣布建立"伊斯兰国"。该"国"扬言将推动伊斯兰世界联合，建立同一宗教的多民族国家。受其蛊惑，万余人从多个国家远赴叙利亚、伊拉克，投身"圣战"。这些乌合之众"深信自己在为正统伊斯兰教的生存而战"，正在为恢复昔日哈里发帝国之辉煌而献身。

突兀而起的"伊斯兰国"乃一个对西亚北非、甚至欧亚大陆安全构成严重威胁的全球性恐怖组织。与"基地"组织等传统暴力恐怖集团所不同的是，它兼具非法军事武装、暴力恐怖组织和政府职能等特点。从其打出伪国号之后的所作所为看，它意味着准国家行为体成了恐怖活动新主体，正规作战成恐怖活动新方式。

"伊斯兰国"的目标是解放"整个伊斯兰祖国"，恢复"原生态""绿土地"——即传统伊斯兰政治理论中的"乌玛"。美国前总统小布什的中东、伊斯兰问题智囊伯纳德·路易斯说过一句话："'乌玛'在开始之时是个社团，现在成了国家；不久，将成为一个帝国。"现在看来，这位耄耋老人的预言在逐渐应验。

"伊斯兰国"军队2014年6月，连下费卢杰、摩苏尔、提克里特三城。傍险作都、扼要作塞、壤址相借、锋刃连接、驰骋大漠、呼啸而来；悍马、炮车扬起漫天沙尘、染血黑旗破空飞舞，战则羊师独前、无坚不暇，守则一夫当关、万夫难开。以美国及其盟国空中优势力量为后盾的伊拉克军队、库尔德武装与之展开殊死血战：科巴尼之役、拜伊杰之战、巴格达之争。"伊斯兰国"攻势猛烈，伊拉克军队大败亏输，因库尔德武装的殊死对抗才使战局扭转，凭借美西方的凌厉空袭暂时夺回多座城镇。

这场围绕大中东战略稳定及欧亚大陆安全展开的千年武关鏖战，呈现出大规模、高强度的武力冲突：既涉及双方指挥将领与武装集团的排兵布阵，又关乎作战计划部署与偶发事件的互动等等，一时上升为国际战略界兵棋推演与军力摆布的焦点。

而2015年伊始发生于巴黎的恐袭事件，则警示欧美心脏地带反恐防线失守，西方国家成为新一轮恐怖袭击的主要目标。同时，这股激进暴恐势力之暴涨，引发了对伊拉克安全局势的质疑，致使"石油市场出现了新变数。过去人们讨论的是价格、供给、需求和经济增长，如今却出现了新的变量"，以致国际战略、经济界开始担忧未来全球石油安全问题。

2014年9月10日，奥巴马就美国摧毁"伊斯兰国"计划发表讲话："我们无法从世界上消灭一切罪恶渊薮，一小撮杀手仍然有能力掀起滔天恶浪。'9·11'之前如此，今天依旧。我下令军队对'伊斯兰国'加以有针对性的打击；今后，将采取综合与可持续的反恐怖主义战略挫败并最终摧毁之。"对"伊斯兰国"的空袭令使奥巴马成了第四位对伊拉克进行军事干预的美国总统——1991年的老布什、1996年的克林顿以及2003年的小布什。问题在于，奥巴马之后，这场反恐战争还将打多久？

如果各国政府对恐怖威胁仅仅军事上有反应而忽视其意识形态挑战，那么"激进化"穆斯林势将前赴后继地投奔"伊斯兰国"，国际反恐战争将成为一场持久战。国际社会只有敢于挑战激进思想，在意识形态上加以反击，正本清源、揭露异端，唯此才能釜底抽薪，对恐怖组织造成毁灭性打击。2015年度以国际反恐合作为主题的"华盛顿会议"将打击矛头转向极端主义亦是基于攻心之政治考虑。

## 五、用兵之道，润物无声

美国战略大师兹比格纽·布热津斯基近期预测，"中东地区爆发激进主义。它会向巴基斯坦、阿富汗蔓延。这种情况已然出现，此后会进一步向东北、朝中国蔓延"。

中国的国家安全雷达已搜索到恐怖主义威胁的阴影："基地"组织在2014年发布的网络杂志中，将中国领土不可分割的一部分视为"被占领的穆斯林土地"。无独有偶，2014年7月，"伊斯兰国"公布的一份地图，也企图在5年内将其势力范围向中国的领土延伸。

更为直接的安全威胁，则是"东突"恐怖分子以巴基斯坦部落区为巢穴，与国际（"伊斯兰国"）和地区恐怖组织（"乌兹别克斯坦伊斯兰运动"）勾连聚合、互传伎俩、流窜作案。可见，严峻复杂的外部环境，对中国国家安全构成重大现实威胁。

同时，中东、北非、南亚、中亚等区域亦是中国"一带一路"倡议的必经之路，国际恐情威胁或冲击中国的海外利益。严重的恐情带出了任务：中国的国家安全战略既要御恐怖活动于国门之外，又要重点经营"带路"安全网。完成这两项任务的舟与桥，不外乎境外清源，境内去"邪"（即"去激进化"）。

中国尊崇和谐与中庸理念，反对任何形式的宗教极端主义，与伊斯兰世界无历史积怨，倡导发展与伊斯兰世界的经济贸易联系、文化交流和宗教对话。由于本身具有的战略能量，中国处于政治博弈前沿及文化交锋前哨。伊斯兰文化、思想研究自然上升为国家安全实力的重要部分。

知理而后可以举兵，知势而后可以加兵，知节而后可以用兵。国家安全工作需要创新对宗教极端活动的治理方式，消除滋生恐怖活动的思想基础，批驳极端分子散布的"迁徙""圣战"等邪理谬说。研究"激进"之目的即在于认清恐怖主义产生的土壤，有的放矢、射术精准、以正压邪，对极端思想、恐怖主义做出精准定位并严加打击。

青山高而望远，白云深而路遥。研究伊斯兰思想和文化是个苦活、累活。方金英研究员作为世界级智库的一员，长期受战略文化熏陶，政治成熟、治学刻苦、青灯长卷、爬梳史料、田野调查、已逾经年。书读得多了，思索就多；思索一多，忍不住动笔想写，重复的事情不停地做，就成了专家。我不研究伊斯兰问题，应邀作序，一表敬意，二为学习。

中国现代国际关系研究院原院长<br>
**陆忠伟**<br>
2015 年立春　香山麓

# 序二　伊斯兰教在中国的和平之路

伊斯兰教是当今世界拥有众多信奉者的宗教之一。伊斯兰教又是当今世界引起人们广泛关注的宗教，进入21世纪以来，世界上发生的重大事件人为地把伊斯兰教推向风口浪尖，或利用、或抹黑、或偏离，使一个和平为本的宗教，在人们的视线中逐渐看不清它原有的本质，承担着本不应承担的莫须有罪名。其中原因十分复杂，有来自穆斯林本身的，但更多的来自西方的有意为之。因此，还原伊斯兰的真精神，真正认识伊斯兰教的本质特征，是一个基本的命题。特别是伊斯兰教在中国传播发展，并被10个少数民族、2300多万穆斯林信奉的历史，从一个方面印证了伊斯兰教的和平发展之路。

## 一、伊斯兰教的和平理念

伊斯兰教是热爱和平、维护和平、一贯坚持和平发展道路的宗教。其根源来自伊斯兰教的根本大法《古兰经》以及圣训中。《古兰经》中说："信道的人们啊！你们当全体入在和平教中，不要跟随恶魔的步伐，他确是你们的明敌。"（2：208）圣训中指出："你们要为真主而互相喜爱、团结、友好，和平是伊斯兰教的光荣，分裂是伊斯兰教的耻辱。""伊斯兰"的本意就是阿拉伯语崇尚和平的意思，穆斯林之间见面时的"赛俩目"问候是和平，和平又是真主的尊名与属性，天堂里有一座天园以"和平"命名。先知穆罕默德传播的是和平的伊斯兰教理念。从宗教层面讲，伊斯兰教的本质是和平，所采取的方式和手段是和平，教人育人、口传心授的是和平，所办善功和事业的目的是和平，生命终结时理想的归宿仍然是和平的天园。中国传统文化中也主张"和为贵"，"和"是万物生成发展的必要条件。

伊斯兰教倡导和平，基于人类都是平等的，人类都是兄弟姐妹。从血缘角度看，人类的造化是真主的大能。《古兰经》中说："众人啊！我确已从一男一女创造你们，我使你们成为许多民族和宗教，以便你们相互认识。"（49：13）圣训中明确指出："你们来自阿丹（亚当），而阿丹来自泥土。"人类是一脉相承的。伊斯兰教认为，真主在大地上创造了信道的穆斯林，也创造了不信道的非穆斯林，有不同的民族和宗教信仰，信与不信，他人无权干涉。不同的民族和宗教信仰之间的彼此尊重与和谐相处，既是伊斯兰教教义的要求，也是符合当代社会的现实需要。《古兰经》对此作了精辟的说明："我确已优待阿丹的后裔……我以佳美的食物供给他们，我使他们大大地超过我所创造的许多人。"（17：70）这节经文中说明了要优待阿丹的后裔，而阿丹的后裔自然也包括了非穆斯林。

在宗教信仰上，不同宗教也有"同根同源"的历史渊源。伊斯兰教、基督教和犹太教，都是亚伯拉罕（易卜拉欣）的后裔所传的宗教，都传承"认主独一"的宗教理念，即我们平常所说的一"神"崇拜的信仰。这是真主在不同历史时期派遣不同先知使者的结果，他们也都是受过真主经典启示的有"经"之人，相互间可以通婚。从传承谱系看，伊斯兰教、基督教和犹太教的传播者，都是亚伯拉罕（易卜拉欣）的后裔：伊斯兰教的先知穆罕默德是易卜拉欣的长子伊斯玛仪（以实玛利）的后裔，犹太教和基督教的先知摩西（穆萨）和耶稣（尔萨）是易卜拉欣的次子伊斯哈格（以撒）的后裔。这些宗教之间也有和平共存的传承基础。波斯诗人萨迪在《真境花园》中说："阿丹的后裔出自同一个母体，同样的根，基于同样的素质。每当一个部位遭受压迫和疼痛，其他部位也决不会平静安宁。若不同情和关心别人的困难，他的为人很难说圆满。"伊斯兰教和其他宗教存在着和谐相处的血缘基础。

伊斯兰教倡导和平文化，反对暴力、仇恨与战争。《古兰经》中说："你们当为正义和敬畏而互助，不要为罪恶和横暴而互助。"（5：2）即使是正义的战争，穆斯林也要克制，不能滥杀无辜，祸及平民百姓。"你们当为主道而抵抗进攻你们的人，你们不要过分，因为真主必定不喜爱过分者。"（2：190）《古兰经》主张穆斯林"以最优美的态度与人对话"，而不是粗暴的手段。伊斯兰教的一位哲人苏莱曼·哈肯曾说过："和平中的一口粗茶淡饭，胜过敌对中的满屋佳肴。"伊斯兰教主张文化的多样性和彼此之间的文明对话，认为所有世界性的宗教都蕴含着普世性的伦理观，超越地域、人种和各自的信仰，所有世界性宗教都把仁爱、和平、众生平等、以善为本作为共同的价值观。2003年10月20日，伊斯兰教科文组织发表声明强调："伊斯兰是主张宽容、共存和尊重他人信仰的宗教，同时呼吁不同文明之间应该平等对话，和平相处，共同发展。"2003年，诺贝尔和平奖获得者伊朗穆斯林妇女希林·伊巴迪也主张："世界上不同的文化与宗教之间应展开对话，反对暴力行为。"在此之前的2000年，各宗教界领袖聚首"世界千年和平大会"为世界和平祈祷，证明了不同文明之间的对话有着广泛的社会基础。就伊斯兰教而言，文明对话在《古兰经》里就有明确的启示："世人原是一个民族。"（2：213）只是随着历史的变迁和社会分工而形成了不同的民族和国家，以及不同的宗教，相互间的宽容、和谐相处符合伊斯兰教的主张。历史上中国明清之际的"伊儒对话"，国际范围内的伊斯兰教和基督教的对话，均证明了不同文明之间对话的必要性和现实性。只有对话才能找到共同的语言，使我们求同存异，和而不同，才能消除误解，增进理解与和谐，才能促使人类和平相处，社会发展繁荣。伊斯兰教主张文明之间的对话，增进各民族、各宗教的目的也在于此。

尽管当今世界，一些背离伊斯兰教真精神的组织和个人，打着伊斯兰教的旗号，干着反人类的罪行；一些人也别有用心地把这笔账算在伊斯兰教的头上，从而引发人们对伊斯兰教的误解，甚至仇恨。但这些组织和个人假借伊斯兰教的名义，其所作所为已完全背离伊斯兰教原有的精神和主张，其实质是为达到政治目的所采取的绑架伊斯兰教的罪恶行径。伊斯兰教倡导人类和平的理念一以贯之，有着严格的教义教法依据，千百年来从无更改，并在人类发展的历史长河中得以体现，而恐怖行为违背这些精神和主张，非真正的信教者所为。这一点我们必须有清醒的认识和严格的区别，使玷污伊斯兰教的行径在世人面前显出真形。

## 二、和平传教的历史进程

伊斯兰教在中国传播发展的主旋律，是以和平的方式进行，特别是中国内地。伊斯兰教在中国传播发展的历史进程中，显现出与中国社会和谐相处、相融共进的鲜明特点。无论是伊斯兰教初传中国的唐宋时期，还是元明两朝以后形成的中国穆斯林社会，乃至清代至民国时期伊斯兰教与中国穆斯林社会生活紧密结合的时期，尽管所处的社会环境不同，但始终有一条主线将其贯穿起来，即伊斯兰教在中国的传播与各个历史时期的中国社会均能和谐相处。外来的伊斯兰文化与中国本土的传统文化在中国大地上相互适应，在社会生活中相互包容，展示了世界上两大文明的和平理念与和谐之道。

伊斯兰教传入中国，是以和平的方式进入。先知穆罕默德在伊斯兰教传播的早期，为鼓励穆斯林寻求友谊，增进知识，曾有"学问虽远在中国，亦当求之"的训示，表达了对中国的友好感情。当时阿拉伯人建立的大食帝国和中国的唐王朝，是世界上两个强大而又富庶文明的国家。横贯中西的"丝绸之路"和南中国海至波斯湾的海上"香料之路"，把它们密切地联系在一起。公元7世纪中后期，伴随阿拉伯、波斯等地商人的经济活动，而非传教士，把伊斯兰教带进中国。后人曾形象地评述："伊斯兰教是阿拉伯商船和骆驼运进来的。"伊斯兰教传入中国，就是这些从事商业活动的穆斯林以个人行为的方式，和平地把伊斯兰文化的种子移植于中国大地上。外来穆斯林最早是在中国的东南沿海港口城市活动和留居。他们在留居的地方，经中国政府同意，建立了具有负责政务与商务，以及宗教事务事宜，具有"政教合一"性质的蕃坊组织。这些来华的穆斯林为了保持自己的信仰和生活习俗，以家庭为单位进行着伊斯兰教育，以适应他们在中国的生活环境需要。与此同时，来华的穆斯林还在广州、泉州等地，在

## 序二 伊斯兰教在中国的和平之路

地方政府支持下，出资兴办了学习中国文化的"蕃学"，说明这些穆斯林在异国坚持自己信仰的同时，也主动与自己所处国家的主流文化相适应。而蕃学中培养的饱学之士，可以参加廷试，考取功名，为来华侨居的外来穆斯林融入中国社会提供了成功之路。唐宣宗时，大食穆斯林李彦升考中进士。唐末五代的诗人李珣是久居四川的"华化"波斯穆斯林后裔，他的诗词收入《全唐诗》中。李珣的弟弟李玹是著名的炼丹士和药物学家，妹妹李舜弦是诗人和画家。宋末元初的阿拉伯人后裔蒲寿庚，任泉州提举市舶达30年。从唐初开始至宋代结束的500年间，以经商为目的来华的穆斯林，以东南沿海各地及交通要冲为侨居地，过着集体的宗教生活，修建了清真寺。不少人在中国娶妻生子，永久定居，并学习中国文化，置产任官。这样就把伊斯兰教传播到中国，成为中国伊斯兰教的源流。而这个过程是与中国社会和平相处的过程。

元代是伊斯兰教在中国广泛传播的时期。这是由于蒙古军队的西征，相当数量的阿拉伯、波斯、中亚等地回回穆斯林被迁徙到中国，并散布于中国各地，形成"大分散，小聚居"的穆斯林聚居区。著名史学家白寿彝在《中国伊斯兰教之发展》一文中对此讲到，元代回回人"差不多完全在中国境内定居下来，认为中国就是他们的家。在这里，他们娶妻生子，置产立业。他们不能或不肯再回老家去，慢慢地变成中国人了。"元代在中国的穆斯林，不仅仅是外来穆斯林及其后裔，众多的中国人也因婚姻等原因，加入到穆斯林的队伍中。回回穆斯林上层积极参与国家政事，社会地位空前提高。有元一代，回回人在中央政府任过宰相一职的达17人，在地方政府任过平章政事（省级负责人）等要职的有32人。元代穆斯林的学者和宗教职业者，还享受过免赋、免差、免役的特殊待遇。

元代，伊斯兰教在中国历史环境中发展的产物——三掌教制形成，其宗教管理职能至今仍在我国清真寺内发挥作用。三掌教制，后人多称为伊玛目掌教制，是唐宋时期蕃坊制后，由穆斯林自行管理清真寺事务的组织。元代，还产生了我国最早的从中央到地方管理伊斯兰教事务的"回回掌教哈的所"。这种机构的形式，借鉴了伊斯兰国家的司法制度模式，职权是统辖中国境内的所有穆斯林内部事务。这标志着伊斯兰教在中国的广泛传播和穆斯林群体的壮大，同时也说明了元政府对穆斯林事务的重视。元代设立的国家最高学府——回回国子监，回回穆斯林官员子弟就可入学，主要学习中国传统文化，如"四书五经"等。通过这种学习，穆斯林对中国传统文化有了比较系统深入的了解，从而增进伊斯兰教的信奉者对中国文化的接纳和相融。元代，随着穆斯林遍及全国各地，清真寺也普遍在各地建立起来。元代的诏令、典章等文献中称清真寺为"回回寺""回回堂""礼拜寺"等，称教长为"回回掌教""回回大师"，称伊斯兰教为"回回法""回回体例"。值得注意的是，元代清真寺碑文中开始把伊斯兰教与在中国社会中占主导地位的儒家学说相联系，出现"伊儒一体"的词语，以儒家学说阐释伊斯兰教，在清真寺碑文中已非个别现象。元代伊斯兰教呈现出在中国向本土化过渡，穆斯林上层参与国家统治的特点等。

明代伊斯兰教在中国的和平进程中最显著的标志是：建立了中国伊斯兰教特殊的宗教教育体系——经堂教育和以向中国社会说明"回儒两教，道本同源"道理的"以儒诠经"活动。经堂教育是伊斯兰教育与中国传统的私塾教育相结合的产物，是一种具有中国特色的伊斯兰教育和传播伊斯兰文化知识的重要方式。其教育目的是让每个内地穆斯林从小到大都能受到伊斯兰教育，坚定信仰，遵守教义、教律，做一个合格的穆斯林。经堂教育从明代中后期开始，延续至今，用中国特色的伊斯兰教育，培养出一代代传播并实践伊斯兰信仰的经学人才，使伊斯兰教在中国，以符合中国社会的实际，培养伊斯兰本土人才的方式传承、扎根，从根本上改变了伊斯兰教传入中国后，由外来穆斯林传教的历史。内地穆斯林社会通过经堂教育的方式，使伊斯兰教逐渐走向本土化，成功解决了自身的信仰衰微，并维系巩固了中国穆斯林社会及其伊斯兰教的信仰。

"以儒诠经"的核心是用儒家学说对伊斯兰教进行本土化的诠释，其方式采用儒家学说的概念、素材，并加以融合、改造，以阐发伊斯兰教要义，其目的是赢得中国传统文化主导下的社会各阶层对伊斯兰教的了解、理解和认同，以求自身发展的和谐社会环境。"以儒诠经"在思想文化领域使以外来文化为凝聚力形成的内地穆斯林与养育之地的本土文化，在意识形态领域通过不同文化相融的形式达成了互通共识。中国穆斯林在精神世界与中国传统文化相隔离的状况得以缓解，从而促进了穆斯林与中国社会的相互了解与和谐相处。无论是经堂教育还是"以儒诠经"，都在一定程度上加速了伊斯兰教在中国走向本土化以及和平之路的进程。

清代，伊斯兰教在中国的和平之路走得有点曲折。伊斯兰教在传入中国千年后，出现了穆斯林与执政者及其地方官员，因宗教问题处置不当，引起局部的对抗，史称反清斗争。这些反清斗争，以保族保教的形式出现，各族穆斯林对地方政府和官员歧视宗教，对民族宗教问题的处置不公十分不满，因而引发在宗教旗帜下的反抗斗争。这些反抗斗争主要发生在西北、云南等回族穆斯林聚居区，并非在全国范围内。但这说明，对宗教采取什么样的政策，处置宗教问题时采取什么样的策略和方式，对宗教传播发展中出现新问题的解决至关重要。

清代，中国穆斯林人口遍布全国，伊斯兰教在中国本土化的特点愈加稳固和呈现。伊斯兰教在中国传播千年后，已具备了在本土创建伊斯兰文化与中国传统文化相结合的宗教团体的条件，受国外苏菲思想和国内宗法思想影响而形成的门宦，以其鲜明的中国伊斯兰教特色，融入本土化的宗教体系。清代，清真寺的修建在全国更为普遍，完全形成了中国特有的形制。清真寺建筑在伊斯兰风格和中国传统建筑特色相结合的基础上，各呈异彩，极大地丰富了中国古建筑的传统文化内容。这一时期，回族穆斯林学者吸收、融合、改造了儒家文化中的某些思想和概念，以阐发伊斯兰教教理和哲学，拓宽并延伸了本土化的伊斯兰哲学体系。清代的伊斯兰教，越来越多地融入中国社会，穆斯林在保持自己信仰体系的前提下，国民身份的特征愈加突出。各地穆斯林与所在地的民族和谐相处，共同推动着当地经济社会的向前发展。

从20世纪开始，中国伊斯兰教全面呈现自身发展的特点，特别是在宗教与国家关系的认识和实践上，有了前所未有的突破与发展，赋予伊斯兰教在中国的和平之路新的时代特点。1908年创办的回族穆斯林刊物《醒回篇·序言》中旗帜鲜明地表达，"人非国家不存在，非父母不生活……欲唤起回族同人，当知回教与中国之关系，发奋兴起，实力担负中国国民之责任。"《月华》《禹贡》等穆斯林兴办的刊物也纷纷阐发"我回教民众身在中国，中国即为我之国家。""要阐扬回教文化，以充实中国文化；运用信仰与力量，启发回民的知识，以充实国家民族的力量。"这是中国穆斯林思想认识上的一次升华和飞跃，成为伊斯兰教在中国和平发展中难以撼动的基石。尤其是抗日战争时期，这种爱国爱教的理念更充分地得以体现。《月华》杂志发表文章大声呼吁，"我男女教友，都应持一种勇敢奋起的精神，为爱正义、爱国家、爱宗教而从事于援救国难的工作……我伊斯兰人应及早起来挽救这大好的东亚土地，保护中华古国的荣光。"中国穆斯林尽管有着鲜明的民族个性和宗教特色，但从来没有把自己同其他各民族独立或隔离起来，更没有和祖国分离或分裂过。相反，在外敌入侵，祖国危难之时，他们总是毅然同中华各民族一道捍卫祖国的尊严和统一。这揭示了中国各族穆斯林作为中华民族大家庭中的重要成员，是在中华大地上形成并发展起来的，他们繁衍生息的这片土地，是固有的家园。伊斯兰教的信仰和提供他们延续生命的脚下土地，是他们的立身之本。爱国爱教也就自然成为中国各族穆斯林历史的积淀和走向未来的原动力，并反映出中国穆斯林从教民到国民身份主体意识完全确立的历史性跨越。

这一时期，适应伊斯兰教在中国本土化的进程及和平发展的需要，多种版本的中文通译本不断出版，使《古兰经》从宗教职业者的经屋走进广大的中国穆斯林家庭，使更多的穆斯林了解《古兰经》的精髓与和平理念，对中国穆斯林社会产生了广阔、深远的影响，并且为深层次探讨中国伊斯兰教问题提供了权威性的依据。与此同时，适应社会发展的潮流，以国家的振兴与进步、教育救国兴教为己任的新式穆斯林教育在全国各地兴办。新式穆斯林教育培养了一大批兼通中阿文的穆斯林知识分子。他们用中文讲解伊斯兰教，极力做到通俗易懂，以阐扬伊斯兰教的真谛。新式穆斯林教育所培养的不仅仅是伊斯兰教的专门人才，更多的是为中国穆斯林社会培养中阿文化兼备的社会人才。这使伊斯兰文化与中国传统文化及现代科学文化，同时进入穆斯林教育体系，增进了民族间的了解和团结，体现了民族意识和国民意识的提高。

这一时期，回族穆斯林教育学术文化社团的成立和伊斯兰刊物的创办，呈现出良好的发展势头。"欲为中国全体回教谋教育普及"、"阐明学理，研究学术各宗旨"、"阐发教义，提倡教育，沟通文化，传达各地回民消息为主"，是这些社团和刊物的主旨，从而使以回族穆斯林为主的文化觉醒达到一个新的高度。许多社团及所办的刊物内容丰富多彩，既倡导教育，研讨学术，又为民族和国家的振兴奔走呐喊，凸显出强烈的时代特征。通过这些"回教文化运动"，中国穆斯林经历了一个发扬伊斯兰教优良传统，提倡新式教育，寻找民族和国家的自强之路，同时客观上沟通了回汉文化及阿拉伯伊斯兰文化的交流的发展历程，突出了爱国、爱教、和平与发展振兴的时代强音。

## 三、和平之路在中国的光明前景

和平是伊斯兰教的基本宗旨。和平是当今世界的主旋律，是人类的共同愿望，也是穆斯林毕生的追求。中国穆斯林历来就有倡导和平、实践和平的优良传统，这种传统是从伊斯兰教传入中国，形成中国穆斯林民族前后，在中国大地上逐步发展起来的。各个历史时期的中国穆斯林，不仅忠实于自己的信仰，实践伊斯兰教教义、教律中要求的各种功修，遵主顺圣，做一个热爱和平的合格穆斯林，而且对中国传统文化中的仁爱思想、顺从执政者、和为贵的思想，讲求孝悌等道德观念，与伊斯兰教提倡的和平、顺从以及伦理道德修养结合起来，形成了中国穆斯林源远流长的在和平旗帜下的爱国爱教传统。从伊斯兰教的角度看，作为穆斯林都要严格遵守伊斯兰教的教法、教律；从法律的角度看，每一位穆斯林都要遵守所在国的法律和法规。在中国，要做一个热爱和平的好穆斯林，同时要做一个遵纪守法的好公民。

当今世界并不太平，但中国穆斯林一直生活在和平环境中，与各兄弟民族一道推动着中国社会的进步与发展。伊斯兰教在当代中国之所以有着和平发展的广阔前景，主要得益于中国政府把正确处理好宗教问题，视为对国家的社会稳定、祖国统一和社会主义建设都有十分重要意义的高度来认识，并根据中国社会的发展，实事求是地对宗教的发展做出正确的判断，制定并贯彻符合中国实际的宗教政策。一是把尊重和保护宗教信仰自由，作为党和政府对待、处理宗教信仰问题的一项基本的、长期的政策，赢得了广大信教群众对党的宗教政策的拥护。二是提出宗教与社会主义社会相适应的科学论断，使广大信教群众切实感受到，信仰宗教与建设中国特色的社会主义并不矛盾，完全可以在适应中共进。伊斯兰教在中国适应社会的发展，并与各个时期的社会相协调，不仅为历史发展的进程所证明，而且也是伊斯兰教本身得以存在和发展的需要。中国伊斯兰教与中国特色的社会主义社会相适应、相协调已成为新时期，乃至今后相当长的时期内中国伊斯兰教发展的方向和主流。三是肯定宗教中的积极因素，鼓励宗教界以国家和民族的利益为重，多为实现全面建设小康社会和"中国梦"伟大奋斗目标发挥宗教界的积极作为。党的十七大报告中提出："发挥宗教界人士和信教群众在促进经济社会发展中的积极作用"；党的十八大通过的新党章明确要求："团结信教群众为经济社会发展作贡献。"我国伊斯兰教界要根据自身的特点做好这些工作，要针对当代中国穆斯林的宗教生活和社会生活中遇到的问题，依据伊斯兰教经训及其内涵，从教义和教规的角度作出既符合伊斯兰教信仰精神，又符合时代发展需要的诠释，抵制分裂主义和宗教极端主义的侵蚀，维护伊斯兰教信仰的纯洁性；努力挖掘和弘扬伊斯兰教教义、伦理道德和伊斯兰文化中有利于社会和谐、时代进步、民族团结和健康文明的内容，充实伊斯兰教与社会主义社会相适应的理论基础，使中国伊斯兰教在和平、和谐的社会氛围中不断得以进步与发展。

但伊斯兰教的问题在当今世界仍然很突出，一些背离伊斯兰教真精神与和平理念的组织和个人，打着伊斯兰教的旗号，干着反人类的罪行。他们并不是伊斯兰教的真正信仰者，其所作所为已失去了伊斯兰教原有的精神和主张。为了拨开这层迷雾，方金英研究员多年来精心从事这方面的研究，客观分析此类问题产生的根由，为我们呈现了《穆斯林与激进主义》这部学术专著，相信对我们正确认识和理解伊斯兰教，认清穆斯林激进主义的历史与现状大有裨益。是为序。

中国伊斯兰教经学院副院长

**高占福**

2015 年 3 月

# 导　　论

## 一、致读者：为什么要撰写这部《穆斯林与激进主义》专著

一部伊斯兰发展史，既是一部穆斯林对外和平宣教史，也是穆斯林力量兴盛时期对外扩张的历史，还是穆斯林力量衰落时期民族救亡图存的历史。

回望1400多年伊斯兰发展史，从穆罕默德在麦加传教，到麦地那创建并武力捍卫宗教公社"乌玛"（a1-Ummah），到四大哈里发时代、伍麦叶王朝（Umayyad，又称倭马亚王朝）、阿巴斯王朝对外开疆拓土一步一步地走向伊斯兰第一次黄金岁月，到每次穆斯林深陷社会危机而进行的救亡图存努力，可以说，在穆斯林历史上，穆斯林要么处于军事扩张之中，要么陷入内部动乱之中，要么在反抗外敌入侵的防御之中。在战斗中，**穆斯林始终选择走一条宗教救赎道路**。

伊斯兰教是和平中正的信仰，真正的穆斯林应该是内涵谦卑、外显宽容的群体。正如先知穆罕默德所告诫：穆斯林是以手、口让世人获得平安的人，也就是说穆斯林承担着宣扬和平、守卫和平的天赋之责。和平中正的伊斯兰教应该是中正不偏的中道。但不可否认的事实是，在1400多年的穆斯林演进史上，仍存在着激进主义现象。本书涉及的穆斯林激进主义发展史，不包括穆斯林兴盛时期对外开疆拓土的进攻性"圣战"史，而是特指穆斯林步入衰弱岁月激进分子对"不信教者"、异教徒以及穆斯林中的"叛教者"和"伪信者"发动暴力恐怖的历史。

追溯穆斯林中激进主义源头，当属第三任哈里发奥斯曼656年被

来自埃及的游牧兵团暗杀。① 657 年，第四任哈里发阿里与叙利亚总督穆阿维叶之间展开隋芬之战，这场战役诞生了哈瓦利吉派。661 年 1 月 24 日，阿里在前往库法清真寺路上遭哈瓦利吉派刺杀，此时距离先知穆罕默德辞世不到四十年，而且阿里作为先知的至亲也不能幸免被暗杀的命运，暗杀者坚信这是卫道的烈士壮举。哈瓦利吉派的极端主义哲学，从此成为穆斯林激进分子的理论源泉。他们认为，穆斯林群体中凡不符合自己观点的就是异端派，从肉体上消灭异端派是他们的宗教责任，从而开创了穆斯林暴力恐怖运动的先河。② 10 世纪，罕百里教法学派追随者在阿巴斯王朝首都巴格达制造社会骚乱或暴乱。12—13 世纪，伊斯玛仪派分支尼扎里耶派（al-Nizariyyah）在中东掀起针对教敌、政敌、东征十字军的恐怖浪潮。从 18 世纪中叶在阿拉伯半岛上兴起的瓦哈比运动，到 20 世纪 60 年代中期演变成激进的库特卜主义，再到 1979 年苏联入侵阿富汗提升至"全球圣战主义"（Global Jihadism），激进主义从一股涓涓细流日渐汇聚成一股破坏世界和平的力量。20 世纪 90 年代中期至今，以"萨拉菲派"为核心的当代穆斯林激进分子中最具暴力的组织激增，在世界各地掀起一波又一波暴力恐怖浪潮，激进分子逐步登峰造极到"全球圣战主义"阶段（亦称"圣战全球主义"/Jihadist Globalism）。③

进入 21 世纪，一方面，因穆斯林人口持续高速增长，伊斯兰教倡导的社会公平理念对穆斯林以外族群颇具吸引力，以及互联网增强跨国虚拟"乌玛"（现指穆斯林共同体）的感召力，越来越多的非穆斯林皈依伊斯兰教。全球现有 16 亿穆斯林，使伊斯兰教继续处在向全球大发展的时代。另一方面，穆斯林世界普遍处于深刻的社会危

---

① 第一任哈里发艾布·伯克尔于 632 年继位，634 年 8 月 22 日去世。第二任哈里发欧麦尔 644 年 11 月 3 日被异教徒刺杀身亡。

② "论穆斯林中的激进主义传统"，2012 年 5 月 24 日，http://baike.baidu.com/link?url=SEHMxJeY_EQYH9Kd_ergeQaXPMXcxu5SOf-Ao402JGqQbCQxSz-EzrfknG0CZk-7Dkqai4m6izndZy1duZGP9K。（上网时间：2015 年 2 月 11 日）

③ "Jihadism"，http://en.wikipedia.org/wiki/Jihadism.（上网时间：2013 年 12 月 26 日）

机，在世界战略格局中，不论政治、经济还是文化影响都边缘化，战乱、暴恐、难民日渐成为伊斯兰教和穆斯林的形象代言，穆斯林胸中不断积淀的"悲情"助推宗教激进主义向全球狂飙突进，因为他们把宗教作为唯一依托。正如李光耀所言："伊斯兰教的激进思潮之所以愈演愈烈，很大程度上要归因于全球化进程。在这个进程中，那些不太成功的民族被边缘化，他们缺乏安全感，感觉自己被世界疏远了。"①

当前，不论是从阿富汗、巴阿部落区到叙利亚、伊拉克到利比亚，还是东南亚、俄罗斯高加索地区、欧美国家和我国新疆地区，穆斯林中的极少部分人付诸于暴力恐怖行动，而且规模、强度不断升级，使各地暴力恐怖活动扩大化、常态化、长期化、血腥化，不同社会制度的国家都陷入无解境地，维护稳定已成为关乎穆斯林在内每个人安危的大事。这极少部分人表面上打着伊斯兰教旗号，实际上背离伊斯兰教，不仅犯下危害民族、社会、国家的暴力恐怖罪行，而且使绝大多数穆斯林和伊斯兰教为其暴力恐怖行为"买单"，造成国际社会对伊斯兰教和穆斯林大众的误解，将伊斯兰教等同于暴力恐怖。

激进主义一直是一股穆斯林世界的破坏性力量，成为伊斯兰教的肘腋之患，流毒千余年，今后还要和我们如影随形地伴生下去。鉴此，我们有必要从理论与实践的双重纬度，梳理漫长的穆斯林中的激进主义历史演进轨迹，探寻其背后实现不同时代传承的激进理论家和践行家的言行，目的不是渲染激进思想及其行为，而是力求提供一份能够正确把脉激进势力历史发展趋势的资料，让政府和社会了解这段激进历史，并以史为鉴，找到同激进势力作斗争的坚定信念和智慧，最终为实现国家的长治久安大局和世界和平添砖加瓦。

---

① 李光耀："恐怖主义及伊斯兰极端主义的未来"，腾讯文化，2014年3月3日，选自（美）艾利森、（美）布莱克威尔、（美）温尼编，蒋宗强译：《李光耀论中国与世界》，中信出版社，2013年10月版，http://cul.qq.com/a/20140303/003380.htm。（上网时间：2015年2月11日）

## 二、激进主义概念界定

激进是一种僵化、教条、偏激、固执、暴力。一般说来，激进主义对现存社会的组织和运作方式怀有强烈的不满，对现存社会制度抱有彻底的否定态度，急切地希望对社会进行根本性急剧和即时的改变。当然，激进程度有差异和左右之分，对社会的变革倾向于一种更公正或更科学态度的激进主义往往属于左翼激进主义，而那些倾向于使社会回到过去状态或者甚至是旧的价值体系的激进主义属于右翼激进主义。主张恢复旧传统的宗教激进主义如伊斯兰原教旨主义属于后一类。[1]

激进主义其实就是极端主义的另一个名号。穆斯林中的"激进主义"概念可以做以下阐释：是在伊斯兰教名义下的激进主义，是伊斯兰教政治化最突出的表现形式。它以伊斯兰教为旗帜，以穆斯林中的激进分子组成的团体或组织为基础，以极端手段达到其净化信仰、排除异己、确立正信及建立伊斯兰教法统治下的"伊斯兰国家"和"伊斯兰社会"的政治思潮和社会行为。

其内涵包括以下几方面：第一，它是打着伊斯兰教旗号的宗教极端主义，本质上属于政治范畴；第二，它是一种社会政治思潮，是当代伊斯兰原教旨主义的极端形式；第三，它是一种社会政治运动，其目的是通过传播极端思想采取包括暴力在内的极端手段，重建哈里发国家，使社会生活全面伊斯兰化；第四，它不仅在思想上与伊斯兰教主张的六大信仰完全不同，而且在社会行为、政治行为上与伊斯兰教教义有根本区别。[2]

---

[1] "激进主义"，http：//baike.baidu.com/link？url＝SEHMxJeY_ EQYH9Kd_ ergeQaX-PMXcxu5SOf-Ao402JGqQbCQxSz-EzrfknG0CZk-7Dkqai4m6izndZy1duZGP9K。（上网时间：2015年2月11日）

[2] 徐浩淼："伊斯兰极端主义的概念阐释"，《俄罗斯中亚东欧研究》，2006年第2期，http：//euroasia.cass.cn/news/133212.htm。（上网时间：2015年2月11日）

现代穆斯林中的激进主义产生与现代伊斯兰复兴运动分不开。在现代伊斯兰复兴运动内部一直存在两种不同的潮流和派别。人数众多的主流派，如埃及、约旦和苏丹等国的穆斯林兄弟会、巴基斯坦的"伊斯兰促进会"等，被称为温和派。它们属于公开的、合法的宗教政党或群众团体，主张以合法的、渐进的方式，实现国家政权、社会制度和社会生活方式的伊斯兰化，号召建立一个以"真主之法度"（伊斯兰教法）为基础的、名副其实的伊斯兰国家、伊斯兰社会和伊斯兰秩序。另一派是激进派，即崇尚暴力的极端主义派别组织。其人数虽较少，但以"行动主义"著称，能量和影响较大。他们认为，以暴力手段推翻不义的统治者，才是改变伊斯兰国家困境的唯一出路。当代穆斯林中的激进主义往往与恐怖主义、分裂主义相纠合。[1]

本书作者对激进主义的理解，即为了个人、小团体的私欲、目的，不符合国情、当时和当地实际情况，蓄意对《古兰经》和圣训断章取义，片面地理解伊斯兰教教义，搞拿来主义和教条主义，甚至为其极端或暴恐行为服务。激进分子打着伊斯兰教旗号，用暴力替换了和平。他们鼓吹以"圣战"来实践"主命"，蛊惑穆斯林去屠杀异教徒，声称不杀异教徒就不能上天堂，把以和平、顺从为旗帜的伊斯兰教，与杀害异教徒捆绑在一起。他们处处走极端，远离了伊斯兰正道，走上了"迷误者的路"。他们充满了仇恨，没有一丝一毫的宽恕和怜悯。他们制造民族之间、宗教之间的矛盾，挑起穆斯林和非穆斯林之间的仇恨。他们残杀的对象不分民族和宗教，不分男女和长幼。他们把信仰真主和拥护世俗政权对立起来，提出"除了真主以外不能服从任何人"，煽动宗教狂热，与世俗政权对抗。他们把遵从教规和遵守国法对立起来，宣称只遵循教法，不服从国法，教唆人们抵制政府的依法管理，甚至鼓动用武力推翻政权。[2] 激进主义扰乱宗教传统

---

[1] 徐浩淼："伊斯兰极端主义的概念阐释"，《俄罗斯中亚东欧研究》，2006年第2期，http://euroasia.cass.cn/news/133212.htm。（上网时间：2015年2月11日）

[2] 国家宗教事务局局长王作安："准确阐释教义，促进宗教和谐"，《宗教工作通讯》，2014年第4期，总第283期，第2—4页。

文化、习俗，造成"教内撕裂、教外对抗"局面，危害社会稳定，危害国家安全，危害世界和平。

## 三、内容提要

本书共分六章，加上导论和结语。

导论回答为什么要写这部《穆斯林与激进主义》专著以及对激进主义的概念界定。第一章穆斯林世界兴衰史的思考，主要回答穆斯林为什么能走向兴盛岁月，又为什么从兴盛转向衰落的两大问题，从而引出本书主题——穆斯林激进势力从何而来，又将向何处去。第二章当今穆斯林激进圈盛行的关键概念，较详尽地阐释这些概念的内涵及外延。第三章穆斯林思想史上激进理论家和践行家，主要梳理了他们各自的人生轨迹、主要宗教政治思想主张及其对激进主义的历史影响。第四章穆斯林演进史中的激进运动和第五章21世纪穆斯林激进势力发展趋势，客观地把脉穆斯林激进势力从过去到未来的演进历程。第六章从"基地"组织到"伊斯兰国"，主要介绍这两大组织的来龙去脉、主要特征、对国际安全带来的威胁和挑战。结语提出了对伊斯兰教是和平宗教的正确理解，以及对破解暴恐乱象的深入思考与一己之见，供各方读者参考。

# 第一章　穆斯林世界兴衰史的思考

在1400多年伊斯兰发展史上，既有穆斯林共同体（"乌玛"）依靠信仰，团结一致两度建立地跨亚非欧三大洲帝国、主导世界格局及话语权的全盛时期，也有穆斯林共同体因内部政治纷争和外敌入侵一再步入衰弱的历程。

## 一、穆斯林世界的兴盛时期及其特征

1400多年伊斯兰教发展史分成两类历史时期：一类是黄金岁月，另一类是衰落岁月。

**黄金岁月分为两次：**

一次是从610年穆罕默德在希拉山洞受到天启传教——到632年6月8日穆罕默德归真后，四大哈里发时代不断扩张，统一阿拉伯半岛，建立强大的阿拉伯国家——到伍麦叶王朝扩张到北非、西亚、南欧，至8世纪上半叶，史无前例的横跨欧亚非三大洲阿拉伯帝国最后形成，下设9个行省，疆域东起印度河流域和中国西域边界，西至比利牛斯山和大西洋，北达中亚，南抵撒哈拉沙漠——到10世纪阿巴斯王朝巩固自四大哈里发以来的扩张成果，建立阿拉伯—伊斯兰帝国，帝国版图内设24个行省，将封建统治推广到更大区域，伊斯兰教成为世界性宗教。**在这几百年中，伊斯兰教的出现，成为欧亚历史和世界历史上的一个重要转折点。**

**阿巴斯王朝时期，阿拉伯—伊斯兰帝国得以大举扩张的原因。**747年，肥沃新月地带总督、先知穆罕默德叔父阿布·阿巴斯联合波斯北部呼罗珊省的什叶派阿布·穆斯林，举兵反抗伍麦叶王朝统治。

750年，波斯兵团开进大马士革，推翻伍麦叶王朝，建立阿巴斯王朝。阿巴斯王朝权力基础是阿拉伯穆斯林地方强侯势力与什叶派穆斯林的结盟。为了克服阿拉伯穆斯林与非阿拉伯改宗穆斯林之间的结构性矛盾，阿巴斯王朝废除伍麦叶王朝时代阿拉伯人享有特权的行政制度，确立了穆斯林之间的平等。社会阶级从伍麦叶王朝四级制改为三级制。

四级制：伍麦叶王朝社会精英是来自阿拉伯半岛的穆斯林，享有压倒性支配地位，傲视其他的社会阶级。其次是非阿拉伯改宗穆斯林。理论上，根据伊斯兰教基本教义，所有穆斯林在真主面前一律平等，但在现实中，他们的地位低于阿拉伯穆斯林。第三是"有经之民"，他们只要愿意定期支付人头税与土地税，即可享有帝国的安全保障，成为"被保护民"，并保有高度自治，包括自己的宗教信仰与崇拜，选择自己的宗教法律与领袖，并可在遭受侵略时获得穆斯林军队的保护。最后是奴隶阶级。奴律制度在阿拉伯半岛行之久远，他们主要来自战争俘虏。伊斯兰教基本上不会将犹太教徒、基督徒等俘虏当作奴隶。[①] 这种重新运用阿拉伯半岛部族政治的原理，在血缘纽带的基础上，经由制度性的安排，创造出一个以地缘纽带为基础的新型社会集团，以巩固王朝统治。因此，伍麦叶王朝被称为阿拉伯帝国而非伊斯兰帝国。

阿巴斯王朝废除前两级差别待遇，宫廷中大量启用波斯人等非阿拉伯出身的官僚与文人学者，从而使阿拉伯帝国蜕变成阿拉伯—伊斯兰帝国。**阿巴斯王朝从理论上实现阿拉伯人与改宗穆斯林之间的平等，大大助长了阿拉伯—伊斯兰帝国的扩张与伊斯兰教的传播。**此后，若被穆斯林大军征服之子民愿意皈依伊斯兰教，理论上便可成为

---

① 历史上，住在阿拉伯或伊斯兰国家的犹太人要比住在基督教国家的犹太人好过得多。欧洲的反犹主义是神学性的——犹太人是害死基督的元凶，所以不信任和讨厌犹太人。天主教对犹太人的谴责有悠久的历史。伊斯兰教不存在这样的态度，在伊斯兰教中，犹太人被认为是"有经之民"（people of the book）。因此，在伊拉克、也门和埃及等国家都有犹太人团体。

穆斯林共同体的成员，并与征服者享有平等地位；若不愿改宗皈依伊斯兰教，则课以人头税和土地税。而在法律制度上，则力行"沙里亚法"统治，帝国统治彻底伊斯兰化。①

非穆斯林改宗伊斯兰教，有的是因为伊斯兰教教义魅力而自愿改宗。如阿拉伯—伊斯兰帝国征服萨珊王朝的波斯时，当时原本信仰袄教的波斯人改宗伊斯兰教，因为伊斯兰教倡导平等与正义，远较波斯社会严格的阶级分野更具魅力。而蒙古人没有阿拉伯人先进，采用了比他们更先进的属国的语言、宗教信仰和文化，从而失去了自己的身份。

阿拉伯语和伊斯兰教两条基本纽带，将哈里发统治下的不同民族连接在一起。阿拉伯—伊斯兰帝国以阿拉伯语作为帝国的行政、宗教语言，担负着传播伊斯兰文化的旗手。阿拉伯语的传播，比阿拉伯人的征服效果更为显著。到11世纪，阿拉伯语已取代古希腊语、拉丁语、科普特语和阿拉米语，在从摩洛哥到波斯的广大地区流行，并一直持续到今天。伊斯兰教也是一条强有力的纽带。穆罕默德要求信徒们履行某些仪式，即伊斯兰教念、礼、斋、课、朝"五功"。他们一起祈祷、斋戒，一起为不太幸运的兄弟们承担责任，他们——富人和穷人、黄种人、白种人、棕种人和黑人——一起到麦加朝觐。这些仪式和《古兰经》的训诫结合在一起，不但提供了一种宗教信仰，而且提供了一种社会法规和政治体系，为穆斯林提供了一种特别强有力的社会纽带，使他们感到彼此都是有共同使命的兄弟。伊斯兰信仰促成穆斯林团结并拧成一股强大的力量。② 此外，因为控制着东西交通要道的地理优势，使帝国在近四百年间得以维持着控制区内便利的交通与贸易。兴盛的贸易与交流，不仅有力地支持着帝国的财政，更促使富裕中间阶层的出现。这个主要由贸易商、金融家、手

---

① 张锡模：《圣战与文明：伊斯兰与世界政治首部曲》（610—1914年），玉山社出版事业股份有限公司，2003年2月版，第104—105页。

② 斯塔夫里阿诺斯著，吴象婴、梁赤民、董书慧、王昶译：《全球通史——从史前史到21世纪》，北京大学出版社，2011年第7版/修订版，第213、221、345页。

工艺人以及专业知识人士组成的城市富裕住民，也成为伊斯兰文化发达的主力。

**另一次**是 10—15 世纪，皈依了伊斯兰教的突厥人①、蒙古人②发动"圣战"，从辽阔的原居住地中亚向四处扩张，又将伊斯兰教扩展到遥远的新地区。11—13 世纪，小亚细亚的大部分地区，从希腊和基督教地区变成了突厥和穆斯林地区，突厥民族的一支塞尔柱人征服了一直属于基督教世界的土地——安纳托利亚（现土耳其亚洲部分）。1299 年，奥斯曼摆脱塞尔柱君主的统治，宣布成立以他名字命名的独立公国，打出伊斯兰复兴旗号，全力发展军事组织，新的"圣战"中心转移到安纳托利亚半岛，阿拉伯地区大批尚武穆斯林加入奥斯曼大军东征西讨：1389 年，展开著名的科索沃会战，大破巴尔干诸国同盟军，吞并东南欧的马其顿、保加利亚、塞尔维亚、阿尔巴尼亚等地；1402 年，奥斯曼帝国开始兴起。1453 年 5 月，麦赫迈特二世（Mehmet II）苏丹呼吁发动"圣战"，同年消灭东罗马帝国，攻下君士坦丁堡，该城从此成为奥斯曼帝国首都；之后，西进兼并埃及；1536 年，征服整个阿拉伯半岛③。15—17 世纪，奥斯曼帝国进入鼎盛时期，疆界东起高加索和波斯湾，西至摩洛哥，北面从奥地利边界延至俄罗斯境内，南面深入到非洲腹地，再现地跨欧亚非三大洲伊斯兰帝国荣景。另外，16—18 世纪，波斯萨法维王朝（1502—1736 年）、

---

① 阿巴斯王朝为了克服各地军阀自立为王的离心倾向，从中亚引进以突厥系为主力的白人奴隶兵团（mamluk，指来自中亚的突厥人、蒙古人，高加索的切尔克斯人，东欧的斯拉夫人、希腊人与中东的库尔德人等白人奴隶兵，以示与黑人奴隶兵区别）。在穆塔西姆（al-Mutasim，833—842 年）哈里发时代，以中亚白人奴隶兵团作为哈里发禁卫军，谋求藉由突厥兵团力量来制衡自立为王的军阀，尤其是波斯地区与北非的什叶派军阀。该政策为日后突厥系游牧民在穆斯林世界的壮大提供了条件。

② 在忽必烈成为中国皇帝的同时，旭烈兀变成波斯的统治者。他以大不里士为都，建立了伊儿汗国（伊儿汗一词意为"附属汗"，即指波斯的蒙古统治者从属于大汗）。1295 年，旭烈兀的继承者尊伊斯兰教为国教，这反映并促进了伊朗—伊斯兰教环境对蒙古人的同化。

③ 在奥斯曼帝国统治下，阿拉伯半岛诸民已从先前的统治者沦为被统治者。

印度莫卧儿王朝（1526—1857 年）也接踵崛起，穆斯林在印度洋的影响力更加巩固，并使印度洋成为名副其实的"伊斯兰之海"。阿拉伯语作为《古兰经》天启语言受到所有穆斯林的尊敬与学习。**这一时期，在欧亚大陆的力量对比中，伊斯兰教是主要的、决定性力量。此后，伊斯兰教继续扩张，成为一股世界性力量，至今仍深刻地影响着世界历史的进程。**

穆斯林之所以实现这一切：一是仰赖军事力量。奥斯曼帝国、波斯萨法维王朝、印度莫卧儿王朝都是头等军事强国，且纪律严明，训练有素。莫卧儿王朝阿克巴时期，整个印度常备军总数达 100 万人。二是行政效率高。16 世纪时，三大帝国的皇帝都是些才能非凡的人。如阿克巴拥有一支组织得很好的官僚队伍，待遇优厚，且有望得到迅速晋升，因而吸引了印度和国外最优秀的人才。当时，任命和擢升官吏的标准是才能而不是宗教信仰。三是经济发展。就经济标准而言，三大帝国都是当时的发达国家。四是仰赖伊斯兰文化力量，包括根据"沙里亚法"而确立的商业规则与契约文化、金银双本位制的确立、穆斯林政府征收低廉商业税、共通的国际性语言（阿拉伯语）、伊斯兰神秘主义苏菲教团修道场网络以及穆斯林赴麦加朝觐等。其中，苏菲教团的贡献尤为显著。从 12 世纪起，相继出现以契斯提（al-Jishtiyyah）、苏哈拉瓦迪①（the Suhrawardiyyah）、里法伊②（al-Rifaiyyah）、毛拉维（al-Mawlawiyya）、卡迪里③（the Qadiriyyah）、纳格什班迪（the Naqshbandis）等为代表的苏菲教团，并在 12—14 世纪设立名为里巴特（ribat）、扎维叶（zawiya）、汉卡（khanqa）等大中小型修道场网络，由其成员向异教徒世界展开活跃的宣教活动。他们抱着殉教的勇气与决心，前往异教徒地区，以坚定的热情传播神的唯一性等伊斯兰信仰内容，在教义上强调神之爱的超越精神，以及对游牧

---

① 又名伊什拉基教团，由苏哈拉瓦迪创立。
② 由艾哈迈德·里法伊（1106—1182 年）在伊拉克创立，卡迪里教团后第二大教团，14—15 世纪较活跃。
③ 在中国为嘎德忍耶门宦。

文化圈和东南亚海洋文化圈固有的萨满教与精灵崇拜等信仰采取包容的态度，逐渐赢得异教徒世界诸民族的改宗。在苏菲教团努力下，13—14世纪，北高加索、中亚、非洲内陆、印度西海岸与内陆、斯里兰卡、印度洋诸岛以及东南亚（马六甲海峡周边与菲律宾群岛南部）逐渐伊斯兰化。

这两次黄金岁月的特征是：穆斯林咄咄逼人地对外扩张，历代哈里发率领穆斯林大军东征西讨、开疆拓土，穆斯林力量由弱变强，两度建立起地跨三大洲的统一国家。因穆斯林力量处于强盛期，统治者和穆斯林民众自信心强，海纳百川，包容性强：第一次是伊斯兰史上唯一的一次真正的兼容并蓄，吸收其他文明的"体"、"用"而创造出灿烂的伊斯兰文明。始于伍麦叶王朝、完成于阿巴斯王朝历时200年的"阿拉伯百年翻译运动"，使伊斯兰帝国境内各族人民在发扬光大本民族传统文化基础上，吸收消化希腊哲学思想和科学成就以及波斯、印度文化，创造出独具特色的伊斯兰文化，成为近现代西方文明发源地之一。第二次是伊斯兰教得到广泛传播，不仅仰赖军事征服，而且仰赖民间力量——穆斯林商人与伊斯兰神秘主义苏菲教团的和平宣教。在这两次黄金岁月中，伊斯兰教和穆斯林身处盛世，伊斯兰原教旨主义思想没有市场，影响力极小。18世纪后，面对工业革命后西方的强势崛起，奥斯曼帝国主张"伊学为体，西学为用"，向欧洲派出外交官、留学生学习西方先进科学技术。

有西方学者认为，由穆斯林统治的前现代社会，不能称为真正意义上的伊斯兰社会。政治上讲，在先知穆罕默德去世后的一代人时间里，阿拉伯人是根据波斯、罗马这些世界性帝国模式建起了阿拉伯帝国——伍麦叶王朝引进波斯萨珊王朝的统治结构①，并参考东罗马帝

---

① 如"**维齐尔**"（vizir、vasir、wazir），阿拉伯语音译，意为"帮助者""支持者""辅佐者"，穆斯林国家历史上对宫廷大臣或宰相的称谓。**据考证，此称源自波斯萨珊王朝的官制**。8世纪中期，阿巴斯王朝第二任哈里发曼苏尔（754—775年在位）效法波斯帝国的行政管理制度，始设"维齐尔"官职，作为哈里发的首席大臣，秉承哈里发的意志，行使国家行政权力，处理国务和宗教事务。"维齐尔"有权代表哈里发主持国务会议，领导和管理政府各职能部门及各部大臣，对各行省总督及法官的任免提出意见，报哈里发批准。

国的制度安排,打造出世袭哈里发制度的专制王朝。阿巴斯王朝762年将首都从大马士革东迁到巴格达,意味着哈里发政权开始接受波斯的传统,寻求波斯的支持。哈里发不再是阿拉伯部落的酋长,其权力不依赖于部落的支持,而是建立在享有薪俸的官僚和常备军的基础上。因此,哈里发统治与东方君主政体相类似。[①]之后的伊斯兰帝国,以波斯或中亚成吉思汗帝国方式实行统治,尽管伊斯兰教法、宗教符号在这些帝国内部起着重要作用,但它们总是与当地传统习俗和行政法令一道起作用,这些当地传统习俗和行政法令并不源自伊斯兰教。**只有到了20世纪,才形成了一种全新的伊斯兰意识形态,即穆斯林必须完全依照伊斯兰教生活起居**。这种现代的伊斯兰国家观,有着强大的情感号召力,但又自相矛盾:它既试图绕过1400年的历史去重建先知穆罕默德在麦地那创建的那种理想宗教社会,又采用后殖民时代的现代官僚国家体制去重建这种社会。[②]

---

(接上页注)波斯的巴尔马克家族成员曾担任阿巴斯王朝三代哈里发的首席大臣,控制着哈里发国家的实权。在第十八任哈里发穆格泰迪尔(908—932年在位)时,"维齐尔"的职位为总司令(Amir al-Umari')所取代,并由布韦希人首领所担任,掌管了哈里发的一切权力。伊斯兰教法学家马瓦尔迪(al-Mawardi,974—1058年)把阿巴斯王朝"维齐尔"的职权分为两类:一类是无限权力,称"塔夫威德"(Tafwid),除王储的任命外,掌管哈里发授予的一切权力;一类是有限权力,称"坦菲兹"(Tanfidh),没有创制权,只执行哈里发的一切命令,遵循他的各种指示。1258年,阿巴斯王朝灭亡后,在各地一些独立的穆斯林王朝设有此职,指宫廷大臣或泛指国家的高级行政官员。在奥斯曼帝国,约1380年,苏丹把"维齐尔"称号授予一名军队最高司令官。此后,"维齐尔"表示国家行政机构的最高职位,有些宫廷大臣也有此称号。在苏丹穆罕默德一世(1401—1421年在位)时,称首席大臣为"大维齐尔",全权代表苏丹行使一切权力。"大维齐尔"实际上行使总理的权力,其权力仅次于苏丹(许多苏丹都将政务交给"大维齐尔"处理)。"大维齐尔"亦是帝国议会底万的首领。1924年,土耳其资产阶级革命后,废除苏丹制,"维齐尔"称号才随之消失。("维齐尔",http://baike.baidu.com/view/1010819.htm。上网时间:2014年10月3日)

① 斯塔夫里阿诺斯著,吴象婴、梁赤民、董书慧、王昶译:《全球通史——从史前史到21世纪》,北京大学出版社,2011年第7版/修订版,第217页。

② Carl W. Ernst, *Rethinking Islam in the Contemporary World*, Edinburgh University Press Ltd, USA, 2004, pp. 46–47.

## 二、穆斯林世界的衰弱岁月及其特征

**衰弱岁月大体分成两段历史时期：**

**第一段**是10—14世纪，穆斯林对外扩张处于低潮，穆斯林世界进入阿巴斯王朝（750—1258年）、法蒂玛王朝①（909—1171年）、后伍麦叶王朝（756—1031年）三足鼎立时期。其间，发生蒙古人西侵②（1258年，蒙古军队攻入巴格达，阿巴斯王朝灭亡）、十字军东征（1099年7月—1291年，历时近200年侵略性军事远征）两大历史事件。这一时期，穆斯林世界两度涌现伊斯兰复兴——10世纪罕百里教法学派诞生，14世纪伊本·泰米叶继承和发展罕百里教法学派思想。**但两者斗争矛头不同：前者坚决反对穆斯林中最早的理性主义派别——穆尔太齐赖派，后者强烈反对苏菲主义。**

**第二段**是18世纪至今，随着西方因工业革命而兴起，穆斯林世界逐渐沦为列强的殖民地，从此一步一步地丧失了世界话语权，在世界格局中从主导地位走向边缘化。

18世纪，三大伊斯兰帝国——奥斯曼帝国、波斯萨法维王朝、印度莫卧儿王朝军事败北和同步出现系统性解体（中央权威衰退与拥兵自重的地方诸侯逐渐取得自治或半自治地位），这些帝国开始衰落。欧洲列强对穆斯林世界的侵略与扩张造成经济恶化以及越来越多地区沦为欧洲列强的殖民地，穆斯林陷入史无前例的危机并提出深刻问题：穆斯林共同体力量的衰弱，是否意味着伊斯兰本身的弱？但是，**"安拉是唯一造物主"，而"穆罕默德是安拉的使者"，是伊斯兰信仰**

---

① 909年，什叶派伊斯玛仪派在北非建立起法蒂玛王朝，全面否定逊尼派阿巴斯王朝的权威，自称哈里发政权。

② 中亚伊斯兰教大国花剌子模王朝（1077—1231年）崛起，以撒马尔罕为中心，依靠兴盛的东西贸易逐渐繁荣，其商团甚至远至蒙古高原。1218年，受成吉思汗之命，一支由450名商人组成的商团前往花剌子模，在其边境被花剌子模边将掠财屠杀。暴怒之下的成吉思汗决意复仇，由此开启了震撼世界的第一波蒙古军团如怒涛般的大规模西侵（始于1219年）。

的根本内涵，质疑伊斯兰本身的弱并不能推翻这两大信仰支柱，因而对问题根源的探索，只能往穆斯林对伊斯兰的理解及其实践这两大方向上前进。在这样的思考轨迹下，对伊斯兰的正确理解及建构实践伊斯兰的社会，构成19世纪后穆斯林思想家与穆斯林社会因应危机的核心。①

  18世纪中叶，穆斯林内部产生重新反省伊斯兰与要求社会改革的运动，**以阿拉伯半岛的瓦哈比运动和印度西北部的"圣战者运动"为代表，主要任务不是回应外部威胁，而是要克服穆斯林共同体内在的社会与道德衰退**。瓦哈比运动创始人瓦哈布认为，社会与道德衰退是偏离伊斯兰正道的结果，遂重新举起伊斯兰复兴大旗。受其影响，各地纷纷涌现出许多以"圣战"为名的伊斯兰复兴运动。但以瓦哈比运动为代表的伊斯兰复兴运动，没有解决穆斯林世界如何因应欧洲国家体系挑战的核心课题。

  20世纪初，**为了克服外部的侵略，穆斯林世界的政治、军事领导阶层与官僚体系上层开始推进体制内改革——"伊学为体，西学为用"，即企图通过来自上层的改革，学习西欧列强的政治、军事模式来强化本身的力量，并企图在伊斯兰理论中寻求这些欧化改革的合理化解释**。整个欧化改革的核心，是企图让伊斯兰退出政治领域，仅限于个人生活中的道德领域，变成像基督教那样，仅用来规范人们的内在精神而非外在行为，尤其是社会行为。19世纪中叶，体制内的现代化改革在埃及、奥斯曼帝国与印度等地蔚然成风。然而，政府推动的欧化政策，其议程受到西欧列强的干涉，再加上内部"乌里玛"（宗教学者）等势力的反对，致使在推进过程中丧失主导权与方向感而失败。一连串的失败，加上欧洲民族主义浪潮的冲击，激发**"乌里玛"集团对任何欧化事物皆抱持反感态度的抗拒主义**（rejectionism）**倾向与拥抱欧洲版民族主义的两种对立路线**。但抗拒主义的排斥立场无法让西欧列强的侵略自动消失，且未触碰穆斯林皆平等的课题，无法争取广大穆斯林的认同与合作。而民族主义路线奉行欧洲国家体系

---

  ① 吴云贵：《伊斯兰教法概略》，中国社会科学出版社，1993年2月版，第375页。

发展出来的民族国家理论,即要求民族国家应成为最高效忠对象,穆斯林对伊斯兰的认同,现在必须让位于对民族的认同,民族的身份是政治生活的主角,而穆斯林的身份退居次要。①

20世纪70年代之前,为拯救穆斯林世界于危难,在世界范围民族主义高涨的背景下,穆斯林先是践行民族主义道路,中东地区承继历史的宗教与民族"二合一"忠诚让位于民族主义和伊斯兰教渐行渐远的复杂关系。但是,经过几十年全盘西化、全面世俗化实践,并未出现阿拉伯民族主义者所许诺和人们所期望的经济发展、文化繁荣、国强民富的局面。一些伊斯兰学者和穆斯林知识分子认为,这种局面是实行西化、世俗化的结果。要想摆脱困境,出路只有一条,那就是回到伊斯兰教中去。② 从20世纪70年代起,伊斯兰教开始从被民族主义边缘化、被压制的状况中走向复兴,穆斯林还是回到伊斯兰复兴的老路上来。1979年至今,两种类型的回归伊斯兰原教旨主义运动——伊朗伊斯兰革命以及阿富汗战争先后导致什叶派宗教力量、逊尼派激进势力登上全球舞台。

这两个时期的特征是:每次都是穆斯林世界陷入深刻的社会危机,穆斯林心中催生出强烈的"悲情",导致伊斯兰原教旨主义乃至激进主义的产生,"圣战"转入自卫性并以暴力恐怖为特点。进入21世纪,穆斯林世界在全球化大潮中日益边缘化,面对越来越深重的社会危机,伊斯兰原教旨主义实现向激进主义的全球性过渡。同时,由于1979年伊朗发生伊斯兰革命,沙特与伊朗为争夺穆斯林世界领导权的较量博弈逐步升级,造成逊尼派与什叶派教派冲突蔓延,进一步推动"萨拉菲派圣战主义"在全球的蔓延。

---

① 张锡模:《圣战与文明:伊斯兰与世界政治首部曲》(610—1914年),玉山社出版事业股份有限公司,2003年2月版,第377页。
② "伊斯兰复兴运动——原教旨主义",2011年12月15日,http://news.sohu.com/20111215/n329173382.shtml。(上网时间:2014年2月3日)

## 三、穆斯林世界由盛转衰的思考

### （一）穆斯林共同体因权力斗争而走向内战并出现教派纷争

尽管艾布·伯克尔、欧麦尔两任哈里发对外扩张顺利，但**大征服并未从根本上解决穆斯林共同体内部的矛盾，反而引起新的矛盾——中央的派系冲突以及地方强侯势力的反抗**。第三任哈里发奥斯曼出身麦加古莱什部族（Quraysh）的伍麦叶家族，该家族在皈依伊斯兰教之前，是穆罕默德在麦加时期遭遇的最强大敌手，并在前两任哈里发时期累积巨额财富与权势，因此，奥斯曼继任第三任哈里发引起麦地那精英层的反弹。为消弭此反弹，奥斯曼着力对外扩张，将战利品分给麦加、麦地那的豪族，从而在这两地创造出大地主阶级，引起游牧部族的不满。与此同时，奥斯曼在其任内放任伍麦叶家族控制政府要职，引起迁士（Muhajirs，来自麦加的信徒）集团的不满，并导致伍麦叶家族在古莱什部族中的政治孤立。这些多重矛盾终于导致奥斯曼于656年被来自埃及的游牧兵团暗杀，而其背后的策划者则是不满伍麦叶家族政权独占的古莱什集团。再者，穆斯林共同体对外的快速扩张，也使得地方强侯势力应运崛起。于是，奥斯曼的被刺便成为导火线，成为日后一系列穆斯林叛乱与宗派杀戮的前奏，为穆斯林共同体的内战揭开了序幕。①

阿里成为第四任哈里发后，遭到两股政治力量的反对：先知妻子阿伊莎（Aishah）在中央纠集的势力，以及出身伍麦叶家族、坐拥重兵的叙利亚总督穆阿维叶。这两股势力都指责阿里未能将杀害奥斯曼的凶手绳之以法，并以此作为讨伐阿里的政治理由。**656年，在"骆驼之战"**中，阿里的军队击溃了阿伊莎势力，这是**伊斯兰史上第一个哈里发带领穆斯林军队攻打另一支穆斯林军队**。其后，阿里为了征伐穆阿维叶，将首都迁往库法（今伊拉克境内），然后派重兵攻打穆阿

---

① 张锡模：《圣战与文明：伊斯兰与世界政治首部曲》（610—1914年），玉山社出版事业股份有限公司，2003年2月版，第76页。

维叶,穆斯林共同体爆发更大规模内战。657年,两军在幼发拉底河畔的隋芬平原激战,穆阿维叶在面临战败情势下,提出"依《古兰经》裁决"的停战议和要求。当时,在阿里军营中,主战派占少数,大部分人主张媾和,阿里也倾向和解,遂接受穆阿维叶"依经裁决"要求,引起主战派的强烈不满,约有1.2万人退出阿里队伍从隋芬出走,史称哈瓦利吉派。

**"伊斯兰主义"的开端**。哈瓦利吉派起初坚定支持阿里出任哈里发,视不服从哈里发的穆阿维叶为叛徒与"伪信者"(表面上接受伊斯兰教而内心却不笃信伊斯兰教的不信者),主张"犯大罪者为不信者,理当处死"的教义,坚决要求对犯下反伊斯兰教大罪的穆阿维叶发动"圣战";他们无法接受阿里与穆阿维叶的妥协,决定暗杀"犯大罪者的不信者"穆阿维叶与"犯大罪的统治者"阿里。**哈瓦利吉派的登场标志着伊斯兰史上出现第一个坚持不妥协立场、要求采取平等政治社会路线的伊斯兰宗派,亦即主张穆斯林共同体的领导权应属于笃信的穆斯林,领导权的归属应根据伊斯兰信仰,而非权力政治考虑**。从政治思想史意义上看,哈瓦利吉派是伊斯兰史上第一个"伊斯兰主义"团体,他们要求哈里发不应只能由古莱什部族的成员出任,而应从整个穆斯林共同体的皈依者中选出,并认为直接遵循真主在《古兰经》中的启示,不必透过中间人诠释,坚持信仰若无行动即不是真信仰。[①]

**什叶派诞生**。661年,阿里在首都库法的清真寺遭哈瓦利吉派刺杀,结束了正统哈里发时代,而事前闻讯潜逃的穆阿维叶则在耶路撒冷自立为哈里发。同时,阿里长子哈桑也在库法宣布继任为第五代哈里发,但不久穆阿维叶逼迫哈桑放弃继承权,自立为哈里发,迁都大马士革,开创伍麦叶王朝(661—750年)。哈桑放弃政争,退隐至麦地那,选择过单纯的宗教生活。669年,哈桑逝世后,穆阿维叶指定其子亚兹德(Yazid)为哈里发继承人,从而打破哈里发权力继承原

---

① 张锡模:《圣战与文明:伊斯兰与世界政治首部曲》(610—1914年),玉山社出版事业股份有限公司,2003年2月版,第77—78页。

理，改行世袭制。680年，亚兹德出任哈里发，而阿里的支持者拥立阿里之子、哈桑之弟侯赛因（Husayn）。当侯赛因率领追随者，准备从麦地那前往阿里哈里发时代的首都库法，与该地的1.8万名支持者汇合试图夺回哈里发职位时，在离库法仅数十千米的卡尔巴拉，遭到亚兹德所派4000名部队的攻击，侯赛因及其72名追随者全部遇难，酿成伊斯兰史上著名的"卡尔巴拉惨案"。这场悲剧促成什叶派的诞生。

对什叶派而言，阿里是穆罕默德的真正继承人，是第一代伊玛目（Imam）。伊玛目的原意是"礼拜的导师"，而什叶派赋予其"先知继承者"的角色。什叶派认为，伊玛目继承了先知穆罕默德所有的知识以及某种神秘的能力。因此，伊玛目不仅在精神上是所有穆斯林的指导者，同时也是伊斯兰政治共同体应有的领袖。什叶派兴起的社会政治背景是对当权派的反抗。与哈瓦利吉派相同，什叶派的起源也是政治上的党派之争，但发展出独特的伊斯兰理论，因而**使政治上的党派之争演变成伊斯兰的宗派之争**。[①] 这种教派之争没有解药，从此逊尼派与什叶派如水火不容一直延续到今天，且波及面愈益扩大化。

## （二）穆斯林统治存在制度性缺陷

**从艾布·伯克尔开始，历代哈里发都采取"以对外征服转移内斗"的统治策略**。632年，穆罕默德去世后，"乌玛"陷入分裂与解体危机。部落酋长们认为，他们对穆罕默德的服从，已随着他的去世而结束。于是，他们停止纳贡，重新开始自由行动。这种撤离，伊斯兰教历史上称为"变节"，即叛教，引发了一系列战役。这些战役制服了叛教的部落，迫使他们回归伊斯兰社会。但是，被制服的部落成员愠怒愤恨，一有机会还会叛离。穆斯林首领们明白，缓和这种不满的理想办法是，发动对外袭击，使每个贝都因人都有希望获得自己所

---

[①] 张锡模：《圣战与文明：伊斯兰与世界政治首部曲》（610—1914年），玉山社出版事业股份有限公司，2003年2月版，第80—81页。

喜爱的战利品。结果，这些袭击不是作为传播信仰的宗教战争开始的，而是为了让骚动的贝都因人一心忠于麦地那这一需求。①

第一任哈里发艾布·伯克尔决定以对外征服的方式来消解麦地那危机与阿拉伯半岛政治危机，迫使叛教的部落恢复信仰，阿拉伯人开始了最早的对外侵略。633 年春，在名将哈里德·伊本·瓦里德（Khalid ibn al-Walid）协助下，艾布·伯克尔运用穆斯林共同体与汉志地区游牧部族的军事力量，先是快速镇压了半岛各地的"背教者"，之后立刻将军队转变为远征军，派遣哈里德·伊本·瓦里德远征伊拉克南部，并派遣苏富扬（Yazid b. Abi Sufyan）等三名将领率领三队远征军进击叙利亚。这些远征军的核心内容是，将半岛上的游牧诸部族编入远征军而展开对外侵略，既压制了半岛政治分裂的危机，又实现了军事扩张。第二任哈里发欧麦尔将早期的对外侵略发展成正式的征服战争，征服了叙利亚、伊拉克及埃及。第三任哈里发奥斯曼在宗教热情和游牧民贪婪之心的驱使下，继续高举伊斯兰教旗帜，乘胜对外征战，进一步征服了波斯及利比亚以西的北非。**在大征服过程中，迁士、辅士**（Ansars，在麦地那发展的信徒）**集团与麦加征服后臣服穆斯林共同体的古莱什部族利益一致**。在对外征服过程中，为维持对征服地区的统治，以及打造更远程征服的基地，远征军采取了建设阿拉伯军事都市的模式，如伊拉克南部的库法、埃及的开罗、叙利亚的大马士革，然后将阿拉伯半岛的游牧民迁入这些军事要塞而成为游牧兵团。**这些作为远征军与驻军主力的游牧兵团，主要来自"背教之民"**（Ahl al-Ridda），**即穆罕默德归真后动乱期间伪先知的追随者，或是采取旁观中立态度的游牧部族**。这些游牧兵团只要参与对外征服，本身即可获得巨额战利品，包括现金、武器、贵金属、牲畜、俘虏等动产与土地不动产。②

---

① 斯塔夫里阿诺斯著，吴象婴、梁赤民、董书慧、王昶译：《全球通史——从史前史到 21 世纪》，北京大学出版社，2011 年第 7 版/修订版，第 214 页。
② 张锡模：《圣战与文明：伊斯兰与世界政治首部曲》（610—1914 年），玉山社出版事业股份有限公司，2003 年 2 月版，第 73—76 页。

伍麦叶王朝对外征服的主力是游牧兵团，这是延续正统哈里发时代的策略——将阿拉伯半岛内潜存政治风险性较高的武装势力对外输出，藉以收取"一石二鸟"之效——稳固内部统治与实现对外征服。而对游牧兵团来说，参与对外征服，既可获巨额战利品，又可在被征服地区成为统治者，提升自己原本在阿拉伯半岛政治中处于劣等的地位，利益与伍麦叶王朝当政者一致。伍麦叶王朝经由阿拉伯游牧兵团的大征服而扩张与巩固。整个帝国的目的，除了领土的扩大与战利品的增加外，再无其他。建立在征服基础上的专制王朝，虽然在短期内实现了快速的扩张，但当帝国征服告一段落，战利品来源中断，帝国当局只能从赋税承包着手，结果导致治下被统治者承受的压力增大，以及地方诸侯权力的崛起——因为帝国当局日益仰赖地方诸侯向下苛捐杂税后的贡税上缴，从而长期腐蚀着帝国当局的权力。到8世纪初，承包赋税的地方诸侯已全面世袭化，并拥有自己的军队来控制地方，导致帝国当局对地方诸侯的控制力大降，以及地方诸侯间为了争夺势力范围而来的冲突。对地方强侯势力而言，本身权力的扩张，意味着篡夺中央的权力，抑或兼并其他地方诸侯。[①]

750年，阿巴斯家族联合波斯势力以地方强侯势力的身份建立了阿巴斯王朝，这是伍麦叶王朝末期地方诸侯军阀化的必然结果。这个离心趋势并未因阿巴斯王朝的崛起而停止，相反，阿巴斯王朝的崛起，反而激化了地方强侯势力的独立倾向。阿巴斯王朝成立后，由阿布德勒·拉赫曼（Abdel Rahman）为首的伍麦叶家族的一支，远走伊比利亚半岛建立独立政权，自称埃米尔，史称"后伍麦叶王朝"（756—1031年）。8世纪末后，帝国边境诸省逐渐半独立化，分别形成北非摩洛哥的什叶派伊德里斯王朝（Idrisids，788—974年）、突尼西亚的阿格拉伯王朝（Afhlabids，800—909年）、呼罗珊省的塔希尔王朝（Tahirids，820—872年）以及由波斯军阀在锡斯坦（Sistan）建

---

[①] 张锡模：《圣战与文明：伊斯兰与世界政治首部曲》（610—1914年），玉山社出版事业股份有限公司，2003年2月版，第95—96、100—102页。

立的萨法尔王朝（Safarids，867—903年）、在中亚阿姆与锡尔两河河间地（Transoxiana）与波斯东部建立的萨满王朝（Samanids，874—999年）。

地方强侯势力日益军阀化，并成为伊斯兰帝国运作的重要发展规律，在"最后一个伊斯兰帝国"奥斯曼帝国的发展过程中，也再次重现。奥斯曼帝国成立的基础是军事征服，透过征服扩张而发展为控制东西海陆交通中枢与贸易通道的巨型帝国。帝国当局对农民的征税以及对都市生产及贸易的直接控制，构成了帝国财政的根本来源。由于帝国统治与财政收入的最终基础仰赖于巨大的军事组织，即半永久化的军事征服，因而在结构上，整个帝国就像是一部"掠夺机器"。这部机器的运作机制，构成了帝国早期扩张的力量根源，但同时也成为帝国中晚期衰退的主要根源。当外部征服遭遇到阻碍——向北遭遇到欧洲列强，向东遭遇波斯时，帝国财政来源就只能往赋税承包着手。结果，导致农民承受的压力增大，以及地方诸侯权力的崛起，如19世纪初穆罕默德·阿里在埃及的崛起——第一次黄金岁月衰落的历史重演。不仅奥斯曼帝国如此，波斯萨法维王朝、印度莫卧儿王朝也都陷入这个赋税承包模式，导致三大伊斯兰帝国在18世纪都遭遇明显的体制危机。奥斯曼帝国的衰退除了上述相同原因外，丧失海权是另一大原因。1577年，在希腊附近勒班陀湾（Lepanto）的海战中，奥斯曼帝国260艘舰艇组成的舰队，90%遭到威尼斯、西班牙、热那亚与教皇国组成的208艘联合舰队击溃，致使穆斯林逐渐丧失地中海海权。与此同时，因"地理大发现"以及葡萄牙、荷兰、法国、英国于16、17世纪先后进入印度洋经营东方贸易，在海岸地带建立殖民地，穆斯林对印度洋的贸易垄断被彻底打破，奥斯曼帝国的财富与权力遭到严重削弱。[1]

**哈里发统而不治、强侯势力（苏丹）治而不统的现实，在政治理论上留下严重的后遗症。**天启的理想与冷酷的现实之间、信仰与实践

---

[1] 张锡模：《圣战与文明：伊斯兰与世界政治首部曲》（610—1914年），玉山社出版事业股份有限公司，2003年2月版，第188—191页。

之间、穆罕默德所创的穆斯林共同体理想社会与依靠暴力优势掌握政权的强侯势力之间,皆横亘着巨大而明显的裂痕。对于这个裂痕的处理,便构成10—18世纪伊斯兰政治思想演进史的核心。①

### (三) 穆斯林世界知识的发展与创新停止了

尽管伊斯兰教兴起于阿拉伯半岛,却非常善于借鉴已被确认的伟大文明,创造出新的、给人以深刻印象的东西。所以,在古代文明的千余年里,中东一直是创造力的中心。但到了18世纪后,除了宗教领域,中东不再是创造发明的重要发源地,因为在伊斯兰教教义与希腊唯理论哲学及科学之间也存在着极深的隔阂。阿巴斯王朝哈里发马蒙(al-Mamun,813—833年在位)早年曾大力支持古代经典作品的翻译,信奉唯理论者的学说,认为《古兰经》是被造的,并不是永恒的。但是,他的后继者们却与他完全不同,他们支持保守的神学家,这些神学家将所有科学的、哲学的推断都当作异端学说和无神论来加以排斥。随着十字军、柏柏尔人、贝都因人、塞尔柱人、蒙古人的一系列入侵,人们面临着巨大的灾难,为了得到救助和安慰,只得求于宗教信仰。②

穆斯林伟大的历史学家和社会学之父伊本·赫勒敦(1332—1406年),是一位学识渊博、富于创造力的思想家,他把哲学和科学当作无用和危险的东西来加以排斥。他说:"应该明白,哲学家所持的观点是完全错误的。……自然哲学的问题对我们的宗教事务或日常生活来说,无关紧要,因此我们不必加以理会。……任何研究它(逻辑学)的人,只有在完全掌握宗教法规,且研究了《古兰经》的解释和法学之后,才应从事这项工作。不懂穆斯林诸宗教学科的人,是不

---

① 重要的伊斯兰政治思想家如巴基拉尼(al-Baqillani,1013年去世)、马瓦尔迪(al-Mawardi,1058年去世)、安萨里(al-Ghazali,1111年去世),以及伊本·赫勒敦(Ibn Khaldun,1406年去世)等人,都企图在理论上对这个裂痕做出体系性的论述。

② 斯塔夫里阿诺斯著,吴象婴、梁赤民、董书慧、王昶译:《全球通史——从史前史到21世纪》,北京大学出版社,2011年第7版/修订版,第235页。

应致力于此项工作的，因为缺乏这一知识的人，几乎无法躲避其有害面的侵蚀。"①

**穆斯林对西方有一种优越感，以为自己是不可战胜的**。他们这种态度，部分源于宗教偏见，部分源于伊斯兰教在过去的惊人成就。伊斯兰教已从一个默默无闻的小教派成长为世界上最大的、发展最迅速的宗教。因此，凡是有关基督教欧洲的东西，穆斯林的官吏和学者都看不起，表示出一种傲慢。……这种唯我独尊的态度所带来的最有破坏性的一个后果是，在穆斯林世界和西方之间，特别是在愈益重要的科学领域，放下了一道思想铁幕。实际上，穆斯林学者对于帕拉切尔苏斯在医学方面、维萨里和哈维在解剖学方面以及哥白尼、开普勒、伽利略在天文学方面所做出的划时代的成就一无所知。不但他们不了解这些科学进步，而且穆斯林科学本身已停止发展，并对未来科学新发展几乎没什么动力。②

因此，在穆斯林世界，知识的发展与创新停止了。在欧洲诸大学蓬勃发展的同时，伊斯兰经文学校却满足于死记硬背权威性的教科书。8—12世纪，穆斯林世界远远超过西方，但到了16世纪时，这种差距已经消失。此后，西方迅速发展，突然跑到了前面，而穆斯林世界则停滞不前，甚至倒退。③ 如今在科技创新、发明者名单里根本没有穆斯林。自1901年以来至今，只有两名穆斯林获得过一个诺贝尔科学奖项，其中一人是巴基斯坦的物理学家阿布达斯·萨拉姆博士（Abdus Salam），而他因属于艾哈迈迪亚教派，未被本国视为是一名穆斯林。④ 穆斯林世界缺乏欧洲的动力，在经济领域，无论农业、工

---

① Ibn Khaldun, *Muqaddimah*, trans. F. Rosenthal (Pantheon, 1958), pp. 250 – 258.

② 斯塔夫里阿诺斯著，吴象婴、梁赤民、董书慧、王昶译：《全球通史——从史前史到21世纪》，北京大学出版社，2011年第7版/修订版，第355—356页。

③ 斯塔夫里阿诺斯著，吴象婴、梁赤民、董书慧、王昶译：《全球通史——从史前史到21世纪》，北京大学出版社，2011年第7版/修订版，第236页。

④ Husain Haqqani, "The Real Threat to Islam", *Newsweek*, October 8, 2012. 作者是2008—2011年的巴基斯坦驻美大使，目前是波士顿大学国际关系教授、赫德森研究所高级研究员。

业、金融方法或商业组织，均未发生根本变化。时至今日，穆斯林世界在全球化进程中进一步被边缘化。

## （四）奥斯曼帝国、波斯萨法维王朝、印度莫卧儿王朝都是陆上帝国

它们的缔造者土耳其人、波斯人和莫卧儿人都是没有航海传统的民族。他们的帝国是面向陆地而不是面对大海。这些帝国的统治者对海外贸易极不感兴趣，因此，当葡萄牙人开始夺取印度洋商路的控制权时，他们的反应却很小，甚至根本没有反应。结果，欧洲人在不遭受穆斯林反对的情况下，成为世界商路的主人，而以往欧亚之间的大部分贸易一向都控制在穆斯林手中。这一点影响深远，因为对世界贸易的控制使欧洲人极大地富裕起来，并进一步促进了他们的经济、社会和政治发展。于是，一个恶性循环逐步形成：西欧因从事世界性贸易而愈来愈富裕、愈来愈拥有生产力和动力、愈来愈实行扩张政策，而一度令人生畏的穆斯林帝国则因很少参与新的世界经济而仍处于静止状态，并愈来愈落到后面。[①]

## （五）近代以来穆斯林世界未能实现向政教分离的现代社会过渡

**在西方基督教世界，一开始就实现了政教分离，基督教基本教义未将正义与权力直接联系起来**。独立的世俗权力存在神学基础——耶稣在《圣经》里明确区分了凯撒与上帝的不同权力，前者为政治和社会秩序的统治者。基督教是起自罗马帝国统治下的被压迫者，以宗教

---

[①] 斯塔夫里阿诺斯著，吴象婴、梁赤民、董书慧、王昶译：《全球通史——从史前史到21世纪》，北京大学出版社，2011年第7版/修订版，第357页。

形式表现其呻吟与反抗。基督教成为罗马帝国国教①后，奥古斯丁（Aurelius Augustinus，354—430年）首次提出体系性的基督教神学理论，展开"神国"（civitas dei）与"地国"（civitas terrena）的双元论述，判定教会是"神国"在地上的代表，信徒只能"通过教会而进入神的国度"，以及"教会之外无救赎"。之后，在中世纪的欧洲，对世界政治秩序的概念亦属宗教性定义，即理念上存在着一个基督教共同体，教会为其象征。但这只是理念，在政治生活实践中，林立各种差异性颇大的世俗政权。这些世俗政权的存在，并未在基督教的理论中遭到否定。基督教理论不否认世俗权力及必须以上帝作为理论根源的正义这两者之间必定要有直接关系，因而作为抽象共同体之尘世代表的天主教会，与各种世俗政权林立的伦理与现实差距，并未被视为理论上的重要课题。因此，7—8世纪，穆斯林展开大征服，攻取地中海沿岸大部分基督徒聚居区，对基督教的东罗马帝国构成严重威胁时，基督徒的政治危机感并未转化为宗教意识上的危机感。权力与正义无直接关联构成了日后西欧国家体系能够成立的理论前提。通过西欧国家体系的成立与发展，基督教的理论几乎完全被排除在世俗的政治领域之外。② 此外，**西方实现了哲学与神学的剥离**。托马斯·阿奎纳指出，亚里士多德哲学核心是理性主义，理性是真理独立于神学的源泉，而理性与宗教信仰是两个既和谐又性质迥异的领域。③

---

① 公元前27年，渥大维（Octavian）成为罗马帝国第一位皇帝（公元前27年—公元14年）。罗马帝国建立后，国威远振，四海升平，这一段时间长达300年（70—378年），史称"罗马和平"（Pax Romana）。313年，罗马皇帝君士坦丁（Constantine，306—337年）颁发《米兰敕令》（Edict of Milan），使基督教合法化，而其本人也受洗成为教徒。380年，狄奥多西大帝任内成为罗马帝国的国教。因此，在罗马帝国，先有帝国，后来才是政教合一。在整个西方历史上，先是唯一的教会然后是许多教会与国家并存。上帝与皇帝，教会与国家，精神权威与世俗权威，在西方文化中始终普遍地是二元的。

② 张锡模：《圣战与文明：伊斯兰与世界政治首部曲》（610—1914年），玉山社出版事业股份有限公司，2003年2月版，第373页。

③ William Pfaff, "The Big Threat Is to Islamic Society, Not the West", *International Herald Tribune*, October 25, 2001.

**反观穆斯林世界，穆斯林从未实现过真正的政教分离**。在伊斯兰理论中，"沙里亚法"不是来自人类，而是来自安拉的启示与先知穆罕默德的圣谕，其教诲不仅规范着人类的内在精神，而且规范着穆斯林的外在行为，两者无法泾渭判分。这个基本立场使权力与正义直接相关。遵循"沙里亚法"是穆斯林的基本义务，为了实施"沙里亚法"，维持"沙里亚法"所规范的社会秩序，保卫穆斯林共同体与穆斯林的生命财产安全，需要政治权力与政府，而政府的运作与政治权力的行使，必须以执行和维护"沙里亚法"为前提。伊斯兰教是一种涵盖一切的体系，既是一种意识形态，又是一种政治制度；既是一种文化方式，又是一种社会组织形式。它不是一般意义的宗教信仰，而是一种源远流长的文化传统，一种富于实践性的"启示宗教""法律宗教"。为独立国家权力建立非神学合法性基础的努力只能以失败告终，独立市民社会永远不可能出现。[①]

纵观穆斯林的激进主义发展史，"国家"被视为穆斯林社会的政治体现。一旦穆斯林感到公共生活已偏离伊斯兰价值观和道德规范，他们就有责任起来纠正其社会、政治立场和机制——政治上分崩离析、经济社会衰落就是这种偏离的明证。最终，唯有"沙里亚法"才能指引"乌玛"回归真主正道，一如穆罕默德在麦地那的宗教公社岁月。[②]

---

[①] 吴云贵：《伊斯兰教法概略》，中国社会科学出版社，1993年2月版，第295页。

[②] Brek Batley, "The Justifications for Jihad, War and Revolution in Islam", Working Paper No. 375, Strategic & Defence Studies Centre, Canberra, June 2003, p. 12.

# 第二章　当今穆斯林激进圈盛行的关键概念

正统伊斯兰思想最具权威性，信奉者众。以"基地"组织为核心的国际恐怖势力打着伊斯兰教旗号，标榜自己"认主独一"（有些直接以此为组织名称），从事危害国家、地区和世界安全的暴恐活动。鉴此，本章专门梳理、介绍当今穆斯林激进圈盛行、却源于正统伊斯兰思想的一些关键概念。

## 一、"认主独一"

"伊斯兰"（Islam）是阿拉伯语的音译，其字面意义为和平、顺从。从宗教意义上说，"伊斯兰"就是对真主的归顺与服从，归顺真主的旨意并服从真主的戒律。**穆斯林**意即"信仰伊斯兰教的人"，就是"和平"的信仰者和归顺者，亦即绝对皈依唯一而至高的真主，并遵从其教诲而生活的人。

穆斯林激进分子容易绑架广大穆斯林，就是利用"认主独一"信仰。本来，"认主独一"是伊斯兰教纯洁的信仰。但是，激进分子有其独特的解读和运用，将"认主独一"信仰政治化、扩大化。更有甚者，把"认主独一"信仰用作思想斗争的武器，符合自己的利益和主张者，就是"认主独一"者；否则，就是违背"认主独一"，就是信仰有问题，就是"举伴真主"、"以物配主"、异端。这也是导致"教内撕裂、教外对抗"的重要因素。

## （一）内涵[①]

先知穆罕默德说：万物均有中心所在，即天地万物无论其有形与否，各有其中心所在。**伊斯兰教中心是"认主独一"。**安拉意译真主，是唯一不受任何实物牵连和构成的存在，是无始无终、无边际、无限制的，是人类难以想象的极大和无法描述的永恒。安拉是超绝万物的，是超绝人类想象的，是超绝人类的语言所能表达的唯一存在。真主的使者穆罕默德说："你们思考安拉的恩惠，不要思考安拉的本然。"又说："你们思考所有被造物，唯独不要思考创造者——安拉的本然。"第一任哈里发艾布·伯克尔说："认识安拉上的无能为力是信仰的终极"。因此，探求安拉的本然和属性的大门理论上对人类是关闭的。"认主独一"是伊斯兰认知体系中认识真主独一性的学问，包含最基本的意义——除真主之外，绝无真正应受崇拜的主宰，更无神灵。除他之外的一切都是最虚妄的，最不义的，最终都是迷误的。[②]

"认主独一"是自人类始祖阿丹（亚当）开始，历经努海（诺亚）、易卜拉欣（亚伯拉罕）、穆萨（摩西）、达乌德（大卫）、尔萨（耶稣）和穆罕默德一致奉命传播的思想。伊斯兰教认为，三位一体掺杂了对真主属性中不纯净的认识，是对"认主独一"的背弃，是变相的多神信仰。

信仰安拉的方法，以安拉的尊名认识安拉，以学习安拉的德性接近安拉，是人类归信安拉的唯一途径。除此之外，人类无从认识安拉，也无法与安拉完善主仆关系。对于《古兰经》、圣训中描述安拉的经文，逊尼派四大教法学派之一创始人伊本·罕百里说："我们相信他，诚信其是真实的。但我们对之不加评论，对其意义不加解释，

---

[①] 材料引自："认主独一"，http://baike.baidu.com/link?url=lLi6c4zubI5VPd4wdOeoZmoJrukGmIp7oe67ZW9HcjFgz-oT9fDkP_phVQNtqxNSVaSFmiA5l06foUUaGATRxK。（上网时间：2014年1月16日）

[②] 伊斯兰学者侯赛尼·阿利筛赫："认主独一的贵重"，2005年1月7日，http://www.yslzc.com/zjxy/Class80/Class81/200507/4355.html。（上网时间：2014年1月16日）

也不反驳其中任何一点。我们相信凡使者传达的都是真理,我们不违背安拉的使者。"

表达安拉独一无二的本体德性,任何语言都有其局限性。安拉选用阿拉伯语降示《古兰经》,使"认主独一"信仰只有阿拉伯语表达得最准确、最优美。任何其他语言的翻译都不能完整准确地表达原初意义。任何语种译文都是那个民族的历史和文化载体,具有某些不纯净的语义学色彩,必然会造成对阿拉伯语安拉一词的不纯洁指向。

实践上,"崇拜独一"。理论"认主独一"是在认识方面达到完美,而实践"认主独一"则是人达到完美的动力。理论"认主独一"是认识独一的安拉,而实践"认主独一"则是理论"认主独一"的体现。在伊斯兰教观点中,崇拜是有等级的,最明显的等级就是在任何崇拜仪式中,一切都只为独一的安拉。"除真主之外,绝无真正应受崇拜的主",这句话是众使者宣传的精华,是他们使命的纲领。真主说:"在你之前,我所派遣的使者,都奉到我的启示:除我之外绝无应受崇拜的,所以你们应当崇拜我。"(21:25)若是为了除安拉之外的任何人或物,就不是"认主独一",也不是穆斯林。

伊斯兰倡导绝对服从和遵从安拉,不服从不遵从安拉而追随其他者,都属于"以物配主"。《古兰经》云:"信奉天经的人啊!你们来吧,让我们共同遵守一种双方认为公平的信条:我们大家只崇拜安拉,不以任何物配偶他,除安拉外,不以同类为主宰。"(3:64)因此,实践中,"认主独一"或"崇拜独一"就是只顺从安拉的命令,只把安拉作为精神朝向和奋斗目标,放弃对其他人的绝对服从。换言之,只为安拉而鞠躬,只为安拉而站立,只为安拉而服务,只为安拉而生,只为安拉而死,这才是对真主认知的独一。

## (二)"万物非主,唯有真主,穆罕默德是主的使者"

这两大信仰告白(shahada)构成伊斯兰教两大原理。第一原理规定神与人类之间的垂直关系;第二原理规范人类之间的水平关系。根据第一原理,穆斯林必须皈依、信仰与遵循安拉的启示与教诲,此一遵循关系无需中介人，而是穆斯林个体与安拉的直接关系，因而在伊斯兰教中，无罗马天主教之类的教会体系存在。第二原理规定所有穆斯林之间的水平关系，即安拉的启示由其使者——即最后一位先知穆罕默德所传达，以《古兰经》为正典，信徒称为穆斯林，彼此间一律平等，并为笃信与奉行伊斯兰教而生。所有穆斯林的集合体称为"乌玛"。这两大原理使穆斯林超越血缘、地缘等人为差异界限，根据共同性（同为穆斯林）与同胞性（同为穆斯林共同体的成员）来界定彼此间关系。于是，一种新世界观出现——即伊斯兰信仰与穆斯林同胞性的宗教纽带，超越了部族的纽带，并据此提倡社会平等与救济穷人等社会正义思想。[1]

**伊斯兰教理论之要害**。在伊斯兰教核心理论中，并存着两条根本原理：其一是尊崇宗教领导人原理；其二是信徒平等的同胞原理。尊崇宗教领导人原理的出发点是伊斯兰教的第一原理，即皈依唯一真主（安拉），并遵从真主的使者穆罕默德的领导。而要求信徒平等的出发点，则是以安拉为超越一切的绝对，全知全能，其使徒先知穆罕默德则是人类，因而连穆罕默德本人也必须遵从安拉的旨意。领导人原理与信徒平等原理，在领导人深具正当性与领导力时，具有相互补强的功能，而这正是伊斯兰教威力之所在——平等原理与社会正义原则使伊斯兰教独具魅力，而领导人原理则使穆斯林团结，并据此使穆斯林共同体展现出巨大的能量。但是，当领导人的权力正当性不足，或是领导力微弱时，究竟应以何者为重，欠缺明确的规范与实践所需的平衡，因此产生不同的政治思想流派，如哈瓦利吉派是平等主义的先锋，并认为可以诉诸暴力手段来实现平等的理想。什叶派在凸显平等主义要求的同时，又开创了在压迫体制中艰苦传教、坚持理想的典范。[2]

无论是先知穆罕默德在初期的反抗麦加多神教徒过程，抑或晚年

---

[1] 张锡模：《圣战与文明：伊斯兰与世界政治首部曲》（610—1914年），玉山社出版事业股份有限公司，2003年2月版，第64—65页。

[2] 张锡模：《圣战与文明：伊斯兰与世界政治首部曲》（610—1914年），玉山社出版事业股份有限公司，2003年2月版，第82—83页。

与正统哈里发时代的对外征服,穆斯林共同体都带有浓烈的军事组织性格,因而领导人原理与武装斗争路线便成为主流。随着对外征服的展开,穆斯林共同体逐渐发展成常规的帝国体制,从军事组织转化为政治组织,统治者(领导人)与被统治者之间相互关系的定位——领导人原理与穆斯林平等原理的矛盾,以及武装斗争与和平路线的差距,便逐渐尖锐起来。这些理论要害,对其后所有伊斯兰思想与行动的发展产生了深远的影响。①

## 二、"乌玛"及哈里发国家

### (一)"乌玛"是穆斯林政教合一国家的雏形

"乌玛"(al-Ummah)阿拉伯语音译,本意为民族,引申为"社群"。610年,穆罕默德在阿拉伯半岛受天启传教。因受麦加古莱什部落贵族迫害,622年9月迁徙麦地那后,穆罕默德及圣门弟子以此为根据地,号召穆斯林不分种族部落、家庭和地区界限,在共同信仰的基础上,由迁士、辅士以及不同氏族部落的穆斯林,以盟约形式签订第一个政治纲领《麦地那宪章》,在此基础上建立穆斯林第一个政治实体——"乌玛",亦称"**麦地那穆斯林公社**",这是一个为伊斯兰教而奋斗的**武装社团**。② 为生存和抵御犹太教徒和多神教徒的袭击,"乌玛"必须是一个功能齐全的社会组织,内融宗教信仰、伦理道德、文化教育、政治经济为一体,形成伊斯兰政教合一政治理念基础。《古兰经》中多次提到"乌玛",这是穆斯林追求的一种高度理想的社会境界。

"乌玛"以"**凡穆斯林皆兄弟**"为指导思想,打破阿拉伯氏族、部落和地区之间的界限,在共同信仰基础上形成一个团结集体,代表

---

① 张锡模:《圣战与文明:伊斯兰与世界政治首部曲》(610—1914年),玉山社出版事业股份有限公司,2003年2月版,第83—84页。

② "乌玛",http://baike.baidu.com/link? url = riDlTcMDYNAj9pMUgv5qTLdG91S2a7 OaheFhCYA58KxL8W0L4V5sjUf-wNy1O7LsHsFx6uMU1mBs14JM5FT8cq。(上网时间:2014年2月13日)

**了早期实施真主法度的伊斯兰政权的雏形**。伊斯兰教"在创立和传播过程中必须不断克服部落、种族、血缘、肤色、语言、地域、民俗等限制性因素,使自身成为一个具有超越性、开放性、普世性的泛伊斯兰文化信仰体系,便于不同文化背景的世界各族人民所接受"。历代穆斯林统治阶层都通过"凡穆斯林皆兄弟"思想,创造性地使用"穆斯林"概念,使多民族、部落的社会统一在"穆斯林"称谓之下。伊斯兰信仰在第一个伊斯兰政治共同体"乌玛"建立后就深深地和世俗政治融合在一起,这是一个由宗教意识形态与政治强制力双重结合的共同体管理模式。

在"乌玛"中,安拉具有至高无上的权威,穆罕默德是安拉的使者,掌握着公社的最高宗教和世俗权力。政权为全体穆斯林所有,**"乌玛"成员享有平等权利和应尽同等义务**,并规定了必须遵守的社会公德与行为准则。在神权政治实践中,穆罕默德开创了"依法治国、以国扶教"的伊斯兰历史,并实现了多重角色的统一:他是一位安拉选定的使者,然后是一位神权政治领袖,一位法官和一位精神导师。这种神、人、权、俗的结合奠定了《古兰经》和圣训的崇高权威性和治理社会的合法性。**先是真主法,然后是先知法,最后才是人为法,这种神、人、法之间的密切关系既决定了"乌玛"社会的稳定性,也体现了其承继关系中的单一性**。穆罕默德在传教初期确立的"乌玛"制度,对于团结教徒,集中力量对付外界威胁,为伊斯兰教顺利传播和建立统一哈里发国家奠定了初步的基础。

后世历史学家将"乌玛"专指早期麦地那穆斯林公社,而现今普通穆斯林将"乌玛"视为不分民族、种族、地域、国家的强大穆斯林共同体。

### (二)"哈里发国家"

632年,穆罕默德归真后,"乌玛"进入四大哈里发时代(632—661年),统一的阿拉伯民族国家建立,疆域扩展至欧、亚、非三洲,成为显赫一时的"哈里发帝国"。第一任哈里发是艾布·伯克尔

## 第二章 当今穆斯林激进圈盛行的关键概念

（632年即位至634年8月22日去世）；第二任哈里发是欧麦尔（634年即位至644年11月3日遇刺身亡）；第三任哈里发是奥斯曼（644年即位至656年被殴杀）；第四任哈里发是阿里（656年即位至661年1月24日被刺杀）。

四大哈里发时代实行一种比较民主、平等、公正的政治制度，后世称之为"正统哈里发制度"[①]，这是一种政教合一的国家体制。其

---

① 中世纪穆斯林"政教合一"政治制度，是将国家君主及其政治权威与伊斯兰教基本信条融为一体。在表现形式上，伊斯兰教法是"本"，而国家政权职能则在这个"本"上派生出来。在"政教合一"政治制度中，其典型形态是伊斯兰教作为社会的上层建筑，其教义就是国家的统治思想，其教法就是国家的根本大法，宗教司法制度就是国家的基本司法制度和政权合法性的根本依据。在这样的前提下，国家君主也只是真主在人间的"代言人"实施统治，他必须承认和服从"真主法度"的权威，并有义务捍卫伊斯兰信仰。这种"政教合一"，核心就是国家君主的政治权威与伊斯兰教基本信条的高度融合，它把对国家君主的"忠"与对宗教的"信"紧密结合起来，达到对臣民的思想控制与政治统治。中世纪穆斯林"政教合一"政治制度经历了四种不同的历史形态，即正统哈里发制度、阿拉伯帝国制度、哈里发帝国制度、晚期苏丹制度。1. **正统哈里发制度**。即穆罕默德去世后他的四位弟子相继执掌国家政治权力的短暂时期（632—661年）所实行的政治体制。这一时期正是麦地那初具国家形态的穆斯林社团急剧向世界性帝国转变的时期。被称为哈里发的主事人，既是日常宗教活动的领拜人，又是行政、军事首脑。宗教与政治、国务没有明确的职能区别，基本上是一回事。正是在这一时期，确立了宗教与国家政权、社会组织和社会生活的全面联系，为后世"政教合一"的政治制度开创了先河。2. **阿拉伯帝国制度**。即伍麦叶王朝统治时期（661—750年）所实行的政治制度，这种制度仍然是伊斯兰教与阿拉伯传统相结合的产物。在这种制度下，国家君主已不再是宗教领袖，但帝国的统治思想仍是伊斯兰教思想，并以此作为国家权力合法性的权威依据，国家君主也要维护宗教的权利和权益。同时，国家君主的施政也必须依靠穆斯林社团的作用，因此，帝国的每一项成就都理所当然地被看作是阿拉伯-伊斯兰的成就。3. **哈里发帝国制度**。即阿巴斯王朝统治时期（750—1258年）建立的一种政治制度。在这种政治制度下，宗教与国家出现了职能上的分离，国家君主已只是政治权力的象征，在宗教方面的权威已无足轻重，但伊斯兰教思想仍然是统治思想，只是伊斯兰教作为宗教组织已不再进入国家制度和政治运作层面。它的力量和影响主要是在社会文化层面，在民间、在信仰者的精神世界。4. **晚期苏丹制度**。即16世纪穆斯林世界兴起的奥斯曼帝国、波斯萨法维王朝的政治制度。与早期苏丹制度不同，他们都以伊斯兰教为精神支柱，并在宗教与国家政权之间建立了更加密切的联系。奥斯曼帝国统治时期，伊斯兰教形成了官方体制，成为国家军事官僚机器的一部分。苏丹

三大原则是：1. 国家的绝对主权仅属于真主（安拉），国家的最高原则为体现安拉意志的神圣"沙里亚法"。任何人行事必须遵循"沙里亚法"，统治者亦无例外。2."哈里发国家"系为弘扬伊斯兰精神、维护穆斯林民众最高利益联合而成的一种社会共同体（"乌玛"），尊重民意、为民做主、维护民众的福利为国家的基本宗旨。共同体内部是一种平等的兄弟关系。3. 国家元首哈里发通过民主推举或协商产生，为安拉使者的代理人。唯有德高望重、主持正义的虔诚穆斯林才有资格当选，其使命是弘扬伊斯兰教，保卫国家的安全和民众的合法利益。①

## 三、伊斯兰"圣战"

《古兰经》中的"圣战"，本意为主道而奋斗或自我努力。该词是阿拉伯语"吉哈德"（Jihad）汉语意译，最初是指"穆罕默德与麦加多神教徒进行的战争"，后指"在伊斯兰旗帜下为宗教而进行的战争"。"圣战"是伊斯兰教主张之一，是其精神的最有力体现和外化。**从伊斯兰教诞生至今，"圣战"在不同历史阶段起过不同的作用。**历经1400多年变迁，伊斯兰"圣战"早已超出纯宗教的意义和范畴，不仅是对外征服和扩张的代用语，还是反抗压迫和邪恶的同名词；既是文化传统，也是伊斯兰精神的体现。它融合、沉淀于穆斯林潜意识中，不时显露出来，人类历史回音壁上经久不息地回荡着伊斯兰"圣战"的呐喊。②

---

（接上页注）们在加强中央集权制的同时，建立了从中央到地方的宗教司法制度，与宫廷制度、文书制度、军事制度并称为奥斯曼帝国的四大制度。波斯萨法维王朝是在伊朗君主制传统与什叶派相结合的基础上创立的，其政治的稳定仰赖于三大支柱：以国王为中心的封建王权，以宗教学者为核心的官方宗教体制，以及地方部落势力的忠诚与合作。

① 吴云贵：《伊斯兰教法概略》，中国社会科学出版社，1993年2月版，第196页。
② 尚劝余："伊斯兰圣战的理论渊源与实质"，http://bbs.tianya.cn/post-worldlook-119177-1.shtml。（上网时间：2014年2月11日）

## （一）"圣战"观

610年，穆罕默德奉真主之命以和平方式开始在麦加传教，历时13年，受尽麦加多神教徒的折磨和迫害。622年9月，穆罕默德及圣门弟子迁徙到麦地那建立"乌玛"后，麦加贵族集合大军向穆罕默德创立的第一个穆斯林政权扑来。若不奋起反抗，穆斯林生命不保，伊斯兰教将遭灭顶之灾。危急关头，真主降示先知允许武力抵抗的经文，即武力"吉哈德"——建立军队自卫和抵抗外来侵略。真主说："被进攻者，已获得反抗的许可，因为他们是受压迫的。"（22：39）这是《古兰经》中关于"圣战"启示的开端。穆罕默德既是先知又是战士，他本人直接参加27次战斗。①

**《古兰经》和圣训都指出"圣战"的重要性，号召穆斯林为信仰而战**。《古兰经》规定"战争已成为你们的定制"；（2：216）"为主道而战的人将永远获胜，将得到真主的奖赏；为主道而战阵亡的信徒，比其余的信徒得天独厚，他们用不着等到世界末日，就可以马上进入乐园。乐园是一幅诱人的图景：有水河，水质不腐；有乳河，乳味不变；有蜜河，蜜质纯洁。"（47：15）穆罕默德在圣训中说："我岂能不把事情的尖顶、支柱和最重要部分告诉你们？事情的尖顶就是伊斯兰；支柱就是祈祷；最重要部分就是圣战。"②伊斯兰教经典及教义对"圣战"所赋予的崇高地位及其相关规定，无疑是"圣战"不绝于史、穆斯林视死如归"殉教"的一个重要因素。

**在伊斯兰教中，"圣战"一般认为分三个层次**。最高一层：心的"圣战"，或者自我的"圣战"。这是获取正确信条和从自我中去除有关这一信条的所有疑惑和误解的内在奋争，是对信徒所吩咐的命令和禁令。它进一步包括从灵魂中清除低级欲望和获得高尚的品质。例

---

① Robert Spencer, *The Politically Incorrect Guide to Islam (and The Crusades)*, Regnery Publishing, Inc, Washington, DC, 2005, pp. 4、19、22 - 23.

② 托马斯·李普曼著，陆文岳、英珊译：《伊斯兰教与穆斯林世界》，新华出版社，1985年版，第144页。

如：抵御邪恶的诱惑，保持纯洁、中道和公正。不再贪恋红尘，达到清净无我。它的特点是要仁慈至善。次级一层：舌的"圣战"，或者言语的"圣战"，现在也发展到包括用笔的"圣战"。这是针对邪恶以及错误的信念和行动的奋争（多称为"劝善戒恶"）。最低一层：付出生命和财产的"圣战"。这是在自己的生命受到威胁情况下，出于自我防卫而进行的"圣战"。

多数伊斯兰教法学家将"吉哈德"义务的履行方式概括为心、舌、手、剑四类，其中剑的方式即"圣战"（该词源于十字军东征）。但"圣战"不能完整表达"吉哈德"的准确含义。**通常，伊斯兰教法学家把"吉哈德"划分为四类**：第一类指的是与撒旦或邪恶作斗争的努力；第二类是指支持正义的努力；第三类是纠正错误的努力；**第四类是为了真主，即为了保卫和传播伊斯兰教而发动的战争。在这四类"吉哈德"中，只有最后一类表达的才是现代社会所指的"圣战"**。① 在此，为"圣战"效力是穆斯林应尽义务。世界就是一个战场，在那里，穆斯林与"不信教者"，真主之友与真主之敌（或撒旦的随从）相互厮杀："信道者，为主道而战；不信道者，为魔道而战；故你们当对恶魔的党羽作战。"应该像穆罕默德及圣门弟子通过宣教、外交和战争扩张伊斯兰统治那样，"乌玛"使命就是在全世界拓展伊斯兰教统治和领地，并且保卫它。伊斯兰教法规定，对多神教徒、"背教者"和那些拒绝伊斯兰统治的"有经之人"以及袭击穆斯林领土者发动战争是穆斯林的一项义务。在战斗中献身是证实真主和信仰的最高形式。②

作为一种宗教职责，"圣战"在"沙里亚法"里有明确的规定：在进攻战中，"圣战"是整个穆斯林社会的一种集体职责；在防御战中，"圣战"是每个穆斯林的个人职责。

---

① 王旭："毛杜迪的圣战观念和伊斯兰革命理论"，更新时间：2013年2月17日，http://lunwen.1kejian.com/zongjiao/120104_2.html.（上网时间：2014年2月11日）

② （美）J. L. 埃斯波西托：《伊斯兰威胁：神话还是现实？》，社会科学文献出版社，1999年6月版，第39页。

**后期的部分教法学家将整个世界划分为两大部分：**

**伊斯兰地区**（Dar al-Islam）**和战争地区**（Dar al-Harb）。前者指接受伊斯兰统治的地区，包括穆斯林居住地区以及接受穆斯林政权统治的非穆斯林地区；后者指伊斯兰地区外由异教徒统治的世界上其他所有地区。理论上讲，穆斯林的目标是把伊斯兰教传播到世界各地，让所有人都承认和信仰独一的安拉。早在伊斯兰教上升时期，一些穆斯林思想家就提出"伊斯兰教最终目的是将全世界都改变为伊斯兰地区"等原则。[①] 在很长一个历史时期内，这些原则决定了穆斯林世界与外部世界的关系，并使穆斯林不断向外扩张，用武力或宣教方式向外传播伊斯兰教，实现了整个西亚、北非的伊斯兰化。现代一些穆斯林学者认为，这种划分是历史的产物，已经不适合目前穆斯林与非穆斯林关系现状。

根据《古兰经》和圣训，武力"吉哈德"只能为了反抗对穆斯林的迫害，或为解救处于残暴统治下的人们，或为平息危害伊斯兰政权的叛乱，均属于自卫性质。伊斯兰学者指出，**即便这种迫不得已的战争，也是有条件的：**1. 当伊斯兰民族识破敌方的背信或侵略意图时，就要竭尽所能备战："你们应当为他们而准备你们所能准备的武力和战马，你们借此威胁真主的敌人和你们的敌人。"（8：60）这是为威慑敌人而做的准备，不是为侵略做准备；是警告敌人，不是警告朋友和盟友。2. 若敌人执意挑起战争，进行侵略，那么他们将自食其果："受人欺辱而进行报复的人们，是无可责备的。应受责备的，是欺辱他人、并且在地方上蛮横无理者；这些人将受痛苦的刑罚。"（42：41—42）"谁侵犯你们，你们可以同样的方法报复谁；你们当敬畏真主，当知道真主是与敬畏者同在的。"（2：194）3. 如果战争很激烈，战士们要勇猛杀敌，要祈真主默助，要多记念真主："信道的人们啊！当你们遇见一伙敌军的时候，你们当坚定，应当多多记念真主，以便你们成功。"（8：45）4. 若敌人采取欺骗手段率先毁约，

---

[①] 彭树智主编：《伊斯兰教与中东现代化进程》，西北大学出版社，1997年版，第359页。

在告知他们所立盟约已无效并向他们宣战的同时,很快讨伐他们是无妨的。①

## (二)"圣战"史

综观伊斯兰历史,有两类不同性质的"圣战":一类是早期对外扩张征服的"圣战";另一类是反抗迫害和侵略的"圣战"。四大哈里发时期的远征、奥斯曼帝国的对外征服等,属于前者;穆罕默德对麦加多神教徒的战争、萨拉丁对十字军的抗击、阿富汗对前苏联入侵的抵抗等,属于后者。

1. **"圣战"起源于伊斯兰教诞生时期的阿拉伯民族精神,是阿拉伯民族禀性最富凝聚力的外化**。阿拉伯半岛自然环境与社会状况决定和造就了阿拉伯民族性格:自然条件突出特征是沙漠广阔,缺少雨水,干燥炎热,这种特殊的自然环境形成阿拉伯人迫于生计而四处奔波的沙漠型生活方式和特性:热爱无路可寻的沙漠和寸草不生的秃崖,又渴望离开这一切,四处征战,向肥沃富庶地区迁徙。就社会状况而言,当时阿拉伯半岛处于原始部落氏族制向阶级社会过渡时期,即恩格斯所说的以大规模掠夺战争为特征的"英雄时代"。阿拉伯人"英雄时代"深深打上游牧社会烙印:为了争夺牲畜、牧场、水源和抗御外来侵袭,当时阿拉伯半岛游牧部落(大多数居民是贝都因人)之间战火连绵不绝。沙漠游牧民推崇尚武精神,抢人驼马、掳人妻女、抢劫商队被视为谋生途径之一。伍麦叶王朝早期诗人顾托密曾以四句诗形象地揭示阿拉伯人这种早期生活原则和特性:"我们以劫掠为职业,劫掠我们的敌人和邻居。倘若无人可供我们劫掠,我们就劫掠自己的兄弟。"②"英雄时代"和游牧社会两大特征相结合,使阿拉伯人养成勇敢善战、争强好胜的民族性格。

6—7世纪,阿拉伯半岛正处于新旧社会交替的历史大转折时期,

---

① "吉哈德",http://baike.baidu.com/link?url=-LQZ7OoJ131riIhlWzwSVsUMwicWI4Pb8dgXWvLGfjxDrxJoeewaEhgFmcYBe1Rw。(上网时间:2014年2月11日)

② 希提著,马坚译:《阿拉伯通史》,商务印书馆,1979年版,第26页。

氏族部落之间、奴隶与奴隶主之间的矛盾，加上外族入侵导致的民族矛盾等错综复杂地交织在一起，阿拉伯半岛陷入内忧外患中。实现阿拉伯半岛政治上的统一成为各个阿拉伯氏族部落的共同愿望，反映在意识形态上就是用一种新的一神教取代四分五裂的各部落多神教。穆罕默德顺应历史潮流，挑起阿拉伯半岛统一重担，受天启传播新的一神教——伊斯兰教。一神教主张触犯了麦加多神教徒的政治、宗教、经济利益，穆罕默德和穆斯林遭到残酷的攻击、刁难和迫害。622年9月，穆罕默德及圣门弟子被迫出走麦加，迁徙到麦地那创建"乌玛"，麦地那成为发展伊斯兰教与信仰多神教的麦加贵族对抗的堡垒。穆罕默德在麦地那得到初步巩固后，旋即组织穆斯林大军进行一系列"圣战"。630年，他率领穆斯林大军光复麦加。631年，阿拉伯半岛基本统一，政教合一的国家初步形成。从此，"圣战"使伊斯兰教迅速对外传播，成为一股震撼世界的力量。[①]

从"圣战"缘起看，其实质是捍卫和传播伊斯兰教，它所针对的是"不信教者"和压迫者。这一实质表现出"圣战"明显的双重性：一是扩张征服，二是抵御压迫；亦即一方面体现出进攻性，另一方面又体现出自卫性。现代权威穆斯林学者认为，"圣战"的目的是出于自卫。

**2. 穆斯林对外"圣战"史可分为五个时期**

**第一个时期：从穆罕默德迁徙麦地那到阿巴斯王朝中期（622年至10世纪），是高举"圣战"旗帜第一次对外拓展疆土高潮期**。这个时期又分两阶段：

一是622年后先知穆罕默德在麦地那率领穆斯林（迁士、辅士）向在阿拉伯半岛上的古莱什部落发动第一次"圣战"，著名战役有白德尔之战（Badr，624年穆罕默德率领近300名圣门弟子对抗兵力三倍于他们的古莱什部落大军，打败后者，成为伊斯兰历史发展转折点）、吴侯德之战（Uhud）、壕沟之战（Trench），三大战役改变了双

---

① 以上两小段材料引自：尚劝余："伊斯兰圣战的理论渊源与实质"，http://bbs.tianya.cn/post-worldlook-119177-1.shtml。（上网时间：2014年2月11日）

方的力量对比,从此穆斯林的战争性质由自卫转入进攻。630 年,穆罕默德率万名穆斯林士兵光复麦加,一举夺取"天房"控制权,建立史上第一个伊斯兰国家。

二是四大哈里发时代(632—661 年)、伍麦叶王朝(661—750 年)、阿巴斯王朝中期(750 年至 10 世纪),穆斯林大军高举"圣战"旗帜,长期进行大规模领土扩张,打败当时两大列强:东面的波斯,北、西边的拜占庭帝国。在二代人时间里,他们从麦地那、耶路撒冷、大马士革、安提俄克①(Antioch)到阿勒颇,一直所向无敌:向北,打进拜占庭帝国腹地。向东,拿下卡迪西亚(Qadisiyya)和马代恩②(Madain)后,进军到尼哈万德③(Nehawand)、哈马丹④及里海。一支打到巴士拉和伊斯法罕及中亚的尼沙普然⑤(Nishapur)、阿姆河;一支掉头南进到阿富汗,直至印度次大陆的信德和印度河谷。向南,抵达埃及的福斯塔特⑥(Fustat)和亚历山大港,打开通往马格里布的大门到休达(Ceuta)大西洋海岸,然后横跨直布罗陀进军到科多巴(Cordoba)、托莱多、萨戈萨(Sargossa)。到 10 世纪,阿巴斯王朝已建立地跨欧亚非三大洲的阿拉伯—伊斯兰帝国,成为主导世界话语权的力量,伊斯兰教成为世界性宗教。

**第二个时期**:从 10 世纪中叶到 14 世纪——阿巴斯王朝(750—1258 年)、法蒂玛王朝(909—1171 年)、后伍麦叶王朝(756—1031 年)**三足鼎立,对外扩张性"圣战"总体处于低潮**。10 世纪,阿拉伯—伊斯兰帝国的扩张停止,"圣战"跟着几乎完全消失。从 11 世纪开始,穆斯林世界核心区先后遭到八次十字军东征(1099—1291 年)和蒙古人西侵(1219—1259 年)的蹂躏,穆斯林奋起武装保卫"乌玛",自卫性"圣战"观兴起。其基本思维是,如果一名穆斯林依据

---

① 古叙利亚首都。
② 伊斯兰遗址,远古城市,位于约旦彼特拉市南部。
③ 641 年,在尼哈万德战役中,阿拉伯人征服波斯帝国。
④ 伊朗 30 个省份之一。
⑤ 现代地图上标作"内沙布尔",伊朗东北部呼罗珊地区一座古城。
⑥ 穆斯林统治下的埃及首个首都。

## 第二章 当今穆斯林激进圈盛行的关键概念

"沙里亚法"生活的权利遭剥夺,那他就是生活在战争地区,"圣战"即变成责任。十字军最终被赶走,蒙古人建立的伊儿汗国苏丹皈依了伊斯兰教。但在西班牙,阿拉伯人在西班牙基督徒列康吉斯达运动①(Naz'at Reconkista)面前节节败退。11—14世纪,尽管突厥穆斯林(Ghazis)发动"圣战",在小亚细亚(安纳托利亚)和印度西北部不断推进,但这些在穆斯林世界边缘地带取得的胜利对于核心区的动荡并没起到改善的作用。

**第三个时期**:15—17世纪,是"圣战"第二次对外拓展疆土高潮期。1299年,奥斯曼宣布成立以他名字命名的独立公国,打出伊斯兰复兴旗号,全力发展军事组织,新的"圣战"中心转移到安纳托利亚半岛,阿拉伯地区大批尚武穆斯林加入奥斯曼大军。"圣战"主要沿着安纳托利亚—东南欧和印度次大陆西北部两个方向展开。经过多年东征西讨,1536年征服整个阿拉伯半岛,成为地跨欧亚非三大洲的奥斯曼帝国,疆界东起高加索和波斯湾,西至摩洛哥,北面从奥地利边界延至俄罗斯境内,南面深入到非洲腹地。

**第四个时期**:从18世纪到第一次世界大战,面对西方列强的殖民侵略,"圣战"完全变成自卫性,穆斯林势力与西方较量中,西方逐渐占上风。在中东及穆斯林世界兴起很多以"圣战"为名的运动,或是以纯洁宗教为目的的社会和宗教改革运动,或是抵抗外来侵略的战争,抑或是两者兼而有之。阿拉伯半岛的瓦哈比运动、印度西北部的"圣战者运动"属于第一种情况;两次俄罗斯—波斯战争(1804—1813年、1826—1828年,以波斯丢失高加索告终)属于第二种情况;北非赛努西运动②(Sanusiyyah,19世纪30年代)、苏丹马赫迪运动(1881—1899年)、印尼巴德利运动(Padri War,1821—1838年)属于第三种情况。以纯洁宗教为目的,在"圣战"名义下发动的社会和宗教改革运动,往往伴随着建立伊斯兰政权的努力。此外,

---

① 西班牙语意为"再征服""收复"。中世纪西班牙人反对阿拉伯人长期占领的收复失地运动。

② 19世纪30年代发起的北非最大的伊斯兰社会运动,属近代苏菲派兄弟会组织。

还有富拉尼①战争（Fulani War,1804—1808年）、印尼爪哇战争（1825—1830年）、阿尔及利亚抵抗运动（1832—1847年）、索马里德尔维希运动②（Somali Dervishes,1896—1920年）、菲律宾摩洛叛乱（1899—1913年）、印尼亚齐战争（1873—1913年）、巴斯玛奇运动③（Basmachi Movement,1916—1934年）、利比亚抵抗运动（1911—1943年）。④ 1914年，奥斯曼帝国同德国一起向英国发动"圣战"。这场"圣战"在英属印度不仅没有鼓舞多少穆斯林起来反抗英国殖民统治，奥斯曼帝国的阿拉伯穆斯林臣民们反而加入英国军队同帝国作战。1919—1922年，奥斯曼帝国末代苏丹向争取土耳其独立的起义军发动"圣战"，反而导致1924年奥斯曼帝国灭亡，并建立世界上第一个世俗穆斯林国家——土耳其。

**第五个时期：1979年至今，激进分子滥用并假借"圣战"名义不断制造事端**。1979—1989年的阿富汗抗苏战争，点燃了全球"圣战"运动，产生了引领该运动走向21世纪的头目、组织和"阿富汗阿拉伯人"。他们一直活跃在延续至今的全球"圣战"舞台上，如克什米尔冲突（1990年至今）、索马里内战（1991年至今）、波黑战争（1992—1995年）、阿富汗内战（1994年至今）、车臣战争和北高加索叛乱（1994年至今）、尼日利亚冲突（2001年至今）、伊拉克战争（2003年至今）、也门内乱（2010年至今）、叙利亚内战（2011年至今）。⑤

---

① 现尼日利亚和喀麦隆。
② 苏菲派，放弃所有财产，终身传教。
③ 是一起以突厥穆斯林为主，针对俄罗斯和苏联在中亚的统治发动的起义。始于1916年，由反沙皇、反俄罗斯起义发展成一次长期的对苏联内战，20世纪20年代晚期才渐渐平息。
④ "Jihadism", http://en.wikipedia.org/wiki/Jihadism. （上网时间：2013年12月26日）
⑤ "Jihadism", http://en.wikipedia.org/wiki/Jihadism. （上网时间：2013年12月26日）

## （三）"圣战"内涵

在穆斯林演进史上，不同阶段，"圣战"内涵不尽相同，反映了特定历史环境下穆斯林的不同政治诉求。麦加时期是穆罕默德艰苦传教时期，《古兰经》麦加章语气温和，号召信徒要避开多神教徒和"不信道者"，或者以地狱的苦难告诫世人，以天堂的享乐许诺"信道者"。麦地那10年，麦加多神教徒多次大兵压境，先知穆罕默德遵主命，拿起武器反抗反对派，确立了舍命不舍教、卫教卫道，直到敌人放下武器，皈依伊斯兰教，享受"天下穆斯林皆兄弟"的待遇。因而，《古兰经》麦地那章语气大不相同，号召穆斯林同所有反对信仰伊斯兰教的人斗争并杀死他们："你们要与他们战斗，直到迫害消除，一切宗教全为真主。"（8：39）"你当为主道而战。"（4：84）这类号召对异教徒"圣战"的词句在《古兰经》麦地那章大量出现，并越来越占据重要地位，成为伊斯兰教重要组成部分。巴基斯坦贤哲会领袖法兹勒·拉赫曼（Fazlur Rahman）指出，在麦地那强盛时期，"除了礼拜和完纳天课，大概没有什么事情比'圣战'更受到重视了。"[1]

10世纪，随着伊斯兰教法体系的确立，"圣战"观基本定型。理论上，发动"圣战"是哈里发的一项重要职责。在伊斯兰教早期反对麦加多神教徒的暴力迫害和军事进剿的斗争中，"圣战"对于穆斯林的生存和伊斯兰教的发展至关重要，因而是当时"吉哈德"的主要履行方式。**但伊斯兰教的和平本质决定了"圣战"是非常时期的特殊律令，是特定时期的宗教义务**。一旦对伊斯兰教的威胁解除，穆斯林就不能继续杀戮。早期穆斯林对外征服的高潮过去后，"圣战"问题不突出了。

13世纪，随着十字军东征、蒙古军队西侵和阿巴斯帝国的灭亡，穆斯林世界遭受沉重打击。为了抵御异教徒侵略，"圣战"观重新得

---

[1] 托马斯·李普曼著，陆文岳、英珊译：《伊斯兰教与穆斯林世界》，新华出版社，1985年版，第145页。

到穆斯林社会的重视，但以自卫性"圣战"为主。其基本思维是：如果一名穆斯林依据"沙里亚法"生活的权利遭否决，那么他就是生活在战争地区，"圣战"即变成责任。14世纪，罕百里教法学派著名学者**伊本·泰米叶（Ibn Taymīyah）唤醒10世纪以来基本处于休眠状态的"圣战"观，重申"宝剑的圣战"义务**。他对"圣战"思想的最大贡献在于，重提"圣战"是伊斯兰教第6大支柱（与哈瓦利吉派一脉相承，该派将"圣战"作为第6项宗教义务），是每个身体力行的穆斯林应尽的个人责任。伊本·泰米叶著名弟子伊本·盖伊姆认为，"圣战"有四种形式：自我的"圣战"、抵抗恶魔的"圣战"、抵抗异教徒的"圣战"、抵抗"伪信者"的"圣战"。

18世纪，阿拉伯半岛罕百里教法学派著名学者**瓦哈布提出，"圣战"是真正伟大的功业，没有其他功业的回报和护佑可与之相比，"圣战"可为穆斯林斗士提供直接进入天堂的机会**。同一时期，随着莫卧儿帝国的衰落，锡克教徒和主要信仰印度教的马拉塔人①在印度次大陆迅速崛起，他们夺取了莫卧儿帝国大片土地，严重威胁穆斯林在印度次大陆的统治，拯救莫卧儿帝国统治成为当时印度次大陆穆斯林的主要斗争目标。为此，印度近代著名伊斯兰思想家沙·瓦利乌拉②（Shah Wali Ullah，1703—1762年）再次重申"圣战"观，号召穆斯林通过"宝剑的圣战"捍卫伊斯兰教统治，抵抗马拉塔人侵略。

---

① 印度主要民族。

② 沙·瓦利乌拉生于德里，父亲是知名的苏菲派学者。面对莫卧儿帝国的衰落，占人口多数的印度教徒与锡克教徒（多神教徒之意）在帝国境内挑战人口相对少数的穆斯林，以及乌里玛与苏菲派的对峙等困境，沙·瓦利乌拉30岁左右前往麦加与麦地那游学，受到当时在阿拉伯半岛兴起的瓦哈比运动影响，认为伊斯兰的宗教改革是复兴莫卧儿帝国不可或缺的前提。于是，他返回印度后便立即展开推动伊斯兰宗教改革的宣传与教育工作，批判当时社会体制的腐化与穆斯林的道德沦丧，攻击盲目的模仿，呼吁改革穆斯林的社会习惯，经由伊斯兰信仰的净化与真切的实践来实现伊斯兰的复兴。相较于同时代在阿拉伯半岛展开的瓦哈比运动那种严格的净化立场，沙·瓦利乌拉的立场温和许多。这种强调对伊斯兰进行再诠释来进行改革，寻求改革而非镇压不同宗派（如苏菲派）的理念，使他在印度穆斯林中获得很高的尊敬与影响力，成为印度伊斯兰复兴运动的代表人物。

他称,"圣战"是穆斯林最重要职责之一,只有通过"圣战"才能给穆斯林带来胜利。他号召的"圣战"属于穆斯林平民的自卫行动。

1857—1859年印度反英大起义失败后,印度次大陆穆斯林学者开始质疑反抗英国殖民统治的"圣战"。赛义德·艾哈迈德汗(Sayyid Ahmad Khan,1817—1898年)从起义结果中得出结论,即在特定环境下,反抗占有压倒性优势的军事力量不现实,也不合时宜。他提出,"'圣战'是捍卫伊斯兰教信仰的战争,但'圣战'是有条件的,无条件的'圣战'是非法的。只能对'不信道而且妨碍主道的人们'发动'圣战'。"

1927年,印度次大陆著名伊斯兰学者**毛杜迪**发表著作《伊斯兰"圣战"》,**强调"圣战"是穆斯林为了捍卫伊斯兰教信仰而进行的自卫斗争,同时又强调"圣战"的目标是推翻非伊斯兰教制度的统治并且建立伊斯兰教制度的统治**。

1964年,埃及穆斯林兄弟会精神领袖**库特卜**代表作《路标》发表。他认为,"**吉哈德**"涵盖"**和平宣教、有限战争以及无限制全面战争**"等诸多要素,它既不排除武装斗争,也不简单等同于武装斗争;既可以是自卫性的,也可以是进攻性的。他提出,**为实现真主的统治,穆斯林要"迁徙",以彻底脱离"蒙昧状态",重建一个不受污染和完全遵行伊斯兰方式的社会**。这种"迁徙"并非地理上的迁徙,而是要穆斯林以行动向"蒙昧状态"开战,为主道而奋斗(即"圣战")。①

**大多数现代穆斯林对"圣战"的理解**。"圣战"分两个不同层次:"**大圣战**"(Jihad Akbar),指的是个人层次也是灵魂层次上同内心的欲望、邪恶、撒旦展开的斗争,意味着自我约束。"大圣战"具有四大特征:疆场无边无界;"圣战"无时无限;核心是同自我作战;面对的是看不到、摸不着的无形敌人。"**小圣战**"(Jihad Asghar),指

---

① 以上有关"圣战"不同时代内涵材料引自:王旭:"毛杜迪的圣战观念和伊斯兰革命理论",更新时间:2013年2月17日,http://lunwen.1kejian.com/zongjiao/120104_2.html。(上网时间:2014年2月11日)

的是社会层次也是战场上同异教徒展开较量。"小圣战"也具有四大特征：面对的是有形的敌人，在斗争的长度、广度、难度上不及"大圣战"；同异教徒作斗争是拯救人类最重要的行为；提倡像一名殉教者那样战斗到生命的最后一息；邪恶总与异教徒相伴相随。"圣战"精神还赋予穆斯林一种英雄主义情结，这是神圣、正义之战，反对暴君之战。对穆斯林而言，具有双重含义：长远看，在同异教徒的战斗中，伊斯兰教必胜；短期看，死亡将带来殉教和天堂。另外，"圣战"还净化人的灵魂，因为没有心地的纯洁，不可能成为"殉教者"。

美国普林斯顿大学近东研究荣誉教授伯纳德·刘易斯在2001年9月28—30日《亚洲华尔街日报》上撰文"圣战与十字军东征"称，现代穆斯林大多数从精神和道义的角度诠释"圣战"，但穆斯林激进分子宣扬的"圣战"，指的是"为了伊斯兰教，向异教徒和叛教者发动的永久性战争"，含有宗教、军事两个层面涵义。他们认为，伊斯兰教允许穆斯林为自卫而战，为捍卫宗教而战，或代表被赶出家园的人而战。穆斯林认为，如果善良的人在正义事业中不牺牲他们的性命，非正义就会获胜；如果暴政成为实现正义要求的障碍时，战争是解决问题的手段。

## 四、"沙里亚法"

"沙里亚法"是伊斯兰教规定的一整套宗教、道德、法律义务制度的习惯用语。"沙里亚"阿拉伯文原意为法律、法令，现专指伊斯兰教法。进入法律文献期（阿巴斯王朝）以后，又称"沙里亚法典"。伊斯兰教法就其本来意义而言，是以宗教名义规定的只适用于全体穆斯林的一部"教规"。伊斯兰教法又称为神圣法律或启示法律，整个体系和结构皆为安拉所"降示"，全部立法皆为安拉所"安排"，法不过是安拉意志的体现形式罢了。[①]

伊斯兰教法是宗教、伦理、法律统一体。伊斯兰教五项基本功课

---

[①] 吴云贵：《伊斯兰教法概略》，中国社会科学出版社，1993年2月版，第2页。

(念、礼拜、斋戒、天课、朝觐)不仅是教法的组成部分,而且作为遵法守礼最重要、最基本的要求。它既是一种宗教信仰、义务和礼仪,也是规范穆斯林日常生活的强制性规范,又称"安拉之法度"。

**伊斯兰教法有四大法源:经典**,即记录于《古兰经》里的安拉的诫命。**圣训**,即记录于圣训实录里的先知穆罕默德生前的言行。**公议**,是圣门弟子讨论通过的决议,或各个时代精通经训和教法的权威教法学家们就某项教法律例达成的共识。公议分为两类:一类是多数创制者达成的一致决议,即"一致性决议"。另一类是部分创制者就某项律例作为决议,其他创制者没有否定或保持沉默,即"默认性公议"。**类比**,即权威教法学家在没有经训可依的情况下,以类似的判例或先例为据,用类比判断的方法得出结论,做出裁决。前两项为原初法源,由真主启示和先知圣行。

只要统治者愿意公开承认"沙里亚法"是政治与社会生活的规范,并愿意担任"沙里亚法"保护人,其统治即可获得接受。"沙里亚法"本身而非统治者或其政府的宗教承诺或道德属性,便成为伊斯兰政治权力正当性的界定标准。①

截至2003年,世界上有7个国家实行"沙里亚法"治国:伊朗、科威特、马尔代夫、阿曼、沙特阿拉伯、苏丹、也门。另有13个国家要么规定"沙里亚法"是其司法制度的组成部分,要么已在部分地区实施"沙里亚法":巴林、文莱、埃及、伊拉克、约旦、利比亚、马来西亚、摩洛哥、尼日利亚、巴基斯坦、卡塔尔、索马里、阿联酋。②

## 五、"萨拉菲派"

"萨拉菲派"(Salafi)是指伊斯兰教史上以恢复伊斯兰本来面貌、

---

① 张锡模:《圣战与文明:伊斯兰与世界政治首部曲》(610—1914年),玉山社出版事业股份有限公司,2003年2月版,第133页。

② Assaf Moghadam, "A Global Resurgence of Religion?" Paper No. 03-03, published by the Weatherhead Center for International Affairs, Harvard University, August 2003.

净化教义、简化教规、反对外来腐朽思想文化影响并主张革新的思想派别。

## （一）"萨拉菲派"溯源与当代嬗变

**1. 概念界定。**"萨拉菲派"一词源自"萨拉夫"（Salaf）。"萨拉夫"是阿语名词"祖先""先辈"的音译，该词源自9世纪逊尼派四大教法学派①之一罕百里教法学派（the Hanbali）创始人伊本·罕百里提出的要以"清廉的先贤"言行为行教根据的言论。"清廉的先贤"是指先知穆罕默德的圣门弟子、再传弟子和三传弟子，穆斯林世界俗称前三代先贤。从第五代穆斯林开始，逊尼派伊斯兰学者常用"萨拉菲主义"（Salafism）一词。后人将在宗教问题上主张严格按《古兰经》、圣训和前三代先贤言行立教的人称为"萨拉菲派"，有"尊古崇正"之意，故亦译为"尊古派"，中国回族俗称赛莱菲耶。其追随者以"萨拉夫"为榜样，极力仿效其虔诚仪轨。在"萨拉菲派"眼中，该派宣教始于穆罕默德本人，他们视自己为《古兰经》、圣训的直接追随者。②

**"萨拉菲派"宣教史上里程碑式思想家**：一是享有"圣训伊玛目"（Imam Ahl al-Sunnah）称号的伊本·罕百里，逊尼派四大教法学派罕百里学派创始人。二是三位被誉为"伊斯兰谢赫"（Sheikh ul-Islam）的宗教学者，伊本·泰米叶、伊本·盖伊姆（Ibn Qayyim Al-Jawziyya，伊本·泰米叶学生）、瓦哈比派创始人瓦哈布。

**宗教特征。**"萨拉菲派"认为，在伊斯兰教历史上，从632年先知穆罕默德归真到882年的250年时间，是伊斯兰教最纯洁、最正统、最符合先知传教精神的年代。圣门弟子跟随先知传播伊斯兰教，

---

① 教法学家们在解释法律时往往因人而异，因地而别。后来，在逊尼派教法学家中间，形成四个最有影响的思想流派：哈乃斐（该派主要分布在印度次大陆、中亚地区）、马立克（该派主要分布在北非、海湾地区）、沙斐仪（该派主要分布在非洲之角、中东、亚洲沿海地区）、罕百里（该派主要分布在沙特阿拉伯）。

② "Salafi", http://en.wikipedia.org/wiki/Salafi. （上网时间：2011年11月2日）

历经种种考验，受到古莱什人的迫害，参与伊斯兰教整个弘扬过程，他们的信仰是最纯正的；再传弟子们直接领受圣门弟子的遗训和宗教实践，继承了伊斯兰教真谛；三传弟子从祖辈、父辈言行中学习伊斯兰教固有精神，并且完整地加以领会和遵守。因此，前三代先贤的信仰最纯正、传教精神最崇高、履行的宗教仪轨最准确。不论是信仰以及理解伊斯兰经典的方法论，还是做礼拜、言谈举止、道德、虔诚方面，前三代先贤都是后世历代穆斯林的永恒楷模，因此，**宗教仪轨、生活细节要仿效穆罕默德和圣门弟子**。"萨拉菲派"不仅注重礼拜仪轨，而且讲究日常生活的每个细节：坐着时，总是用三个右手指吃饭，分三次喝水，裤腿不能低于踝骨。①

**法学特征**。逊尼派四大法学家哈尼法（哈乃斐教法学派创始人）、马立克（马立克教法学派创始人）、沙斐仪（沙斐仪教法学派创始人）、伊本·罕百里（罕百里教法学派创始人），都生活在穆罕默德及前三代先贤时代，对于他们制定的符合《古兰经》和圣训原则的教法，不分彼此，一律遵照执行。在对同一问题的看法上，法学家们的主张与《古兰经》、圣训有抵触时，坚决遵行《古兰经》、圣训的原则。②

2. **"萨拉菲派"的诞生及在不同时代的传承**。"萨拉菲派"**最早出现于10世纪**。当时，阿巴斯王朝日趋衰败，法蒂玛王朝定都开罗，布维希王朝在巴格达掌握政权，政治斗争激烈，逊尼派、什叶派以及逊尼派内部各学派在文化思想领域斗争非常激烈。在这种条件下，以哈桑·伊本·阿里·巴巴哈里（Al-Hasan ibn 'Ali al-Barbahari）为首的罕百里教法学派要求严格执行教法和伊斯兰道德准则，并对违反者严厉惩治，遂经常在巴格达组织由追随者组成的暴民针对所有什叶

---

① 伊朗华语电台系列教派文章："瓦哈比派的真实面目"，发表于2013年12月3日，http://www.2muslim.com/forum.php?mod=viewthread&tid=541473。（上网时间：2014年1月16日）

② "中国赛莱菲耶的发展历程"，发表于2013年6月10日，http://www.2muslim.com/forum.php?mod=viewthread&tid=479489&reltid=416187&pre_thread_id=0&pre_pos=4&ext=。（上网时间：2014年2月3日）

派和犯了罪的逊尼派同胞发动暴力袭击,洗劫商店,攻击街头女性艺人。935年,贾里尔教法学派创始人穆罕默德·伊本·贾里尔·塔巴里①(Muhammad ibn Jarir al-Tabari)认为伊本·罕百里只是圣训专家,未当过法官,不承认其教法学家资格,故遭罕百里教法学派敌视。一些哈桑·伊本·阿里·巴巴哈里支持者多次拿石头攻击塔巴里的家,并引发大规模社会暴乱,遭到布维希王朝哈里发阿尔-拉迪(Ar-Radi)的打击和镇压。②**罕百里教法学派尊奉"萨拉夫"、回归传统、正本清源的思想,正是后代"萨拉菲派"思想和精神的源泉。**

**14世纪,伊本·泰米叶思想成为"萨拉菲派"又一大精神渊源。**13世纪前后,穆斯林世界遭受前所未有的内忧外患:哈里发国家已四分五裂,统治集团腐败无能,内讧不已,社会矛盾日趋尖锐;外侮乘虚而入,十字军东征,西欧基督教联军已发动收复西班牙半岛战争,打败穆瓦希法王朝军队;蒙古人西侵,并于1258年占领巴格达,处死阿巴斯王朝哈里发,穆斯林家园遭无情蹂躏,伊斯兰文化遭严重破坏。内忧外患使穆斯林世界民众处于苦难之中,这为苏菲主义发展提供了温床。处在社会下层的虔诚穆斯林从苏菲主义中汲取生存的力量和面对现实的勇气,悲观厌世的人民找到了精神归宿,苏菲主义一时盛行,这等于从官方手中接过伊斯兰教旗帜,使其成为民间宗教。印度教、祆教、基督教以及新柏拉图主义等反伊斯兰教"一神论"的思想也渗入苏菲主义中,使苏菲派一些信仰和实践脱离纯真的伊斯兰传统和圣门弟子道路:苏菲派提倡修道,崇拜道祖,寻求人神之间的中介,追求遁世潜修,静坐冥想,甚至提倡为修道专一而"出家";悲观厌世、消沉懒惰、托钵行乞现象盛行,各种扎维叶(修道院)、麻扎取代了清真寺的作用;苏菲派的穆勒什德(导师)、谢赫、卧里(圣徒)代替了教法学家和法官;参加各种苏菲派纪念活动和即克

---

① 波斯学者(838—923年),其创立的教法学派因与沙斐仪教法学派区别不大而消失。

② "Hanbali", http://en.wikipedia.org/wiki/Hanbali.(上网时间:2014年2月7日)

尔①聚会代替了正统宗教功修和在清真寺的学习和礼拜活动。而那些既不受教法约束、又未参加苏菲教团的官吏和社会上层，追求声色享受，纸醉金迷，对伊斯兰教和国家的命运以及广大社会下层的疾苦漠不关心。

在这种历史背景下，14世纪，罕百里教法学派著名学者伊本·泰米叶树起改革大旗，公开反对伊斯兰教教义学中希腊、波斯、印度文化的蔓延以及苏菲派实践中"泛神论"等非伊斯兰思想的渗透，号召回归纯真的伊斯兰源头《古兰经》和圣训，遵守"清廉的先贤"传统。伊本·泰米叶倡导的"萨拉菲主义"，未能得到马木鲁克王朝和奥斯曼帝国的支持，在各种势力尤其是苏菲派势力攻击和反对下，未能取得成功。但他的思想代表了当时穆斯林要求革除保守腐败、重建伊斯兰社会、恢复正统信仰、实现穆斯林团结的愿望，赢得阿拉伯半岛及周围地区一些人的同情和支持。1328年，伊本·泰米叶在狱中病卒后，其学生伊本·盖伊姆著书立说，继续宣传老师的思想学说。

从14世纪下半叶到18世纪瓦哈比运动兴起前，出现了一些有见识的伊斯兰学者，基本奉行伊本·泰米叶学说，并根据各地区实际情况提出恢复伊斯兰教的纯洁性，清除伊斯兰教在传播发展过程中产生的异化现象，并批驳反对"萨拉菲派"思想的人，指责他们僵化、无知，有力地捍卫了"萨拉菲派"思想。著名的有：也门的伊本·瓦济尔（1373—1436年）、穆格比里（1637—1696年）、邵卡尼（1758—1834年），印度的沙·瓦利乌拉，摩洛哥的艾哈迈德·提加尼（1737—1815年）等。

**18世纪，瓦哈布进一步传承"萨拉菲派"思想内核。**瓦哈布不仅继承了伊本·泰米叶学说，而且将其理论付诸实践，在内志部落酋长穆罕默德·伊本·沙特的支持下，举起反对奥斯曼帝国统治、统一阿拉伯半岛的旗帜，提出违反伊斯兰教根本宗旨的多神崇拜现象已充斥阿拉伯各国、甚至连麦加和麦地那两圣地也不例外，根据

---

① 或译迪克尔，苏菲派仪式上的念辞。

伊本·泰米叶观点"回到《古兰经》中去"。穆罕默德·伊本·沙特的后人建立了以穆斯林兄弟平等精神为纽带的"认主独一兄弟会"（Ikhwan al-Tawhid），控制经济贸易，组建军队，使用欧洲的枪炮，发动为统一而进行的战争。经过长期的宣教和"圣战"，他们统一了内志地区，建立了以"萨拉菲派"思想为指导原则的政教合一政权。

瓦哈布对伊本·泰米叶思想的发展和丰富，带动了穆斯林世界的改革浪潮，其后出现的改革运动代表人物无不受其影响，如伊斯兰现代主义代表人物赛义德·艾哈迈德汗（1817—1898年）、穆罕默德·伊克巴尔（1878—1938年）、穆斯林兄弟会创始人哈桑·班纳（1906—1949年）和中国伊赫瓦尼派创始人马万福（1849—1934年），等等。现代伊斯兰复兴运动各派代表人物也不同程度吸取了"萨拉菲派"思想中严遵经训，反对外来思想，净化教义，简化教规，消除派别门户之见，促进穆斯林大团结等主张。

**当代"萨拉菲派"。**自封的当代"萨拉菲派"，指的是遵奉字面上的经训以及传统戒律的穆斯林。许多"萨拉菲派"赞同伊本·泰米叶而不承认哲马鲁丁·阿富汗尼、穆罕默德·阿布笃、拉希德·里达等穆斯林世界近现代史学家，将自己描绘成"纯正、明确地弘扬'萨拉夫'教义和仪轨者"。他们宣称，哲马鲁丁·阿富汗尼、穆罕默德·阿布笃是"知名的共济会（freemasons）成员，只对反殖政治运动感兴趣，不注重伊斯兰正统性和'萨拉夫'生活方式。他们打着回归圣门弟子时代旗号招摇撞骗"。如今，许多"萨拉菲派"将瓦哈布视为后世推动回归前三代先贤宗教仪轨的第一人。瓦哈布的著作《认主独一论》被今日全球"萨拉菲派"广泛推崇，绝大多数"萨拉菲派"学者著书立说时频频援引该著作。

在当代阿拉伯世界以及西方穆斯林中，最常用词是"萨拉菲派"，与对伊斯兰神学持清教徒态度相联系。在阿拉伯学术圈，"萨拉菲派"则指圣训学者及学生。在印度次大陆，"萨拉菲派"指的是"萨拉菲派"教义的信奉者。

近年来，人们错误地将"萨拉菲派"与主张"圣战"的"基地"

组织和其他叫嚣杀害平民的暴恐组织混淆起来。在西方,"萨拉菲派"特指信奉向平民发动"圣战"暴力为合法之举的穆斯林群体,即所谓的"萨拉菲派圣战者"(Salafi Jihadis)。

如今,"瓦哈比派"与"萨拉菲派"常被混为一谈。美国东方学派学者时常以"瓦哈比派"替代"萨拉菲派",而美国媒体常将"瓦哈比派"与恐怖分子或极端分子挂钩。

"萨拉菲派"明确反对被贴上"瓦哈比派"标签。他们宣称,瓦哈布没有创立新的学派,只是恢复前三代先贤践行的纯正、不掺杂质的伊斯兰教而已。

值得一提的是,在"圣战"问题上,主流"萨拉菲派"与以"基地"组织为首的激进"萨拉菲派"立场迥异:前者只是在保卫穆斯林家园不受外国入侵或面临紧迫威胁时,才支持动用暴力"圣战";后者则主张发动永恒的暴力"圣战",直至全世界接受他们的意识形态为止。过去数年里,主流"萨拉菲派"已崛起成为反击激进"萨拉菲派"意识形态的重要力量。[1]

## (二) 基本主张[2]

1. **信仰问题上主张严遵经训**。"萨拉菲派"提出,伊斯兰教既以经训立教,只能以经训为依归,无需用唯理主义或思辨方法对经训明文进行解释,更无需借助希腊哲学或其他宗教学说来探讨安拉的本体问题,反对将《古兰经》宣明的"认主独一"具体化、人格化和神秘化。他们既反对逊尼派内部受希腊哲学、逻辑学研究方式影响而发

---

[1] Michael Ryan, "The Salafist Challenge to Al Qaeda's Jihad", The Jamestown Foundation, *Terrorism Monitor*, Volume VIII, Issue 44, December 2, 2010.

[2] 材料引自:马贤:"什么是真正的赛莱菲耶思潮",2012年11月5日,http://www.2muslim.com/forum.php? mod = viewthread&tid = 416187。(上网时间:2014年2月3日)

展起来的穆尔太齐赖派（Mu'tazilites）[①]和凯拉姆学派，指责他们把信条复杂化、概念化，同时指责曾支持他们的哈里发马蒙将要受安拉的严惩；也反对苏菲主义在信仰问题上提出的通过内心参悟体察认识安拉和形形色色的泛神主义，如"神爱说""光照论""神人合一论""万有单一论""绝对统一论"等观点，认为这些都是把人引入歧途的邪说，同伊斯兰教"认主独一"信仰毫无共同之处。

鉴此，**一是反对什叶派和苏菲派教义**。什叶派以拥护第四任哈里发阿里及其后裔担任穆斯林领袖伊玛目为主要特征，只承认哈希姆家族（Banu Hashim，穆罕默德出生于该部落）的阿里及其后裔为合法继承人，又称阿里派。苏菲派盛行对圣墓、圣人的崇拜。**二是反对伊斯兰思辨神学**。即在伊斯兰教教义的衍化中反对进行推理和辩论。"萨拉菲派"认为，这种思辨做法受希腊哲学（如柏拉图、亚里士多德等）的影响，属外来事物。在"萨拉菲派"思想中，哲学和逻辑学没有任何地位，他们认为《古兰经》和圣训已经足够作为一切言行的依据。**三是反对宗教革新**。"萨拉菲派"将一个不受污染的纯正伊斯兰宗教社团理想化，坚信伊斯兰的衰败就是宗教革新带来的恶果，因为穆斯林放弃了纯正的伊斯兰教教义。伊斯兰复兴唯有通过效仿前三代先贤以及清除外来影响才能实现。为此，"萨拉菲派"经常援引先知穆罕默德说过的话，"凡是异端都是误导和步入歧途。"他们还指出，穆罕默德本人曾警告，"不论谁搞革新，还是迁就革新人士，他都将遭到真主、天使、全人类的诅咒。"沙特宣教指导部部长谢赫萨利赫·艾尔·阿什·谢赫（Shaikh Saalih Aal ash-Shaikh）宣称，穆斯

---

[①] 伊历第二纪元，瓦西勒·伊本·阿塔（Wasil ibn Ata）因作答不符合正统伊斯兰信仰而被赶出学校，他成为伊拉克巴士拉新学校——穆尔太齐赖的领袖，由此发展出穆尔太齐赖派。该派主要教义：真主是绝对完整的，没有性质可以归因于它；人类为"正义及团结的拥护者"，拥有自由意志；所有救赎人类所必要的知识源自真主的意志。人类可以在启示前后获得知识，所有人类随时随地都必须拥有知识。为维护其原则而与正统伊斯兰教作对，穆尔太齐赖派在哲学中寻找理据支持，他们是首批贯彻伊尔姆凯拉姆（Ilm-al-Kalam）自然神学（经院哲学）的人，信仰者被称为穆塔卡拉明（Mutakallamin）——这名称普遍用在所有以哲学论证来确认宗教原则的人身上。

林分为两大阵营："萨拉菲派"和"哈拉菲派"（Khalafis）。"萨拉菲派"是前三代先贤的追随者；而"哈拉菲派"是"哈拉夫"（Khalaf）的追随者，也称革新派。在知识、行为、教义理解上，他们不喜欢走"萨拉夫之路"，主张搞革新。

**强调教法实践的重要性**。他们提出，实践是信仰的组成部分，主张打破教法学派的门户之见，建立以经训和前三代先贤言行为基础的教法，反对教法学上"创制大门已关闭"的主张，认为"创制"是安拉赋予人们的一种权利，任何时候穆斯林都可以对新出现的问题，根据经训精神进行类比推理，提出新的律例。

**绝对的单一崇拜**。在崇拜独一的安拉上，"萨拉菲派"要求十分严格，将各地流行的神化、崇拜安拉以外的任何人或物的行为，统统斥为多神崇拜，严加禁止。如禁止神化和崇拜先知和阿里及其后裔，禁止崇拜圣徒及其遗物，禁止为亡人修建陵墓、拱北作为朝拜瞻仰之地，禁止向任何人（包括先知穆罕默德）祈求赐福祛祸。"萨拉菲派"认为，将人视为通向安拉的中介，探视先知或圣徒的陵墓，面向这些坟墓作祈祷，在其周围举行宗教功修等都是违反"认主独一"信仰和圣门弟子主张的异端行为。

**《古兰经》是安拉的言语，不是被造之物**。伊本·泰米叶说："在经文是安拉的言语和非被造物同经文的无始性之间，没有必然联系，故古兰经文不是无始的。"注解《古兰经》只能在其文词含意所表述的范围内或在传闻材料的佐证下进行，不能运用理智注解经文，理智只能用来阐述被经训肯定的东西。至于经文中有关表述安拉形状、动作、位置的内容，相信其表述是确实的，既不能按字面理解，也不能用比喻等修辞学概念加以注解，不必追究其意义究竟，相信只有安拉才知其义。

**强调弘扬伊斯兰教初期的积极入世、努力进取精神**。提出宗教功课有主有次完成是必须的，但要简化教规，以减轻穆斯林的精力负担，从事今世耕耘，实现两世幸福。

2. **政治上主张恢复统一的宗教领袖哈里发制度，实行政教合一**。哈里发由民主推选产生，其职责是按伊斯兰平等、协商原则治理国家,管理伊斯兰事务,保护穆斯林,为"乌玛"负责。政权的根本目的就是实行伊斯兰教法,人人遵守伊斯兰教法规和道德准则,依此准则处理人与人、人与社会和国家之间的关系,拥护执行教法的政府和领袖,对不执行教法、渎职腐败、支持异端邪说的政府和领袖不但不能服从,还要起来反抗其统治。

"萨拉菲派"不仅排斥社会主义和资本主义等西方意识形态,还拒绝经济学、宪法、政党和革命等西方概念。西方"萨拉菲派"反对穆斯林参政,坚守传统的宣教活动,主张"沙里亚法"高于国家宪法和民法。

### (三) 影响

"萨拉菲派圣战主义"(Salafist jihadism)一词,得名于法国伊斯兰专家吉勒斯·凯佩尔(Giles Kepel)。他称20世纪90年代中期"萨拉菲派"开始对"圣战"感兴趣,参与"圣战"者常被称作"萨拉菲派圣战者"。加拿大广播公司记者布鲁斯·利夫赛(Bruce Livesey)指出,全世界有16亿穆斯林,"萨拉菲派圣战者"不足其中的1%。

**"萨拉菲派"在当代穆斯林世界影响大**。原因在于:一是"萨拉菲派"强调伊斯兰教的普世性。二是"萨拉菲派"保护政治、社会弱势群体反抗强权。三是从高级学者和专业人士到没有根基的欧洲穆斯林移民,"萨拉菲派"因宣称代表正统伊斯兰而颇具吸引力。四是对生活在中东大都市的人们来讲,"萨拉菲派"在情感与神学上可代替阿拉伯民族主义和苏菲主义。五是对年轻穆斯林来讲,"萨拉菲派"是一种纯正、不包含各国迷信和风俗的信仰,常赋予信众一种道德优越感。

## 六、"卡菲尔"及"塔克菲尔"

### (一)"卡菲尔"

异教徒或"不信教者",为基督教或伊斯兰教对无信仰者或异教者的称呼,通常含有贬义。对于基督徒来说,异教徒指不信仰基督教的宗教信徒,专指犹太人和穆斯林。伊斯兰教早期指不信正教的人或多神教徒,后来用以泛指一切"不信真主、经典、使者"的人。

伊斯兰教中异教徒一词为"卡菲尔"(kāfir),意为"不信教者""不信道者",有异教徒之意。"卡菲尔"是《古兰经》中一个专有名词,当时指那些不信奉伊斯兰教、昧真悖道的人,认为他们是罪恶的,最终的归宿是火狱。《古兰经》中对于"不信道者"的描述是:"在真主看来,最劣等的动物确是不信道的人,他们是不信道的。"(8:55)"不信真主和使者的人,我确已为他们这等不信者预设火狱了。"(48:13)"不信道,而且否认我的迹象的人们,是火狱的居民,他们将永居其中。那归宿真恶劣!"(64:10)

### (二)"塔克菲尔"[①]

在中国穆斯林里面没有这种思想。

**1. 概念及其历史实践**。根据伊斯兰教法,"塔克菲尔"(takfīr)一词指的是一个穆斯林断定某穆斯林是"卡菲尔"或"不信教者"的行为,理由是其行为偏离了"伊斯兰正道"。传统上,被伊斯兰教法裁定为"卡菲尔"的人,当被处死,有时可能遭截肢或驱逐出境的命运。鉴此,正统伊斯兰教法对裁定某穆斯林为"卡菲尔"时,通常需要极具说服力的证据。《古兰经》强调,不能轻易谴责某人为"不信教者",在践行"塔克菲尔"之前,一个人必须先向受质疑之人提供思想指引,解释他做错了。《古兰经》云:"谁在认清正道之后反对使者,而遵循非信士的道路,我将听谁自便,并使他入于火狱中,那是一个恶劣的归宿。"(4:115)据圣训记载,如果一个(身处战斗中的)持矛穆斯林攻击一名"卡菲尔",矛已到他的喉咙之际,若此人赞念"万物非主,唯有真主"的话,该穆斯林必须马上收回手中的矛。此类圣训强调,成为"卡菲尔"的条件是,他拒绝伊斯兰教本

---

① 材料引自:"Takfir",http://en.wikipedia.org/wiki/Takfir。(上网时间:2013年12月26日)

身。一旦他回归伊斯兰教，就不再是"卡菲尔"。

**在构成某人或某组织为"卡菲尔"的罪证上，不同伊斯兰教法学派存在意见分歧**。正统逊尼派认为，犯罪行为本身不能用来证明某人不是穆斯林，唯有拒绝接受伊斯兰教基本原理的行为才能用作佐证。因此，一名杀人犯可能仍是穆斯林；只有背叛了伊斯兰教的杀人犯才可断定他已不是穆斯林。哈瓦利吉派认为，任何穆斯林只要犯了罪，就不再是一名穆斯林。穆尔太齐赖派、栽德派（Zaydis）持中间立场，认为犯了大罪之人既不是"信教者"，也不是"卡菲尔"。

在伊斯兰教中，叛教指一个人在言行上公开背叛伊斯兰教基本信仰和宗教制度，如否认真主和使者，否认《古兰经》神圣性，拒绝礼拜或交纳天课等。虽然《古兰经》没有经文明确指示穆斯林可以伤害叛教者，但《布哈里圣训实录》却有记载，称穆罕默德说过叛教者应被处死。① 认定叛教罪需要两个条件：一是有明确的犯罪动机，即故意背叛伊斯兰教；二是只适用于理智健全的成年穆斯林。未成年者、理智不健全者或在外力胁迫下的叛教行为，不按此罪论处。对叛教者通常给予一定悔改期，死不悔改者才以叛教罪论处。② 时至今日，沙特阿拉伯、伊朗、阿富汗等一些伊斯兰国家仍设有"叛教罪"，违者可被判处死刑。即使在不设叛教罪的国家，叛教者仍有可能受到狂热穆斯林的恐吓甚至人身伤害。

**"塔克菲理"**（takfīrī）一词指的是，宣布某穆斯林为"卡菲尔"的那个人。原则上，唯一授权可宣布某穆斯林是"卡菲尔"的人群是"乌里玛"（ulema，宗教学者）。许多情况下，一个沙里亚法庭或一名宗教领袖或法官可以发布"塔克菲尔法特瓦"③（takfir fatwa），来断定某人或某组织为"卡菲尔"。如今，一些学者将越来越多"萨拉

---

① "伊斯兰教的叛教"，http://zh.wikipedia.org/wiki/%E5%8F%9B%E6%95%99。（上网时间：2014年1月16日）

② 吴云贵：《伊斯兰教法概略》，中国社会科学出版社，1993年2月版，第165页。

③ "法特瓦"乃阿拉伯语，即教法见解和主张，意指宗教学者依据伊斯兰法律做出的裁决。在逊尼派传统中，任何"法特瓦"皆不具强制力；而在什叶派信众中间，要视做出裁决的学者之地位来决定"法特瓦"是否形同律令而必须加以遵守或贯彻。

菲运动"的暴力分支贴上"萨拉菲派塔克菲理"(Salafi-Takfiris),因为他们偏离正统做法——通过法律程序断定"卡菲尔",宣称自己享有宣布他人为"卡菲尔"的权利。①

**现代"塔克菲理"特征**。其一,"塔克菲理"偏执、绝对地要求照搬先知穆罕默德及圣门弟子言行,坚决不许偏离伊斯兰正道,拒绝革新或改变穆罕默德时期天启的伊斯兰教。背叛伊斯兰教、皈依其他信仰或接受其他生活方式的人,被他们判定为"卡菲尔",不再是穆斯林。他们将所有非穆斯林视为异教徒。他们反对进化论和现代主义,认为现实世界充满邪恶,救世主(马赫迪)会来拯救世界。美国中东问题专家罗伯特·贝尔(Robert Baer)撰文称,"通常,'塔克菲理'指的是以不黑即白立场看世界的逊尼派穆斯林,他们认为世上只存在两种人,真正的'信教者'和'不信教者',两者之间没有灰色地带。他们的使命是照搬《古兰经》,重建'哈里发国家'。"其二,传统穆斯林、"圣战派"穆斯林、"塔克菲理"三者的区别是:"塔克菲理"拒绝传统穆斯林遵奉合法统治者(只要其统治方式与"沙里亚法"不相冲突)的职责,认为所有政治权威只要不严格遵奉"沙里亚法",就是非法和异教徒政权,以暴力方式反抗这样的政权是合法之举。在自杀问题上,"塔克菲理"与传统穆斯林立场迥异:传统穆斯林反对自杀行为;而**"塔克菲理"认为,在杀敌过程中牺牲的人是"殉教者",可以直接升入天堂;当一个人殉教的时候,所有的罪都将得到赦免。这就赋予滥杀非战斗人员行为的合法性。**与"圣战派"穆斯林一样,"塔克菲理"及其组织援引"蒙昧状态"(jahiliyyah)②、真主主权、异教徒等观念,倡导开展武装斗争反抗世俗政权。还有,"塔克菲理"容许将暴力行为作为实现宗教或政治目标的手段,因此"塔克菲理"及其组织更加极端,付诸暴力时不区分政

---

① "Takfiri", http://en.wikipedia.org/wiki/Takfiri. (上网时间:2013年12月26日)
② "蒙昧状态"一词意指伊斯兰教诞生前阿拉伯世界处于无知和无信仰的状态。

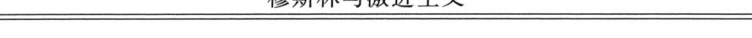

权和普通平民,也滥杀穆斯林平民。① 其三,"塔克菲理"存在于每个大大小小伊斯兰教派中,经常将矛头指向对立教派,但也会指向教派内部竞争对手。20世纪90年代,"塔克菲理"主攻目标从"近敌"——被认为非伊斯兰、腐败的穆斯林政府——转向打击"远敌",即所有那些从政治上、经济上和军事上支持"近敌"的国家以及以色列。②

**伊斯兰教史上,践行"塔克菲尔"理念的代表人物和激进运动:最早践行者当属第一任哈里发艾布·伯克尔**。当时,某些阿拉伯部落试图拒绝交纳天课。为此,艾布·伯克尔定下严格规章制度,命令民众遵行"沙里亚法"。他宣称,"(安拉)已不再继续降示,《古兰经》已汇编完毕:我活着的时候,宗教已经完美(即指不会再有新内容降示)。我将讨伐这些部落,他们拒绝交纳天课。交纳天课是对财富课税。因此,奉真主之名,我将讨伐区分礼拜与天课之人。"不过,艾布·伯克尔没有使用"卡菲尔"一词。10世纪,罕百里教法学派支持者对违反伊斯兰教法者采取严厉惩治行动。之后代表人物是14世纪罕百里教法学派继承者伊本·泰米叶,他发布"法特瓦"向入侵的蒙古人"圣战"。理由是:虽然1295年蒙古统治者皈依了伊斯兰教,但他们没有实施"沙里亚法",仍继续实行成吉思汗制定的札萨大典③(Yassa)。因此,在伊本·泰米叶眼里,蒙古统治者是"叛教者",必须受到死亡惩罚。18世纪瓦哈比派创始人瓦哈布深受伊本·泰米叶这一思想影响,谴责什叶派、苏菲派和其他伊斯兰革新派的做法。

**现代践行"塔克菲尔"理念先驱当属埃及穆斯林兄弟会精神领袖库特卜**。20世纪60年代,被纳赛尔政府关押在狱中的库特卜重

---

① 以上两点特征引自:"Takfiri",http://en.wikipedia.org/wiki/Takfiri。(上网时间:2013年12月26日)

② Boozye,"Police:Suicide bombings target U.S.-Afghan base, kill 5",December 3, 2012, http://www.ltaaa.com/wtfy/6582.html。(上网时间:2014年1月23日)

③ 成吉思汗晚期努力想使蒙古帝国转型成公民国家。根据札萨大典,依法明确赋予所有人民平等的权利,连女性也不例外。

新弘扬"塔克菲尔"理念——意即你以前是穆斯林,但只要你背叛了真主,行了不义的事情,那么就是"卡菲尔",也属于消灭的对象。库特卜认为,尽管埃及人绝大多数是穆斯林,但埃及国家领导人依据异教徒的世俗法律而不是"沙里亚法"治国理政,因此他们是叛教者,必须通过武装斗争推翻政权。**埃及"伊斯兰圣战"**(Al-Jihad Al-Islami)**头目赛义德·伊玛目·谢里夫**(1950年—)**继承库特卜这一理念**。其1988年问世的代表作《"圣战"准备纲要》在谈到"塔克菲尔"问题时宣称,如果阿拉伯—伊斯兰国家独裁者不推行"沙里亚法",那他们就是异教徒,"必须拿起武器推翻这些统治者,杀死他们以及为其卖命之人。'萨拉菲派圣战者'的'近敌'就是不依据'沙里亚法'治国理政的任何一个阿拉伯—伊斯兰国家。"

**最早践行"塔克菲尔"理念的激进运动当属哈瓦利吉派**。伍麦叶王朝时期,哈瓦利吉派支派在各地发动35次反抗哈里发统治的武装起义,践行"塔克菲尔",不分青红皂白地攻击穆斯林平民。如今,以"基地"组织为核心的国际恐怖势力经常被人们视为现代的哈瓦利吉派。

**2. 现实危害。反对"艾哈迈迪亚教派"**(Ahmadiyyah)。该派自称是穆斯林,但其穆斯林身份不被主流穆斯林和伊斯兰学者认可,因为他们拒绝承认穆罕默德是安拉使者的独一性和先知的最终性。与绝大多数穆斯林一样,"艾哈迈迪亚教派"成员也信奉六大信仰:信真主、信天使、信天经、信使者、信末日、信前定,但在"穆罕默德是封印的使者"问题上持截然不同立场,否定穆罕默德是最后的使者,认为使者具有延续性。2003年10月,在英国摩登市(Morden)"艾哈迈迪亚教派"礼拜堂竣工开幕典礼上,"艾哈迈迪亚教派"发言人巴什拉特·纳志尔直言不讳地说,他们服从创始教主米尔扎·古拉姆·艾哈迈德(Mirza Ghulam Ahmad,1835—1908年)为先知穆罕默德之后的现代伊斯兰"亚圣",以温顺与忍耐为宗旨,反对"圣战",顺服任何"天意"的统治者。①

见于报端的激进逊尼派攻击"艾哈迈迪亚教派"的案件主要发生在巴基斯坦、印尼。在巴基斯坦,2000年10月,在旁遮普省的纳罗沃尔县(Narowal),有5名"艾哈迈迪亚教派"信徒遭恐怖袭击丧生;2004年11月,在曼迪巴豪丁(Mandi Bahauddin),有8名"艾哈迈迪亚教派"成员遭袭身亡;2009年4月,4名"艾哈迈迪亚教派"成员被"巴基斯坦圣门弟子军"成员枪杀;2010年5月28日,"旁遮普塔利班"对拉合尔的加希沙胡(Garhi Shahu)、莫德尔镇(Model Town)两座"艾哈迈迪亚教派"清真寺几乎同时发动恐怖袭击,98人丧生、108人受伤,这是"巴基斯坦塔利班"第一次袭击该教派。在印尼,2011年2月6日,袭击Cikeusik"艾哈迈迪亚教派"的暴力事件,造成3人丧生。当时有1500名暴徒袭击了21名艾哈迈迪亚教徒,只有12人被捕起诉,被处刑期3—6月不等。②

**反对什叶派**。在巴基斯坦、伊拉克等国,近年来激进逊尼派频频攻击什叶派。在巴基斯坦,2012年,"巴基斯坦圣门弟子军"及其分支"简格维军"等反什叶派组织与"巴基斯坦塔利班"定点屠杀行动共造成300多名什叶派丧生。2013年1月,"简格维军"在俾路支省首府奎达制造的爆炸事件造成近百名什叶派丧生。在伊拉克,2004年后,反什叶派教派冲突增多。2006年2月22日,在逊尼派人口占绝大多数的萨迈拉市,什叶派圣地"阿斯卡利亚清真寺"(Al-Askariya)遭炸弹袭击被毁。

**反对阿拉伯国家政权、穆斯林民众**。1992年末至1993年末崛起并成为阿尔及利亚最强大反政府势力的"武装伊斯兰集团"(GIA)视阿尔及利亚政府为异教徒政权,受其统治的民众也是异教徒,因为

---

① "敌人在炮制异端伊斯兰",阿里译自 Islam Online, 2003年10月9日, http://old.norislam.com/readarticle/htm/75/2003_10_9_1655.html。(上网时间:2014年1月16日)

② Benedict Rogers, "Indonesia's rising religious intolerance", *International Herald Tribune*, May 22, 2012.

## 第二章 当今穆斯林激进圈盛行的关键概念

他们没有起来反抗政权。于是,他们大开杀戒,滥杀无辜。不同激进组织间交火时,发生纵切喉咙和屠杀村民等惨剧。

**在西方,"塔克菲尔"典型案例是拉什迪事件**。1988年9月,印度裔英国作家萨尔曼·拉什迪(Salman Rushdie)的小说《撒旦诗篇》出版,因该书对穆罕默德有讽刺性的描写,旋即在整个穆斯林世界引发广泛抗议。1989年2月16日,德黑兰电台播出伊朗宗教领袖阿亚图拉霍梅尼签发对他的"法特瓦"①追杀令,以《撒旦诗篇》"亵渎伊斯兰"为由,宣判拉什迪死刑,并悬赏200万美元,号令人人得而诛杀之:"我在此告诉全世界有尊严的伊斯兰教徒,《撒旦诗篇》一书反伊斯兰教,反先知,反《古兰经》,其作者及所有知道其内容并参与出版的人都被判处死刑。"②尽管拉什迪公开做出道歉,霍梅尼也没有撤回追杀令。他说道:"即使萨尔曼·拉什迪对此懊悔并成为最虔诚的人,每个穆斯林也有责任尽一切所能,不惜牺牲性命和财产把他送进地狱。"③

《撒旦诗篇》给拉什迪带来杀身之祸。此后10年,拉什迪在英国警方严密保护下生活,在英国换过30余处住所,每年保护费高达160万美元。因为此事,英国和伊朗交恶,于1989年3月7日断交。1997年,伊朗总统哈塔米执政后,其改革派政府曾表示不会派人追杀拉什迪,"既无意也不会采取任何行动威胁《撒旦诗篇》作者生命,或任何与其作品有关的人士,同时也不鼓励和协助任何人这么做。"1998年在联合国大会上,哈塔米曾声明:"拉什迪事件已完全结束。"尽管如此,伊朗国内强硬派继续重申追杀令的有效性。2005年,伊朗精神领袖哈梅内伊再次确认霍梅尼的"法特瓦",伊朗伊斯

---

① 以阿亚图拉霍梅尼的地位论,针对拉什迪的"法特瓦"具有非同寻常的效力。

② 王巧玲:"拉什迪的噩梦",《新世纪周刊》,2009年3月9日,http://news.sohu.com/20090309/n262696205.shtml。(上网时间:2014年1月22日)

③ "阿亚图拉·鲁霍拉·穆斯塔法·艾哈迈德·穆萨维·霍梅尼",http://baike.baidu.com/link?url=ggM6hYgsXCB6s9DPxuAElqy3WfDFOEOJgb0d6n4U2eaBpfZMjlAR-oeX0kpWj1H3Qpw4-ZGlTDLqtazWx5AvrGY0HW5GOlM9WI489dO3RRWf9s_K2AoKI-XvyWq2jc7SavheQcabjfMD05NK-asVfrYr2J9wc-mGE-8sGhf3pRu。(上网时间:2015年6月7日)

87

兰革命卫队亦声明该判决依然有效。2009年2月，霍梅尼"法特瓦"颁布20周年之际，伊朗官方又一次重申针对拉什迪的追杀令。过去20余年，伊朗多次拒绝撤销这一判决，理由是"法特瓦"一经颁布，便只有颁布它的人才有权将其撤回，但霍梅尼已于1989年6月去世。伊朗民间激进组织也从未停止过执行霍梅尼的追杀令，不断有人出资追杀拉什迪。这笔悬赏金从最初200万美元提高到500多万美元。[①]

在拉什迪事件中，不仅拉什迪一人噩梦缠身，翻译和出版《撒旦诗篇》的相关人士也没能逃脱被追杀的厄运。1991年7月11日，《撒旦诗篇》日文版译者五十岚一先是收到伊朗政府警告，随后在筑波大学被一无名刺客割喉，当场死亡。同年，意大利文版译者埃托雷·卡普里奥洛在米兰家中被刺伤。挪威文版出版商威廉·尼加德遭枪击。1993年，土耳其文版尚未问世，出版社及译者即遭攻击，虽然译者毫发无伤，但整个事件造成37人丧生。截至2009年，据说有60多人为之丧命，100多人为之受伤。台湾在2002年出版中文版《撒旦诗篇》，鉴于以往的血腥事件，译者署名为"佚名"。此外，不断有售卖此书的书店遭纵火和炸弹袭击，西方穆斯林社区连续举行游行，并当众焚书。

## 七、"迁徙"及"伊吉拉特"

"伊吉拉特"（Hijra、Hijrah、Hijrat）一词，原意"迁徙"，特指622年先知穆罕默德及圣门弟子为逃离麦加统治者迫害，从麦加出走至麦地那的迁徙之旅。当代"伊吉拉特"则专指20世纪60年代源自埃及穆斯林兄弟会的极端分支"定叛与迁徙"组织（Al-Takfir Wal-Hijra，宣称整个埃及社会都是异教徒，真正的穆斯林必须远离埃及社会），90年代末传入我国（译为"伊吉拉特"或"伊吉莱提"，本书

---

[①] "拉什迪：别信那些狗屁，我的噩梦我自己讲"，《东方早报》，2010年7月30日，http://news.163.com/10/0730/10/6CR8OEIU00014AED.html。（上网时间：2014年1月22日）

采用"伊吉拉特"译名)。

经过 40 余年发展,"伊吉拉特"已演变为一种打着"萨拉菲派"旗号的跨国激进运动,活动遍及阿拉伯世界及英、法、德、意、美等西方国家。"伊吉拉特"信奉已故穆斯林兄弟会精神领袖库特卜的"圣战迁徙"说,致力于净化异教徒社会,甚至不惜对"伊吉拉特"成员以外的穆斯林采取暴力行动,企图最终重建哈里发国家。"伊吉拉特"成立以来行踪诡秘,只在制造暴恐活动时露脸,国际社会对其现状、组织结构、行动模式了解甚少,连中东学界也鲜见相关研究。美国政府虽早已关注"伊吉拉特",但秘而不宣。互联网上相关信息缺乏完整可靠性。迄今,只有荷兰当代伊斯兰专家乔汉内斯·詹森(Johannes J. G. Jansen),法国知名伊斯兰专家吉勒斯·凯佩尔(Giles Kepel)、莱尔·德克梅简(R. Hrair Dekmeijian)等少数学者有少量研究。1978—1979 年,埃及人权和民主活动家塞德·艾丁·易卜拉欣(Saad Eddin Ibrahim)访谈过埃及"伊吉拉特"在押犯。2005—2006 年,美国激进伊斯兰专家杰弗雷·科曾斯(Jeffrey B. Cozzens)访谈过西欧"伊吉拉特"成员。[1]

### (一)"伊吉拉特"溯源[2]

**"迁徙"观是伊斯兰"保护"观的延伸**。前伊斯兰时期,"保护"观(jiwar)出自阿拉伯半岛部落实行的道义制度(systems of honour),规定向寻求避难的人提供保护。拒绝提供保护的个人或部落会遭到公众的制裁和谴责。麦加时期,穆罕默德及其圣门弟子寻求保护,其安全依赖于他人的仁慈,是被保护者。麦地那时期,标志着穆罕默德及其圣门弟子命运的转变,他们成为保护者,向穆斯林和非穆斯林提供保护,兄弟情谊超越家族和部落纽带——麦地那辅士们向来

---

[1] Jeffrey B. Cozzens, "Al-Takfir wa'l Hijra: Unpacking an Enigma", *Studies in Conflict & Terrorism*, Volume 32, Number 6, June 2009.

[2] 材料引自:"Hijra"(Islam), http://en.wikipedia.org/wiki/Hijra_(Islam)。(上网时间:2011 年 10 月 2 日)

自麦加的迁士们提供慷慨帮助。因此,《古兰经》要求穆斯林向穆斯林提供保护:"谁为主道而迁移,谁在大地上发现许多出路,和丰富的财源。谁从家中出走,欲迁至真主和侍者那里,而中途死亡,真主必报酬谁。真主是至赦的,是仁慈的。"(4:100)《古兰经》也要求穆斯林向求助的非穆斯林提供保护:"以物配主者当中如果有人求你保护,你应当保护他,直到他听到真主的言语,然后把他送到安全的地方。这是因为他们是无知的民众。"(9:6)[1]

1. **穆罕默德传教时代,穆斯林曾两度迁徙,寻找传播伊斯兰教的安宁环境及立身之所。第一次"迁徙"**。古莱什部落是阿拉伯半岛势力强大的经商部落,统治麦加及克尔白(即今日麦加禁寺,中国穆斯林称"天房"),主要分布在沙特中、西部地区。穆罕默德就出生于该部落的哈希姆部族(Banu Hashim)。610年,穆罕默德自称为"先知",遭到一些部族头领反对和压制。[2] 615年7月,奥斯曼·本·阿凡及其妻子鲁根耶率团一行11人(4名女性)为摆脱迫害,出走麦加,途经红海抵达非洲阿比西尼亚(Abyssinia,今埃塞俄比亚)基督教国王统治的阿克萨姆王国(Axum)。三个月后,平安返回。616年,有94人(11名女性)前往埃塞俄比亚,居住时间比第一批人长。麦加古莱什贵族对使者派宣教团进驻埃塞俄比亚恼羞成怒,为把伊斯兰教扼杀在摇篮里,遂派阿穆尔·本·阿绥、阿玛尔·本·瓦立德携带珍贵礼物拜访国王奈扎西,诬告传播邪教,企图借国王势力消灭之,或将所有宣教者引渡回麦加。首批迁徙者在向埃塞俄比亚寻找出路的过程中,忍受艰难困苦,震撼了多神教徒,为宣教者树立了榜样,为后来迁徙麦地那点燃指路明灯。[3]

---

[1] Ruqaiyah Hibell 书评:Arafat Madi 著:Refugee Status in Islam:Concepts of Protection in Islamic Tradition and International Law,*The Muslim World Book Review*,Volume 34,Issue 2,Winter 2014,pp. 20 – 22。

[2] "Quraysh(Tribe)",http://en.wikipedia.org/wiki/Quraysh_(tribe).(上网时间:2011年10月2日)

[3] 曹忠编译:"伊斯兰教史纲(二)",《内蒙古穆斯林》,2011年第3期,总第32期,内蒙古伊斯兰教协会,2011年9月出版。

**第二次"迁徙"**。在伊斯兰教中,"迁徙"特指622年穆罕默德及圣门弟子从麦加出走至麦地那的迁徙之旅。这年9月,穆罕默德获悉有人要谋害自己,遂携圣门弟子秘密逃出麦加,几经周折,迁徙至麦加以北320千米的耶斯里卜城(Yathrib)①。该城后更名为麦地那。经此迁徙,穆罕默德及圣门弟子在麦地那获得传播伊斯兰教的安宁环境及立身之所和近十年发展期。期间,他们与古莱什部落交战3次,即白德尔之战、吴侯德之战和壕沟之战,扭转了双方力量对比。630年,穆罕默德率万名穆斯林士兵光复麦加,一举夺取"天房"控制权,建立史上第一个伊斯兰国家。② 鉴于此次迁徙的深远影响,639年,欧麦尔(穆罕默德归真后第二任哈里发)为纪念穆罕默德率领穆斯林由麦加出走并于622年9月14日安抵麦地那这一重大历史事件而下令定此迁徙年为伊历元年。

**迁徙对穆斯林意义重大**:一是标志政教合一伊斯兰社会的建立。穆斯林认为,穆罕默德所建国家是一个"受真主感召,绝对遵从真主"的社会,由靠信仰凝聚在一起的宗教群体组成。二是展示强大的宗教认同和团结。通过与古莱什部落决裂,穆罕默德宣示伊斯兰纽带高于对部族和家族的忠诚。阿拉伯各部落陆续皈依伊斯兰教,穆斯林社会稳步壮大。三是摆脱迫害桎梏。因此,穆斯林每年都要在伊历新年举行庆祝迁徙的活动。③

**2. 迁徙理念在阿拉伯—伊斯兰帝国时代的传承**。10世纪初,什叶派伊斯玛仪派阿卜杜拉·马赫迪(Abdu l-Lāh al-Mahdī,909—934年在位)迁徙到北非,在突尼斯成功建立法蒂玛王朝(Fatimid,

---

① 穆罕默德迁徙之旅关键日子:第一天:9月9日,穆罕默德潜出麦加,在麦加南部"扫尔洞"(Cave of Thur)藏了3天。第五天:9月13日,离开麦加郊区,向北跋涉至耶斯里卜地区。第十二天:9月20日,到达麦地那附近的库巴(Quba')。第十六天:9月24日,首次到访麦地那并举行周五聚礼。第二十六天:10月4日,从库巴迁至麦地那。

② "Quraysh(Tribe)",http://en.wikipedia.org/wiki/Quraysh_(tribe).(上网时间:2011年10月2日)

③ "Al-Hijra(1 Mharram):New Year's Day",http://www.bbc.co.uk/religion/religions/islam/holydays/alhijra.shtml.(上网时间:2011年10月2日)

909—1171年)。以后,其继任者逐步征服包括埃及在内的整个北非以及富饶的新月地带,甚至占领阿拉伯半岛的麦加和麦地那。953—975年,法蒂玛王朝第四任哈里发征服埃及,从此定都开罗,将其建成为一个文化、文明的中心,设立当时世界上第一所大学——爱资哈尔大学(Al-Azhar),其数学、艺术、生物学、哲学等领域的研究达到那个时代的顶峰。就政治影响力、思想、文学、宗教法的编纂等方面而言,法蒂玛时期成为伊斯玛仪派的黄金岁月。①

1094年,伊斯玛仪派分支尼扎里耶派创始人哈桑·本·萨巴赫(Hassan-ibn Sabbah,1050s—1124年)攻占了叙利亚地中海沿岸努赛里耶(al-Nusairiyyah)山脉的许多要塞,建立了以阿拉穆特要塞(Al-amut,位于今日伊朗西北部)为中心的尼扎里耶派国家。他们将各地要塞冠名为"迁徙地"。12—13世纪,该派军事实力曾严重威胁逊尼派塞尔柱王朝(Seljuk)在波斯和叙利亚的统治。时值十字军在圣地制造动乱,该派也同征服叙利亚和伊朗的十字军作战。②1256年,蒙古人攻占阿拉穆特要塞,尼扎里耶派国家灭亡。

**3. 迁徙理念在近代的传承**。1910年,为扩张和巩固疆域,伊本·沙特以瓦哈比派教义为思想武器,创建由瓦哈比派信徒组成的集宗教、军事、生产为一体的"认主独一兄弟会",逐渐向内志农业区迁徙,组成大片"迁徙"区逐渐发展壮大力量,为新国家的建立奠定基础。1921—1925年,伊本·沙特先征服拉希德家族领地,后进攻汉志国王侯赛因属地,先后占领塔伊夫、麦加、麦地那、吉达,兼并阿西尔,被拥戴为"汉志王和内志及其属地的苏丹"。1932年9月,伊本·沙特正式定国名为沙特阿拉伯王国。

赛义德·艾哈迈德·波莱维(Sayyid Ahmad Barelvi,1786—1831年)为了反抗西方殖民者特别是英国殖民者的侵略,提出"迁徙"

---

① "History of Nizari Ismailism", http://en.wikipedia.org/wiki/History_of_Nizari_Ismailism. (上网时间:2014年3月26日)

② "Assassins", http://en.wikipedia.org/wiki/Hashshashin. (上网时间:2014年3月26日)

理论——即处于英国殖民统治之下的印度次大陆是战争地区,忠于伊斯兰教信仰的穆斯林应主动进行"迁徙",离开殖民统治区,在一个伊斯兰地区建立哈里发政权,并宣布发动针对异教徒的"圣战"。1826年,为践行"迁徙"理论,他和追随者发起"圣战者运动",但针对的不是英国殖民统治,而是旁遮普的锡克教政权,这很难获得穆斯林的广泛支持。1831年,在锡克教徒反击下,他战败被杀,"圣战者运动"宣告失败。

**4. 迁徙理念在现代的传承**。埃及穆斯林兄弟会精神领袖库特卜弘扬"圣战迁徙"说。他在代表作《路标》中称,摆脱"蒙昧状态"的办法,就是采取行动建立真主的绝对主权和统治权。为实现真主的统治,穆斯林要"迁徙",以彻底脱离"蒙昧状态",重建一个不受污染和完全遵行伊斯兰方式的社会。这种"迁徙"并非地理上的迁徙,而是要穆斯林以行动向"蒙昧状态"开战,为主道而奋斗。库特卜称,"仅靠说教和祈祷不会实现(真主的统治),因为那些把枷锁套在人民脖子上和篡夺了真主权威的人,不会因人们的祈祷和劝诫而让位。"穆斯林首要任务是清除现存的非伊斯兰秩序,建立伊斯兰社会。这种清除不仅仅是改造或变革,而是"彻底的摧毁"。[①]

## (二)当代"伊吉拉特"发展历程[②]

**1. 穆斯塔法正式创建"伊吉拉特"**。舒克里·艾哈迈德·穆斯塔法(Shukri Ahmed Mustafa)1942年6月1日出生于埃及中部阿斯尤特(Asyut)以南30千米的阿布·库鲁斯村(Abu Khurus),毗邻穆斯林兄弟会精神领袖库特卜家乡穆沙(Musha)镇。该地区素以孕育激进分子的摇篮著称。1965年,埃及政府大规模逮捕穆斯林兄弟会

---

[①] 肖宪:《传统的回归——当代伊斯兰复兴运动》,中国社会科学出版社,1994年11月版,第51页。

[②] 材料引自:"Shukri Mustafa(1942-1978),Spiritual leader of Takfir wal-Hijra(Jama'at al-Muslimin)during the 1970s",http://www.pwhce.org/shukri.html。(上网时间:2011年10月2日)

成员，穆斯塔法在一所按伊斯兰方式管理的农学院攻读农学时，因散发穆斯林兄弟会宣传品被捕。服刑期间，很多人被折磨致死。在这种恐怖气氛中，"塔克菲尔"理念得到不少人响应。

1967年，埃及安全人员要求在押犯支持纳赛尔总统领导的政府，结果在押犯分为三派：一部分为了获释并重返原来工作岗位而响应政府号召，支持纳赛尔及其政权；大多数人保持沉默，既没有反对，也没有支持；有少数年轻人拒绝政府的要求，宣称总统及其政权为异教徒，把那些支持政府的人视为伊斯兰教的叛徒，不这么认为的人也是异教徒。因为整个埃及社会都支持政府，所以他们都是异教徒，他们的礼拜和斋戒一律无效。这伙人的头目是阿里·伊斯玛依莱，毕业于爱资哈尔大学，其同胞兄弟阿卜杜·法塔赫·伊斯玛依莱是与穆斯林兄弟会精神领袖库特卜一起被处决的六人之一。阿里·伊斯玛依莱试图在教法框架内构建组织的隐居和"塔克菲尔"原则，使之具有合法性，以赢得民众的支持。于是，"穆斯林社团"（Jama'at al-Muslimeen）或"迁徙社团"（Jama'at al-Higra）在埃及监狱诞生。不过，此人后来宣布放弃自己曾倡导的激进思想并退出组织。穆斯塔法在监狱里接任该组织头目，他不屑与其他在押犯为伍，视这些愿与纳赛尔政权合作的人为异教徒。

因萨达特政权对激进分子采取怀柔政策，1971年，穆斯塔法获释出狱后正式创建"伊吉拉特"，吸引近4000名追随者宣誓效忠，并尊其为马赫迪①（Mahdi）——真主将通过他的组织实现穆罕默德没有实现的理想，那就是让伊斯兰教战胜所有宗教。他任命了各省、各地区的埃米尔，租赁数套房屋作为组织在开罗、亚历山大和吉萨等地的秘密活动地点。"伊吉拉特"在埃及大部分省份、特别是上埃及地区和大学生中传播开来。"伊吉拉特"初创时，主要从事非暴力、非政治的宣教活动。1973年10月，埃及安全人员怀疑他们有反政府嫌疑，便逮捕了他们并送上法庭。1974年4月21日，埃及政府发布共和国令，赦免穆斯塔法及其组织成员。出狱后，他重操旧业，且比以前更

---

① 在伊斯兰信仰中，马赫迪是世界末日之前统治世界并复兴宗教和主持正义的领袖。

活跃，重整队伍，从埃及各省招募新成员，并派人赴国外募集资金，其思想在多个国家得到传播。

**绝对掌控"伊吉拉特"**。穆斯塔法为追随者提供良好的活动环境，让他们开展宣传、劳动、礼拜和学习活动。通过这种方式让他们脱离社会，成员的所有需求都要依靠组织。凡是违反纪律者都会受到体罚；如果成员退出就会被视为叛徒，可以追击并予以清除。穆斯塔法借用马赫迪这一神话人物，欺骗追随者：他将永生，无人能杀死他。穆斯塔法有权决定成员婚嫁及其"加入"和"出局"，还可宣判谁是"叛教者"并处以死刑，因此追随者对其唯命是从。

**2. 思想主张。秉持"萨拉菲派"教义**。穆斯塔法认为："伊斯兰历史毫无意义，只有《古兰经》里讲述的故事才是历史。古今伊斯兰学者们的言论、《古兰经》注释毫无价值，因为它们都已背叛了伊斯兰教。"他只承认《古兰经》和圣训作为立法依据，但用"伊吉拉特"自己的观点来衡量经训，如果与之相符就接受，不相符就变相拒绝。逊尼派的哈乃斐、马立克、沙斐仪、罕百里四大教法学派学者将自身置于人与真主之间，篡夺了真主的权威。正因人们不直接从《古兰经》和圣训中汲取伊斯兰营养，而是遵循这些教法学派的教义，伊斯兰才走向衰败。提倡文盲，鼓励学生弃学，阻止青少年进入中学、大学学习，不论是经文学校还是其他学校，因为学校都是恶魔的机构，属于"害人的清真寺"①。反对扫除文盲，声称宣传扫盲是犹太人的宣传，目的是让人们学习"卡菲尔"知识，而无暇顾及学习伊斯兰知识。只有在"伊吉拉特"组织的学习圈所学的才是知识——穆斯塔法声称自己达到顶尖的学术级别，有权持有与整个"乌玛"不同的意见。科学知识并非真主"创制"，根本不存在，穆斯林唯有在真主面前寻求知识。主张不在现有的清真寺举行每天的集体礼拜和每周一次的主麻拜，因为清真寺都是害人的，教长们都是"卡菲尔"。只有四座清真寺例外：禁寺（麦加大清真寺）、圣寺（麦地那先知寺）、

---

① 穆罕默德到麦地那后，反对派修建了一座清真寺，实则为一个密谋反对伊斯兰教的据点，故称"害人的清真寺"。

库巴寺（伊斯兰教历史上第一座清真寺，为穆罕默德到达麦地那后所建，至今保留完好并且使用）、远寺（耶路撒冷阿克萨清真寺）。即使是这四座清真寺，除非领拜人是"伊吉拉特"成员，否则他们也不会在里面礼拜。以上观点与逊尼派穆斯林传统思想完全相左，遭到大多数逊尼派学者和民众的反对。

**倡导"塔克菲尔"思想。**"塔克菲尔"思想是"伊吉拉特"组织思想的基本要素。具体内容为：把所有犯大罪后没有忏悔的人都视为"卡菲尔"，把所有不按照《古兰经》治理国家的统治者也判为"卡菲尔"（把埃及政府和绝大多数伊斯兰国家判为"卡菲尔"），还把民众视为"卡菲尔"，因为他们没有和自己持相同观点。凡是听到他们宣传后没有接受或者接受但没有加入"伊吉拉特"者，都是"卡菲尔"。其他伊斯兰组织如果听到了他们的宣传后不接受其领袖，也是"卡菲尔"。穆斯塔法在其著《哈里发国家》中狂言，"任何拒绝加入'伊吉拉特'者都是真主的敌人，并将遭到应有惩罚。"[①] 凡是采纳法学家们的言论或者公议，或者采用类比，或者择善等立法源泉者，在他们看来都是叛逆的多神教徒。至于那些加入他们的组织后离开的人，则是叛徒，可以杀之。穆斯塔法视爱资哈尔大学谢赫穆罕默德·宰哈比（Muhammad al-Dhahabi）为"叛教者"，宣称"伊吉拉特"成员杀他是合法行为。

**尊奉库特卜的"圣战迁徙"说。**"迁徙"是"伊吉拉特"组织思想的第二大要素。穆斯塔法宣布，"迁徙"是脱离"蒙昧社会"，到偏远山区生活，因为埃及世俗社会是"蒙昧社会"。他所说的脱离，指的是地域和情感上的脱离，组织成员要在一个环境中像穆罕默德及其圣门弟子们在麦地那时期那样过真正的伊斯兰生活。他认为，在"伊吉拉特"强大到能采取行动改朝换代前，必须从情感上和身体上脱离埃及社会，以保持信仰的纯真，并通过"伊吉拉特"组织加强对伊斯兰教的归属感。穆斯塔法被捕后曾在埃及军事法庭阐述"迁徙"

---

① Jeffrey B. Cozzens, "Al-Takfir wa'l Hijra: Unpacking an Enigma", *Studies in Conflict & Terrorism*, Volume 32, Number 6, June 2009.

的含义,"在内敌外房的强压下,我们('伊吉拉特')应逃到安全地带,中止抵抗"。① 这一时期,"伊吉拉特"大力倡导三种迁徙。首先,隐居埃及南部的山洞过真正符合伊斯兰教的生活,与世隔绝。1973年,穆斯塔法变卖了所有资产,配备必要的粮食和刀剑后,命令组织成员迁徙到山洞里,以实践其"迁徙"理念。穆斯塔法颇具感召力,吸引了包括大批女性在内的追随者前往。② 其次,派遣部分男性成员迁往沙特、科威特等产油国当劳工,供养组织。他们主要从事打零工、开书店、摆小食摊等小本生意。穆斯塔法称,只有经此历练的男人才有资格娶妻。第三,已婚夫妇成员一起共同租住,努力营造理想的伊斯兰社会。被埃及社会边缘化的穆斯林纷纷加入"伊吉拉特",从中寻找归属感。但穆斯塔法的行动以失败告终,"伊吉拉特"未跨越"弱小状态",更无力发动推翻国家政权的大规模"圣战"。但"圣战迁徙"说仍为后来的激进分子推崇,"基地"组织头目扎瓦希里就在阿富汗践行"圣战迁徙"。

**3. "伊吉拉特"遭政府严打**。70年代中后期,为实现"沙里亚法"治国,穆斯塔法同埃及政府发生冲突,"伊吉拉特"走上以暴力推翻埃及政权的道路。1977年7月,"伊吉拉特"因杀害前政府部长、爱资哈尔大学谢赫穆罕默德·宰哈比,遭埃及安全部队严厉镇压,数百名成员被捕。1978年3月19日,穆斯塔法为首的五个头目被处决,其他成员被判处不同刑期,"伊吉拉特"名称由此见于报端——埃及政府及媒体将"穆斯林社团"改称"定叛与迁徙"组织(原意为"除穆斯林内奸迁徙",后引申为"讨伐异教徒迁徙")。1981年10月6日,埃及总统萨达特遇刺,前"伊吉拉特"成员涉嫌参与,该组织因而遭政府进一步严打,生存环境恶化。为了保存力量,该组织活动转入地下。

---

① Jeffrey B. Cozzens, "Al-Takfir wa'l Hijra: Unpacking an Enigma", *Studies in Conflict & Terrorism*, Volume 32, Number 6, June 2009.

② "Takfir wa-l-Hijra", January 2, 2009, http://www.network54.com/Forum/577027/thread/1230950210/last-1230950210/Takfir + wa-l-Hijra. (上网时间:2011年10月2日)

穆斯塔法被处决后，不仅许多追随者脱离"伊吉拉特"，而且"伊吉拉特"变成两股势力：一股以阿布德·扎穆特（Abbud al-Zammut，"伊吉拉特"创始人之一）为首，一股以艾曼·扎瓦希里（Ayman Al-Zawahiri，后来"基地"组织二号人物）为首。① 1978—1979年间，塞德·艾丁·易卜拉欣访谈埃及"伊吉拉特"在押犯，发现一些"伊吉拉特"成员躲过埃及政府的打击，部分转移到也门、阿尔及利亚、巴基斯坦和阿富汗，一些中层头目出狱后重操旧业。20世纪90年代，"伊吉拉特"得到大发展，因为1989年阿富汗战争结束后，"伊吉拉特"成员重返中东和北非家园，他们在阿尔及利亚、约旦、黎巴嫩、利比亚、摩洛哥、苏丹传播自己的思想，建立了一个由"信教者"组成的分散网络。学界普遍认为，穆斯塔法之后，"伊吉拉特"已渐变成一个国际性团伙，且行动隐秘，成员素质高，"擅长发动大规模恐怖袭击"。

### （三）"伊吉拉特"向全球"圣战迁徙"路线图

过去30多年，"伊吉拉特"从埃及向南亚、北非、中东、东非、欧美蔓延。一位摩洛哥高官坦言，"每一个拥有阿拉伯或穆斯林移民人口的国家，都蛰伏着'伊吉拉特'成员。"② 从扩张的地域看，"伊吉拉特"迄今有三次大规模迁徙。

1. 第一次"迁徙"。20世纪80年代，许多"伊吉拉特"成员出走埃及，转赴阿富汗参加抗苏"圣战"。在阿富汗战场上，"伊吉拉特"成员与各国圣战者并肩作战，"圣战迁徙"理念开始被广泛接纳。这些阿富汗"圣战"老兵返回各国后，向当地穆斯林青年加大散播此理念，为日后"伊吉拉特"向全球蔓延奠定了思想和组织基础。

---

① "Takfir wal-Hijra", http://en.wikipedia.org/wiki/Takfir_wal_Hijra.（上网时间：2013年12月26日）

② Keith Johnson and David Crawford, "New Breed of Islamic Warrior Is Emerging", Staff Reporters of *The Wall Street Journal*, March 29, 2004.

**2. 第二次"迁徙"。** 1989年，苏军撤出阿富汗，"伊吉拉特"成员重返中东和北非家园。在埃及、阿尔及利亚、约旦、黎巴嫩、利比亚、摩洛哥、苏丹等国，涌现出许多"伊吉拉特"团伙，频繁发动袭击，以期"净化穆斯林同胞和伊斯兰社会"。90年代后，一些阿拉伯国家相继开展打击"伊吉拉特"的行动。[①]

埃及：1990年后，逮捕数百名"伊吉拉特"成员。2003年8月，因涉嫌在爱资哈尔大学制造爆炸事件，安全机构逮捕了在爱资哈尔清真寺任教的纳赛尔·阿卜杜勒（Naser Abdul）及10名同伙（2名政府雇员、8名学生）。[②] 2004—2006年，"伊吉拉特"成员在西奈半岛南部旅游胜地频繁袭击，共造成150余人丧生，因此再遭严打，绝大多数成员被羁押，狱外成员受当局严密监控。2007年10月，警方破获一个"伊吉拉特"团伙，涉嫌传播"圣战"理念，企图建立武装力量"先知穆罕默德军"，并制造用于恐怖行动的炸药。[③] 2011年初，埃及发生政治动乱，西奈半岛出现安全真空，大量武器从利比亚流入西奈半岛黑市，持枪民众大增，治安环境恶化。"伊吉拉特"成员在边界城镇拉法（Rafah）的数座清真寺私下聚会。7月29日，在西奈半岛北部的阿里什（el Arish）镇，数百名黑衣蒙面的"伊吉拉特"成员持机枪、手榴弹、火箭弹，乘坐皮卡和摩托车，打着"圣战"黑旗（一面写着"万物非主，唯有真主"；另一面写着"复仇"）冲击

---

[①] James Forest, "Modern terrorism and counter-terrorism", The Fletcher School of Law and Diplomacy, http://carlosalbert.files.wordpress.com/2011/04/comparative-study-terrorism-rev.pdf. （上网时间：2011年10月2日）

[②] "Egypt: Islamists try to revive al-Takfir Wal Hijra, Egypt", *Politics*, August 2, 2003, http://www.arabicnews.com/ansub/Daily/Day/030802/2003080201.html. （上网时间：2011年10月2日）

[③] Al-Masri Al-Yawm, "Egyptian Security Uncovers Al-Takfir Wal-Hijra Cell", October 6, 2007, http://www.thememriblog.org/blog_personal/en/3150.htm. （上网时间：2011年10月2日）

警察局，要求在埃及建立"伊斯兰国"。①暴乱持续9小时之久，造成包括2名安全部队人员在内的5人丧生，10余人受伤。事后，CNN报道，"伊吉拉特"成员在其散发的传单上自称为"西奈半岛'基地'组织"。但当地安全负责人萨利赫·马斯里（Saleh al-Masry）透露，"西奈半岛没有'基地'组织，却有数千名'伊吉拉特'成员。当局逮捕了12人，其中3人是巴勒斯坦人。"②2011年11月13日，埃及动用大批部队和警察逮捕了西奈半岛北部地区"伊吉拉特"头目和15名嫌疑犯。

阿尔及利亚：最初，该国"伊吉拉特"由500余名在阿富汗参加抗苏"圣战"的阿尔及利亚老兵组成，为劫掠武器，他们经常袭击当地警察局和军营。③1991年内战期间，"伊吉拉特"成员袭击了盖马尔（Guemmar）边检站。从1992年起，"伊吉拉特"与"武装伊斯兰集团"结盟，从事恐怖行动、走私武器和伪造证件等勾当。④

苏丹：1994年，"伊吉拉特"5次在清真寺袭击做礼拜的穆斯林，造成16人死亡，数百人受伤。2000年，"伊吉拉特"故伎重演，袭击一座清真寺，杀害20人，伤33人。当时，美驻印度大使馆称，"苏丹'伊吉拉特'拟定'暗杀名单'，威胁杀害苏丹基督徒和左翼政治家、法学家、记者等。"

黎巴嫩：从阿富汗重返黎巴嫩的圣战者，在贫困的逊尼派穆斯林

---

① "Egypt：Takfir wal-Hijra, jihadist salafist islamist group, resurges in el Arish in Egypt", August 11, 2011, http：//www.warsintheworld.com/index.php/2011/08/11/egypt-takfir-wal-hijra-jihadist-salafist-islamist-group-resurges-in-el-arish-in-egypt/. （上网时间：2011年10月2日）

② Abigail Hauslohner/ Al-Arish, "What Scares the Sinai Bedouin：the Rise of the Radical Islamists", August 10, 2011, http：//www.time.com/time/world/article/0, 8599, 2087797, 00.html. （上网时间：2011年10月2日）

③ "Islamic Opposition", http：//countrystudies.us/algeria/160.htm. （上网时间：2011年10月2日）

④ JUDGMENT OF THE GENERAL COURT（Second Chamber）, December 7, 2010, http：//eur-lex.europa.eu/LexUriServ/LexUriServ.do? uri = CELEX：62007A0049：EN：HTML. （上网时间：2011年10月2日）

聚居区掀起暴力浪潮。领头人巴萨姆·坎吉（Bassam Kanj）20 世纪 80 年代曾与本·拉登在阿富汗并肩战斗。1988 年，他在巴基斯坦白沙瓦与多名黎巴嫩圣战者建立紧密关系。1996 年，他在黎巴嫩北部创建以这些圣战者为核心骨干的"伊吉拉特"团伙。因他们以东北部的廷涅（Dinnieh）山区为活动基地，又称"廷涅团伙"。[①] 据估计，黎巴嫩"伊吉拉特"有 200—300 人。

"伊吉拉特"在贝鲁特和的黎波里针对西方目标（尤其是餐馆）制造系列炸弹案，杀害廷涅地区基督教平民，并多次袭击黎军。1999 年末和 2000 年初，"伊吉拉特"在阿苏恩村（Assoun）与黎军交火。2000 年 7 月，芒特黎巴嫩刑事法院（Mount Lebanon Criminal Court）对 120 名"伊吉拉特"嫌犯提起诉讼。"伊吉拉特"发出威胁称，除非政府释放"伊吉拉特"在押犯，否则要"消灭"8 名黎巴嫩北部基督徒议员。同年 12 月 31 日，数百名"伊吉拉特"成员在黎巴嫩北部突袭杀害平民，同黎军交火。这是黎巴嫩内战以来发生的最大一次交火事件，巴萨姆·坎吉被击毙，20 余名成员被毙或被捕。[②] 2000—2003 年，"伊吉拉特"在黎巴嫩北部数次袭击黎军。2005 年，"伊吉拉特"开始致力于推翻黎巴嫩政权，而黎巴嫩政府为制衡影响力不断增长的"真主党"，同年释放了一批"伊吉拉特"在押犯。

摩洛哥[③]：2000 年以来，涌现出多个"伊吉拉特"团伙。2002 年，逾 166 名平民惨遭"伊吉拉特"屠杀。同年，该国"伊吉拉特"精神领袖尤素福·费克里（Youssef Fikri，绰号"血性埃米尔"）在卡萨布兰卡被捕并遭处决。2003 年 5 月 16 日，"伊吉拉特"在卡萨布兰卡制造炸弹袭击，杀害 10 余名背离"沙里亚法"的摩洛哥公民。事后，400 多名"伊吉拉特"和"萨拉菲派圣战"（Al-Salafiyah al-Ji-

---

[①] "Lebanon", http://almanac.afpc.org/Lebanon. （上网时间：2011 年 10 月 2 日）

[②] "Takfir wal-Hijra", http://en.wikipedia.org/wiki/Takfir_wal-Hijra. （上网时间：2011 年 10 月 2 日）

[③] 材料引自："Takfir in Morocco", http://www.network54.com/Forum/577027/thread/1230950210/last-1230950210/Takfir+wa-l-Hijra. （上网时间：2011 年 10 月 2 日）

hadiyah）成员被捕。8月，时年57岁的摩洛哥"伊吉拉特"理论家、小学教师穆罕默德·菲扎齐（Mohamed Fizazi）被判30年徒刑。

摩洛哥"伊吉拉特"成员主要分布在卡萨布兰卡、梅克内斯、非斯和丹吉尔等地，绝大多数出身城市贫民窟。过去20多年，摩洛哥城市贫民窟数量激增，成为被剥夺土地的农民和流浪者的栖息地，也成为"伊吉拉特"团伙滋生的温床。摩洛哥"伊吉拉特"强调，犯罪前科无碍"圣战"，而有伪造信用卡诈骗、贩卖军火和人口的经验反而是必备技能。其成员通过互联网学习制造炸弹方法。

其他国家：约旦，2002年11月，"伊吉拉特"成员涉嫌参与谋杀美国外交官劳伦斯·弗利。该团伙"否认穆斯林国家的政府权威，呼吁实施'沙里亚法'"，宣称约旦国王阿卜杜拉及其他政府官员为"叛教者"，应被处死。土耳其，2004年，至少有12名"伊吉拉特"成员被捕。叙利亚，仅赛德纳亚监狱（Saidnaya）就关押了20多名"伊吉拉特"犯人。2005年7月，安全部队与准备发动恐怖袭击的"伊吉拉特"团伙交火。沙特阿拉伯，一些"伊吉拉特"成员被捕。伊拉克，"伊吉拉特"成员参与暴力活动，特别是袭击警察和政府官员。肯尼亚，"伊吉拉特"团伙与已故伊拉克"基地"组织分支头目扎卡维有瓜葛。索马里，"伊吉拉特"有一个训练营，但囿于聚焦"穆斯林世界革命"，难以向索马里社会渗透。[1]

3. **第三次"迁徙"**。[2] **分两路进行。一路：20世纪90年代初，以摩洛哥和阿尔及利亚为主的北非裔"伊吉拉特"成员，开始向欧美迁徙渗透**。他们与阿尔及利亚"武装伊斯兰集团"结盟，参与欧洲"圣战"后勤保障网络。1999年后，"伊吉拉特"开始支持"基地"组织，联袂向西方发动"圣战"。1994年起，欧洲国家开始逮捕"伊吉拉特"成员：1998年，特斯尼姆·艾曼（Tesnim Aiman）和雷索

---

[1] Magnus Norell, "Islamist Networks in Somalia", FOI Somalia Papers: Report 2, http://www.foi.se/upload/projects/Africa/FOI-R-2609.pdf.（上网时间：2011年10月2日）

[2] 材料引自：Tamara Makarenko, "Takfiri presence grows in Europe", *Jane's Intelligence Review*, February 1, 2005。

斯·霍阿里（Ressous Houari）分别在瑞士、法国落网；2003年11月，法国破获一个通过售卖假冒服装筹款的10人团伙。

为向西方迁徙，"伊吉拉特"采取灵活策略：不仅不同异教徒社会决裂，新一代"伊吉拉特"成员反而向西方"异教徒社会"渗透。"9·11"后，"伊吉拉特"在欧洲向恐怖组织提供后勤保障的网络曝光。执法部门发现，"伊吉拉特"涉嫌走私武器、贩毒、窝藏和转移恐怖分子及参与恐怖行动等。

法国：因毗邻北非，是"伊吉拉特"成员最初登陆点。"埃米尔"艾哈迈德（Emir M'Ahmed）与住在法国的阿尔及利亚"武装伊斯兰集团"成员建立联系。法国"伊吉拉特"第一代成员多为阿尔及利亚武装分子，重点向被阿尔及利亚驱逐出境的圣战者提供庇护，从事制造假身份证、走私武器弹药等勾当。第二、三代法国"伊吉拉特"成员主要出自阿尔及利亚移民家庭，属于工人或中产阶级，一般不开展暴恐行动，主要提供后勤保障。不过，1995年，在阿联酋迪拜被捕的"伊吉拉特"成员、阿尔及利亚裔法国人迪亚美尔·比哈尔（Djamel Beghal）等7人，参与策划了对美驻法大使馆以及北约驻比利时克莱恩·布罗格尔空军基地（Kleine Brogel）小卖部的炸弹袭击。据悉，"伊吉拉特"在法国至少控制16座清真寺，成员行踪诡秘，从不到其他清真寺做礼拜。

英国：因对"圣战"宣传品管控松，且易于申请避难，英国成为"伊吉拉特"的重要募人基地。2001年，来自伊拉克的激进伊玛目阿布·巴希尔（Abu Baseer）在伦敦大肆鼓吹"伊吉拉特"的"圣战迁徙"观："迁徙的目标之一就是恢复'圣战'职责，向异教徒宣战。迁徙应与'圣战'齐头并进。"①

西班牙：存在一个庞大而有组织的"伊吉拉特"网络。2004年"3·11"马德里火车爆炸案首要嫌犯、生于摩洛哥北部港口丹吉尔

---

① "ARE LIBERALS DELIBERATELY TRYING TO DESTROY THE WEST?" May 23, 2011, http://angrywhitedude.com/tag/muslim-immigration/.（上网时间：2011年10月2日）

的贾马尔·朱甘（Jamal Zougam）就是"伊吉拉特"成员。巴塞罗那"伊吉拉特"团伙甚至图谋购买制造"脏弹"的原材料。警方2006年称，"伊吉拉特"招募失足青少年，在押的穆斯林犯人中有50人是"伊吉拉特"成员。[1]

欧美其他国家：在荷兰，2004年11月杀害荷兰电影导演西奥·凡高（Theo Van Gogh，因在一部电影里披露穆斯林社会虐待妇女情况）的凶手穆罕默德·布耶里（Mohammed Bouyeri）是"伊吉拉特"成员。[2] 在德国，"伊吉拉特"主要提供后勤保障服务。在意大利，2002年美国务院曾发出警告，"伊吉拉特"威胁到美在佛罗伦萨、米兰、威尼斯、维罗纳的利益。有报道称，"伊吉拉特"同意大利主要黑手党之一"光荣会"（the Ndrangheta）进行"毒品换武器"交易。在美国，2002年，密歇根破获一个策划袭击大型客机、迪斯尼乐园、拉斯维加斯赌场及美驻约旦大使馆的"伊吉拉特"团伙。

在俄罗斯，2013年11月27日，俄罗斯安全部队在莫斯科以走私武器、抢劫、贩毒等罪名，逮捕了15名"伊吉拉特"嫌疑犯。据俄罗斯内务部透露，警方还查获了大批武器和弹药。另外，"伊吉拉特"正在努力使斯拉夫人皈依伊斯兰教，俄罗斯境内已出现一些斯拉夫圣战者。[3]

**另一路**：1996年9月，塔利班在阿富汗建立"伊斯兰酋长国"。早在5月，本·拉登便携妻子儿女、150名支持者离开苏丹重返阿富汗。与此同时，**许多"伊吉拉特"成员再次向阿富汗迁徙，并与"基地"组织正式结盟，进军中国**。1997年4月，艾山·买合苏木到巴基斯坦重建"东伊运"，不久迁往喀布尔，得到"基地"组织鼎力

---

[1] Javier Jordán, "After 3/11: The Evolution of Jihadist Networks in Spain", *Terrorism Monitor*, Volume 4, Issue 1, January 12, 2006.

[2] Hayder Mili, "Jihad Without Rules: The Evolution of al-Takfir wa al-Hijra", July 4, 2006, http://www.islamdaily.org/en/islam/4560.jihad-without-rules-the-evolution-of-al-takfir-wa-.htm.（上网时间：2011年10月2日）

[3] Mark Galeotti, "Shadow spreads: Criminal-militant links in Russia", *Jane's Intelligence Review*, Volume 26, Issue 1, January 2014.

支持。因此，20世纪90年代末，我执法部门在新疆发现"伊吉拉特"活动。在喀什，2002—2003年，发现部分年轻人办护照、签证向阿富汗迁徙；2003—2004年，不断出现"伊吉拉特"团伙行踪；2006年，公安机关破获维族商人资助多名维族青年向境外迁徙的"6·20"要案；2006—2010年，共打掉60多个与"东伊运"有联系的"伊吉拉特"团伙。在皮山县，2008年3—4月，公安机关接连捣毁2个集习武、制爆、"圣战"为一体的"伊吉拉特"团伙。目前，"伊吉拉特"已与"东伊运""伊扎布特"共生，成为新疆暴恐舞台主力之一。2013年天安门"10·28"、2014年昆明"3·01"恐袭案凸显该团伙对国家安全之危害。2010年以来，浙江、云南、广西也发生多起"伊吉拉特"团伙外逃案，昆明"3·01"恐袭案即迁徙团伙成员外逃不成，就地制造血案。

### （四）"伊吉拉特"特征[①]

1. **无统一领袖与指挥中枢**。"伊吉拉特"团伙一般由10—15人组成，都有头目。就其组织形态而言，西方学者有两派意见：一派以专门研究中亚和高加索地区恐怖主义和安全问题的独立学者海德·米利（Hayder Mili）领衔，认为"伊吉拉特"是一种基于共同意识形态但没有正式组织结构的社会运动；另一派以安德鲁·坎贝尔为代表，认为"伊吉拉特"属团伙性质，同时，一些信奉"萨拉菲派"教义的组织可能沿用"伊吉拉特"名称。

2. **融入"异教徒社会"，成为超级"蛰伏者"**。尽管穆斯塔法当年主张远离异教徒社会，但当代"伊吉拉特"成员奉行新行为准则。德国情报部门称，新一代"伊吉拉特"成员为"圣战"过着"双面人"生活。《华尔街日报》的大卫·克劳福德（David Crawford）和塔夫特大学的乔舒亚·格雷斯（Joshua Gleis）也指出，新一代"伊吉

---

[①] 材料引自：Joshua L. Gleis, "National Security Implications of Al-Takfir Wal-Hijra", *Al Nakhlah*, Article 3, Spring 2005, the Fletcher School Online Journal for issues related to Southwest Asia and Islamic Civilization。

拉特"成员为发动"圣战"向西方迁徙，表面上无视伊斯兰教教义，纵情于伊斯兰教禁止的恶习，以便悄然隐身于西方世俗社会，但成员通过"圣战"和殉教可获得救赎。① 瑞典研究"萨拉菲派圣战"恐怖主义专家马格纳斯·兰斯托普（Magnus Ranstorp）称，"表面上，他们过着现代生活，但在灵魂深处坚守伊斯兰信仰。许多新成员隐瞒真实信仰直至暴恐时机成熟。"詹姆斯·贝克公共政策研究所（James A. Baker Institute of Public Policy）高级研究员马蒙·凡迪（Mamoun Fandy，生于埃及）也指出，"这些都是表象，两秒钟内他们就能起来拧断你的脖子，或用炸弹炸毁你住的房子。""伊吉拉特"成员坚信，目的决定了手段的合法性。在他们的事业中，杀害其他穆斯林是合法行为。西方社会是天堂，而摧毁西方社会是他们的神圣责任。②

**3. 招募人群多元化**。20世纪90年代前，为了在高压环境中开展活动，防止组织被渗透，"伊吉拉特"主要依靠血缘募人。90年代后，随着"伊吉拉特"向北非、中东、西欧迁徙，其开始"双轨"募人战略。在北非、中东地区，继续沿用原招募方式；在西欧，则大力争取第二、三代穆斯林移民。这些移民伊斯兰知识有限，与主流社会疏离，不少人参加犯罪团伙，甚至羁押在狱。"伊吉拉特"宣扬"无罪的罪孽"（sinless sin）观，由此招募许多青少年罪犯。与其他伊斯兰极端组织不同，"伊吉拉特"愿意招募女性参加"圣战"。总体而言，"伊吉拉特"成员来自社会各阶层，有的出自贫民窟，有的来自受教育阶层。

## （五）"伊吉拉特"危害国际安全
**1. "伊吉拉特"成员崇尚极端暴力，践行"塔克菲尔"理念。**

---

① Dr Andrew Campbell, "'Taqiyya'：how Islamic extremists deceive the West", June 1, 2005, http：//www. ci-ce-ct. com/index. php？option = com_ content&view = article&id = 3：taqiyya-how-islamic-extremists-deceive-the-west&catid = 2：taqiyya&Itemid = 2. （上网时间：2011年10月2日）

② "Takfir wal-Hijra", http：//en. wikipedia. org/wiki/Takfir_ wal_ Hijra. （上网时间：2013年12月26日）

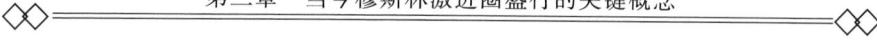

## 第二章 当今穆斯林激进圈盛行的关键概念

"伊吉拉特"只承认伊斯兰历史的前三个世纪伊斯兰国家的合法性，认为伊历第四世纪后的伊斯兰国家都是"卡菲尔"和"蒙昧状态"，因为人们因袭和盲从了前人的教法观点。他们认为，在宗教事务上，每个穆斯林都必须通晓教法及其依据，不能因袭任何人。圣门弟子，包括正统哈里发的言行不能作为立法依据。**"圣战"是成员唯一要恪守的准则**。2004年《华尔街日报》载文称，"伊吉拉特"鼓吹"发动全面'圣战'是所有真正信教者的职责"。

"伊吉拉特"为实现重建哈里发国家目标，一是认定所有"不合其标准的穆斯林为不信教者"，甚至不惜对这些穆斯林采取暴力行动。有消息称，一些"伊吉拉特"成员曾于1996年在苏丹试图谋杀本·拉登，认为他不够激进。许多成员甚至因为1998年塔利班与美对话，认为塔利班是"不信教者"。连穆斯林兄弟会成员都被其视为异教徒。二是要净化异教徒社会，动用包括暴力在内的一切手段，推翻世上所有非穆斯林领导人，消灭所有异教徒。[①]"伊吉拉特"曾残忍肢解受害者：2000年，在黎巴嫩制造系列肢解案；2002年，在摩洛哥卡萨布兰卡等城市以肢解方式，谋杀166人；马德里"3·11"爆炸案后，肢解了在莱加内斯（Leganes）反恐行动中丧生的西班牙反恐特别行动小组副督察尸首。[②]甚至连一些激进分子都抨击"伊吉拉特"搞"伊斯兰法西斯主义"。支持"9·11"恐怖袭击的伦敦芬斯伯里公园清真寺伊玛目艾布·哈姆扎（Abu Hamza）坦言，该团伙"就是一伙只知摧毁一切的极端分子，一心想成为法官和刽子手"。

"伊吉拉特"要求成员过"礼拜、学习、劝人改宗、践行伊斯兰"等团体生活。一旦成为"伊吉拉特"成员，就意味着同家庭、政府和社会决裂，在与世隔绝的环境中培育"伊吉拉特"的道德优越

---

① "Al Takfir Wal Hijra: the boy or girl next door who would slit your throat in a second", March 17, 2006, http: //www. militantislammonitor. org/article/id/1761. （上网时间：2011年10月2日）

② "Takfir wal-Hijra", http: //warintel11. wetpaint. com/page/Takfir + wal-Hijra. （上网时间：2011年10月2日）

感,使成员能在"内心的信仰和使命感"召唤下"圣战"。只要迈出决裂这一步,"伊吉拉特"成员就极易转变成暴徒。

许多"萨拉菲派"认为,"伊吉拉特"根本不属于"萨拉菲派",其思想更类似哈瓦利吉派。哈瓦利吉派认为,光有信仰不够,必须以包括"圣战"在内的宗教行为来宣示自己的信仰,将不赞同其政治观点和教义的穆斯林视为"叛教者",应被处死。

2. **恐黑结合危害社会**。"伊吉拉特"将掠夺异教徒和"叛教者"财物用于"圣战"列为合法行为,允许成员从事盗窃、贩毒等犯罪行径。在多个穆斯林国家,"伊吉拉特"成员潜入私宅和清真寺行窃。2000年3月,以穆罕默德·查拉比(Mohammed Chalabi)为首的约旦团伙大肆从事抢劫和贩毒活动,被安全部队破获。在欧美,以法、意为基地的团伙通过盗窃、贩毒、伪造证件筹款。2003年11月,法国破获通过售卖假冒服装筹款的10人团伙。马德里爆炸案犯以贩卖大麻为制造炸药筹钱。2000年11月,以黎巴嫩"伊吉拉特"头目巴萨姆·坎吉及同伙卡塞姆·达赫(Kassem Daher)为首的加拿大、美国团伙因从事贩毒活动被破获。①

3. **与"基地"组织紧密勾连**。20世纪80年代,"伊吉拉特"曾在阿富汗与"基地"组织联手抗击苏军,本·拉登一向资助"伊吉拉特",多名"基地"成员都是"伊吉拉特"分子。1996年,"伊吉拉特"与"基地"组织正式结盟。美司法部认为,"伊吉拉特"遵循"基地"组织精神领袖"盲人谢赫"奥马尔·拉赫曼(Omar Rahman,流亡美国的埃及教职人员,一直羁押在狱)发布的"法特瓦",其成员参与"基地"组织策划的若干恐怖袭击,如2004年马德里"3·11"爆炸案。研究激进伊斯兰的知名学者罗汉·古那拉特纳(Rohan Gunaratna)称,部分"基地"组织领导人和高级成员也是"伊吉拉特"领导人或与"伊吉拉特"有瓜葛,如1993年美国世贸中心爆炸案主犯拉姆兹·尤素福(Ramzi Yousef)、"9·11"恐怖袭

---

① "Takfir wal-Hijra", http://warintel11.wetpaint.com/page/Takfir + wal-Hijra.(上网时间:2011年10月2日)

击头目穆罕默德·阿塔（Mohammed Atta）、原伊拉克"基地"组织分支头目阿布·穆萨卜·扎卡维（Abu Musab al-Zarqawi）以及曾在美军特种部队服役的阿里·穆罕默德（Ali Mohammed）等。反恐专家马蒙·凡迪称，该团伙在"基地"组织恐怖活动中发挥核心作用。美国防与战略研究所（Institute of Defence and Strategic Studies）报告指出，"基地"组织曾利用该团伙向欧美渗透。①

但也有不少专家认为，"伊吉拉特"并非"基地"组织下属机构，而是独立开展行动，两者理念存在巨大差异。其一，"伊吉拉特"认为其成员以外的穆斯林均是"叛教者"，而"基地"组织指的"叛教者"主要针对阿拉伯国家统治者及其支持者，不包括普通穆斯林，打击的目标是"犹太人和十字军"。扎瓦希里曾致信劝说"基地"伊拉克分支前头目扎卡维不要袭击普通穆斯林。其二，"基地"组织承认逊尼派四大教法学派，而穆斯塔法则极力反对。扎瓦希里曾明确宣示，"我们与'伊吉拉特'不同，我们与大多数穆斯林站在同一阵线，并赞同逊尼派四大教法学派。"②

4. "伊吉拉特"已成为欧美安全的紧迫威胁。随着欧洲主流社会反穆斯林情绪抬头，穆斯林社区进一步遭到孤立，激进分子及其支持群体在持续增长，欧洲各国更加担忧"伊吉拉特"企图发动恐怖袭击。《简氏情报评论》预言，"伊吉拉特"正成为欧洲安全面临的最大威胁，他们手段残酷、经验丰富，富有"献身精神"。加拿大广播公司记者布鲁斯·利夫赛（Bruce Livesey）称，"伊吉拉特"是"萨拉菲派圣战"运动中最极端、暴力的派别。美国"伊吉拉特"专家塔玛拉·马卡连科（Tamara Makarenko）指出，"在欧洲各股激进势

---

① Joshua L. Gleis, "National Security Implications of Al-Takfir Wal-Hijra", *Al Nakhlah*, Article 3, Spring 2005, the Fletcher School Online Journal for issues related to Southwest Asia and Islamic Civilization.

② Jeffrey B. Cozzens, "Al-Takfir wa'l Hijra: Unpacking an Enigma", *Studies in Conflict & Terrorism*, Volume 32, Number 6, June 2009.

力中,'伊吉拉特'对欧洲安全的威胁最为紧迫。"[1] 法国情报官员称,欧洲的"伊吉拉特"在激进组织圈内又称"征服尖兵"(Vanguards of the Conquest)或者"新圣战集团"(New Jihad Group)。

---

[1] Jeffrey B. Cozzens, "Al-Takfir wa'l Hijra: Unpacking an Enigma", *Studies in Conflict & Terrorism*, Volume 32, Number 6, June 2009.

# 第三章　穆斯林思想史上激进理论家和践行家

在穆斯林世界，伊斯兰复兴运动（al-Nahdah al-Islamiyyah）是一种周而复始的宗教现象，每当穆斯林社会出现信仰松弛、道德沦丧、消极腐败等为伊斯兰教所谴责的现象时，就会兴起回归《古兰经》、圣训本来精神的伊斯兰复兴运动。

**宗教学者与穆斯林知识分子为复兴和践行伊斯兰原教旨主义主张的两大群体**。历史上，伊斯兰复兴运动大多由虔诚的宗教家、伊斯兰学者发起，规模一般较小。如9世纪伊本·罕百里创立逊尼派四大教法学派之一罕百里教法学派，以遵循《古兰经》和圣训、坚持正统教义为特色，成为伊斯兰原教旨主义思想鼻祖。14世纪，回归伊斯兰原教旨主义的代表是伊本·泰米叶，他是罕百里教法学派的传承和发展者。18世纪中叶，瓦哈布继承和发展了伊本·罕百里、伊本·泰米叶思想。他们三人一脉相承思想的核心是，主张正本清源，按照纯正的伊斯兰教教义来规范穆斯林的言行，并以这种精神来解决现实中遇到的诸多问题，他们的这些思想被后来的激进分子所利用。19世纪后，接过伊斯兰复兴大旗者为伊斯兰学者和穆斯林知识分子，影响力及其规模渐具世界性。代表人物有印度次大陆"伊斯兰促进会"创始人毛杜迪、埃及穆斯林兄弟会精神领袖库特卜、"基地"组织创始人本·拉登、"伊斯兰国"头目巴格达迪等人。

在穆斯林世界面临传统社会日渐瓦解的困境时，在如何看待生活方式的改变、如何规范道德、如何建立社会认同等一系列社会问题上，他们的观念和理论对社会中下层和年轻人具有强大吸引力。[①] 他们拥有一个共同特征，即其巨大的人格魅力来自于磨难。他们大多在狱中受尽酷刑，仍坚持伊斯兰原教旨精神，从而实现从人到圣徒的宗教救赎式升华，并在他们所在时代一呼百应，追随者众，使其倡导的以原教旨主义为内核的激进思想实现不同时代的延续。当代穆斯林激进运动领袖不论其接受的是神学、法学、社会学的教育，还是现代的理工科教育，都有众多听候领袖召唤、为激进事业不惜牺牲生命的追随者。

本章专门梳理穆斯林思想史上各个时期的激进理论家和践行家，他们不仅实现了伊斯兰原教旨主义思想在不同时代的传承接力，而且对穆斯林世界历史进程产生了重大影响。

## 一、9世纪罕百里教法学派鼻祖伊本·罕百里

伊本·罕百里全名艾哈迈德·伊本·罕百里（Ahmad ibn Hanbal），生活在第一次伊斯兰黄金岁月，是逊尼派四大教法学派之一罕百里教法学派（the Hanbali）创始人，对伊斯兰学术贡献当属《穆斯纳德圣训实录》（Musnad）。他坚决主张正本清源，恢复伊斯兰教本来精神，成为伊斯兰原教旨主义思想鼻祖，享有"圣训伊玛目"（Imam Ahl al-Sunnah）称号。

### （一）圣训学权威

780年，伊本·罕百里生于巴格达，家族出自阿拉伯巴努·萨班部落（Banu Shayban）。其父曾是阿巴斯王朝在呼罗珊（Khurasan，古时波斯东北省区）的驻军军官。伊本·罕百里出生不久，父亲便因捍卫伊斯兰教而英年早逝，由母亲独自抚养长大。孩童时代，他在经文

---

[①] 张伊扬、黄章晋："宗教极端主义在新疆抬头"，香港《凤凰周刊》，2013年8月2日，http://news.ifeng.com/shendu/fhzk/detail_2013_08/02/28200216_0.shtml。（上网时间：2014年2月11日）

学校学习伊斯兰教基础知识，以人品好、虔诚学习闻名。16岁那年，他在巴格达师从哈乃斐教法学派法官艾布·尤素福（Abu Yusuf，艾布·哈尼法著名弟子）学习圣训。之后，他遍访伊拉克的库法和巴士拉、叙利亚、麦加和麦地那、也门等地，向当地大学者请教，搜集了5万条先知穆罕默德言行，汇编成《穆斯纳德圣训实录》，从而成为四大教法学派创始人中的圣训学权威。游历数年后，他返回巴格达，师从沙斐仪教法学派创始人伊玛目沙斐仪，进一步深造伊斯兰法学。[①]

伊本·罕百里娶了两位妻子，育有数个子女，大儿子后来成了伊斯法罕一名法官。伊本·罕百里一生五次赴麦加朝觐，两次是徒步到麦加。

### （二）捍卫伊斯兰教纯真精神、践行先知穆罕默德传统的斗士，屡遭哈里发迫害

伊本·罕百里生活在阿巴斯王朝初期，当时阿拉伯人走出阿拉伯半岛，从沙漠游牧生活过渡到城市定居生活，伊斯兰文化从半岛单一宗教信仰体系融入多元文化汇聚的开放环境中，希腊、波斯、印度文明通过不同渠道进入伊斯兰学术领域，希腊理性主义哲学思想通过穆尔太齐赖派[②]（Mutazilite）在伊斯兰教教义学中大行其道，严重威胁伊斯兰纯真性。阿巴斯王朝哈里发马蒙（813—833年在位）提倡科学、理性，提倡翻译运动。但为了牢牢控制哈里发手中宗教权力，他在学术上大搞专制，扶持穆尔太齐赖派，强迫伊斯兰学者们接受**穆尔太齐赖派观点，即《古兰经》不是"天启"的，是被造的，是人可看懂的、可触知的**。伊本·罕百里认为，穆尔太齐赖派观点是异端邪说，起而反抗哈里发对信仰的干预，**提出"回归《古兰经》和圣训"口号，回归"清廉的先贤"对经训的实践，反对外来文化对伊斯兰文化的侵蚀**。哈里发马蒙便将伊本·罕百里投入巴格达监狱，在其统治

---

[①] "Ahmad ibn Hanbal", http://en.wikipedia.org/wiki/Ahmad_ibn_Hanbal.（上网时间：2014年2月7日）

[②] 穆尔太齐赖派创始人是瓦西勒·伊本·阿塔（Wasil ibn Ata）。

时期,一直将他关押在狱中。穆塔西姆(al-Mutasim,833—842年在位)当政时,强迫伊本·罕百里支持穆尔太齐赖派观点,他坚决不从,又遭长达28个月的各种酷刑,一度因鞭刑而昏死过去,这在巴格达引起社会动乱,穆塔西姆被迫释放伊本·罕百里。穆塔西姆死后,瓦西格(al-Wathiq,842—846年在位)继位,继续推行前任政策,将伊本·罕百里逐出巴格达。瓦蒂克去世后,其弟穆泰瓦基勒(al-Mutawakkil,847—861年在位)当政,才对传统逊尼派教义友善起来,伊本·罕百里晚年被迎请回巴格达,数次进宫觐见哈里发。伊本·罕百里因学识渊博,信仰虔诚,不懈地信奉伊斯兰教纯真精神,名声远扬,被任命为穆夫提①,生前身边聚集了大批弟子和敬仰者。855年,他在巴格达去世时,有80万男性、6万女性民众参加葬礼。②

## (三)主要思想

伊本·罕百里从未系统梳理过自己的法学理论,罕百里教法学派是在他身后由弟子们系统整理其文章、著作后提出来的,最大贡献者为伊本·罕百里五大弟子之一艾布·伯克尔·哈拉尔(Abu Bakr al-Khallal)。因此,该学派创始于9世纪,最后形成于12世纪。鉴此,经注学者、贾里尔教法学派创始人穆罕默德·伊本·贾里尔·塔巴里(Muhammad ibn Jarir al-Tabari)质疑罕百里教法学派的合法性,认为伊本·罕百里是圣训学家,未当过法官,不承认其教法学成就。安达卢西亚神学家伊本·阿布德·巴尔(Ibn 'Abd al-Barr)也在其有关逊尼派教法著作中,不把罕百里教法学派包括在内。③

**一是教法主张**。罕百里教法学派认为,立法根据只能是《古兰经》和圣训,强调两者的同等地位,不像其他教法学派认为《古兰经》高于圣训;对《古兰经》和圣训只能逐字逐句地解释,不能引

---

① 穆夫提为伊斯兰教教职称谓,意为"教法说明人""教法解释官"。
② "Ahmad ibn Hanbal",http://en.wikipedia.org/wiki/Ahmad_ibn_Hanbal.(上网时间:2014年2月7日)
③ "Hanbali",http://en.wikipedia.org/wiki/Hanbali.(上网时间:2014年2月7日)

伸扩张；《古兰经》是"天启"的，是真主的话，不能"创制"，坚决反对以个人意见和自由思想"创制"教法（伊本·罕百里本人从未发布过一份正式的"法特瓦"）。因此，罕百里教法学派在解释伊斯兰法律时，墨守经训原文，排斥理性活动，很少使用类比，极力反对个人意见，严厉谴责公议不谬说，素有"经典派"之称。因其主张正本清源，恢复伊斯兰教纯真精神，故被称为"原教旨主义派"。**罕百里教法学派尊奉"萨拉夫"**（前三代先贤），**成为后代"萨拉菲派"思想和精神的源泉。**

**二是主要政见**。伊本·罕百里在论及"力强而恶德的统治者，与笃信而力弱的统治者，何者为佳"时，判定前者为佳。理由是统治者的权力——御敌与维持社会秩序使穆斯林共同体的所有成员受益，因而"力强而恶德的统治者"，其力使穆斯林受惠。而其恶德之行，最终将在末日审判时遭受真主的惩罚。反之，"笃信而力弱的统治者"，则因笃信而使统治者本人受惠，但力弱却导致所有穆斯林受害。[①]

罕百里教法学派 20 卷本文献原稿收藏在巴格达的"智慧馆"（House of Wisdom），蒙古人攻打巴格达期间被付之一炬，后世流传下来的是罕百里教法学派法官希拉基（al-Khiraqi）在蒙古人攻打巴格达前浓缩原著的精选本。

## （四）追随者较少

罕百里教法学派初创时在叙利亚和伊拉克有不少追随者。由于在解释伊斯兰法律时，坚决不容忍他人意见，甚至排斥与他们立场不一致的统治者和法官，在伊斯兰历史上被视为反哈里发政权、不断制造麻烦的群体，遭到一次又一次的迫害。鉴此，与逊尼派其他三大教法学派相比，该派追随者一向较少。[②] 直到 18 世纪中叶，瓦哈比派在阿

---

[①] 张锡模：《圣战与文明：伊斯兰与世界政治首部曲》（610—1914 年），玉山社出版事业股份有限公司，2003 年 2 月版，第 132 页。

[②] "Hanbaliyyah", http://www.philtar.ac.uk/encyclopedia/islam/sunni/hanb.html.（上网时间：2014 年 2 月 7 日）

拉伯半岛兴起,罕百里教法学派得以复兴。

## 二、14世纪罕百里教法学派传承人伊本·泰米叶

伊本·泰米叶全名塔基·丁·伊本·泰米叶(Taqi al-Deen Ibn Taymiyyah),本名艾哈迈德·本·阿卜杜·哈利姆,库尔德人,14世纪伊斯兰教教义、教法学家,继承和发展了罕百里教法学派思想精髓,捍卫伊斯兰原旨教义,提出重开"创制大门",**复兴"圣战"观,成为近现代伊斯兰"圣战"观重要理论来源**。伊本·泰米叶因触犯各方利益,长期受打击迫害,但一生著述丰富,在伊斯兰哲学史、法学史、思想史上占有重要位置。

### (一) 罕百里教法学派权威

**出生宗教世家**。1263年,伊本·泰米叶生于马木鲁克(Mamluks)王朝统治下美索不达米亚的哈兰①(Harran)一个宗教学者世家。祖父是罕百里教法学派法学家、圣训学家,其父希哈卜丁是哈兰著名的教法学家,以谢赫·巴拉德著称,哈兰人尊称他为"伊斯兰宣教者和教育者"。伊本·泰米叶生活的时代正逢蒙古人向伊斯兰疆域发动武装袭击时期,蒙古人每天都在不断侵占大量伊斯兰土地,许多伊斯兰文献和穆斯林思想家书籍被洗劫一空或付之一炬。阿拉伯著名史学家伊本·凯西尔写道:"伊历667年(1269年),伊本·泰米叶未满六岁,蒙古人兵临哈兰城下,人们纷纷出逃,伊本·泰米叶也随家人逃往大马士革。"到大马士革后,伊本·泰米叶父亲当上大马士革圣训学院院长,并兼任大马士革伍麦叶大清真寺宣教员。②

**幼承家学**。青少年时光,伊本·泰米叶跟随父亲和大马士革罕百

---

① 当时是罕百里教法学派教育中心,现位于土耳其南部,仅剩一些残墙断壁。
② 伊朗华语电台系列教派文章:"瓦哈比派的真实面目",发表于2013年12月3日,http://www.2muslim.com/forum.php?mod=viewthread&tid=541473。(上网时间:2014年1月16日)

里教法学派学者学习教法学、圣训学、教法原理学、伊斯兰教教义学和《古兰经》注释，直至达到穆吉塔希德（教法演绎者）学位，并获得判决和授课的许可。他能背诵整部《古兰经》和大量圣训。父亲逝世那年他30岁，于是子承父业，在大马士革伍麦叶大清真寺讲授圣训、教法，并任宣教员，致力于授课和注释《古兰经》。

伊本·泰米叶对《古兰经》和圣训均有研究和注释，著有教法、哲学、逻辑、伦理及对各派学说批判的大量论著，流传至今约64部，著名的有《教法判例》《政治与教法》《圣行之道》《反驳哲学家》《批判逻辑学家》等。

## （二）宗教、政治主张[①]

1258年，蒙古军队攻入巴格达，阿巴斯王朝灭亡，穆斯林社会陷入动荡。首先，作为穆斯林最高宗教与世俗领袖的哈里发大权旁落，朝中权贵和地方总督、苏丹掌握实权，他们朝令夕改、玩弄权术、践踏哈里发的尊严，统一的穆斯林"乌玛"名存实亡。其次，各地割据政权争权夺利，苛捐杂税层出不穷，民众对现实充满愤恨与绝望，奴隶和平民起义此起彼伏，为苏菲主义的传播创造条件。再次，哈里发权力丧失，各地苏丹地位上升，世俗权力对伊斯兰教法权威构成严峻挑战。本来在理论上，教法是用来规范包括统治者在内所有穆斯林的行为，但实际情形是统治者为所欲为，逃避教法约束，甚至有教法学家寻经据典为其辩护。教法与权力之间不再是制约与被制约的关系，而是服务与被服务的关系，引起有正义感的教法学家反感。他们认为，宗教理想与现实冲突困境源于传统穆斯林政治理论存在某些缺陷，有必要对"哈里发政治学说"进行反思。伊本·泰米叶应运而生。

**1. 宗教思想上，遵循罕百里教法学派传统，明确提出"回归**

---

[①] 材料引自：敏敬："伊本·伊本·泰米叶的时代及其思想（文摘）"，2009年11月11日，穆斯林学习园地，http://blog.sina.com.cn/s/blog_4bf337840100g55v.html。（上网时间：2014年1月4日）

《古兰经》"口号。通过对伊斯兰教各派学说的研究和批判，伊本·泰米叶认为伊斯兰教从中世纪以来，由于受到希腊哲学、基督教、佛教、琐罗亚斯德教和新柏拉图主义的影响，背离"安拉的正道"，出现崇拜圣徒、朝拜圣墓、祭祀自然物等新的多神崇拜和异端思想，主张遵循《古兰经》、圣训和"萨拉夫"传统惯例，坚定"认主独一"信仰，不信奉任何权威，反对凯拉姆学派（穆尔太齐赖派思想源泉）、苏菲派和其他哲学学派离开"认主独一"教义的任何"创新"，认为只有这样才能使四分五裂的穆斯林社会再度统一。他认为，《古兰经》是信仰的最高准则，对其注释要严格、精确，不能妄加推测和穿凿附会。[①]

在伊斯兰立法上，他认为《古兰经》和圣训是立法的基础，在不违背经训原则下，可应用"类比"推理，对律例进行独立判断。学界通常认为，伊本·泰米叶坚持《古兰经》及圣训为最重要的立法依据，并由此断定他是坚定的罕百里教法学派法学家，这是看到了他们之间的相同之处。实际上，二者之间也有区别。从时间上看，伊本·泰米叶和伊本·罕百里所处的时代不同，决定了他们的主张在出发点和内涵上明显存在差异。伊本·罕百里时代，教法学正处于发展上升时期，法学家注重强调立法原则；伊本·泰米叶时代则要求消除各种思想派别之间业已存在、起着消极作用的东西，重点是对教法发展现状进行鉴别和扬弃。伊本·泰米叶号召重返《古兰经》及圣训，并非期望让现实重返先知时代，而是藉此抛开教法学中过于繁琐、神秘、不适应时代发展的东西，打破传统学术中的种种禁忌与陈规陋习，扩大《古兰经》及圣训的解释和适用范围，重新赋予其新的生命力。从具体主张看，伊本·泰米叶没有一味盲从罕百里教法学派观点，而是对各派主张兼收并蓄，择优采用。[②] 因此，他与教条地理解《古兰

---

[①] "伊本·泰米叶"，http：//baike.baidu.com/link? url =6YYJgUmzNi32J4ML9_ t6IHHw5-PRz4l-_ lAfAhnBmmeX9BFXLCI_ T7ej9l9Kg6hd。（上网时间：2014 年 1 月 4 日）

[②] ［巴基斯坦］赛义德·菲亚兹·马茂德著，吴云贵等译：《伊斯兰教简史》，中国社会科学出版社，1985 年版，第 255 页。

经》及圣训明文的极端保守主义者有所不同，其主张的实质是既要坚持"创制"，又力图不使"创制"脱离伊斯兰教基本原则。

为此，他重新制定教法演绎之法，阐明伊斯兰法的立法哲理和立法途径，**提出"创制"应遵循五项原则**：一是《古兰经》和圣训明文。无论何人反对，凡符合《古兰经》和圣训文字内容的，就依此对某一问题做出肯定的判断。二是对同类事物无反对意见。如未找到圣门弟子相关遗训，只要没有发现对某类事件持反对意见的训言，也可据此做出肯定的判断。三是接近《古兰经》及圣训。如对一个问题，圣门弟子们有不同意见和说法，则取其中最接近《古兰经》和圣训条文者。四是圣门弟子公议。依据圣训及圣门弟子的公议。五是类比。如没能在以上4条中找到根据，可在必要时使用类比。① 伊本·泰米叶在继承罕百里教法学派学说的同时，提出自己独特的立法主张，丰富了伊斯兰教法学理论。

**在"创制"过程中，强调教法学家的重要作用**。伊本·泰米叶认为，教法学家是"先知的继承人"，有行使"独立判断"的权力。② 从法学特点看，伊斯兰法系是法学家法，教法学家在法的"创制"过程中扮演十分重要的角色，是进行"创制"活动的主体。但中世纪伊斯兰法学家普遍迷信权威，因循守旧，或者甘愿做前辈法学思想的看门人，或者沦为政治的附庸，缺乏法学家应有的独立思想和人格尊严。伊本·泰米叶严厉谴责这种消极现象，企图通过强调法学家在宗教和社会生活中的神圣作用，复活他们的责任意识。他带头实践，针对当时的社会和宗教问题，"创制"出成百上千条新律例，增强教法对社会生活的干预和指导能力。他反对经院化的教义和教法研究，主张采用大众化语言，以通俗易懂的道理解释经典，把对经典的解释权力从教法学家各种抽象深奥的专业术语中解放出来，使其走向大众。这无疑侵犯了一些宗教学者的专利，他们强烈反对，不但给他的思想

---

① 蔡德贵、仲跻昆主编：《阿拉伯近现代哲学》，山东人民出版社，1996年版，第18页。

② 吴云贵：《当代伊斯兰教法》，中国社会科学出版社，2003年版，第114页。

戴上"异端邪说"罪名,对他本人也横加打击和迫害。

**强烈反对苏菲主义和圣徒、圣墓崇拜**。正统派教义学家和教法学家担心,苏菲主义的发展最终会导致伊斯兰教异化,因而特别强调遵循经训明文,罕百里教法学派尤其如此。伊本·泰米叶进一步继承和发扬了这一思想,坚决抵制苏菲主义**泛神论倾向,认为圣徒、圣陵崇拜直接破坏伊斯兰教"认主独一"原则,是不能容忍的异端信仰**。

伊本·泰米叶对苏菲主义的态度代表了伊斯兰教内部一股强劲的纠偏思潮,反映了正统派的共同意见,即"苏菲派在伊斯兰国家形成国中之国。他们……改变了名称,完善了制度,但这一切不过是幻想,不过是梦幻诗。不过,这不是美好的诗,而是败坏人的信仰和行为、促使人们脱离生活逻辑、放弃改革政权、实现公正要求的诗。苏菲派沉迷于幻想,统治者沉迷于腐败,不约而同地使整个民族陷入困境"。[①] 伊本·泰米叶通过批判苏菲主义,呼唤一种积极向上的进取精神,在当时具有一定社会意义。

2. **政治主张上,提出独特的"哈里发制度"学说**。根据正统伊斯兰政治理论,宗教是国家的基础,国家源于安拉的意志,捍卫"沙里亚法"神圣地位是伊斯兰国家的目的,国家的顶端是兼有宗教与世俗双重权力的哈里发。哈里发通过选举、协商产生,以选举产生为最佳,认为哈里发只有经过民主选举,才符合伊斯兰教关于穆斯林人人平等的原则。穆斯林作为臣民对哈里发既负有一定的义务,又拥有自己的权利。义务是必须顺从哈里发的意志,但前提是哈里发遵循"沙里亚法"。权利则是指一旦哈里发违背"沙里亚法",民众可以放弃对他的顺从,罢免他的统治权力。

然而,正统伊斯兰政治理论存在严重缺陷。其一,对于什么样的统治行为属于违背经训和"沙里亚法",教法学家未做明确规定和深入探讨。其二,一旦人民认定哈里发违背"沙里亚法",如何运用手中权力制约哈里发,甚至对其采取罢免措施,教法学家更是没有触

---

① 艾哈迈德·爱敏:《阿拉伯—伊斯兰文化史》,第四册,商务印书馆,1997年版,第222页。

## 第三章 穆斯林思想史上激进理论家和践行家

及。事实上,即使人民试图维护自身权利,但因权力和武力掌握在哈里发手中,他们反对的结果往往是自身遭到更加严厉的统治和压迫。总之,关于如何既维护哈里发权威,又制约其权力,正统伊斯兰政治理论从来缺乏严谨的理论分析和制度安排,**忠君思想是哈里发时代正统伊斯兰政治理论的实质所在**。[①]

伊本·泰米叶反思历史后认为,四大哈里发以后的统治者,许多是"意欲统治人民的专制者和大地上的腐败者",是"最缺乏道德之人","哈里发制度"只是粉饰和神化专制暴力的工具。[②] 他提出以下主张:

第一,反对传统伊斯兰政治理论关于哈里发应出自古莱什家族的观点,否认家族世袭统治和阿巴斯王朝鼓吹的"君权神授"论。他继承传统伊斯兰政治学中的**契约论**,认为**统治者与民众之间是一种契约关系,契约双方互为制约:统治者应听取人民意见,正确施政;而人民则依契约支持他的统治**。这样的解释,使传统伊斯兰政治理论对统治者履行"沙里亚法"的空泛要求更加明确、具体,即和人民的实际需要联系起来,使民意由此上升为可以直接衡量统治者行为的一把标尺。

第二,重视权力和秩序在国家统治中的辩证作用。阿巴斯王朝中期以来,穆斯林世界充满战乱和不安,人们渴望和平,渴望社会稳定。伊本·泰米叶反对分裂,反对滥用权力,但并不反对权力本身。相反,他特别强调权力在维护社会秩序、巩固国家统一方面的积极意义,认为要保持社会稳定,并使之按秩序正常运行,前提条件是统治者必须拥有权力;权力是执行教法、"劝善戒恶"的重要工具,权力使社会整体利益高于局部利益。他常常引用一句圣训:"六十年不义伊玛目的统治强于一夜没有苏丹"。他号召世人必须顺从自己的长官,顺从国家秩序,"如果我们终生祈求而仅有一次的话,那么应当祈求

---

[①] 哈全安:《阿拉伯封建形态研究》,天津人民出版社,2000年版,第116页。
[②] 吴云贵、周燮藩:《近现代伊斯兰思潮与运动》,社会科学文献出版社,2000年版,第20页。

赐福我们的长官"。① **以强权维持秩序，以秩序保障民生福利，实践教法，是伊本·泰米叶梦寐以求的政治理想。**

第三，淡化传统伊斯兰政治学说中的道德理想主义，积极支持政治实用主义。传统伊斯兰政治学说将国家政权的合法性与统治者的个人身份联系起来，身份与地位权力之间有着强烈的因果关系。伊本·泰米叶则提出，国家权力的合法性来源于是否尊重安拉主权、实施教法，认为行使教法规定的公共职责与统治者个人的品行无关。② 他希望统治者的政治行为能够受教法约束，但更希望统治者拥有实权和决策上的相对独立性，为其正确施政、维护伊斯兰国家的统一与社会稳定提供前提条件。所以，**排除门第和血统因素，而以施政才能和统治效果作为判断统治者合法性的主要依据，是伊本·泰米叶和传统教法学家的又一重要不同之处**。伊本·泰米叶还指出，被统治者并非总代表正义，历史上穆斯林臣民动辄以苏丹办事不公为由起兵反叛，是不正当的非法行为。伊本·泰米叶将政治合法性与个人身份相剥离，转而主张以法制和社会管理手段对之进行衡量，表明伊斯兰政治学说出现由强调"道学"为主向强调"治术"为主转化的趋势，是对传统伊斯兰政治学说的重大修正，符合当时加强王权、维护社会安定的现实需要。

第四，强调政治管理。传统伊斯兰政治理论缺陷之一，是注重政治统治及其意义，对政治管理的认识却十分模糊。伊本·泰米叶明确提出，政府必须履行一定职能，必须"增进和维护社团的精神和物质福利"，官员担任公职，旨在保证正义的统治和社会福利，这反映了普通民众要求减轻剥削、发展经济、改善物质生活水平的愿望，也使传统伊斯兰政治学说由片面关注政治统治转向重视民生福利和个人权利，丰富了正统伊斯兰政治学说。

第五，唤醒10世纪以来基本处于休眠状态的"圣战"观，重申"宝剑的圣战"义务。他把"圣战"分为两类："主动圣战"和"非

---

① 哈全安：《阿拉伯封建形态研究》，天津人民出版社，2000年版，第111页。
② 吴云贵：《当代伊斯兰教法》，中国社会科学出版社，2003年版，第80页。

**主动圣战**"。"主动圣战"是指为了传播伊斯兰教而主动战斗，震慑敌人并获得胜利。但伊本·泰米叶认为，当时伊斯兰教已处于防御阶段，已不再有发动"主动圣战"的机会，因此也就不存在"主动圣战"的问题。"非主动圣战"是指当尚未信奉伊斯兰教的人或生活在无知中的异教徒占领了伊斯兰地区时，穆斯林为保护伊斯兰教、神圣的事物和生命而被迫进行的"圣战"。伊本·泰米叶主张，"圣战"的首要目标并不是针对战争地区，而是针对伊斯兰地区内部，清除伊斯兰地区的异教徒。他的"圣战"观念核心是，强调当穆斯林的安全受到异教徒威胁时，穆斯林为捍卫伊斯兰教而发动的正义自卫战争。[①]

伊本·泰米叶发布"法特瓦"称，为了杀死敌人，必须把穆斯林当成"人体盾牌"的情况下，允许杀害穆斯林平民，"圣战"领域也是如此。杀死未参战的妇女、儿童属于非法，但出于战斗需要或许会波及他们，如用弩炮轰击或发动夜袭，此时可以通融。圣训记载，包围塔伊夫和进攻艾海勒·达尔的多神教徒时，穆斯林使用了弩炮。当时多神教徒密谋袭击穆斯林。不许故意杀害的人被杀，乃出于消除更大的祸患。法学家们一致认为：如果只有殃及被当作"人质盾牌"者，才能解除对穆斯林大众的危害，则允许杀之。[②]

## （三）有生之年倍受迫害

伊本·泰米叶认为，瞻仰和纪念先知是非法和"以物配主"的行为，以圣门弟子为中介是非法行为，此举意味着以真主之外的人为中介，故反对装饰和重建先知、圣门弟子陵墓以及在陵墓旁修建清真寺。伊斯兰教其他教派学者们对此表示强烈反对，还要求法院对伊本·泰米叶思想和言论采取果断举措。面对巨大抗议浪潮，伊本·泰米叶坚持自己的思想，把反对者称为"不信道者"。据历史记载，伊

---

[①] 王旭："毛杜迪的圣战观念和伊斯兰革命理论"，更新时间：2013年2月17日，http://lunwen.1kejian.com/zongjiao/120104_2.html。（上网时间：2014年2月11日）

[②] "伊本·泰米叶思想中的中正与权衡"，来源：库杜斯qutuz的日志，http://blog.renren.com/share/222285204/6655080039。（上网时间：2013年12月26日）

历703年,伊本·泰米叶阅读阿拉伯穆斯林智者穆哈伊丁·阿拉比的著作《智慧的珠宝》后,发现此书与自己的思想相左,便撰写《反驳珠宝的明文》,专门驳斥穆哈伊丁·阿拉比,并诅咒他及其追随者。① 1299年,伊本·泰米叶在开罗因触犯沙斐仪派法学家的尊严被解职。1305年,由于批驳叙利亚伊斯玛仪派种种"离经叛道"行为,他被马木鲁克王朝苏丹处以一年半徒刑。获释后,1306年,他被叙利亚总督遣送开罗,曾与逊尼派三大教法学派哈乃斐派、马立克派、沙斐仪派的学者和法官进行辩论。因蔑视苏丹权威,他被沙斐仪教法学派首席法官指控犯有"把安拉人格化"罪,被囚禁于开罗18个月。1308年获释后,他在开罗萨利赫学校讲学,继续宣传他的教义、教法主张,因反对阿拉比派对苏菲派圣墓的崇拜而遭软禁。1309年,他被流放到亚历山大8个月。1310年,他发表言论攻击苏菲圣徒、圣墓崇拜,再次获罪入狱。1313年,他随马木鲁克王朝苏丹伊本·盖拉温出征,收复被蒙古人占领的叙利亚,后定居大马士革继续讲学和著述。1326年,他再度下狱,其著作全部被封禁。② 1328年9月26日,他在大马士革卡拉(al-Qala)监狱病逝。

伊本·泰米叶致力于维护伊斯兰教纯洁性,但在现实中屡遭挫折,根本原因在于教法学家、苏菲教团、苏丹形成既得利益阶层和势力集团,伊本·泰米叶批驳他们的观点,谴责他们的所作所为,实际上触动了这些人的根本利益。因循守旧的教法学家不会容忍伊本·泰米叶的新思想、新学说而使自身权威和地位遭到贬低。各地苏丹雄霸一方,权力和欲望不断膨胀,伊本·泰米叶思想对他们而言是喜忧参半:当听说伊本·泰米叶反对分裂、为强权提供学理辩护时,他们喜形于色,拍手称快;而当听说教法及教法学家将制约他们的行为、监

---

① 伊朗华语电台系列教派文章:"瓦哈比派的真实面目",发表于2013年12月3日,http://www.2muslim.com/forum.php?mod=viewthread&tid=541473。(上网时间:2014年1月16日)

② "伊本·泰米叶",http://baike.baidu.com/link?url=6YYJgUmzNi32J4ML9_t6IHHw5-PRz4l-_lAfAhnBmmeX9BFXLCI_T7ej9f9Kg6hd。(上网时间:2014年1月4日)

督他们的权力运用过程、评价他们的统治效果时,他们便毫不犹豫地动用手中的权力,设法排除权力扩张道路上的障碍。因此,伊本·泰米叶多次被捕入狱,他的思想学说被一再封杀,著作大多被毁。近代以来,伊本·泰米叶学说重新受到穆斯林宗教界、思想界的关注和研究,对 18 世纪阿拉伯半岛兴起的瓦哈比派运动提供了理论依据。

## (四) 伊本·泰米叶著名弟子伊本·盖伊姆[①]

伊本·盖伊姆全名是伊本·盖伊姆·召齐叶(Ibn Qayyim Al-Jawziyya),罕百里教法学派杰出教法学家,一生致力于伊斯兰教法学术,以《古兰经》经注、圣训学、法学渊博学识而著称于史,因其就人类行为、道德著述甚多,有时被称为"灵魂学者"。

**1. 一生追随恩师伊本·泰米叶**。1292 年,伊本·盖伊姆生于叙利亚大马士革附近豪兰山(Hauran)伊兹拉村(Izra)。孩提时代,因父亲是"召齐叶经文学校"(Madrasah al-Jawziyyah)校长,该校是大马士革传授罕百里教法学派思想的学术中心之一,他跟随父亲学习伊斯兰法学、神学、圣训学知识。之后,他师从多名知名学者,如希哈布·艾比尔(Shihaab al-'Abir)、塔基玉德-丁·苏莱曼(Taqiyyud-Deen Sulaymaan)、萨菲玉德-丁·欣迪(Safiyyud-Deen al-Hindee)、伊斯迈尔·伊本·穆罕默德·哈拉尼(Ismaa'eel Ibn Muhammad al-Harraanee)等。不过,伊本·盖伊姆最重要的老师当属伊本·泰米叶,他于 1312 年开始追随恩师,成为其最亲密学生和弟子。伊本·盖伊姆生活在叙利亚、埃及部分领土属于马木鲁克第一王朝时期(1260—1382 年),由于蒙古人西侵,巴格达沦陷,而十字军东征导致西班牙穆斯林政权解体,大马士革和开罗成为王朝学术中心,学校繁多,担当着保存、输送和学习阿拉伯科学的重任。

伊本·盖伊姆与伊本·泰米叶一起入狱。1328 年 9 月,伊本·泰米叶病逝于大马士革卡拉监狱,伊本·盖伊姆获释,继续研究、传授

---

[①] 材料引自:"Ibn Qayyim Al-Jawziyya",http://en.wikipedia.org/wiki/Ibn_Qayyim_Al-Jawziyya。(上网时间:2014 年 2 月 10 日)

伊斯兰知识。他先在大马士革萨德利亚学校（al-Sadriyya）教授伊斯兰法学，后在"召齐叶经文学校"长期担任伊玛目。伊本·盖伊姆陪伴恩师长达 16 年，不仅穷尽师学，而且捍卫恩师的宗教观点和立场，将恩师的绝大多数文章汇编成集推而广之，因此他的绝大多数著作是汇编伊本·泰米叶的文章，但也撰写过数部书籍，其手稿保存在大马士革中央图书馆。较著名的有《归途者的干粮》《被派遣的惊雷》《对寻求包治百病药者的全面解答》《拯救恶魔圈套中的悲伤者》《乐园的钥匙》等。①

**2. 思想主张。**其一，认为"圣战"有四种形式：自我的"圣战"，抵抗恶魔的"圣战"，抵抗异教徒的"圣战"，抵抗"伪信者"的"圣战"。自我的"圣战"分四种情形：尽力去学习伊斯兰教教义，尽力使自己学以致用，尽力去传播伊斯兰信仰，对于在唤醒人类信仰真主的过程中遇到的困难，甚至是凌辱，要耐心和坚韧。抵抗恶魔的"圣战"分两种情况：抵御恶魔"撒旦"掀起的使人们怀疑信念的迷误，抵御恶魔"撒旦"让人类腐蚀堕落的诱惑。抵御异教徒和"伪信者"的"圣战"分四种：用心，用口舌，用自己的财产，用亲身的努力。在同异教徒的斗争中，大多是采取身体力行的战斗方式；在同"伪信者"的斗争中，常见方式是言谈和思考。反抗压迫民众、推行异端的行为有三种方式：如果条件允许，用自己的双手去亲身参与；如果不能够亲身斗争，就用自己的口舌来说出，也就是进行宣传和反驳；如果也不可能，就用内心去憎恨恶魔的行径，用心去感悟这些恶行的错误。②

**其二**，主张向人们灌输诸如敬畏真主、虔诚、诚实、公正等品格，避免欺诈、虚假、腐败等劣迹，认为恶行不仅否定拯救，而且影

---

① 苏伊真："伊本·盖伊姆"，http：//baike.baidu.com/link？url=8a5k4rYcLvp_8GtWPTv2_Ump1d2QZOMufiLE4ap4oFUlKys2shkDarEfHP-pEuQm30Kh_2315lnImKkddqJJ-q。（上网时间：2014 年 2 月 10 日）

② 王旭："毛杜迪的圣战观念和伊斯兰革命理论"，更新时间：2013 年 2 月 17 日，http：//lunwen.1kejian.com/zongjiao/120104_2.html。（上网时间：2014 年 2 月 11 日）

响世俗生活，甚至被剥夺生计。相反，高洁的生活就像经训描绘的那样，不仅得到后世拯救，且带来现世经济的繁盛。他强调满足人类的需要与意愿，进而寻求两世吉庆。

**其三，反对炼金术和占星术**。在其著《乐园的钥匙》中，伊本·盖伊姆利用天文学、化学中的经验反驳炼金术和占星术做法，如预言、将贱金属变成金（或银）。他承认恒星比行星大得多。

3. **褒贬不一**。伊本·盖伊姆是一名废寝忘食、严谨操守的穆斯林，特别喜欢延长拜功，长时间鞠躬、叩头，多念即克尔（dhikr）。与恩师一起在卡拉监狱的日子里，伊本·盖伊姆全身心诵读《古兰经》并钻研其深意，获得大量精神体验，对先知穆罕默德的言行有了深刻认识。获释出狱后，他数次前往麦加朝觐，有时在麦加停留很长时间，以便一遍又一遍地绕行天房。1350 年 9 月 23 日，伊本·盖伊姆在大马士革归真。生前和死后，他得到一些逊尼派伊斯兰学者的敬重，如伊本·泰米叶另一学生伊本·卡迪尔就称他为"最友善的人"，从不妒忌任何人，也不伤害任何人；从不对任何人持偏见，也不仇恨任何人。他还说，"我们这个时代，在这个世界上，还有谁能比他（伊本·盖伊姆）更严谨操守了！"伊本·盖伊姆学生伊本·拉贾布（Ibn Rajab）称，"在深刻准确领会经训上，无人能与他相匹敌。"

伊本·盖伊姆者也有反对者。大马士革沙斐仪教法学派大法官塔基·丁·苏布吉（Taqi al-Din al-Subki）就谴责他接受"三次离婚按一次字面算"等做法，还抨击他希望大众认为"除了他及其支持者外，不再有穆斯林"。

# 三、18 世纪瓦哈比派创始人瓦哈布

瓦哈布全名穆罕默德·伊本·阿卜杜勒·瓦哈布（Muhammad ibn Abdul Wahhab），是 18 世纪中叶阿拉伯半岛罕百里教法学派学者、法官，号召"尊经革俗"，主张"认主独一"和反多神论、反异端思想，成为近代伊斯兰复兴运动旗手。奥斯曼土耳其人和英国人将其学说冠名为瓦哈比派（a1-Wahhabiyyah）或瓦哈比运动（Wahhabi movement)。1744 年，该派与沙特家族结盟，从此瓦哈比派从阿拉伯半岛逐渐向穆斯林世界传播。

## （一）瓦哈比派与沙特王室建立命运共同体，创建政教合一国家

**出生宗教世家**。1703 年，瓦哈布生于阿拉伯半岛中部内志乌雅那镇（Uyayna）阿拉伯台米姆部落（Banu Tamim，不属于游牧的贝都因人）一个伊斯兰学者世家，祖父是内志地区知名学者，父亲是罕百里教法学派学者，曾任乌雅那宗教法官。瓦哈布自幼受家庭熏陶，熟读经训，通晓教法。早年，他赴麦加朝觐，并向当地知名学者拜师学经。在麦地那，他师从穆罕默德·哈亚·辛迪（Mohammad Hayya Al-Sindhi），关系紧密并深受老师思想影响，如反对民间的圣徒、圣地、圣墓崇拜。在麦地那完成早期宗教教育后，瓦哈布前往阿拉伯半岛以外地方游历，先到访巴士拉，之后定居在巴格达，与来自内志的一名富婆成婚，在当地住了 5 年。他还游历库尔德斯坦、哈马丹、伊斯法罕、库姆等地，求师访友，熟悉各地各派伊斯兰实践。之后，他转向逊尼派四大教法学派中最严格的罕百里教法学派，并以伊本·泰米叶思想继承人自居。

**创建瓦哈比派**。1683 年，奥斯曼帝国从维也纳城墙退却，军事入侵受阻，穆斯林军事扩张开始进入停滞状态。[①] 1771 年，奥斯曼帝国首次割让土地给俄罗斯帝国，英国、荷兰商船在波斯湾游弋，并在波斯湾建立许多商业设施。这一时期，阿拉伯半岛是一块贫困落后之地，由于距离穆罕默德和四大哈里发时代已经久远，半岛上出现各种离经叛道现象，如圣徒、圣墓崇拜等。此外，阿拉伯半岛大部分地区处于奥斯曼土耳其人控制下，民族矛盾尖锐。在这种背景下，1740年，瓦哈布回到家乡乌雅那，撰写了《认主独一论》，决心净化伊斯

---

① 1815 年奥斯曼帝国退缩到多瑙河；1878 年退缩到巴尔干半岛中部；1913 年退缩到君士坦丁堡近郊。

兰信仰，铲除各种异端邪说，强调真主的独一性，逐渐形成"尊经革俗"思想，创建了以伊本·泰米叶理论为指导的瓦哈比派。

**激进革俗做法不得人心被逐出家乡**。1740年，瓦哈布开始在内志传播其主张，得到乌雅那部落酋长伊本·穆阿麦尔（ibn Mu'ammar）支持，吸引到部分信众，于是开始推行一些不宽容的改革理念：援引伊斯兰教教义，禁止对圣徒、圣地、圣墓崇拜。他说服伊本·穆阿麦尔将圣门弟子栽德·伊本·哈塔布（Zayd ibn al-Khattab）墓地夷为平地。这些激进革俗做法在当地很不得人心，遭到在内志拥有巨大影响力的哈萨（al-Hasa）和盖提夫（Qatif）地区长官兼哈立德部落（Bani Khalid）头领苏莱曼·伊本·穆罕默德·伊本·古莱尔（Sulaiman ibn Muhammad ibn Ghurayr）的反对，他以破坏传统信仰为由，出面干涉，威胁伊本·穆阿麦尔如果不杀死瓦哈布的话，就不许伊本·穆阿麦尔在哈萨征收土地税。虽然伊本·穆阿麦尔拒绝这么做，但瓦哈布被迫离开家乡。①

**瓦哈布与沙特家族结盟**。1740年，被逐出乌雅那后，瓦哈布受临近地区迪利亚镇（al-Diriyah）部落酋长穆罕默德·伊本·沙特（Muhammad ibn Saud，他的两个儿子一直是瓦哈布的学生）之邀迁居当地，后者赞赏瓦哈布的宗教改革主张，瓦哈布则支持穆罕默德·伊本·沙特统一阿拉伯半岛的政治愿望，双方一拍即合，于1744年订立宗教、军事互助联盟，沙特家族保证推行瓦哈比派教义，沙特家族成为瓦哈比运动的世俗领袖。从此，瓦哈比派开始发动"圣战"，势力逐步发展壮大。

妻子死后，瓦哈布继承了全部财产。两人育有6个儿子，分别取名侯赛因、阿卜杜拉、哈桑、阿里、伊卜拉欣、阿卜杜勒-阿齐兹。阿卜杜勒-阿齐兹早逝，其他5个儿子都创办了经文学校，招收迪利亚等地学生学经。

**第一个沙特王朝建立**（1744—1818年）。1744年盟约标志着第一

---

① "Muhammad ibn Abd al-Wahhab", http://en.wikipedia.org/wiki/Muhammad_ibn_Abd-al-Wahhab.（上网时间：2014年2月7日）

个沙特王朝"迪利亚酋长国"(Emirate of Diriyah)的兴起,瓦哈比派思想为沙特领土扩张提供了意识形态基础。1765年,穆罕默德·伊本·沙特去世,其子阿卜杜勒·阿齐兹继位,继续推行瓦哈比派教义和对外征战,于1773年统一内志,占领利雅得。1792年6月22日,瓦哈布去世,阿卜杜勒·阿齐兹兼任瓦哈比派教长,从此确立沙特家族世袭的政教合一政体。

瓦哈比派打击苏菲派和什叶派。1802年,瓦哈比派攻占什叶派圣地卡尔巴拉,在大街上屠杀众多什叶派民众,并拆毁在该地的先知穆罕默德外孙、第四任哈里发阿里之子侯赛因·伊本·阿里(Husayn ibn Ali)陵墓,震撼全球穆斯林。1803—1804年,瓦哈比派相继攻克麦加和麦地那,捣毁先知穆罕默德陵墓,将定居在麦地那的大批奥斯曼土耳其人驱逐出境,从他们手中夺取整个汉志,后又吞并哈萨。1805年,瓦哈比派袭击奥斯曼帝国统治下的叙利亚和伊拉克。1811年,建立第一个沙特王朝。瓦哈比派崛起直接威胁奥斯曼帝国在阿拉伯半岛统治,奥斯曼苏丹命埃及总督穆罕默德·阿里率大军讨伐。1812年,埃及军队夺取麦地那,次年攻占塔伊夫。1818年4月,瓦哈比派最后一个据点沙特王朝首都迪利亚被夷平,埃米尔阿卜杜拉·伊本·沙特被押往伊斯坦布尔处死,沙特王室逃往科威特,瓦哈比派信徒被赶往沙漠地带,史上第一个瓦哈比派政权被推翻,阿拉伯半岛重新被奥斯曼土耳其人(实际上是埃及人)控制。但埃及军队撤离后,瓦哈比派东山再起,在利雅得附近建立新政权,19世纪末又被推翻。

**第三个沙特王朝建立**。1902年,一直避难科威特的沙特王室首领阿卜杜勒·阿齐兹·本·阿卜杜勒·拉赫曼·沙特(Abdul Aziz bin Abdul Rahman Al Saud,1880—1953,简称伊本·沙特)返回故乡,集结旧部收复利雅得,进而统一内志地区。1910年,为扩张和巩固疆域,伊本·沙特以瓦哈比派教义为思想武器,创建集宗教、军事、生产为一体的"认主独一兄弟会",成员来自瓦哈比派信徒。随着会员不断增加,瓦哈比派逐渐向内志农业区迁徙,组成大量"迁徙"区,为新国家的建立奠定基础。1921—1925年,伊本·沙特先征服拉希德家族领地，后进攻汉志国王侯赛因属地，先后占领塔伊夫、麦加、麦地那、吉达，后又兼并阿西尔，被拥戴为"汉志王和内志及其属地的苏丹"。1932 年 9 月，伊本·沙特正式定国名为沙特阿拉伯王国，将瓦哈比派视为沙特立国基础和社会黏合剂，定其为国教。① 从此，家族王权与瓦哈比派结合并一直延续至今：沙特家族维护瓦哈布后裔阿什－谢赫家族的宗教权威，传播瓦哈比派教义；而阿什－谢赫家族支持沙特家族的政治权威，利用其宗教道德权威使沙特王室统治合法化，统一沙特人思想和社会行为准则以维护国家的稳定与统一。迄今，阿什－谢赫家族一直主导沙特王国的宗教机构，享有沙特王室一样的崇高地位。

## （二）基本教义

瓦哈布著作《认主独一论》《信仰基要》《疑难揭示》是瓦哈比派主要经籍。瓦哈比派教义要旨是瓦哈布在《认主独一论》中提出的，"一切回到《古兰经》中去"，重申"认主独一"。他区分"认主独一"与"拜主独一"，严禁任何形式的"以物配主"。在瓦哈布看来，所有有形偶像都是对安拉无处不在、无影无踪的亵渎，甚至连圣徒的陵墓都不行。具体主张：

1. 严格信奉独一的安拉，反对多神崇拜和异端邪说。该派认为，阿拉伯社会落后和穆斯林正统信仰的衰落，致使多神崇拜和异端邪说盛行，主要原因是背离了安拉的"正道"和先知穆罕默德的遗训。要复兴伊斯兰社会，首先必须改革和复兴伊斯兰教，要革除一切多神信仰的表现，反对异教思想对伊斯兰教的浸染，反对苏菲派圣徒、圣墓、圣物崇拜，反对在安拉与人之间有中介说情的主张，恢复伊斯兰教根本信仰"认主独一"，恢复伊斯兰教早期的纯洁性和严格性。

2. 坚持以《古兰经》、圣训立教。该派认为，《古兰经》和圣训是穆斯林信仰、立法、道德和个人行为的最高准则，应以经训立教。

---

① "瓦哈比教派！穆斯林世界改革的最大阻力！"楼主：侃春秋，2009 年 5 月 20 日，http：//bbs. tianya. cn/post-worldlook-218095-1. shtml。（上网时间：2014 年 2 月 3 日）

凡符合经训规定的，应当遵循；违犯经训规定的，坚决抛弃；反对脱离经训的任何"标新立异"，反对苏菲派对《古兰经》的隐秘解释，反对用异教观点注释《古兰经》。该派倡导以罕百里教法学派学说行教治国，穆斯林应严格履行教法规定的各项宗教功课和义务。

3. 主张整肃社会风尚，净化人们的心灵。该派认为，纯洁的心灵、朴素的本色、高尚的道德，既是穆斯林必备的品德，又是虔信安拉的体现。信仰的淡薄，道德的沦丧，必然使人走上迷误，导致社会陷入腐化堕落的深渊。故该派主张革除社会弊端，净化人们的心灵，严禁高利贷盘剥和商业交易中的巧取豪夺，禁止吸烟、饮酒、赌博等恶习，反对将音乐、舞蹈引入宗教仪式，反对一切腐化、堕落和违背人格的享受，谴责奢侈豪华，禁止装饰豪华的清真寺等。

4. 倡导穆斯林团结，共同对敌。该派认为，"凡穆斯林皆兄弟"，应不分氏族、种族和贫富，在安拉面前一律平等，应消除分歧和怨恨，停止自相残杀，为捍卫"安拉之道"团结一致，共同对敌。

5. 政治上，反对奥斯曼土耳其人对阿拉伯半岛的统治。该派指责奥斯曼帝国统治者腐化堕落，助长异端邪说，对伊斯兰国家欺压和掠夺，完全背离伊斯兰教，因而不承认奥斯曼帝国苏丹哈里发地位，主张用"圣战"实现阿拉伯半岛统一和民族独立。[①]

"圣战"是真正伟大的功业。瓦哈布指出，没有任何其他功业的回赐和护佑可与之相比，"圣战"可为穆斯林斗士提供直接进入天堂的机会。

## （三）瓦哈比运动走向世界

**第一个沙特王朝时期**，在印度、印尼，接受瓦哈比派思想的穆斯林在本国发动"圣战"。如印度的赛义德·艾哈迈德·波莱维19世纪20年代在麦加皈依瓦哈比派，回到印度后不久就宣布发动"圣战"，

---

① 以上基本教义材料引自："瓦哈比教派！穆斯林世界改革的最大阻力！"楼主：倪春秋，2009年5月20日，http://bbs.tianya.cn/post-worldlook-218095-1.shtml。（上网时间：2014年2月3日）

## 第三章　穆斯林思想史上激进理论家和践行家

1826年在旁遮普大肆屠杀锡克教徒。其追随者在他死后又在孟加拉和印度北部对英国人发起"圣战"。在1857—1859年的印度反英大起义中，瓦哈比派教徒发挥中流砥柱作用。多年后，英国人虽然消灭了最后一批起义者，但瓦哈比运动依然威胁英印殖民当局统治。[①] 印尼人在1803年朝觐后，也受瓦哈比派影响，将瓦哈比派教义带回苏门答腊，展开反对非穆斯林战争。19世纪30年代，苏门答腊瓦哈比派教徒开展反荷兰殖民者斗争近15年之久。

**第三个沙特王朝时期**，从1932年建国至70年代，随着沙特阿拉伯崛起，瓦哈比派作为"圣地护主"，在中东伊斯兰运动中占据主导地位，并通过影响朝觐者向世界各地穆斯林传播瓦哈比派思想，北非的赛努西运动、苏丹的马赫迪运动、印度的"圣战者运动"、印度尼西亚的巴德利运动[②]以及中国的伊赫瓦尼等都是瓦哈比运动在世界各地的延续和继承，其思想影响到近现代很多思想家，如埃及穆斯林兄弟会创始人哈桑·班纳及精神领袖库特卜、印度次大陆"伊斯兰促进会"创始人和精神领袖毛杜迪等。60年代，以纳赛尔主义为代表的中东世俗民族主义运动兴起，瓦哈比运动一度处于低潮。1967年，阿拉伯国家在与以色列的"六·五"战争中惨败，纳赛尔威望遭沉重打击，民众对他所代表的阿拉伯民族主义失去信心，以瓦哈比派和穆斯林兄弟会为代表的伊斯兰原教旨主义势力顺势填补纳赛尔主义留下的意识形态真空。70年代后是瓦哈比派迅速向外输出和扩张的时期。随着石油美元的大量流入，沙特经济获得迅速发展，瓦哈比派凭借国家政权和石油实力以及沙特阿拉伯在伊斯兰教中的特殊历史地位，辟出多种途径输出瓦哈比派思想。

**20世纪90年代以来，特殊的政治历史环境为瓦哈比派在世界各地急剧扩张提供契机，也在某种程度上给世界带来更多纷争和冲突。** 在巴尔干、北高加索、中亚、阿富汗、克什米尔、东南亚等恐怖活动

---

① Laurent Murawiec, *Princes of Darkness: the Saudi Assault on the West*, First Rowman & Littlefield Publishers, INC, translation 2005, p. 37.

② 又称比达里教派起义。

多发地带，时常看到瓦哈比派身影。1994年，塔利班崛起成为阿富汗一股重要政治势力，沙特阿拉伯开始支持塔利班。塔利班属印度迪奥班德派，"圣战"不是他们的核心教义。1996年塔利班攻占喀布尔后，沙特瓦哈比派领袖本·巴兹（1909—1999，1971年被任命为"乌里玛"最高委员会主席）极力支持塔利班。本·拉登与塔利班密切接触，提供资金和力量援助。到20世纪90年代中后期，塔利班与瓦哈比运动越走越近并激进化，甚至屠杀阿富汗北部什叶派哈扎拉人，这在阿富汗历史上闻所未闻。塔利班给予什叶派穆斯林三个选择：皈依逊尼派、迁往伊朗或被杀。据联合国和红十字会估计，在马扎里沙里夫的居民迁出阿富汗过程中，塔利班杀害的什叶派人数多达5000—6000名。在中亚，瓦哈比派大肆鼓动通过"圣战"推翻中亚世俗政权，制造恐怖活动，扰乱社会安定。比如，"乌兹别克斯坦伊斯兰运动"在青年人中大肆宣扬宗教极端思想，煽动推翻卡里莫夫政权。1997年底在不到10天时间里，该国瓦哈比派分子在纳曼干地区连续暗杀当地官员及警察，并将头颅悬挂示众，手段极其残忍。在吉尔吉斯斯坦一些地区，1997年底至1998年初，当地信奉瓦哈比派的极端组织制造多起针对国家安全官员凶杀案，气焰嚣张。

**在宗教思想文化上，瓦哈比派经常在净化信仰、反对偶像崇拜名义下采取种种非理性行为**。90年代的波斯尼亚和科索沃，在沙特瓦哈比派及其当地代理人的煽动和指使下，一些反映奥斯曼帝国时期宗教建筑艺术特色的清真古寺、图书馆、经学院、墓碑等建筑被强行拆除，因为这些宗教建筑物上面雕塑的人物形象有偶像崇拜之嫌。2001年，在瓦哈比派思想熏陶下，阿富汗塔利班政权下令炸毁举世闻名的巴米扬大佛更是达到登峰造极的地步。

2003年后，沙特阿拉伯花费巨资在海外传播瓦哈比派思想，绝大部分用于修缮清真寺、经文学校以及其他传播瓦哈比派思想的宗教机构，还资助培训伊玛目项目、大众传媒及出版事业、发放宗教书籍、向大学提供捐赠（以便影响当地伊斯兰学者的任命）。由于大量外国人生活工作在沙特和海湾地区，或多或少受到瓦哈比派思想影响，他们中间的部分人回国后在本国传播瓦哈比派思想。沙特宗教部①控制的机构负责向非穆斯林宣教,每年使数百名非穆斯林（近几年还有部分中国工人等）皈依伊斯兰教。②

### （四）关于瓦哈比派的一些澄清

一是沙特阿拉伯在对外征战过程中,一直得到英国军队及其先进武器的支持。在著名的"普拉西战役"（Plassy）中,有一路英国皇家陆军纵队与沙特军队一起向土耳其挺进。**许多什叶派深信,瓦哈比派根本就不是一个伊斯兰教派,而是西方摧毁伊斯兰教的一件工具,**因为瓦哈布有许多英国朋友,如英国情报官劳伦斯上尉（以"阿拉伯的劳伦斯"著称）。③

二是据沙特作家阿卜杜勒·阿齐兹·盖希姆（Abdul Aziz Qassim）称,"是奥斯曼土耳其人首次给瓦哈布在沙特阿拉伯传播的伊斯兰学说贴上瓦哈比派标签,后来随着英国人在中东地区的存在,就继续沿用该词。实际上,我们不喜欢称之为瓦哈比运动,而是称之为改革运动或萨拉菲运动。"④

## 四、"伊斯兰促进会"创始人毛杜迪

毛杜迪全名赛义德·阿布·阿拉·毛杜迪（Syed Abul A'ala Maududi）,是印度次大陆著名伊斯兰学者,20世纪重要的现代伊斯兰主义思想家,其影响涉及《古兰经》、圣训注释以及伊斯兰教法、

---

① 全称伊斯兰事务、义产、宣教和指导部（Ministry of Islamic Affairs, Endowments, Da'wah and Guidance）。

② "Wahhabi movement", http://en.wikipedia.org/wiki/Wahhabi.（上网时间：2014年2月7日）

③ "Muhammad ibn Abd al-Wahhab", http://en.wikipedia.org/wiki/Muhammad_ibn_Abd-al-Wahhab.（上网时间：2014年2月7日）

④ "Wahhabi movement", http://en.wikipedia.org/wiki/Wahhabi.（上网时间：2014年2月7日）

政治和社会等多方面内容,对穆斯林世界影响最大的是他的"圣战"观和伊斯兰革命理论。毛杜迪宣称,**伊斯兰教不仅仅是一个宗教,它还是一个"革命的意识形态,致力于改变整个世界的社会秩序"**。他还是一位富于活力的演说家、经验丰富的政治家和极富魅力的领袖,他一手创建的"伊斯兰促进会"是20世纪印度次大陆最著名的伊斯兰原教旨主义组织,对南亚乃至以外地区的穆斯林民众思想产生深远影响。

## (一)"伊斯兰促进会"创始人①

**出生苏菲派世家**。1903年,毛杜迪生于印度德干地区奥朗则布小镇一个苏菲派长老家庭,其父系苏菲派契斯提教团②成员,对现代英式教育持敌视态度,故亲自教子,并聘请老师来家教其《古兰经》、圣训以及乌尔都语、阿拉伯语和波斯语。16岁时,毛杜迪已熟练掌握阿拉伯语、波斯语和英语,并能够阅读这些语种的学术著作。后来,他在马斯特拉邦的奥兰加巴德上学,之后入海德拉巴德一所高等学校深造。因父亲生病,他中途辍学。1920年,毛杜迪在一家乌尔都语周刊当编辑,后到德里当时以敢于直言著称的反英穆斯林报纸任编辑。后前往博帕尔求学,然后又到德里、海德拉巴德,经刻苦自学,成为一名伊斯兰学者。1925—1928年,他任印度次大陆伊斯兰学者协会刊物《贾米叶特》(al-Jamiyat)主编,曾参加泛伊斯兰"哈里发运动",反对英国殖民统治,同情、支持被废黜的奥斯曼帝国末代苏丹。后因与该协会意见分歧,他辞去主编职务,重返海德拉巴德。1927年,毛杜迪发表其最重要代表作《伊斯兰"圣战"》,该书引起精通伊斯兰科学和西方思想的穆斯林学者穆罕默德·伊克巴尔的

---

① 材料引自:"赛义德·毛杜迪",http://baike.baidu.com/link?url=-AUR42L_7B4ywrmUF7mZormvIREas_0B9S7Xjw59cwSPn9jvrCBcpSnoKAlaXKuib1zqTRxczoQ4taKuCBiw8K。(上网时间:2014年2月11日)

② 该教团在莫卧儿(16世纪初期征服印度半岛的蒙古人等及其后裔)时期影响很大。毛杜迪的祖先及族人们在契斯提教团向印度传播过程中发挥了重要作用。

注意，于是毛杜迪被他邀请到拉合尔帮助编纂伊斯兰法学法典。1933年，毛杜迪开始但任《古兰经集萃》月刊主编，直到1979年去世。该刊成为他传播其伊斯兰观念的最重要阵地。

**创建"伊斯兰促进会"**。1937—1947年，毛杜迪积极投身政治斗争，既反对全印国大党"非暴力不合作运动"，亦反对全印穆斯林联盟的政治分离主义运动。毛杜迪认为，改变一个社会最好的办法是建立一个小巧、精明、热忱和有高度纪律性的团体，有规划、有步骤地获取对社会和政治的领导权。因此，他于1941年8月创建由70余名伊斯兰学者和穆斯林知识分子组成的"伊斯兰促进会"，自任主席，力图培养和训练出一支伊斯兰干部队伍，充当伊斯兰革命运动的先驱。他希望这一组织终有一天会夺取政权，建立完整的伊斯兰制度。为此，毛杜迪制定了"伊斯兰促进会"的五大政治目标：一是依据伊斯兰理论、价值和原则，构建人类思想；二是改变和净化社会中的每个成员，从而发展成一种真正的"伊斯兰认同"；三是在"伊斯兰促进会"领导下，将穆斯林组织起来，有意识地培养他们将人性与博爱注入伊斯兰道路；四是采取一切可能的措施，改革和重建社会及社会中的所有机构，使其与伊斯兰教教义相符；五是促使社会中的政治领导层发生变革，沿着伊斯兰路线重组政治和社会经济生活，最终建立伊斯兰国家。

1947年，印巴分治和巴基斯坦建国，"伊斯兰促进会"一分为二：240人留在印度成立印度"伊斯兰促进会"，由毛拉阿布·莱斯·伊斯拉赫（伊斯兰学者，曾深受毛杜迪信任）领导；毛杜迪则同385名追随者一起迁居西巴基斯坦旁遮普省拉合尔地区，组成巴基斯坦"伊斯兰促进会"，开始为在巴基斯坦建立一个真正的伊斯兰国家而努力。此后，该组织成为巴基斯坦历届政府主要政治反对派之一。巴基斯坦建国之初，统治者面临的主要问题是如何处理与伊斯兰教之间的关系。为此，毛杜迪于1948年发起了一场大规模"公共接触"运动，通过在全国范围内派遣宣教者、散发传单、组织游行和讨论会等方式，不遗余力地传播他们要将巴基斯坦建成伊斯兰国家的诉求。这场运动使"伊斯兰促进会"赢得了城市中大部分受教育人群的支持，但也引起当权者的担忧。于是，政府以《公共安全法》将其关押。在押期间，毛杜迪撰写了大量学术著作，为澄清伊斯兰国家的概念、模式及制定一部伊斯兰宪法奠定了基础。毛杜迪被关押了18个月后获释，比过去更具号召力，"伊斯兰促进会"也借势扩展到巴基斯坦大部分地区。1956年，巴基斯坦通过了第一部宪法，毛杜迪的绝大部分主张在宪法中得到体现。

1953年春，毛杜迪曾因参与要求取缔"艾哈迈迪亚教派"导致流血冲突而被当局宣判死刑，后在国际舆论声援下获赦。1958年，阿尤布·汗将军废除1956年宪法并实行军管，毛杜迪被禁止参加政治活动，其组织一度被迫停止活动，这标志着"伊斯兰促进会"10年来推动伊斯兰宪法的努力以失败告终。军管期间，"伊斯兰促进会"并未直接与当局对抗，而是大量重印毛杜迪撰写的《伊斯兰与计划生育》《面纱》《利息》《伊斯兰的家庭关系》《伊斯兰法与宪法》和《圣训的宪法地位》等著作，并通过"伊斯兰促进会"的网络广泛传播。1963年，"伊斯兰促进会"在卡拉奇建立了自己的研究机构——伊斯兰研究院。军管结束后，毛杜迪走遍全国主要城市，在群众大会上强烈抨击阿尤布·汗的宗教和政治政策。1964年1月，东巴基斯坦（后来的孟加拉国）和西巴基斯坦的省政府分别下令，宣布"伊斯兰促进会"为非法组织，但1964年巴基斯坦最高法院宣布对该组织的禁令无效。

阿里·布托当政时期，1968—1979年间，在毛杜迪率领下，"伊斯兰促进会"与卡拉奇的商业阶层密切合作，发动了一场反社会主义和反阿里·布托的强大运动——毛杜迪抵制人民党的伊斯兰社会主义理论、政策，谴责其世俗化倾向和政治腐败，继续倡导国家体制伊斯兰化，主张全面实行伊斯兰教法，建立名副其实的伊斯兰社会秩序。后"伊斯兰促进会"一度加入由8个反对党组成的联合阵线，掀起倒阁运动。在这场斗争中，"伊斯兰促进会"与左翼势力发生暴力对抗，其学生组织"伊斯兰学生团"从一个和平的宣教组织变为一股军事力量，主张"以暴抑暴"。

1979年，毛杜迪去世。他生前出访过埃及、叙利亚、约旦、沙特阿拉伯、科威特、土耳其、英国、美国、加拿大等国，举行记者招待会、专题讲座、演讲1000余次，以广播、电视、报刊等大众媒介宣传复兴伊斯兰主张，并寻求国内外支持。

### （二）主要主张[①]

毛杜迪哲学思想深受伊朗毛拉萨德拉[②]（Mulla Sadra）、英国伯特兰·拉塞尔（Bertrand Russell）、恩师穆罕默德·伊克巴尔（Muhammad Iqbal）的影响。

1. "圣战"观。一方面，在反抗英国殖民统治的斗争中，印度次大陆穆斯林常以"圣战"鼓舞斗志。为了镇压穆斯林的反抗，西方殖民者开始歪曲丑化伊斯兰教和穆斯林，指责伊斯兰教"是一种嗜血的宗教，向自己的信徒宣扬屠杀"；把穆斯林描写为"狂暴的有胡须的宗教狂热者，挥舞着刀剑在任何发现异教徒的地方进攻他们，并且用刀剑来强迫他们背诵清真言"。另一方面，在印度民族独立运动中，由于宗教、政治和经济利益冲突，穆斯林与印度教徒的分歧不断扩大。1926年12月，一名穆斯林青年以"圣战"名义杀害印度教净化改宗运动（Shuddhi Movement）领导者斯瓦米·施拉塔南德（Swami Shraddhanand，1856—1926年），引发印度教徒愤怒，他们指责穆斯林是崇尚暴力民族，甚至连圣雄甘地也谴责"伊斯兰教是一种嗜血和暴力的宗教"。此外，伊斯兰教内部对于"圣战"观也产生新观点——"艾哈迈迪亚教派"提出，伊斯兰教是和平的宗教，认为"圣战"是通过武力传播伊斯兰教，不符合伊斯兰教精神，这对正统"圣战"观造成冲击。

鉴此，1927年毛杜迪发表《伊斯兰"圣战"》，阐明西方殖民者歪曲丑化伊斯兰教和穆斯林的政治目的，反驳针对伊斯兰教和穆斯林

---

[①] 材料引自：王旭："毛杜迪的圣战观念和伊斯兰革命理论"，更新时间：2013年2月17日，http://lunwen.1kejian.com/zongjiao/120104_2.html。（上网时间：2014年2月11日）

[②] 逻辑学家。

的指责，全面系统地阐述伊斯兰"圣战"观的具体内容。毛杜迪指出，**伊斯兰教把穆斯林为建立一种公正的伊斯兰制度以及为传播伊斯兰教与异教徒进行的斗争称为"圣战"**。毛杜迪提出，"圣战"是"为了真主的理想的斗争"，认为伊斯兰教之所以选择"吉哈德"一词，是因为伊斯兰教的斗争不属于"战争"范畴。他指出，长久以来，"战争"一词指的是民族之间或国家之间为了实现个人或民族的私利而进行的斗争，这些战争背后的动机缺乏原则，仅仅是为了满足某些个人或团体的目的。伊斯兰"圣战"唯一目的是取悦真主，不是为了某个民族或国家的私利。

毛杜迪强调，**"圣战"目标是"推翻非伊斯兰教制度的统治并建立伊斯兰教制度的统治"，不是为了消灭某些个人或团体或者摧毁他们的财产，而是为了消灭罪恶**。他认为，个人和团体都应当努力"惩恶扬善"，任何旨在使个人或团体走上正道的行动都是"圣战"。为了避免一个团体利用"圣战"名义压迫另一个团体，他明确提出，如果某一团体建立了不公正的社会秩序和专制统治，应该对其发动"圣战"，但"圣战"并不是针对这个团体，而是针对其所建立的不公正制度和专制统治。毛杜迪所谓的"惩恶扬善"不是一般意义上的惩罚罪恶、宣扬美德，他把伊斯兰教制度视为人类唯一理想的制度，其他一切制度都是"邪恶和专制的"，因此"惩恶扬善"实质是为了宣扬伊斯兰教，建立伊斯兰制度。

为突出"圣战"正义性，毛杜迪强调穆斯林应当勇于为捍卫真理而进行自卫斗争。"自卫圣战"的根本原则是，穆斯林应坚持伊斯兰信仰，任何情况下都不应为了个人私利而屈服于罪恶或专制。

根据伊斯兰敌人的不同来源，毛杜迪把"圣战"分为四大类：**一是反抗伊斯兰教外部敌人的"圣战"**。它既包括针对外部敌人对伊斯兰教发动的侵略所进行的自卫斗争，也包括与阻碍伊斯兰教传播的外部敌人以及不信守与穆斯林盟约的外部敌人的自卫斗争。**二是反抗伊斯兰教内部敌人的"圣战"**。有的穆斯林内心希望根除伊斯兰教，《古兰经》称他们为"伪信者"。毛杜迪指出，穆斯林还应当与伊斯兰教内部那些可能会威胁伊斯兰教的"伪信者"进行自卫斗争。**三是**

反抗进入伊斯兰教内部的外部敌人的"圣战"。如果伊斯兰教外部的敌人定居或者外来迁入伊斯兰地区肆意制造混乱，进行抢劫和杀戮，破坏伊斯兰国家的和平，甚至试图通过暴力来推翻伊斯兰制度，就要与这些敌人进行自卫斗争。**四是支持其他穆斯林反抗压迫的"圣战"**。当任何穆斯林群体处于专制统治下，或受到敌对势力的迫害，其他穆斯林应当为了帮助和保护这些专制的受害者而与敌对势力进行自卫斗争。

在毛杜迪看来，上述四大类"圣战"中，**最需要阐述清楚的是第一类，即反抗伊斯兰教外部敌人的"圣战"**。根据发动"圣战"的目的不同，他把这类"圣战"又细分为三小类：**首先是为了反抗外部敌人对穆斯林的侵略而进行的"圣战"**。这种"圣战"又分为四种情形：第一，遭到战争攻击的时候，穆斯林有义务拿起武器进行自卫；第二，对于剥夺穆斯林的权利并且抢夺其财产的任何人，穆斯林都应当进行自卫；第三，因坚持伊斯兰信仰而遭受苦难的时候，穆斯林应当为捍卫自己的宗教信仰自由而进行自卫；第四，如果敌人将穆斯林从任何一块土地上驱逐出去，或者是摧毁穆斯林的政权，穆斯林都应当努力重新夺回失去的一切。**其次是为了反抗外部敌人阻碍伊斯兰教的传播而进行的"圣战"**。毛杜迪指出，如果任何敌对势力不断侵扰穆斯林，阻止他们履行自己对伊斯兰教的义务，强迫穆斯林放弃自己的信仰，或者对穆斯林遵循伊斯兰生活方式制造障碍，那么为了维护信仰，允许穆斯林与这种敌对势力进行自卫斗争。阻止穆斯林信仰伊斯兰教的上述三种行为都是犯罪，穆斯林必须与之进行斗争。**最后是对不信守与穆斯林盟约的外部敌人进行的"圣战"**。毛杜迪认为，"凡是在与穆斯林缔结盟约后又违反盟约的人，穆斯林应当与其进行斗争，这其中也包括那些表示服从却又发动叛乱的异教徒；对于那些虽然与穆斯林缔结了盟约，但其敌对行为随时可能给伊斯兰教和穆斯林造成危害的人，应当在通知撤销所缔结的盟约后与其进行斗争；凡是多次违反与穆斯林缔结的盟约以及给穆斯林造成危害的人，穆斯林应当与其进行斗争，直至他们忏悔并且接受伊斯兰教。否则，为了保护伊斯兰教和伊斯兰地区免受他们的影响，穆斯林将不得不选择杀戮、逮捕和围攻等其他斗争方式。"

**在毛杜迪的"圣战"观中,"圣战"是穆斯林的一项重要义务。**他强调,与伊斯兰教的敌人进行"自卫性圣战","不仅是穆斯林的道德要求,也是穆斯林的宗教义务",履行这一义务比礼拜和封斋还重要。

毛杜迪阐述的"圣战"观,很大程度上源于伊本·泰米叶的"圣战"观。和伊本·泰米叶一样,毛杜迪也强调"圣战"的自卫性,并高度赞扬穆斯林履行"圣战"义务的美德。毛杜迪在阐述"圣战"观时,只论述了"自卫性圣战",并没有谈及"进攻性圣战"。但他的伊斯兰政治理想是建立伊斯兰国家,全面实施伊斯兰教法,恢复伊斯兰制度,因此又提出"圣战"目标是消灭一切非伊斯兰统治,建立伊斯兰统治。这样一来,他的"圣战"观中不可避免地包含了为实现这一目标采取"进攻性圣战"的方式。因此,他的"圣战"观具有自卫性和进攻性双重特点。

2. **伊斯兰革命理论**。毛杜迪界定伊斯兰教既是一种完整的生活方式,又是一种社会制度。他认为,与资本主义、社会主义和民族主义等现代社会经济和政治意识形态相比,伊斯兰在各个方面都略高一筹,因此主张建立名副其实的伊斯兰国家,承认"安拉之法度"的绝对权威,以"沙里亚法"治国,使世俗社会和国家政治生活伊斯兰化——任何有悖于伊斯兰教法的政令、法规、政策必须废止;必须承认先知的尊严和权威,先知的圣言、圣行为立法的依据和国家的指导原则之一;国家自身无立法权,但国家作为安拉代理人有权代行安拉之律法,行使统治、管理国家的权利;国家必须实行政治协商制度"舒拉",通过全体穆斯林直接协商或推举代表的间接协商来决定国家大事;国家必须以伊斯兰意识形态为指导思想,由虔诚穆斯林政治家管理,弘扬伊斯兰教,维护民众权益。毛杜迪一再强调,"伊斯兰不是一套宗教仪式,而是包括人类生活的所有方面,从心灵的庇护所到社会政治关系的舞台,从清真寺到议会,从家庭到学校,从经济、文学、科学到法律、国家和国际关系"。因此,伊斯兰教不仅要在个人生活中实践,还要体现在社会、经济、政治等诸多领域。

## 第三章 穆斯林思想史上激进理论家和践行家

毛杜迪坚持伊斯兰国家不是一个神权国家，而是实行"沙里亚法"统治的民主制国家。他强调，世间一切权力皆属真主，只有真主才能统治人类，因此这个伊斯兰国家应该由具有基于《古兰经》和圣训的伊斯兰政治思想的人来领导，而且国家的管理不应该是独裁的：政府首脑应该通过成年公民的自由普选产生，并有固定的任期；伊斯兰国家应实行行政、司法和立法三权分立。

毛杜迪没有把"圣战"观纳入自己的伊斯兰国家理论体系中，而是提出伊斯兰革命理论，**主张采取和平的伊斯兰革命方式，通过宣传伊斯兰教，实现穆斯林社会的思想变革，在此基础上建立伊斯兰统治**。毛杜迪的伊斯兰革命理论源于先知穆罕默德在伊斯兰教早期的范例。但是，他更多的是依照先知在麦加时期和平传教的历史提出自己的伊斯兰革命理论，而对麦地那时期的战争鲜有提及。

毛杜迪的伊斯兰革命理论随着印度次大陆政治形势的变化而发展，**经历了从社会思想变革到政治变革的两个阶段：**

**第一阶段**，1947年印巴分治前的穆斯林社会思想变革阶段。20世纪30年代，毛杜迪在海得拉巴德的经历使他意识到，造成穆斯林社会生存危机的根本原因是穆斯林对信仰的淡漠。这种情况下，即使穆斯林能像海得拉巴德穆斯林统治者那样建立一个穆斯林统治的国家，但这样一个穆斯林国家也绝不可能等同于一个真正的伊斯兰国家。1940年9月12日，毛杜迪应阿里伽穆斯林大学邀请发表演讲，阐述了社会思想变革的伊斯兰革命理论，主张只有通过一场伊斯兰革命来进行穆斯林社会的思想变革，才能建立一个真正的伊斯兰国家。

毛杜迪认为，一个伊斯兰国家绝不可能奇迹般地突然出现，而**应该在穆斯林社会中首先实现思想变革，从而为建立理想的伊斯兰国家奠定思想基础和社会基础**。为此，伊斯兰革命领导者应当通过不断的努力，在穆斯林当中培养虔诚的信仰和高尚的道德品质。在此基础上，他们应当建立一种伊斯兰教育制度，用伊斯兰生活方式教育穆斯林，在所有的知识学科领域培养出具有真正伊斯兰思想和精神的穆斯林知识阶层。伊斯兰革命的方法首先应仿效先知早期传播伊斯兰教以及建立穆斯林"乌玛"的范例。其次，伊斯兰革命领导者应当通过自

143

己的言行充分展示伊斯兰革命原则和目标，其一举一动都应当体现出真正的伊斯兰教精神。

毛杜迪对于伊斯兰革命领导者提出很高要求——应当像先知及圣门弟子那样具有高尚的道德品质和虔诚的信仰。他们应当具有无私、诚实和敬畏真主的品质和献身精神。他们的言行应当成为信仰和道德准则的具体范例，使穆斯林社会真正明白，他们所提倡的以伊斯兰思想为基础的伊斯兰国家必将成为社会公正和世界和平的保障。他们参加伊斯兰革命的目的不是出于个人、家庭、部落或种族的自私动机。在经历残酷的迫害过程中，他们应当坚定自己的信仰和理想目标，使自己在思想上真正成为合格的伊斯兰革命成员。

**第二阶段，印巴分治后的政治变革阶段。**毛杜迪在继续坚持社会思想变革的基础上，优先强调通过政治变革全面重建伊斯兰制度。1947年印巴分治后，毛杜迪移居巴基斯坦。面对穆斯林已建立了一个独立国家的政治现实，毛杜迪的伊斯兰革命理论发生转变，意识到当务之急是如何在巴基斯坦尽快全面实施伊斯兰教法，恢复各项伊斯兰制度。

1948年9月，毛杜迪在《古兰经集萃》上发表文章，提出在巴基斯坦建立伊斯兰制度的两种方法：**政治变革**。毛杜迪认为，当时执政者并不具备建立伊斯兰国家的资格，提出"现在正确的做法是，首先，我们的制宪会议应该宣布从一个非伊斯兰制度向伊斯兰制度转变所必需的基本原则。随后，让具备伊斯兰知识的人们参与到制定宪法的工作当中，在他们的帮助下制定出一部最合适的宪法。之后举行新的选举，让人们有机会选出最具资格建立伊斯兰制度的人，并授予他们管理国家的权力。通过这种正确民主的方式，（那些具备适当资格的人们）可以获得权力，借助于政府的力量和途径，按照伊斯兰方式全面建设社会制度。"**社会思想变革**。即着手努力改革穆斯林社会，通过一场全民改革运动在社会中传播真正的伊斯兰思想。当这场运动发展成熟时，穆斯林社会中自然就会产生完整的伊斯兰制度。毛杜迪指出，"现在我们正在努力尝试第一种方法。如果我们获得成功，那就意味着我们的民族为建立巴基斯坦所做的斗争不是徒劳无益的。我们由此获得一条建立理想的伊斯兰制度最简单、最直接的途径。但如果我们不幸失败,这个国家被建成一个非伊斯兰国家……那么在这种情况下,我们再按照第二种方法开始工作,就如同我们在巴基斯坦独立前所做的那样。"这一阐述表明,毛杜迪在巴基斯坦独立后并未完全放弃社会思想变革主张,只不过是在当时政治形势下,社会思想变革主张退居政治变革主张之后,成为毛杜迪伊斯兰革命的一个备选方式。

1954年9月,毛杜迪再次在《古兰经集萃》上发表文章,阐述了关于"政治变革和社会思想变革孰先孰后问题"的看法。他认为,"简而言之,在政治变革之前,毫无疑问,必须进行一场文化、社会和道德变革,这是伊斯兰革命的根本方法。同样毫无疑问的是,伊斯兰教法不能仅仅自上而下地推行,还应该通过宣传使人们产生内心感受。但是任何人都不能否认的事实是,在建设巴基斯坦的过程中已经出现了政治变革,因此现在争论社会变革和政治变革孰先孰后问题毫无意义。"毛杜迪提出,在社会思想变革之前,只有通过政治变革才有可能按照伊斯兰原则有效地行使政治权力。他又指出,实现社会变革的手段不仅包括教育宣传、社会改革和思想改造,也包括利用政府的法律和政治资源等手段。只有通过政治变革,掌握了政府权力之后,才能更有效地推动社会变革。

## (三) 深远影响

在穆斯林世界,毛杜迪被广泛誉为伊斯兰复兴运动的总设计师之一。具体表现在以下三个方面:一是作为伊斯兰学者,其著述已被穆斯林世界主要语言翻译出版,成为现代伊斯兰原教旨主义的经典文献。毛杜迪学识渊博,除写作《古兰经》注释和《先知传》外,还出版大量有关伊斯兰法律、政治理论、伊斯兰经济和社会关系、伊斯兰哲学和文化的书籍,其中最重要的贡献是使伊斯兰教成为一种替代西方自由主义和苏联马克思主义的意识形态。毛杜迪著作有120部,主要有《伊斯兰"圣战"》《伊斯兰教之基础》《伊斯兰运动的道德基础》《伊斯兰复兴运动简史》《伊斯兰革命的过程》《伊斯兰教法和宪法》等,大部分著作已被译成英文、阿文等多种文字。

二是作为伊斯兰思想家,其关于"伊斯兰政治化"的系列提法,已成为现代伊斯兰原教旨主义的核心观念。正是他的努力,使原教旨主义运动首先表现为政治运动,而非宗教知识运动。毛杜迪率先提出《古兰经》的经文有政治和法律含义,认为没有国家权力,伊斯兰教就不能推行。他使用了"生活的伊斯兰体系""伊斯兰运动""伊斯兰意识形态""伊斯兰政治""伊斯兰宪法""伊斯兰经济体制""伊斯兰政治体制"和"神权民主"等许多推动伊斯兰政治化的提法,提供了一整套关于伊斯兰核心概念的定义,并在此基础上建立了有关伊斯兰社会和伊斯兰国家的系统理论学说。人们在对伊斯兰进行社会、经济和政治说教时,没有一个现代穆斯林能够回避毛杜迪首创的术语。

毛杜迪提出穆斯林应当反抗压迫进行"自卫性圣战",对鼓舞当时穆斯林反抗西方殖民主义压迫,争取民族独立运动具有一定意义。埃及穆斯林兄弟会精神领袖库特卜采纳毛杜迪这一思想。1979—1981年创建埃及"伊斯兰圣战"的法拉叶将库特卜的"圣战"思想进一步提升到"应向所有穆斯林政权发动'圣战'"的世界观。这一思想被"基地"组织诠释为没有一个穆斯林政权是真正的伊斯兰政权,并将"向所有美国人和所有穆斯林国家领导人发动'圣战'视为每个穆斯林应尽的职责"。[1]

毛杜迪的伊斯兰革命理论直接影响了伊朗的霍梅尼。霍梅尼在1970年出版的《伊斯兰政府》一书中,主张通过宣传伊斯兰教和指导人们学习伊斯兰知识来建立伊斯兰政府,这与毛杜迪伊斯兰革命理论极为相似。但霍梅尼发展了毛杜迪的伊斯兰革命理论,提出暴力革命思想,他不赞成毛杜迪关于伊斯兰革命是"纯粹精神的、渐进的、和平的"观点,认为伊斯兰革命应该是"政治的、粗暴的、暴力

---

[1] Michael Ryan, "The Salafist Challenge to Al Qaeda's Jihad", The Jamestown Foundation, *Terrorism Monitor*, Volume VIII, Issue 44, December 2, 2010.

的"。1979年，霍梅尼领导发起伊朗伊斯兰革命，推翻巴列维国王统治，成功夺取政权。伊朗伊斯兰革命成为霍梅尼思想的成功实践，而毛杜迪提出的通过政治变革和社会思想变革来实现伊斯兰革命的主张，却由于种种原因，始终未能在巴基斯坦的政治实践中获得真正的成功，因而他建立伊斯兰国家的理想也始终未能实现。

三是作为政治活动家，其创立的"伊斯兰促进会"成为当今穆斯林世界最有效和精心组织的政党之一，成为现代伊斯兰复兴运动的主要代表。从组织形式上看，巴基斯坦"伊斯兰促进会"是一个高度结构化、等级化和官僚型的组织，建立了不同的职能部门，在各地建立了庞大的分支网络，呈现向现代精英型政党发展的趋势，这为穆斯林世界的许多伊斯兰运动提供了典范，并成为亚洲、非洲和西方许多国家新生伊斯兰政治组织的榜样。譬如，在黎巴嫩也建立了"伊斯兰促进会"，在后纳赛尔时期的埃及大专院校里兴起的学生组织也称自己为"伊斯兰促进会"。1953年，纳布哈尼在耶路撒冷成立的"伊斯兰解放党"与"伊斯兰促进会"有着许多相似处。

## 五、埃及穆斯林兄弟会精神领袖库特卜

库特卜全名赛义德·库特卜（Sayyid Qutb），是埃及穆斯林兄弟会精神领袖，其"圣战"观对世界范围穆斯林激进组织影响深远，尤其对"基地"组织头目本·拉登及扎瓦希里影响至深。其代表作《路标》（Ma'alim fi'l-tariq，1964年）不仅在当时催生一批激进组织，迄今仍是许多激进分子必读教材和激进组织的行动指南。

### （一）从世俗民族主义者转变为伊斯兰原教旨主义者

1906年10月9日，库特卜生于埃及中部阿西尤特省一个叫穆夏的小镇，从小接受传统伊斯兰教育，孩提时代就能背诵整部《古兰经》。1929—1933年，库特卜来到开罗师范学校"知识学院"学习。在那里，他如饥似渴地阅读西方文学，成为西方文化的仰慕者。毕业

后，他出版了很多诗集和文艺评论作品，成为一位崭露头角的作家。1939年，库特卜进入埃及教育部供职。早期，库特卜支持民族主义政党"华夫脱党"，后来他广泛阅读了近代"泛伊斯兰主义"思想家哲马鲁丁·阿富汗尼、穆罕默德·阿布笃、拉希德·里达师徒三人的著作，并深入了解当时埃及社会状况和下层穆斯林的思想状况，开始仇恨英国人。40年代后期，库特卜开始频频发表宗教和社会方面的著述。1948年，库特卜出版《伊斯兰教中的社会正义》一书，宣称与基督教和共产主义相比，伊斯兰社会主义既避免了宗教与社会分离的陷阱，又避免了无神论的泥淖。由于得罪法鲁克国王，1948年11月—1950年8月，库特卜被迫赴美留学，学习教育管理。

在美期间，库特卜曾访问纽约、华盛顿等地，还就读于科罗拉多州立教育学院（现北科罗拉多大学）。这次在美经历及所受教育成为他一生最重要的转折点——从一名西方文化仰慕者转变为严厉批判者，从此走上另一条人生路。库特卜在美国的经历像很多穆斯林激进分子一样，美国的教育非但没有让他接受西方观点，反而使他认为看透了西方。早在赴美留学前，40多岁的库特卜思想已基本定型，头脑中充满反以色列和反西方观点。他一到美国，但凡看见西方世界阴暗面，就会加强自己这种观点，尤其是当他发现犹太人主宰了美国后就更是如此。[①] 原本美国在库特卜心中印象并不坏，他痛恨的是英国。此时，在库特卜眼中，美国是一个骄奢淫逸、纸醉金迷、物欲横流的社会。他在文章中这样描述美国："它的原始性让我们回想起人类过去的丛林和洞穴时代"，是一个不折不扣的"狂欢中心和性欲游乐场"，犹如一个"只知欲望和金钱，不计后果，魅惑他人的野兽"。美国虽然民丰物阜，科技发达，但是"当她（一个美国女孩）靠近你时，你感觉到的只是她内心令人惊愕的本能。你可以闻到她欲火中烧的身体气味……只有肉体"，美国人"生活在空虚与动物本能之中，以牺牲人性尊严与人类生存为代价"。从此，他比以往更加仇恨美国

---

① 海天徜徉："本·拉登'教父'库特卜的人生与思想"，2013年8月30日，http://bbs.tianya.cn/post-113-540334-1.shtml。（上网时间：2014年1月23日）

和西方。1951年,其著《伊斯兰与资本主义的战争》问世,标志着他的思想从世俗民族主义转向伊斯兰原教旨主义。

## (二) 穆斯林兄弟会不屈斗士和精神领袖

库特卜同情和支持穆斯林兄弟会,同时与军队中民族主义者组成的"自由军官组织"保持密切来往。库特卜从美国回到埃及后,与纳赛尔、纳吉布、萨达特都保持良好关系。

1952年,"自由军官组织"在穆斯林兄弟会支持下推翻法鲁克王朝,建立埃及共和国。由于穆斯林兄弟会的立国理念与纳赛尔发生尖锐冲突而拒绝进入新政府,也没获得任何权力,与纳赛尔政权关系恶化并走向对抗,库特卜于1953年正式加入穆斯林兄弟会。他对穆斯林兄弟会忠诚不渝,才华过人,不久就成为该组织"信息传播部"负责人,兼任机关刊物《穆斯林兄弟会》主编,成为穆斯林兄弟会主要意识形态喉舌。之后,他又成为穆斯林兄弟会最高机构成员。

由于穆斯林兄弟会奉行的伊斯兰主义与纳赛尔倡导的阿拉伯民族主义之间矛盾不可调和,1954年纳赛尔下令镇压穆斯林兄弟会,逮捕了一大批骨干分子,库特卜被判处15年徒刑。在服刑的头3年里,他遭严刑拷打,健康急剧恶化,之后他的刑期很大一部分是在医院度过,得以继续他的思考和写作。此时,为了对付埃及共产党(有另一套吸引下层百姓口号),纳赛尔从狱中释放部分穆斯林兄弟会成员。但在60年代,随着纳赛尔大力推行泛阿拉伯主义,引起沙特阿拉伯敌视,他们暗中资助穆斯林兄弟会,企图推翻纳赛尔,纳赛尔便加紧逮捕、屠杀穆斯林兄弟会成员。原本还算温和的穆斯林兄弟会以及温和的原教旨主义,开始在这场拷打和折磨中变质。正如"基地"组织领袖扎瓦希里直言,"伊斯兰分子在埃及监狱遭尽磨难,因而满怀愤怒,信奉暴力,决心通过暴力报复国家。"① 这一场牢狱之灾诞生了现代穆斯林激进主义开山宗师库特卜。在极端的肉体折磨下,他的思

---

① "Islamic Extremists: How Do They Mobilize Support?" *Special Report* 89, United States Institute of Peace, July 2002.

想越来越极端,最终创造性提出一套完整、富有战争性和号召力的激进主义理论——库特卜主义(Qutbism),标志着现代伊斯兰原教旨主义正式过渡到激进主义,并从此登上世界舞台。

1964年年底,库特卜在时任伊拉克总理阿卜杜·萨拉姆·阿里夫的斡旋下提前获释。出狱后,他立即又被穆斯林兄弟会推选为领导机构成员。1965年8月,他再次被捕,并于1966年8月29日被纳赛尔政府绞死。他死后,追随者们接过库特卜的火炬,激进主义思想开始泛滥。其中,对于"基地"组织两代领袖本·拉登和扎瓦希里来说,库特卜思想中的激进成分被他们作为创立"基地"组织恐怖哲学的重要源泉。

### (三) 现代穆斯林激进主义开山宗师

库特卜汲取了毛杜迪和穆斯林兄弟会创始人哈桑·班纳等人的思想,创造性提出一套完整、更富有战争性和号召力的超国家、超民族、超阶级激进主义理论——库特卜主义。在狱中,他先后完成《我们的宗教》《我们这个宗教的前途》《在〈古兰经〉的阴蔽下》等著作,并通过探望他的妹妹秘密把手稿带出监狱,由外面穆斯林兄弟会成员印刷、散发,在社会上产生重大影响。从1962年起,库特卜开始撰写《路标》一书,未完成手稿在狱内外穆斯林兄弟会成员中不胫而走,库特卜因此被尊称为精神领袖。该书正式出版后,半年内再版五次,被译成多种文字,成为至今流传最广的穆斯林激进主义经典之作。

1. **"蒙昧状态"说**。在《在〈古兰经〉的阴蔽下》一书中,库特卜写道:"'蒙昧状态'(jahiliyyah,伊斯兰教诞生前阿拉伯世界处于无知和无信仰的状态)意指人对人的宰制或对人的卑躬屈膝,而不是对安拉的服从。此人类状态存在于过去、现在或将来。在任何时空中,人类都面临着一个泾渭分明的选择:要么全然遵守安拉之律法,要么实施各式各样人造之法律,而后者就是'蒙昧状态'。"他还认为,现代版"蒙昧状态"不是所谓异教或多神信仰,而是世俗化的民族主义、资本主义、社会主义等西方意识形态,它们皆"敬仰如国家、民族、政党、领袖等偶像崇拜",现代"蒙昧状态"比古代"蒙昧状态""有过之而无不及之邪恶"。① 库特卜认为,当代世界,包括所有的伊斯兰国家都仍处于"蒙昧状态"。他说:"我们今天处于与伊斯兰教之前同样的、甚至是更糟的'蒙昧状态'中,我们周围的一切都是蒙昧:人们的观念和信仰、习惯、风俗,文化、艺术和文学的来源,以及法律和立法。即使那些被我们认为是伊斯兰文化、伊斯兰源泉或伊斯兰哲学和思想的东西,实际上也是这种'蒙昧状态'的组成部分。"他指出,这种"蒙昧状态"在政治上表现为对真主在世间主权的侵犯,即一些人自称有权规定道德、观念,制定法律和制度,从而导致一部分人对另一部分人的统治和压迫。他宣称,无论是共产主义、法西斯主义、资本主义,还是当时流行于阿拉伯世界的民族主义、社会主义意识形态,都是"蒙昧",因为它们都是出自人,而不是出自真主,都是让人服从人,而不是服从真主。他说,阿拉伯民族主义不是把主权归于真主,而是归于阿拉伯民族,因而是非伊斯兰的。②

2. **"真主主权"说**。浓缩库特卜主义思想精髓的《路标》堪称现代穆斯林激进主义"圣经"。在书中,库特卜否定国家最高权力源于"人民主权论",主张"真主主权论"。他宣称"这里的宗教(伊斯兰教)指的是判决的权力,其意图在于人人只能臣服于神圣主权的权力之下,并免于人类的主权"。"伊斯兰政府必须实施'沙里亚法',真主既是最高的立法者、政府和法律权威的最终源泉,个人立法在伊斯兰国家中没有一席之地。"他把伊斯兰运动的首要目标设定为"建立一个伊斯兰国家",复归原初、本真的伊斯兰,"在全世界建立人间天国","所有不属于伊斯兰思想的东西全部都应加以

---

① 海天徜徉,"本·拉登'教父'库特卜的人生与思想",2013 年 8 月 30 日,http://bbs.tianya.cn/post-113-540334-1.shtml。(上网时间:2014 年 1 月 23 日)

② 肖宪:《传统的回归——当代伊斯兰复兴运动》,中国社会科学出版社,1994 年 11 月版,第 50 页。

消灭"。为达成这个目标,穆斯林就要实行"吉哈德"(武装"圣战")。①

**3."迁徙圣战"说**。库特卜认为,摆脱"蒙昧状态"的办法唯有采取行动建立真主的绝对主权和统治权:"宣告真主独一无二的神性……就意味着起来反对任何形式、种类和方式的人的统治,意味着在地球上摧毁人的王国,建立真主的王国……将权力从人类篡权者手中夺回,交还给独一无二的真主,取消人定的法律,建立唯一的、至高无上的神圣法律。"库特卜提出,为了实现真主的统治,穆斯林要进行"迁徙",要彻底脱离"蒙昧状态",重建一个不受污染和完全按照伊斯兰方式和标准而存在的社会,要完全排除诸如民族主义、国家主义这样一些非伊斯兰的影响。他提出的"迁徙"并不是指地理上的迁徙,而是要求穆斯林用行动向"蒙昧状态"开战,为主道而奋斗(即"圣战")。库特卜称,"它仅靠说教和祈祷是不会实现的,因为那些把枷锁套在人民脖子上的人和篡夺了真主在地球上权威的人将不会因这样的解释和劝诫就让出他们的位置。"库特卜强调,现在的首要任务是清除现存的非伊斯兰秩序,建立伊斯兰社会。这种"清除"不仅仅是改造或变革,而是彻底的摧毁。至于未来真正的伊斯兰社会具体是什么样子,库特卜并没有加以详细论述,因为他认为,只有当清除了现存的非伊斯兰秩序之后,才有必要去考虑未来伊斯兰社会的具体法律和制度。

库特卜提出,为主道而战必须组建具有坚定信念的"伊斯兰先锋队"组织。该组织要由穆斯林知识精英组成,他们应以"举世无双的《古兰经》一代"圣门弟子为榜样,肩负起彻底改变"蒙昧社会"的使命。哪怕开始只有三个信徒,他们必须一传十,十传百,百传千,直到伊斯兰社会疾速壮大。

---

① 海天徜徉,"本·拉登'教父'库特卜的人生与思想",2013年8月30日,http://bbs.tianya.cn/post-113-540334-1.shtml。(上网时间:2014年1月23日)

## （四）对全球激进穆斯林影响深远

库特卜不仅是一个政治活动家，更是一个多产作家，他一生共著有超过40本论著和大量文章，从第一本诗集《新生活》（1921年）至最后一本论著《路标》（1964年），他的写作生涯横跨40多年。1950年8月，从美国回到埃及后，库特卜撰写了以下著作：《伊斯兰与资本主义的斗争》《伊斯兰教与普世和平》《在〈古兰经〉的荫蔽下》和《路标》等书，尤其是后两部书，内容日趋极端化和充满暴力倾向，标志着库特卜从一名温和伊斯兰主义者最终转变为一名激进主义者。[1]

库特卜激进主义思想在很大程度上表达了当时下层穆斯林群众不满现状、要求变革的心声。加之，他在法庭受审时慷慨陈言，视死如归，被视为伊斯兰理想而献身的"殉教者"，一定程度上加速了其激进思想的传播。随着1967年"六·五战争"中阿拉伯国家军事惨败，穆斯林世界迎来历史转折点和分水岭，阿拉伯民族主义式微而伊斯兰主义崛起，库特卜激进主义思想开始在阿拉伯和穆斯林世界更广泛地传播。

库特卜使伊斯兰原教旨主义更富好战性，为激进组织提供了有力思想武器。从20世纪70年代由埃及穆斯林兄弟会分化出的"定叛与迁徙"组织、"伊斯兰圣战"、"伊斯兰组织"到后来巴勒斯坦"伊斯兰抵抗运动"（即"哈马斯"）都受库特卜思想影响。对"基地"组织两代领袖本·拉登和扎瓦希里来说，库特卜激进主义思想也是他们创立"基地"组织的恐怖哲学重要源泉，他们在世界上掀起一次又一次激进主义乃至恐怖主义浪潮。

---

[1] 海天徜徉，"本·拉登'教父'库特卜的人生与思想"，2013年8月30日，http://bbs.tianya.cn/post-113-540334-1.shtml。（上网时间：2014年1月23日）

## 六、"全球圣战"始作俑者阿扎姆[①]

阿扎姆全名阿卜杜拉·阿扎姆（Abdullah Azzam），是巴勒斯坦极具影响力的逊尼派伊斯兰学者、神学家，为了帮助阿富汗圣战者抗击苏军入侵，宣扬穆斯林应同时开展"自卫性圣战"和"进攻性圣战"。整个20世纪80年代，他全身心投入到为阿富汗"圣战"筹集资金、招募和组织国际圣战者的斗争中去，使"圣战"走向全球。

### （一）周游列国

**天资聪慧**。1941年，阿扎姆生于英属巴勒斯坦希拉特哈里西亚（Silat al-Harithiya）村，距离约旦河西岸的杰宁8公里。他在村里上完小学和中学。据大多数阿扎姆的传记作者称，他从小聪慧，喜爱读书，学习成绩优异。

**与穆斯林兄弟会结缘**。50年代中期，受当地老师、穆斯林兄弟会成员沙菲克·阿萨德·阿布德·哈迪（Shafiq Asad `Abd al-Hadi）影响，阿扎姆加入穆斯林兄弟会。沙菲克发现阿扎姆思想敏锐，就让他接受宗教教育，并向许多巴勒斯坦穆斯林兄弟会领导人推荐他。在老师引导下，阿扎姆对伊斯兰研究越来越着迷，并在村里组建学习小组。之后，沙菲克又将他引荐给约旦穆斯林兄弟会总训导师穆罕默德·阿布德·拉赫曼·哈里发（Muhammad `Abd ar-Rahman Khalifa，曾数次走访过希拉特哈里西亚村），并得到后者的接见和鼓励。这一时期，阿扎姆开始通读埃及穆斯林兄弟会创始人哈桑·班纳及其他领导人著作。50年代后期，阿扎姆离开希拉特哈里西亚村，前往30公里以外的图尔卡姆（Tulkarm），入学哈杜里农业大学（Khaduri）并获学士学位。虽然他比同班同学小一岁，却总是拿好成绩。

**在约旦、叙利亚求学、任教**。大学毕业后，阿扎姆本想在家附近

---

[①] 材料引自："Abdullah Yusuf Azzam"，http://en.wikipedia.org/wiki/Abdullah_Azzam。（上网时间：2013年12月26日）

谋职，但与校长发生争执后被分配到约旦中部克拉克镇（Kerak）附近的阿迪尔村（Adir）教书。一年后，阿扎姆返回西岸，在距离杰宁4公里的伯金村（Burqin）教书，此时，他愈益宗教化，课间或其他老师吃饭时总坐在一旁读《古兰经》。

1963年，阿扎姆入学叙利亚大马士革大学沙里亚法学院。其间，他遇见谢赫穆罕默德·阿迪布·萨利赫（Shaykh Muhammad Adib Salih）、谢赫赛义德·哈瓦（Shaykh Sa`id Hawwa）、谢赫穆罕默德·赛义德·拉马丹·布提（Shaykh Muhammad Sa`id Ramadan al-Buti）、毛拉拉马丹·布提（Mullah Ramadan al-Buti）、谢赫马尔万·哈迪德（Shaykh Marwan Hadid）等伊斯兰学者和宗教领袖。1964年，阿扎姆老师沙菲克去世，放假期间，他回到老家希拉特哈里西亚村教书，并在村里的清真寺宣教。1966年，阿扎姆以最优异成绩获得大马士革大学"沙里亚法"学士学位。随后，他回到西岸老家附近任教和宣教。1967年，"六日战争"后，以色列占领西岸，阿扎姆一家离开西岸，与大批巴勒斯坦人一起前往约旦避难。

60年代末，在约旦期间，阿扎姆参加了反抗以色列占领的"圣战"，但不久即对阿拉法特为首的巴解组织领导的巴勒斯坦抵抗斗争幻想破灭——感到他们已远离"真正的伊斯兰教"，遂主张发动一场泛伊斯兰、跨民族运动。后来，阿扎姆在创建巴勒斯坦哈马斯上发挥了重要作用。

## （二）思想走向激进

**在埃及接受库特卜激进思想**。"六日战争"后，阿扎姆前往埃及爱资哈尔大学深造，获得"沙里亚法"硕士学位。毕业后，1970年，他前往安曼的约旦大学任教。1971年，阿扎姆获得爱资哈尔大学奖学金，再次入学该校，于1973年获得伊斯兰法学原理博士学位。在开罗期间，阿扎姆遇见奥马尔·阿布德勒-拉赫曼（Omar Abdel-Rahman）、扎瓦希里等库特卜激进思想追随者，全盘接受库特卜激进主张——**穆斯林世界与非穆斯林世界注定发生"文明的冲突"，必须通**

过暴力革命推翻世俗政权，建立伊斯兰国家**等。

**在沙特成为本·拉登老师，说服他赴阿富汗助"圣战"一臂之力。** 获得博士学位后，阿扎姆返回约旦大学继续任教，但其激进观念遭到压制，于是动身赴沙特阿拉伯。从60年代起，沙特费萨尔国王张开双臂欢迎来自叙利亚、埃及、约旦的流亡教师。因此，70年代初，在沙特阿拉伯中学、高校教师中，有许多流亡的穆斯林兄弟会成员。阿扎姆在吉达阿卜杜勒·阿齐兹国王大学当讲师，并一直任教到1979年。本·拉登在吉达长大，1976—1981年在当地上大学，他在此遇见阿扎姆，并深受其激进思想影响。

1979年11月20日，伊斯兰教圣地麦加禁寺被瓦哈比派武装分子占据，这是一场激进分子武装反抗沙特政权的斗争。经过两周流血围攻，沙特政府击毙数百名瓦哈比派武装分子。之后，沙特政府实行严打政策，1979年阿扎姆被驱逐出阿卜杜勒·阿齐兹国王大学。12月26日，苏军入侵阿富汗，沙特阿拉伯迅即行动起来"祸水外引"，支持境内外圣战者赴阿富汗"圣战"。战争爆发几天后，被逐出吉达的阿扎姆成为第一批赴阿富汗抗苏"圣战"的阿拉伯人。他径直前往毗邻阿富汗前线的巴基斯坦，在沙特政府大力支持下迅速开始招募各国穆斯林参加阿富汗抗苏"圣战"。他所鼓吹的针对"不信教者"发动"圣战"的思想，唤醒了本·拉登心中的宗教狂热。[①] 苏军入侵阿富汗后，本·拉登义愤填膺，1981年从吉达大学毕业后即奔赴巴基斯坦白沙瓦，从此开始"圣战"生涯，用其财富从世界各地招募、培训穆斯林青年赴阿参战。

## （三）把"圣战"推向全球

**1. 与本·拉登共建"圣战者服务处"，支援阿富汗圣战者，为"基地"组织建立奠定基础。** 1979年，苏联入侵阿富汗之际，阿扎姆发布题为《捍卫穆斯林的土地是排在信仰后的首要职责》"法特瓦"，

---

[①] "Al-Qaeda", *Jane's World Insurgency and Terrorism*, posted October 2, 2008.

## 第三章 穆斯林思想史上激进理论家和践行家

宣布阿富汗、巴勒斯坦斗争都是"自卫性圣战",杀死这些土地上的占领者是每个穆斯林的责任。阿扎姆宣称"1小时'圣战'甚于70年在家做礼拜"。他的"法特瓦"得到沙特大穆夫提阿布德·阿齐兹·本·巴兹(Abd al-Aziz Bin Bazz)的支持。许多年轻人响应其召唤,前往白沙瓦参加"圣战"。

1980年,阿扎姆先在伊斯兰堡国际伊斯兰大学任教。不久,他辞职举家搬到靠近阿富汗边境的白沙瓦,将全部时间投入到阿富汗的"圣战"中。为此,阿扎姆曾欣慰地说,在抗苏"圣战"中,他发现"在安拉指引的道路上战斗不息的心愿终于如愿以偿"。1984年,在白沙瓦,阿扎姆与本·拉登一起创建"圣战者服务处"(Maktab al-Khadamat),本·拉登是主要出资方。"圣战者服务处"有三大职能:一是在英、法、德、挪威、瑞典及每个中东国家设立服务处,在美也设有几十个服务中心,专为阿富汗"圣战"募人与筹款。二是将沙特情报部门、沙特红新月会、伊斯兰世界联盟、沙特王室和清真寺的捐款及欧美的资金和物质援助交给阿富汗圣战者。三是在美资助下,在阿富汗、巴基斯坦建立多个训练营,本·拉登专门从世界各地网罗游击战、秘密行动专家授课。各国穆斯林圣战者经过一番洗脑和培训后,加入与阿扎姆有联系的各支阿富汗武装参加战斗。

整个80年代,渴望直接参加战斗的阿扎姆还奔赴阿富汗前线。他很少在一个地方久留,而是走遍阿富汗,如坎大哈、兴都库什山、潘杰希尔谷地、喀布尔、贾拉拉巴德等。这些造访使他亲眼目睹普通阿富汗人为了伊斯兰事业,抛家舍业甚至不惜生命的"壮举"。此外,阿扎姆致力于解决阿富汗圣战者指挥官之间的冲突,敦促各股抵抗力量团结起来,共同对付苏联和阿富汗亲苏纳吉布拉政权。他满腔热情地投身反抗苏联占领的"圣战",崛起成为阿富汗抵抗运动和世界范围争取自由的穆斯林心目中一名有感召力的领袖。他遍访中东、欧洲、北美,其中包括50个美国城市,向年轻穆斯林宣扬"圣战"思想并为此筹款。

阿扎姆的标志性口号是"**只有'圣战'和枪:不谈判,不开会,**

不对话"。① 对阿扎姆来讲，阿富汗是从异教徒手中夺回失去的穆斯林土地的全球"圣战"第一步。**他恳求在反抗侵略、保卫穆斯林受害者的斗争中，全世界穆斯林团结起来，从外国占领军手中夺回穆斯林的土地，坚持伊斯兰信仰。**他为伊斯兰运动的全球化做好了思想上、组织上的准备。过去，伊斯兰运动聚焦单个国家的革命、解放斗争，而阿扎姆号召伊斯兰主义者联合起来，打破国界将"圣战"国际化，他"将激进主义从一个被国界线分离开来的运动变身为国际舞台上一支强大力量"。他在阿富汗"圣战"期间招募和培训来自世界各地的穆斯林圣战者，为后来"基地"组织的建立奠定了坚实的基础。1988 年初，本·拉登成立"基地"组织。同年 9 月 10 日，"基地"组织开始运转。新生的"基地"组织借用"圣战者服务处"的庞大资金、国际募人网络、复杂的后勤保障线，以及抗苏"圣战"中锻炼出来的经验丰富的指挥官、圣战者和技术人才队伍，从此成为国际恐怖活动的领导核心。

2. 攻击目标全球化。阿扎姆与库特卜一样，**敦促创建新伊斯兰社会核心——先锋队，"这个先锋队是社会希望的坚实基地……不管前面的路有多长，我们都将继续'圣战'，直到生命的最后一息，或者直到伊斯兰国家建立的那一天。"**阿富汗取得"圣战"胜利后，圣战者将继续解放被"不信教者"统治的穆斯林土地：俄罗斯高加索、布哈拉、塔什干、黎巴嫩、波斯尼亚、菲律宾、克什米尔、缅甸、南也门、索马里、厄立特里亚、西班牙（曾是穆斯林土地）等。阿扎姆还主张在其诞生地巴勒斯坦开展"圣战"，因为"巴勒斯坦是我们怦怦跳动的心脏"。他计划在阿富汗训练哈马斯战士，以便重返巴勒斯坦向以色列开战。

阿扎姆的上述思想与时任埃及"伊斯兰圣战"头目扎瓦希里想法发生冲突，后者不主张向以色列犹太人、欧洲基督徒或印度教徒发动"圣战"，而是将矛头直接指向埃及政府和其他世俗穆斯林政权——认

---

① Marc Sageman, *Understanding Terror Networks*, University of Pennsylvania Press, Philadelphia, 2004, p. 3.

为这些政权具有异教徒性质,在穆斯林社会内部制造不团结。结果,1988年,已深受扎瓦希里思想影响的本·拉登与阿扎姆分道扬镳,另立"基地"组织,扎瓦希里200余名忠诚、训练有素的部下成了"基地"组织领导层的核心。1989年11月24日,阿扎姆与两个儿子在白沙瓦前往清真寺的路上遭遥控汽车炸弹袭击身亡。

阿扎姆身后留下数10部有关伊斯兰教教义、"法特瓦"和全面阐述"圣战"的著作。在阿富汗抗苏"圣战"期间,阿扎姆开办的《圣战》杂志在海湾地区广为散发,提升了人们对阿富汗形势的认识,从而筹到大量资金和招募到众多阿拉伯志愿者。他遇害后,其激进思想通过设在英国伦敦的"阿扎姆出版社"(Azzam Publications)印制的手册和网页 www.azzam.com 继续得到广泛流传。直到2001年"9·11"后,"阿扎姆出版社"和网页才被永久关闭。

## 七、埃及"伊斯兰圣战"创始人法拉叶[①]

法拉叶全名穆罕默德·阿布德·萨拉姆·法拉叶(Muhammad 'Abd al-Salam Farraj),继承了伊本·泰米叶和库特卜的"圣战"观,是埃及最重要的伊斯兰"圣战"理论家,还是"伊斯兰圣战"(Al-Jihad Al-Islami)创始人和精神导师。其著《被疏忽的职责》(The Neglected Duty,1979年著、80年代初在开罗出版)强调"圣战"是每个穆斯林应尽的个人职责,这一理念推动了当代"独狼"(lone wolves)理论的形成与发展。

### (一)激进人生

**"伊斯兰圣战"创始人**。1954年,法拉叶生于埃及布海拉省(Beheira)德龙加特(Dolongat),毕业于电机工程专业,曾在开罗大学当过行政部门官员。1979年,他在开罗郊县布拉克(Boulaq)、纳

---

① 材料引自:"Muhammad abd-al-Salam Faraj",http://en.wikipedia.org/wiki/Muhammad_abd-al-Salam_Faraj。(上网时间:2014年1月4日)

海（Nahia）、克达萨（Kerdasa）开始秘密筹建"圣战"组织，将在清真寺听过他"圣战"宣传的人招募进队伍。此前，法拉叶已积极参加埃及穆斯林兄弟会的活动。1979年至1981年年中，"伊斯兰圣战"迅速将60—70年代在埃及成立的其他一些秘密组织骨干及成员网罗进自己的队伍：60年代中期，由扎瓦希里成立的组织；1975年，由亚海·哈塞姆（Yahya Hashem）创建的组织；1977年，由萨利姆·拉哈尔（Salem al-Rahal）建立的组织，以及一些"伊吉拉特"成员，法拉叶遂成为由5个小组构成的松散组织头目。其中，扎瓦希里保持行动独立性，但定期与法拉叶会晤，协调行动。1981年7月，法拉叶为首的"圣战"与卡马尔·赛义德·哈比卜（Kamal al-Sayed Habib）为首的组织正式合并成"伊斯兰圣战"，军事领导人是1980年初加入该组织的上校军官阿布德·阿布德·拉提夫·祖莫尔上校[1]（Abbud Abd el-Latif al-Zumor）。"伊斯兰圣战"旋即成为从埃及穆斯林兄弟会分化出去的最激进组织，开始向埃及政府发动恐怖袭击。

**制造暗杀萨达特"壮举"。**1981年9月26日，法拉叶与其他"伊斯兰圣战"头目会商暗杀事宜。"伊斯兰圣战"成员对萨达特不满，因为他没有履行实施"沙里亚法"诺言、1979年立法给予妇女更多人权、1978年访问以色列并签署戴维营协议。激进分子认为萨达特是万恶不赦的"叛教者"，格杀勿论。另外，1981年9月2日，萨达特签发总统令，呼吁以"削弱国家统一和安全"罪名逮捕1536名激进分子，名单中包括"伊斯兰组织"创始人卡拉姆·穆罕默德·朱赫迪（Karam Muhammad Zuhdi）、成员穆罕默德·伊斯兰伯利（Mohammed al-Islambouli）以及许多伊斯兰学者。暗杀计划由陆军中尉哈立德·伊斯兰伯利[2]（Khalid al-Islambouli）提出，此人1981年3月在开罗任职后受法拉叶之邀加入"伊斯兰圣战"。哈立德·伊斯兰

---

[1] 1946年出生于埃及吉萨省因巴拜县，1973年对以战争中成为战斗英雄，供职埃及军情部门。

[2] 穆罕默德·伊斯兰伯利的兄弟，生于1958年明亚省迈莱维宗教世家，军事学院优秀毕业生。

伯利获悉，他将参加萨达特检阅的阅兵式，认为这是暗杀萨达特的天赐良机。虽然"伊斯兰圣战"头目们意见不一，尤其是军事领导人祖莫尔认为全面反抗政府的时机尚不成熟而反对暗杀萨达特，但暗杀行动仍按计划进行。10月6日，萨达特被暗杀。

萨达特遇害后，副总统穆巴拉克继任，迅速展开严打行动，包括法拉叶、哈立德·伊斯兰伯利在内的绝大多数"伊斯兰圣战""伊斯兰组织"头目和核心骨干302人被捕并被判处长期监禁。1982年4月15日，法拉叶被埃及军事法庭处决。

## （二）主要思想

**其一，将"圣战"列为伊斯兰教第六大支柱**。法拉叶在其著《被疏忽的职责》开篇中即宣称，"'圣战'是真主的事业……一直被这个时代的'乌里玛'（宗教学者）所疏忽。"法拉叶深信，在努力解放失去的穆斯林土地前，必须先在埃及建立一个伊斯兰国家。他感到，在现行阿拉伯国家旗帜下发动"圣战"，只能加强"邪恶"统治者的力量，而这些统治者对穆斯林土地上的殖民存在负有责任。因此，法拉叶在其著中宣称，穆斯林要从国家手中夺取"圣战"职责，通过合法暴力手段挑战国家和政权的合法性，从而打破国家对"圣战"职责的垄断。根据该思维方式，"圣战"成了个人职责，不属于国家主权问题，因为穆斯林只对"真主主权"做出响应。[①]法拉叶批驳内心斗争才是"大圣战"的观点，强调武装斗争的作用，将其列为"念、礼、斋、课、朝"五功后的第六功。他从《古兰经》和圣训中找到穆斯林采取极端行为的根据：《古兰经》和圣训根本上教诲的是有关战争的内容，现代穆斯林"被疏忽的职责"正是"圣战"，呼吁"战斗——对抗和流血"。他将利用武力捍卫伊斯兰教外延到包括同政治、社会不公现象做斗争。

---

① Noman Benotman, "The privatisation of jihad", theguardian.com, Friday 14, January 2011, http://www.theguardian.com/commentisfree/belief/2011/jan/14/privatisation-jihad-global-market#start-of-comments. （上网时间：2013年12月29日）

法拉叶反对"伊吉拉特"主要创始人舒克里·艾哈迈德·穆斯塔法倡导的有形"迁徙"（physical hijra）——在"伊吉拉特"强大到能采取行动改朝换代前，必须同埃及世俗社会决裂，迁徙到远离"异教徒社会"环境中积聚力量，而是提倡向社会、政府、安全部队内部渗透，并与政权展开武力较量。法拉叶宣称，有形"迁徙"是加倍的"罪孽"，因为一是未能履行"圣战"职责，二是敬畏异教徒甚于敬畏真主。法拉叶的追随者们也信奉必须与"异教徒社会"隔绝的理念，但声称这种隔绝纯属精神层面，不是有形层面。"伊斯兰圣战"和"伊斯兰组织"成功地联手暗杀萨达特，表明法拉叶向埃及政权渗透战略奏效。

**其二，"圣战"主攻阿拉伯异教徒政权**。在20世纪60—70年代，在穆斯林激进分子眼里，最重要的敌人是"近敌"（near enemy）。法拉叶指的"近敌"，即当地的阿拉伯政权，"远敌"（far enemies）指的是以色列等国。基于库特卜思想，法拉叶称现代穆斯林社会处于"蒙昧状态"，任何一个偏离了伊斯兰教法的道德、社会规范之人都是"圣战"的目标，这些目标包括异教徒和穆斯林社会里的"叛教者"。法拉叶坚信，"圣战"不是一场大众化斗争，"伊斯兰教不会通过争取绝大多数人的支持而走向胜利"，于是确定"伊斯兰圣战"将主要通过真正信仰者组成的先锋队发动革命，消灭埃及统治者并在埃及建成伊斯兰国家是第一要务。虽然他承认异教徒西方用心恶毒，但坚持"同'近敌'战斗比同'远敌'战斗更重要"。

**其三，唯有"圣战"才能带来一个真正的伊斯兰社会**。法拉叶指出，同异教徒和"叛教者"做斗争，光靠和平、合法手段还不够；为实现一个正义目标，允许伊斯兰教真正战士不择手段。他特别提到，对绝望斗士来讲，欺诈、设圈套、使用暴力都是可行手段。虽然他主张在暗杀行动中应尽量避免伤及无辜，但又称所有真正的穆斯林都有职责参加暗杀行动。

**法拉叶激进思想的两大源泉**。一是伊本·泰米叶的"塔克菲尔"理念。伊本·泰米叶认为，唯有通过净化伊斯兰，才能革除穆斯林世界的社会和政治弊端，并发布"法特瓦"称，向"叛教者"发动暴力"圣战"是伊斯兰教第六大支柱,是每个能身体力行的穆斯林应尽的个人责任——虽然1295年蒙古统治者皈依了伊斯兰教,但他们没有实施"沙里亚法",是"叛教者"。二是库特卜"圣战"思想。库特卜同埃及伊斯兰分子主张通过宣教、参与现行政治体制的方式渐进式建成伊斯兰国家的思想决裂。他认为,现代埃及社会处于"蒙昧状态","所有穆斯林必须致力于消灭'蒙昧状态'",暴力"圣战"不仅是实现该目标的手段,也是所有信仰者义不容辞的宗教责任。他说,尽管埃及人绝大多数是穆斯林,但埃及国家领导人依据异教徒的世俗法律而不是"沙里亚法"治国理政,因此他们是"叛教者",必须通过武装斗争推翻政权。那些拒绝参加"圣战"的人也是"叛教者",属于讨伐对象。[1]

## (三) 影响深远

短期看,法拉叶失败了——"伊斯兰圣战"未能利用萨达特被暗杀事件,建立起一个生命力强大的组织网络,推翻埃及政府,建立伊斯兰国家,反而马上遭到穆巴拉克政府的严厉镇压。长远看,其著作《被疏忽的职责》影响深远。最初,该书只在追随者中间散发,随后却成为埃及激进组织贯穿整个20世纪80—90年代的行动指南。扎瓦希里是法拉叶的好友,此后多年一直追随法拉叶足迹打击"近敌"。法拉叶创建的"伊斯兰圣战"在扎瓦希里的领导下继续在埃及开展恐怖行动,如1993年制造三起暗杀未遂案:4月,图谋暗杀埃及新闻部长萨夫瓦特·谢里夫(Safwat al-Sharif);8月,图谋暗杀前内政部长哈桑·阿勒菲(Hasan al-Alfi);12月,图谋暗杀前总理阿提夫·西德基(Atef Sidqi)。另外,"伊斯兰圣战"成员向东方和西方的"异教徒社会",如阿富汗、巴基斯坦、沙特、也门、苏丹、西欧渗透,并向异教徒敌人发动"圣战"。

---

[1] "Al-Jihad al-Islami", Prepared by Sammy Salama and Joe-Ryan Bergoch, Updated: February 2008, http://cns.miis.edu/archive/wtc01/aljihad.htm.(上网时间:2014年1月4日)

一些阿拉伯知识分子和宗教人士对其有质疑声。爱资哈尔大学杰德·哈克（Jad al-Haq）驳斥其"萨达特是异教徒"的观点，指责法拉叶错误解读《古兰经》一些经文。其他人质疑法拉叶的宗教权威性，指出他是一名电机工程师，而不是一名伊斯兰法理学家。

## 八、"基地"组织创始人本·拉登[1]

本·拉登全名奥萨马·本·拉登（Osama bin Laden，西方通称本·拉登），有多个化名和绰号，如阿布·阿卜杜拉、王子、埃米尔、圣战者教长、雄狮教长（the Lion Sheikh）、伊玛目马赫迪等。从1992年至2011年，在中东、非洲、东南亚、南亚、美国、欧洲，本·拉登领导"基地"组织全球恐怖网对美西方目标多次发动重大恐怖袭击，造成重大人员伤亡和财产损失，堪称国际社会面临的首要恐怖威胁。2001年"9·11"恐怖袭击后，本·拉登被美政府列为当今世界"头号"恐怖分子，悬赏2500万美元欲将本·拉登缉拿归案，各国情报机构也通力合作在全球展开缉捕行动。2007年7月13日，美政府又将赏金提高到5000万美元，美国航空飞行员协会（the Airline Pilots Association）和空中运输协会（the Air Transport Association）还额外追加200万美元。但在穆斯林世界，民众普遍视本·拉登为抗美英雄。2011年5月2日，经过10余年追杀，美国海豹突击队在巴基斯坦阿伯塔巴德市击毙本·拉登。6月16日，"基地"组织正式发表声明，称经该组织舒拉委员会协商，决定任命扎瓦希里为新领导人。

以美为首的西方社会原本以为旷日持久的全球"反恐战争"在击毙本·拉登后将迎来春天，但结果却是反恐寒冬的开始，全球反恐局势日趋严峻：一个本·拉登被击毙了，中东和北非地区有无数个本·拉登站起来。翻开世界地图，世人发现恐怖组织在每个社会失序的国

---

[1] 材料引自："Osama bin Laden", Almanac of Famous People, 9th ed, Thomson Gale, updated August 17, 2007。

家攻城掠地，从当初的阿富汗、伊拉克，到现在的利比亚、叙利亚和伊拉克，恐怖主义火苗越烧越旺，且已经连成一片"恐怖动荡弧"。①

## （一）出身沙特豪门

1957年3月10日，本·拉登生于沙特阿拉伯利雅得市马拉兹区，是亿万富翁、建筑业巨子穆罕默德·本·拉登（以下简称老拉登）与第10个妻子哈米达·阿塔斯（Hamida al-Attas，叙利亚人）所生，在50多个兄弟姊妹中排行17。本·拉登出生后不久父母离异，母亲改嫁他人。青少年时代，他过着优裕生活，有一群佣人伺候左右。

老拉登当年在南也门是一贫如洗的搬运工，后到沙特阿拉伯创业，从一小建筑公司起家。因建吉达皇宫受沙特王室赏识步入王室核心圈，从此合同不断，先后承建了麦加禁寺、麦地那圣寺，财运亨通，发展成为沙特最大的建筑公司之一。1964年，老拉登帮助费萨尔国王登基，并支付随后4个月的全国政府雇员薪水，费萨尔为表谢意，颁法规定以后所有的建筑合同都给老拉登，老拉登一度还出任市政工程部长。到1967年飞机失事遇难前，老拉登已建起一个遍及中东各国的庞大商业帝国，业务涵盖建筑、工业、能源、石油化工、采矿、电信运营、制造等行业，资产高达20亿—30亿美元。据其遗嘱，10岁的本·拉登继承约3亿美元遗产。1974年，17岁的本·拉登迎娶第一位妻子叙利亚人纳吉瓦·格内姆（Najwa Ghanem），开始家庭生活。后来，他又娶了4个妻子，其中离婚2个。本·拉登与妻子们共育有12—24个子女。

## （二）投身阿富汗抗苏"圣战"

老拉登思想保守，要求子女接受瓦哈比派教育，使本·拉登从小就打上"伊斯兰烙印"。1968—1976年，他就读名校赛格尔实验学校（Al-Thager Model School），之后在吉达的阿卜杜勒·阿齐兹国王大学

---

① 韩洁："美国全球反恐进入寒冬"，《新民周刊》，2014年第36期。

主修土木工程和工商管理，1981年毕业。上大学期间，本·拉登深受后来成为"全球圣战之父"的阿扎姆的影响。1979年12月26日，苏军入侵阿富汗。战争爆发几天后，阿扎姆即抵达巴基斯坦，在沙特的大量资助下迅速开始招募各国穆斯林参加阿富汗抗苏"圣战"。他所鼓吹的针对"不信教者"发动"圣战"的思想，唤醒了本·拉登心中的宗教狂热。[1] 苏军入侵阿富汗后，本·拉登义愤填膺，1981年从吉达大学毕业后即奔赴巴基斯坦白沙瓦，从此开始"圣战"生涯，用其财富从世界各地招募、培训穆斯林青年赴阿参战。

1984年，本·拉登与阿扎姆在巴基斯坦的白沙瓦联手创建"圣战者服务处"（80年代也以"阿富汗局"著称），本·拉登是主要出资方。10年里共有50个国家的2万多人受训。[2] 与此同时，他将自己的建筑公司工程师、重型设备运到阿富汗筑路，修隧道、建仓库、医院、学校和通讯网、难民营，1986年在阿、巴边境的贾吉（Jaji）修建了集武器库、训练设施、医疗中心为一体的"霍斯特地道综合体"，也第一次在霍斯特建起属于自己的训练营地。1987年4月，苏军进攻贾吉，本·拉登和50名阿拉伯人以弱胜强顶住苏军近一周的围攻。此次战役成就了本·拉登，使他成为一名英雄，赢得了阿富汗人和阿拉伯人的尊敬。此外，"圣战者服务处"还援助涌入巴基斯坦的阿富汗难民。

**创建"基地"组织**。1987年，本·拉登与阿扎姆分道扬镳。一方面，1986年，本·拉登与"埃及伊斯兰圣战"组织头头扎瓦希里一见面便感到志同道合，后者认为不仅要关注阿富汗"圣战"，同时也要关注阿拉伯世界的政权更迭，主张使用暴力推翻"失去信仰的穆斯林政府"。本·拉登对此深表赞同，两人决定苏军撤出阿富汗后携手在国际层面继续推进"圣战"事业。另一方面，本·拉登愿意将自己的一切贡献给"圣战"，但那必须是真正意义上的"战斗"，因此

---

[1] "Al-Qaeda", *Jane's World Insurgency and Terrorism*, posted October 2, 2008.

[2] 其中近5000人来自沙特，3000人来自阿尔及利亚，2000人来自埃及，也门、巴基斯坦、苏丹共有数千人。

他想在阿富汗东部的贾拉拉巴德建立自己的营地，将阿富汗境内的所有阿拉伯人集中到此，完全服从自己的指挥开展"圣战"。但阿扎姆不赞同这个方案，坚持认为阿拉伯人来这里只是向阿富汗人提供援助，没有其他议程，阿富汗问题应该通过阿富汗人解决。此外，阿扎姆主要支持马苏德[1]，而本·拉登支持希克马蒂尔[2]。

1988年初，本·拉登脱离"圣战者服务处"另立"基地"组织。同年9月10日，"基地"组织开始运转。尽管存在着分歧，本·拉登与阿扎姆依然合作，直至1989年11月后者在白沙瓦遭暗杀。新生的"基地"组织借用"圣战者服务处"的庞大资金、国际募人网络、复杂的后勤保障线，以及抗苏"圣战"中锻炼出来的经验丰富的指挥官、圣战者和技术人才队伍。建立"基地"组织后，本·拉登在阿富汗的库纳尔、努里斯坦、巴达赫尚等地建立了训练营，同阿富汗普什图族圣战者希克马蒂尔、阿卜杜拉·拉苏尔·沙亚夫结盟。整个80年代，美中央情报局每年拨款5亿美元武装、训练阿富汗圣战者游击队，其中就包括本·拉登。

这一时期，本·拉登与一些极端组织领导人建立起深厚友谊，为日后发展"基地"组织恐怖网奠定基础。一是后来的塔利班最高领袖毛拉奥马尔。二是埃及"伊斯兰圣战"组织领袖扎瓦希里，其得力干将穆哈迈德·阿提夫和阿布·乌拜达·班希尔等后来成为本·拉登的左膀右臂。

## （三）亡命苏丹

1989年，苏联从阿富汗撤军。1990年，本·拉登和4000名沙特阿富汗老兵一起荣归故里，成了"圣战英雄"。同年8月2日，伊拉克入侵科威特，本·拉登力劝沙特王室召集阿富汗老兵保家卫国，但法赫德国王把美军请进沙特阿拉伯。本·拉登认为大量"不信教者"涌入沙特阿拉伯，对圣地麦加、麦地那构成威胁，开始抨击王室是

---

[1] 后来的反塔利班北方联盟领袖，2001年9月9日被"基地"组织人体炸弹暗杀。
[2] 前阿富汗总理，伊斯兰党领导人。

"假穆斯林"，呼吁在沙特阿拉伯建立"真正的伊斯兰国家"，沙特政府为此将其软禁在吉达家中。海湾战争结束后，仍有2万美军留驻沙特阿拉伯，本·拉登反对沙特王室的斗争升级，当他从也门走私武器案发后，1991年沙特政府将其驱逐出境。由于同当时苏丹执政党"伊斯兰民族阵线"领导人哈桑·图拉比交往甚笃，1992年本·拉登携4位妻子和儿女们落脚苏丹。

在苏丹期间，本·拉登壮大了"基地"组织队伍和实力：建立了三个训练营，收容来自阿尔及利亚、埃及、巴勒斯坦、突尼斯、沙特、叙利亚、伊拉克、摩洛哥、索马里、埃塞俄比亚、车臣、波斯尼亚等国的激进分子；建起了山羊皮加工厂、建筑公司（与执政党和军方联营）、银行（与执政党合资）、向日葵种植园、进出口公司等诸多经济实体，不仅解决下属的生活费用，同时资助"基地"组织采办炸药、武器等物资。本·拉登还在苏丹港修建了一座新机场及联结喀土穆与苏丹港长达1200公里的高速路，资助哈桑·图拉比同苏丹南部基督徒分离分子作战。因持续攻击法赫德国王，1994年3月5日，法赫德国王派特使赴苏丹索要本·拉登的护照，同时要求本·拉登家族停止向本·拉登发放每月定期生活费（一年相当于700万美元）。

这一时期，本·拉登与埃及"伊斯兰圣战"组织已牢牢绑在一起，该组织成为"基地"组织的核心部分，本·拉登也将斗争目标锁定为驻扎在穆斯林国家的美军身上。

"基地"组织核心成员有4000—5000人，主要由"阿富汗阿拉伯人"组成。下辖4个委员会：军事委员会负责军训和购买武器；资金与商业委员会负责管理该组织在世界各地的多家公司；新闻委员会负责出版一份关于伊斯兰教和"圣战"内容的周报；此外还有宗教判决与伊斯兰研究委员会。

"基地"组织在阿富汗有一个常规武器库，有迫击炮、地对空导弹、火箭发射器、坦克、飞机。夜视遮风镜、蜂窝式电话、移动电话等先进设备采购网点主要设在美、英、法、德、丹麦、波斯尼亚、克罗地亚，并从捷克获得制造化学武器的原料。

在恐怖活动的间歇期，"基地"成员在合法的公司、非营利的宗教慈善机构掩护下保持待命状态。这些非政府组织主要设在美、英及中东国家。如"卡塔尔慈善协会"是本·拉登筹措、转移资金的金融机构之一,他还在不少美国城市,如布鲁克林、奥兰多、达拉斯、圣他克拉拉、哥伦比亚等地建立了内部结构紧密的附属组织。"基地"组织成员每月除薪水外,还能从恐怖网经营的经济实体盈利中分红。成员完成一次重大行动还可获得可观酬金。

恐怖网财力雄厚。本·拉登本人有3亿美元,有合法公司经营各种生意,此外还在欧洲、加勒比海及美底特律、新泽西城、布鲁克林等地的银行中有帐户和资金。作为激进分子拥戴的领袖,本·拉登事实上可以动用全球伊斯兰组织的财库,达50亿—160亿美元。这些"财库"在中东、巴基斯坦、瑞士、比利时、荷兰、卢森堡、加勒比地区有数百个银行帐户。

**1994年后,本·拉登开始将其恐怖网伸向全球**。在欧洲,1994年初,本·拉登派哈利德·福瓦兹到伦敦设立"建议和改革委员会"(ARC),在巴克莱银行开户为"基地"组织的全球活动提供经费。第二个目标是贫穷、腐败、且对移民控制不严的阿尔巴尼亚。同年4月,本·拉登到访阿尔巴尼亚,设法与秘密警察头子巴斯金·盖兹德德拉上关系,一些激进分子顺利进入此地,并建立了不少慈善机构为恐怖活动作掩护。此外,本·拉登还在克罗地亚的萨格勒布、波黑的萨拉热窝、阿塞拜疆的巴库、俄罗斯的车臣、匈牙利的布达佩斯设立了一批办事处,以便"向恐怖活动秘密提供资金和其他支持"。譬如,1992年或1993年,本·拉登派卡里·赛义德(Qari el-Said)资助阿尔及利亚激进分子4万美元,敦促他们向政府开战而不是谈判。本·拉登还资助1997年11月17日的埃及卢克索大屠杀,造成62名平民丧生。"9·11"前,意大利成为"基地"组织全球恐怖网的中转站,一些"基地"组织成员在此接收本·拉登口信和命令,然后传达给欧美同伙。意大利还成为"基地"组织成员赴前南斯拉夫"圣战"的中转站。

在中东,本·拉登把也门当作复兴伊斯兰战斗精神的理想场所,购买、资助当地一些企业为其恐怖活动作掩护。

在非洲，本·拉登派格兹·萨拉赫·丁（后任苏丹新闻与文化部长）在东非建立小组，并在当地开展商业活动作掩护。

在东南亚，早在1991年夏，本·拉登就向詹贾拉尼创立的菲律宾激进组织"阿布沙耶夫"提供资助，并说服优素福（1993年纽约世贸中心爆炸案主犯）、阿卜杜拉·哈金·慕拉德、瓦里·汗·阿敏·夏访菲三个月训练该组织成员。1994年，本·拉登指派优素福在菲律宾的巴西兰岛逗留数周，向20多名"阿布沙耶夫"成员传授制造炸弹技能，最终使该组织发展成为东南亚地区的恐怖力量。本·拉登与其直接联系贯穿了整个90年代。

随着全球恐怖网的扩张，"基地"组织针对美国目标频频发动恐怖袭击。第一起应该追溯到1992年12月29日亚丁的"Gold Mihor"饭店炸弹爆炸事件，当时美军途经也门前往索马里从事人道主义救援行动时下榻该家饭店，但爆炸发生时他们已经离去，有两名奥地利游客被炸死。1993年2月26日，美国纽约世贸中心地下停车场发生炸弹爆炸，造成6人丧生，1042人受伤，这是美国本土自内战以来伤亡人数最多的首次国际恐怖事件。美国政府从此认识到，激进组织对美国本土安全构成重大威胁，开始向苏丹政权施加压力不要向"基地"组织等提供支持或庇护。同年10月，在索马里首都摩加迪沙，一架从事维和使命的直升机被击落，18名美国士兵丧生。事后，本·拉登向一家阿拉伯报纸承认，是他培训了发动此次袭击的游击队员。

据美国"9·11委员会"报告得出的结论，"1996年2月，苏丹官员开始与美国和其他国家接触，咨询他们采取什么样的行动以缓解外部压力。在同沙特官员的秘密会晤中，苏丹提出将本·拉登逐回沙特阿拉伯，并请求沙特政府宽恕他。美国官员到3月份已知晓这些秘密会晤。沙特官员当然希望将本·拉登逐出苏丹，但不允许其返回沙特阿拉伯。此时，本·拉登也已感到身在苏丹不安全，他至少已逃过一次来自埃及或沙特政府对他的暗杀企图。"1996年4月，苏丹政府要求本·拉登离境。5月，他便携妻子儿女、150名支持者重返阿富汗，但属于他的几家大公司仍留在苏丹。

### (四) 重返阿富汗与塔利班结成"命运共同体"

1996年4月,迫于美国压力,苏丹政府要求本·拉登离境,他被迫重返阿富汗,暂住在东部城市贾拉拉巴德。同年9月,塔利班攻占首都喀布尔和贾拉拉巴德。在这之前,塔利班与本·拉登为代表的"阿富汗阿拉伯人"及其"泛伊斯兰思想"并无多少联系。巴基斯坦三军情报局一直资助、支持克什米尔穆斯林极端组织对印军作战,而本·拉登一向资助、并在其霍斯特营地培训克什米尔武装分子。在霍斯特落入塔利班之手后,巴方希望为克什米尔武装分子保住霍斯特训练营地,就将本·拉登引见给在坎大哈的塔利班领导层。在巴游说下,塔利班内部受过良好教育、也有"泛伊斯兰思想"、看中本·拉登巨额财产可为塔利班效力的官员鼓励塔利班高层会见本·拉登,并将霍斯特营地还给本·拉登。1997年年中,反塔利班的北方联盟威胁要袭扰贾拉拉巴德,迫使本·拉登携家眷、仆人、保镖搬到坎大哈,受塔利班保护。其间,本·拉登经常与塔利班高层彻夜促膝长谈,逐渐影响其世界观。在本·拉登迁居坎大哈前,塔利班领导人并不特别反美、反西方,甚至一度还寻求美及西方外交承认塔利班政权。

这一时期,本·拉登全力经营以下三个关系:一是与巴三军情报局(ISI、负责境外情报活动)老熟人重续友谊争取其支持。二是与巴情报局(IB、负责国内情报活动)建立合作关系,情报局鼓动卡拉奇宾诺里清真寺的极端分子加入"基地"组织,并向"基地"组织成员提供安全场所,甚至武装、培训他们。三是用钱开道经营与塔利班最高领导人的友谊。1997年出资修建赫尔曼德省一灌溉渠,在坎大哈新城为奥马尔和他的家人买下豪华新居;1998年出资改善坎大哈的电力、水供应设施,在其西南建了新的大清真寺;1997—1998年派"基地"成员参加塔利班的北方攻势,帮助塔利班屠杀什叶派哈扎拉人,在喀布尔前线同马苏德作战。"功夫不负有心人",在美驻东非两座使馆爆炸案后,美向塔利班软硬兼施要其交出本·拉登时,均遭奥马尔坚决拒绝。

1998年8月，美驻东非两座使馆被炸后，美认定本·拉登是幕后元凶，向阿富汗的霍斯特、贾拉拉巴德两处"基地"组织营地发射了72枚"战斧"式巡航导弹，塔利班从此开始公开反对美、联合国以及沙特阿拉伯和世界各地的亲西方穆斯林政权，发表的声明愈益与本·拉登的反美宣言同出一调。同月，受美之托，沙特情报负责人特基亲王造访坎大哈，劝说奥马尔交出本·拉登。遭到拒绝后，沙特政府遂中止与塔利班的关系和一切援助。

到1998年冬，本·拉登成为塔利班手中与美讨价还价的一张牌。美国务院开通直达奥马尔的卫星电话"热线"，负责阿富汗事务的官员在一名普什图翻译帮助下，与奥马尔进行了长时间谈判，探讨了多种方案，但无果而终。1999年初，塔利班开始明白，他们不可能与美国达成妥协，开始视保护本·拉登为一种"责任和义务"。2月，美国逼塔利班要么交出本·拉登，要么面临一切后果，结果是塔利班让本·拉登从坎大哈"消失"。7月5日，美以"支持和庇护"本·拉登为由，宣布对塔利班实行贸易和投资制裁，禁止塔利班与美国公民或美国公司进行贸易，冻结塔利班在美资产，终止美国在塔利班控制区投资。同年11月14日，联合国也对塔利班实行经济制裁，要求所有国家冻结塔利班的资产，禁止塔利班运营国际航线。塔利班坚决顶住美、联合国制裁压力。奥马尔表示，"我们宁可死，也不屈服于美国要我们驱逐本·拉登的要求"。因为：其一，本·拉登80年代曾在阿富汗同入侵苏军英勇作战，被誉为"抗苏英雄"，如今已成为伊斯兰自由战士的象征，是阿富汗人的"贵客"。其二，根据伊斯兰教教义，塔利班有责任保护每一个穆斯林。况且，"本·拉登是我们的客人，没有证据证明本·拉登参与了恐怖活动"。再说，塔利班同美国没有引渡协定。其三，美国与塔利班政权的贸易额几近零。针对联合国制裁行动，塔利班明确声明，"不管付出多大代价，我们都不会交出本·拉登"，并谴责联合国侵犯阿富汗主权，声称"用经济或军事制裁惩罚塔利班将是一个错误"。塔利班不屈服于美国和联合国的强大压力，拒交本·拉登，双方结成"命运共同体"。

## 第三章　穆斯林思想史上激进理论家和践行家

制裁期间，美国与塔利班曾就本·拉登问题举行过多轮密谈。美国助理国务卿因德弗思向塔利班提出如下选择方案：把本·拉登引渡到美国，以便就美国驻东非两使馆被炸一事对其进行审判；把本·拉登交给沙特政府，由其就他及其组织在世界各地犯下的罪行进行审判；对美国突击队在阿富汗境内捉拿本·拉登一事装作视而不见。如果塔利班答应择其一的话，美国将逐步承认塔利班政权，并敦促盟国也这样做；帮助塔利班控制整个阿富汗并建立全国政府；劝说美、欧公司赴阿富汗投资。但奥马尔拒绝了这些提议，重申将尽一切办法和不惜一切代价保护本·拉登，因为接受这一交易将被整个穆斯林世界看作是一种背叛，导致塔利班政权在宗教上丧失合法性。

本·拉登对塔利班的影响与日剧增。他向奥马尔提供不少忠诚保镖，向塔利班提供数千万美元现金和设备，派遣数千名"阿富汗阿拉伯人"与其并肩同北方联盟作战。本·拉登还以武器援助和贿赂等手段，不断笼络塔利班的强硬派人物，如国防部长毛拉达杜拉、副国防部长毛拉法扎尔和高级将领毛拉比拉德尔与其结盟。在这一过程中，塔利班自身也愈益激进化。2001年2月26日，奥马尔下令炸毁巴米扬大佛，这与他1999年颁布的法令（明确规定要妥善保护包括巴米扬大佛在内的阿富汗历史文物）背道而驰。

2001年塔利班发动夏季攻势前，本·拉登部下在喀布尔和坎大哈大量集结。9月9日，两名阿拉伯人体炸弹暗杀了北方联盟领导人马苏德。"9·11"事件后，塔利班坚持，美必须拿出本·拉登与"9·11"爆炸案有牵连的确凿证据，否则不会驱逐、交出本·拉登。9月19—20日，来自阿富汗各地近1000名资深伊斯兰学者在喀布尔举行为期两天的紧急会议，建议塔利班劝说本·拉登"在适当时候，自愿离开阿富汗"，但没有定下离开的期限。但美称这一决定"不符合美方条件"，要求本·拉登及其他"基地"组织核心成员无条件向"负责任的政府投降"。面临美国大兵压境态势，塔利班发出威胁：如果美国胆敢攻打阿富汗，将号召世界各地穆斯林与塔利班一起同美"圣战"到底。

### (五) 从幕后走到前台，领导"基地"组织与美国直接较量

1996年6月，"基地"组织成员用卡车炸弹袭击沙特宰赫兰美军营，炸死19名美军士兵，372人受伤。同年8月8日，本·拉登在阿富汗的兴都库什山基地发布《告全世界、尤其是阿拉伯半岛穆斯林兄弟书》，公开宣布向美国人发动"圣战"，呼吁追随者将美国人和犹太人从所有的穆斯林土地上赶出去。本·拉登攻击平民的理由是："如果以色列人在杀害巴勒斯坦儿童，美国在伊拉克杀害无辜平民，而美国绝大多数公民支持总统，这意味着美国人同我们作战，我们有权攻击他们。任何一个美国纳税人都是目标，因为他正在帮助反对穆斯林民族的美国战争机器。"[①]

1998年2月23日，"基地"组织与其他6个伊斯兰极端组织，如埃及"伊斯兰圣战"组织头头扎瓦希里、埃及"伊斯兰组织"头目艾哈迈德·塔哈、孟加拉国"圣战运动"头目阿卜杜勒·萨拉姆·莫纳迈德、巴基斯坦"贤哲会"领导人谢赫米尔·哈姆扎（Mir Hamza）和"圣战者运动"头目法迪·埃拉马尼·哈利尔等结盟组成"反犹太人和十字军国际伊斯兰'圣战'阵线"（简称"国际伊斯兰'圣战'阵线"），该阵线是伞状组织，设立以本·拉登为主席的"协商委员会"，负责协调该阵线各成员在组织层面上的合作。1998年5月，本·拉登以"国际伊斯兰'圣战'阵线"领导人名义，首次发布"法特瓦"："在任何国家，尽一切可能杀死美国人及其盟友，不论平民还是军人，是每个穆斯林的应尽职责。"他一再重申将美从沙特阿拉伯及整个海湾地区驱逐出去的决心，"我们——在真主的荫庇下——呼吁每一个信仰真主的穆斯林，遵照真主的指示杀死美国人"。巴基斯坦人哈米德·米尔（本·拉登的传记作者）在接受采访时说，"1998年5月16日，我在邻近坎大哈的地方又一次对他进行了采访。我意识到，现在的奥萨马·本·拉登谈的不再是美国在沙特的军事存

---

① Simon Reeve, *The New Jackals*, Northeastern University Press, Boston, 1999, p. 4.

在，他有一个更大的计划。他谈到了美国窃取中东石油的行径，谈到了巴以问题，谈到了克什米尔—印度问题，谈到了车臣问题。他正试图成为一名穆斯林的国际领袖。"1998年，本·拉登接受ABC记者约翰·米勒专访时说，同抗苏"圣战"相比，对美"圣战"规模更大，"我们期待着给美国一个黑色未来，将其海外公民尸体扛回国，美将以四分五裂而告终"。2001年10月7日，本·拉登再次呼吁全世界穆斯林对美"圣战"。

**本·拉登追随者认为，他具有发布对美"圣战法特瓦"的权威性**。2001年10月18日，伊朗作家兼记者、设在巴黎的《国际政治》编辑艾米尔·塔赫里在《亚洲华尔街日报》刊登的"与伊斯兰教无关"一文中指出，以本·拉登追随者为代表的激进分子认为，本·拉登是一名为解放麦加、麦地那、耶路撒冷这三大伊斯兰圣地的"圣战斗士"，并具备发布"法特瓦"的资格：其一，本·拉登属于也门—沙特一个望族，这就是他的伊斯兰凭证。1980年开始"圣战"生涯，以伊斯兰名义，不仅为抗击入侵苏军的阿富汗圣战力量筹措资金，而且在全球招募赴阿"圣战"的穆斯林志愿者，为此在10多个穆斯林国家及美国设有征兵处。当时，这些国家中没有一个认为本·拉登不具有伊斯兰属性。其二，1993年，本·拉登被吊销沙特国籍后赴苏丹，当时哈桑·图拉比掌权。他在喀土穆举办了一次由原教旨主义分子参加的国际会议。在这次会上，本·拉登当选为"最高委员会"成员，该委员会的任务就是在全世界弘扬激进伊斯兰。这使本·拉登有权说自己是一个"谢赫"，可以发布"法特瓦"。其三，在美压力下，本·拉登被迫离开苏丹，先回到欢迎他的祖籍国也门，然后从也门赴巴基斯坦。在巴基斯坦，他受到了伊斯兰政党的欢迎和支持。其四，1996年，本·拉登从巴基斯坦迁往阿富汗，当时塔利班在阿富汗已建立了所谓的世界上"唯一真正伊斯兰政权"。其五，2000年11月，在巴基斯坦的白沙瓦曾举行了一次为期10天的支持本·拉登的集会，包括海湾国家的许多名门望族代表及巴基斯坦伊斯兰教界知名人士在内的10万多人参加了这次集会，因此说本·拉登与伊斯兰无关是毫无道理的。法国穆斯林领导人达利尔·布巴凯厄就说：虽然"本·拉登只代表1%的穆斯林人口,而1%就意味着近1300万穆斯林"。因此,本·拉登将这次反美斗争与穆罕默德早期征服阿拉伯半岛的"圣战"相提并论,在穆斯林世界有着深层次的共鸣。在巴格达的伊玛目巴柯·阿卜杜尔·拉扎克早就谴责"这是披着新衣的新十字军东侵。我们号召'圣战',与美国人誓不两立!"在西欧的穆斯林社区,存在着强烈的反美情绪,视美空袭阿富汗为"赤裸裸地向伊斯兰教宣战"。在埃及,不少年轻学子视本·拉登为"绿林好汉"。

从1992年起,"基地"组织对驻扎在阿拉伯半岛和非洲之角的美军发动了多起袭击。1993年10月在索马里的摩加迪沙袭击美军,18名美军被炸死,几十人受伤;1995年11月在沙特国家卫队通讯中心制造汽车炸弹爆炸事件,5名美国人丧生;1996年6月用卡车炸弹袭击沙特宰赫兰美军营,炸死19名美军士兵;1998年8月6日,攻击美驻肯尼亚大使馆,严重毁坏使馆建筑及相邻的合作银行大厦,至少213人丧生,4500人受伤,死伤者绝大多数为当地人;10分钟内,美驻坦桑尼亚大使馆被炸,11人丧生,85人受伤。两起爆炸案共有12名美国人丧生。许多专家注意到,两使馆爆炸案与老布什总统1990年向沙特阿拉伯派驻美军发动"沙漠风暴"行动的日子吻合。

2000年10月12日,造价10亿美元和配有战斧、鱼叉式导弹的美"科尔号"驱逐舰在也门亚丁港遭2名不明身份者驾驶的载着C-4可塑炸弹(约440磅TNT)的泊船自杀性攻击,造成美军17人丧生,39人受伤,舰体炸出长40英尺、宽20英尺的大洞。这是首次针对美国现代化战舰发动的攻击。也门官员事后宣布,有5名嫌疑犯供认曾在"基地"组织的阿富汗训练营受训过。本·拉登前保镖阿布·詹达透露了"基地"组织发动这次袭击的原因。"事实上有多个原因:一是削弱美国的海上威力;二是通过宣传伊斯兰子弟具备陆、海、空打击敌人的能力,提升穆斯林国家的士气。这也就是说,即使单凭个人的能力,我们也能够对付强大的敌人。穆斯林世界包括57个国家,它不能对美国说'不',但是我们单枪匹马却能做到。这种攻击行动向穆斯林世界证明了单个穆斯林有能力在穆斯林国家的海岸上和海域内打击美国威信和霸权。我们可以在任何时间、任何地点对其发动突然打击。"①

2001年9月11日,四架美国客机遭劫持,两架针对美国世贸中心、一架针对五角大楼发动恐怖袭击,另一架坠毁在宾夕法尼亚州,约3000人丧生。在9月16日发表的声明中,本·拉登否认参与了此次袭击,但2001年12月美军在阿富汗贾拉拉巴德发现的一盒录像带清楚表明他参与策划了这次恐怖行动。在录像带中,他说,"我们预先估计了敌人的伤亡人数……根据我在这方面的经验,我想飞机汽油的燃烧将会熔化建筑的钢铁结构,并且轰然倒塌,这正是我们所希望的。"美国政府将本·拉登视为主要嫌疑犯,要求塔利班政权要么交出本·拉登,要么面临美国的入侵。美国的最后通牒遭到塔利班的拒绝,同年10月7日,美英联军开始空袭塔利班和"基地"组织目标,"基地"组织在阿富汗的大本营被摧毁。在世界范围内,涉嫌"基地"组织的成员遭审讯或被捕,美国开始将"基地"组织的犯人送到关塔那摩监狱关押。虽然逮捕人数不少,但仍有更多的恐怖分子在逃继续制造恐怖事件:2002年4月,在突尼斯的杰巴岛(Djerba)上一座犹太教堂附近发生一起爆炸案,14名德国人、5名突尼斯人、1名法国人丧生。"解放圣地伊斯兰军"(the Islamic Army for the Liber-

---

① 20世纪90年代来,美与也门关系改善,亚丁港成为美舰燃料等其他物质的补给基地。也门位于阿拉伯半岛最南部,地理位置至关重要:美海军从此可迅速抵达红海、波斯湾、印度洋及非洲之角;1991年海湾战争后,美在中东驻军,亚丁港毗邻波斯湾,又在伊拉克的中程弹道导弹射程之外,不仅可提供港口设施,还是理想的后勤补给站;该国的索科特拉岛一直用作海军观察和情报收集哨所。时任也门总统阿里·阿卜杜拉·萨利赫为亲美人士,总统府内所挂三幅大照片是萨利赫分别与克林顿、布什的合影及萨利赫在一家美石油公司开工仪式上的留影。也门是阿拉伯世界最穷的国家之一,萨利赫一心希望通过改善与美关系得到投资机会。90年代中期开始,美驻也大使巴巴拉·博丁和前驻波斯湾司令安东尼·津尼致力改善两国关系:经济上,美每年向也门提供约400万美元援助;1999年每年增至4000—5000万美元。军事上,1997年末,美中央司令部开始与也门接触,事发前的18个月里,共有24艘美舰到访亚丁港;1998年12月,中央司令部决定将海军战略燃料储备从吉布提转到亚丁港,约储存30万桶柴油和喷气机燃料,从1999年起,往返于地中海、波斯湾、远东地区的美舰赴亚丁港加油。另外,美在也门南部帮助排雷,培训军队,1999年计划创建也门海岸警备队,以打击海盗。

ation of the Holy Sites,"基地"组织曾用名)宣布对此负责。10月6日,"基地"组织一条满载炸药的船在也门阿什·希赫尔(Ash Shihr)港口外将法国油轮"林堡号"的双层船体炸裂。10月12日,印尼巴厘岛爆炸案造成202人死亡,主要为外国游客,数百人受伤,警方指控与"基地"组织有关联的东南亚恐怖组织"伊斯兰祈祷团"制造了这起爆炸案。11月,"基地"组织宣布对肯尼亚蒙巴萨一家住着以色列游客的饭店卡车炸弹爆炸案负责,15人丧生。2003年5月,人体炸弹袭击了沙特利雅得三个外国人社区,炸死35人,其中有9名美国人,美国务卿鲍威尔指责这是"基地"组织所为。8月,卡车炸弹在印尼雅加达的万豪酒店爆炸,12人丧生,印尼政府指责这是"伊斯兰祈祷团"所为。11月,"基地"组织人体炸弹袭击了沙特利雅得一外国人社区,18人丧生。2004年3月,西班牙马德里发生火车连环爆炸案,191人死亡。2005年7月,英国伦敦地铁爆炸案造成52人死亡,约700人受伤。11月,针对在约旦首都安曼的美国人饭店,发生了系列爆炸案,57人死亡,120人受伤。2007年4月11日,"伊斯兰马格里布'基地'组织"在阿尔及尔制造自杀式袭击,至少造成33人丧生。2008年6月2日,"基地"组织针对丹麦驻巴基斯坦大使馆制造了一起汽车炸弹袭击……

**被美国一路穷追猛打**。1993年2月,美纽约世贸中心爆炸案后,中情局开始追踪本·拉登并建档。当时本·拉登亡命苏丹,美就将苏丹列入支持恐怖主义国家名单,禁止许多美公司同苏丹做生意,逼苏丹政府赶走本·拉登。1994年,美促使沙特政府吊销了他的国籍。1996年1月,中情局反恐中心成立由11个联邦机构精英组成的"本·拉登专案组",并同英国军情六处、以色列摩萨德、德国联邦情报局(BND)和联邦宪法保卫局(BFV)、法国领土监护局(DST)和对外安全总局(DGSE)及中东国家的情报部门进行合作。

1998年"基地"组织恐怖网受到重创。8月,美国驻东非两个使馆被炸促使其加强反恐斗争。9月17—18日,根据中情局情报,乌干达警方逮捕了18名"基地"组织恐怖网成员,其中两人涉嫌参与美国驻肯尼亚、坦桑尼亚大使馆爆炸案。美还与巴基斯坦、肯尼亚、意大利、阿塞拜疆、英、德等国安全部门合作,将这些国家的不少"基地"组织骨干缉拿归案:奥德赫在卡拉奇被捕;穆哈迈德·拉希德·多奥德·奥哈里在内罗毕被捕;9月16日,本·拉登高级助手之一马姆多赫·马穆德·萨利姆(Mamduh Mahmud Salim)在德国慕尼黑被捕;本·拉登流亡苏丹期间任其私人秘书、住在美国得克萨斯州的瓦赫迪·哈吉(Wahdi Al-Haj)被捕;本·拉登驻英代表哈利德·福阿兹(Khaled Fuaz)在英国伦敦被捕等。8月22日,克林顿总统签署行政命令,宣布财政部"将禁止美国公司或个人与'基地'组织的一切金融往来"。

1998年下半年,在阿拉伯世界,埃及与约旦率先开庭审判恐怖分子。在美帮助下,埃及政府加强同阿尔巴尼亚、阿塞拜疆、保加利亚、南非、厄瓜多尔、沙特、科威特、阿联酋等国双边合作,多名"埃及伊斯兰圣战"组织及"基地"组织成员被引渡到埃及。1999年2—4月,埃及政府对107名激进分子进行大审判,63人在缺席情况下或判死刑、或判终生监禁。1999年12月,约旦政府破获一拟在千僖年狂欢中袭击在约旦的美、以游客的"基地"组织行动小组,15名成员被捕。2000年9月,约旦军事法庭对28名嫌犯(12人缺席)进行审判,6人判处死刑,2人终生监禁,其他人为有期徒刑7—15年。

**成功煽动激进分子将矛头指向"远敌"**。本·拉登出现之前,各国激进分子只是反抗本国暴政:在埃及,力图推翻穆巴拉克政权;在也门,决心将总统萨利赫赶下台;在巴勒斯坦,寻求消灭以色列;在阿尔及利亚,将矛头对准阿尔及尔军人集团。本·拉登说,必须打破这种民族主义樊篱,调整斗争方向,直指美国。1998年,扎瓦希里率领埃及"伊斯兰圣战"组织加入"基地"组织,首次打破民族主义界限,选择同美国及其盟友开战。扎瓦希里以前曾说,通向耶路撒冷的道路要经过开罗。2006年8月,穆罕默德·哈卡伊马(Muhammed al-Hakaima)领导的埃及"伊斯兰组织"部分成员加入"基地"组织。之后,阿尔及利亚的"萨拉菲宣教与战斗组织"宣誓效忠"基地"组织。阿尔及利亚激进分子虽然不会停止攻击本国目标,但袭击目标逐渐转移到支援"基地"组织反美斗争这个重点上来。尽管自1996年起本·拉登仅让三个主要激进组织从反对"近敌"转向公开反对"远敌",但他相当成功地令众多激进分子将矛头指向"远敌",其人数超过属于埃及"伊斯兰圣战"组织与"伊斯兰组织"、"萨拉菲宣教和战斗组织"的成员。①

**踪影扑朔迷离**。"9·11"事件后数年里,本·拉登行踪飘忽不定。2002年初,半岛电视台播放了2001年10月录制的本·拉登访谈节目,他看起来身体虚弱。当年曾采访过本·拉登的彼得·伯根接受CNN专访时说,"1997年和2001年10月的差别是,本·拉登明显老了,我想他身体肯定不好,有许多健康问题。此外,在阿富汗的深山老林中亡命也不会让人健康。"

多年来,美国中情局设在弗吉尼亚的反恐中心与联邦调查局密切合作追踪本·拉登的蛛丝马迹,利用间谍卫星监视"基地"组织的训练营、追踪其资金走向、侦听其部下的对话等,力图确定他所在的位置,但都无果告终。一个很重要的原因是,"基地"组织有很多专家,如工程师、电脑专家。他们建立了一套独特的通讯网络,美方无法成功截获其信息;使用许多外人难以识别的暗语,连巴军都无法破译;还有其他通联手段,如互联网上发送电子邮件,不断更换用户名,不断新建电子邮箱等。2004年3月,美、巴情报机构开始在巴阿边境部落区追捕本·拉登,美军间谍飞机也投入追捕行动,巴军约有7万人部署到该地区同激进分子交战。但军事分析家塔拉特·马苏德中将(Talat Masood)接受CNN网站采访时表示,"即使本·拉登藏匿在该地区,也可能找不到他。因为他太熟悉这里的地形、部落社会,他们给他提供保护,效忠于他。因此,除非有人背叛,或者碰巧逮着他,否则本·拉登极难落网。"追捕行动依然无果。

其间,本·拉登偶尔发布批评美国外交政策的录音带。2003年3月,美军入侵伊拉克,本·拉登发布录音带,赞扬恐怖组织向驻伊美

---

① Michael Scheuer, "Al-Qaeda and Algeria's GSPC: Part of a Much Bigger Picture", *Terrorism Focus*, Volume 4, Issue 8, April 3, 2007.

军发动自杀式袭击行动。2004年11月，在美国总统大选之日前4天，本·拉登通过半岛电视台发布了一个直接面向美国人的18分钟视频（三年来的首个视频），发誓要同美国战斗到底。他宣称，"9·11"袭击是美国阿拉伯政策导致的结果，由于美国仍不改变政策，将面临更多的恐怖袭击。同年12月，本·拉登发表了一份长达33页的公开信，敦促伊拉克反美武装继续战斗，并将伊拉克建成一个"伊斯兰国家"，之后将变成一个世界范围的伊斯兰帝国。在同一时期发布的一盒录音带中，本·拉登建议穆斯林袭击与伊拉克临时政府合作的所有人（不论是伊拉克人还是美国人），他表示参加2005年1月民主选举的任何人都是异教徒，应该成为袭击的合法目标。

2005年大部分时间里，本·拉登可能藏身在阿富汗—巴基斯坦的北部边界地区。由于没有抛头露面，外界许多人甚至怀疑他是否还活着。2005年年末，《华盛顿邮报》报道，中情局本·拉登专案组关闭。2006年9月23日，一家法国报纸引述法国对外安全总局消息，宣称本·拉登因患伤寒于8月23日已在巴基斯坦去世。不过，美、法政府不能证实本·拉登死讯的报道。虽然西方投入了大量的时间和人力追捕本·拉登，但对其状况的了解仍如坠云里雾里，因为本·拉登主要通过口头或信使传令，西方的高科技派不上用场，而西方人力情报不足，很难找到蛛丝马迹。获准采访过本·拉登的英国摄影记者彼特·朱维纳尔说，"本·拉登从来就不是一个容易被追杀的人。他从不在一地过上两夜，一个由20辆车组成的车队在阿富汗各地流动，配备了小型武器、火箭发射器、毒刺地对空导弹，总选择有最毒的蝎子出没的山洞过夜。为防止被跟踪，他身上从不戴任何金属物品，包括手表。"

## （六）"圣战"事业后继有人

2011年5月2日，本·拉登被美海豹突击队击毙。本·拉登始终认为，他的死比生更有意义，因为相信他死后，"基地"组织成员及其他激进分子会"前仆后继地继承他的事业"。2004年8月，其保镖阿布·詹达尔在也门接受《阿拉伯圣城报》记者哈立德·哈马迪的系列采访时说,"他宁愿做个殉教者,也不愿当俘虏。这样他的鲜血就会像灯塔一样煽起追随者的激情和决心。我记得他过去常说,'若被俘,毋宁死'。"本·拉登挚友、前苏丹领导人哈桑·图拉比曾说,"对整个穆斯林世界年轻人来讲,本·拉登是伊斯兰事业的一个象征","一个本·拉登倒下了,会有千万个本·拉登站起来"。实际上,美国发动的反恐战使本·拉登成为年轻穆斯林心目中的英雄,在穆斯林世界赢得大批追随者,许多人虽未谋面,但通过电台广播、因特网主页了解他,并准备为其献身。分布在世界各地的40多个激进组织甘心在其麾下效力。在法、德、瑞士、西班牙、荷兰、丹麦、英等西方国家,本·拉登也有不少支持者。

另外,"基地"组织与传统恐怖组织明显不同:一是组织成员人数多。20世纪70、80年代,"红军派"只有20多人,"红色旅"70人左右,"爱尔兰共和军"有200—400名骨干成员,而"基地"组织通过在苏丹、也门、阿富汗的训练营地,培养了成千上万的追随者。二是传统恐怖组织领导人大多教授出身,而本·拉登是实业家。如"红色旅"头目为政治学教授,"红军派"为历史学博士掌门,"光辉道路"的头目是哲学教授。本·拉登学的是管理,擅长经商,将公司管理方式嫁接到恐怖活动的指挥运作中,因此"基地"组织如同一个现代跨国企业那样运作。尽管"基地"组织领导层有70%—75%的成员已被捕或被击毙,但整个组织有较强的再生能力,马上会崛起一批新人取而代之。"基地"组织招募到的新人也比失去的(被杀、被捕)更多,大批敬业、有技能的圣战者以多种方式归属"基地"组织,效力于本·拉登奋斗的事业。

2011年6月16日,扎瓦希里升任"基地"组织新领导人,但他缺乏本·拉登般的感召力和神秘感。本·拉登是集领导力、公信力、财富于一身且具有感召力的传奇人物。作为全球"圣战"运动的代言人,他不仅将从父亲那里继承的大笔金钱资助全球"圣战"事业,而且一言一行笼罩着神秘光环。扎瓦希里是一名医生,出身埃及名门望族,为人苛刻,在"基地"组织内树敌较多。美西点军校反恐中心高级研究员内利·拉胡德（Nelly Lahoud）指出，"扎瓦希里能否继续激励新一代圣战者面临巨大挑战。"[1] 不过，据一些反恐专家以及和扎瓦希里一直共事的激进分子在接受记者电话采访时披露，他正在努力克服自身瑕疵，与各类激进分子广泛接触，以便重塑其在穆斯林激进圈的新形象和扩大"基地"组织影响力。

## （七）具有五大性格特征

其一，恪守"忠诚与报复"信条。知名伊斯兰学者伊克巴尔·阿迈德1986年曾会见过本·拉登。他称本·拉登的行为准则是："你是我的朋友，信守诺言，我就效忠你；你若撕毁诺言，我就报复你。"其二，商人个性突出。20世纪80年代负责报道阿富汗"圣战"的《中东日报》记者艾哈迈德·扎伊丹在接受《我所认识的本·拉登》一书作者美国人彼得·伯根访谈时说，"商人的心理不同于他人，总在盘算着一切，对每件事精打细算。本·拉登一向擅于长时间预谋，拥有发动重大恐怖活动的坚定决心，视这场恐怖与反恐怖斗争为'零和游戏'。"其三，焕发着众望所归的超凡魅力。"基地"组织成员及追随者们谈起他时，都怀着一种对神明的敬仰之情。在他们眼里，中东许多国家领导人对伊斯兰教和民众命运漠不关心。民众生活困苦，唯一的力量来自宗教信仰。本·拉登带着信仰的力量进入他们的生活，使他们有了精神寄托，而且利用自己的财富修建道路、医院等基础设施，改善了他们的生活状况。其四，反对泛阿拉伯主义、资本主义、社会主义、民主等意识形态，深信恢复"沙里亚法"将使穆斯林世界走上正道，坚信塔利班统治下的阿富汗是穆斯林世界"唯一的伊斯兰国家"，主张通过"圣战"纠正美国和其他非穆斯林国家针对穆斯林的不公正行径，迫使美国从中东地区撤军。其五，坚定反犹分子。他称"犹太人是高利贷和背信弃义的大师，在现世和后世里，都致力于使人一无所有"，主张消灭以色列。他将什叶派也划归与美国、

---

[1] Neil Macfarquhar, "First mission for Al Qaeda is to salvage its ideology", *International Herald Tribune*, May 4, 2011.

以色列一丘之貉的异教徒,是伊斯兰教的四大敌人之一。

## 九、"基地"组织精神领袖拉赫曼[①]

拉赫曼全名奥马尔·阿布德勒·拉赫曼(Omar Abdel-Rahman),"基地"组织精神领袖,不仅一生主要从事全球"圣战"事业,而且将"圣战"斗争矛头直指美国,允许滥杀无辜平民,被视为"当代穆斯林恐怖主义化身",现仍关押在美国监狱。

### (一)从事"圣战"事业的"勇士"

1938年5月,拉赫曼生于埃及,孩童时代因患糖尿病而失明。之后,他开始学习盲文版《古兰经》,并对伊本·泰米叶和库特卜的著作产生浓厚兴趣。1965年从开罗爱资哈尔大学伊斯兰教法专业获博士学位后,拉赫曼成为反对埃及政府最著名的教职人员,因而被捕8个月。出狱后,他盘桓沙特阿拉伯数年,与当地伊斯兰武装组织建立了密切联系,后返回埃及。

70年代起,拉赫曼成为埃及两个激进组织"伊斯兰圣战"和"伊斯兰组织"精神领袖。80年代,拉赫曼发布暗杀萨达特总统的"法特瓦",并因涉嫌参与1981年刺杀萨达特一案而入狱3年,其间遭尽折磨,最后无罪释放。之后,他前往阿富汗投奔从前的老师阿扎姆,并同本·拉登交往甚笃。1989年阿扎姆遇刺身亡后,拉赫曼成为"圣战者服务处"负责人和"基地"组织精神领袖。

1990年5月,拉赫曼通过旅游签证进入美国,在纽约负责"圣战者服务处"美国分部的财务和组织管理工作。他以宗教领导人身份获得美国移民局签发的绿卡,但1992年3月因查出他申请签证时撒谎而被剥夺绿卡,当时他已被美国列入恐怖分子观察名单,但在美国、

---

[①] 材料引自:"Sheik Omar Abdel Rahman",http://en.wikipedia.org/wiki/Omar_Abdel-Rahman,http://www.discoverthenetworks.org/individualProfile.asp?indid=1685。(上网时间:2007年3月10日)

加拿大旅行时并未受到盘查和监控。90年代初，身材肥硕的拉赫曼总是身穿松垂长袍，头戴红色毡帽，用深色太阳镜来遮掩失明的双眼，这幅装扮使他像是来自中东可亲的圣诞老人。然而，现实生活中，他却屡屡在纽约的清真寺向身边聚集的狂热追随者宣讲"圣战"思想，其中就包括制造1993年美国世贸中心爆炸案的艾尔·赛义德·纳赛尔（El Sayyid Nosair）。1993年6月24日，拉赫曼在纽约与9名追随者一起被捕。1996年，他被美国法院判处无期徒刑。2004年夏，他在狱中拒绝使用胰岛素，企图自杀。2006年12月6日，他因健康恶化并吐血被转移到医院治疗，5天后病情好转。后来，他在美国北卡罗来纳州布特纳（Butner）联邦整形学院（Federal Correctional Institution）医疗中心服刑。

### （二）"基地"组织精神领袖

"基地"组织把拉赫曼奉为精神领袖，因为本·拉登及扎瓦希里都不是宗教学者，而拉赫曼却在爱资哈尔大学获得伊斯兰教法博士学位，有权发布"法特瓦"，且长期以来都是埃及激进分子的精神领袖，而"基地"组织核心圈和整个组织的核心力量都是埃及人。因此，当1993年拉赫曼在纽约被捕时，在苏丹的"基地"组织就考虑是否要炸毁美国驻沙特使馆以伺报复，最后该计划因可能导致平民伤亡而遭否决，但这种顾忌不久又被抛弃。1996年8月底，"基地"组织首次对美宣战，本·拉登称原因就是"犹太复国主义者和十字军"逮捕了"圣战勇士"拉赫曼。次年，本·拉登告诫CNN记者，"奥马尔·阿布德勒·拉赫曼是一位穆斯林世界家喻户晓的宗教学者，他的遭遇体现了美国的不公正行径。尽管他是个失明老人，却受到无中生有的指控，还判了几百年监禁且遭到非常恶劣的对待"。2000年9月，半岛电视台播出了一段"声援尊敬的奥马尔·阿布德勒·拉赫曼大会"录像，本·拉登在录像中发誓，"要全力以赴解救我们的兄弟奥马尔·阿布德勒·拉赫曼。"2001年春，"基地"组织媒体机构"云彩"（al-Sahab）播放了一盒长达两小时的录像带，本·拉登站在拉赫曼照片前,再次严厉谴责美国,称"他是一位伟大的伊斯兰学者,如今却被关押在美国监狱里备受折磨"。有报道称,此后的"9·11"袭击正是"基地"组织内的埃及领导人对美国监禁并"虐待"其精神领袖实施的报复行动。

### (三) 反犹、反美、反伊斯兰政权斗争的指路人

过去20多年里,拉赫曼一直不断激励着各地激进分子发动骇人听闻的恐怖袭击:从1981年暗杀埃及总统萨达特到2001年的"9·11"袭击。拉赫曼像灯塔一样为激进分子指明"圣战"方向,包括"基地"组织、埃及"伊斯兰集团"、阿尔及利亚"萨拉菲宣教与战斗组织"和菲律宾"摩洛伊斯兰解放阵线"等都深受其影响。

**坚定的反犹分子**。拉赫曼曾在美国发布"法特瓦",号召抢劫美国犹太人银行及杀死犹太人,并宣布美国人是"犹太复国主义者、共产主义者、殖民主义者所饲养的猪和猿猴的后代"。2000年巴以冲突爆发后,拉赫曼在狱中继续呼吁穆斯林杀死全世界的犹太人,称"'圣战'已成为整个穆斯林民族的职责,只有解放了巴勒斯坦和阿克萨清真寺、犹太人被埋入坟墓或滚回去才能停止"。[①] 因此,"基地"组织恐怖网开始袭击犹太人目标:在卡萨布兰卡,袭击一座犹太人社区中心;在伊斯坦布尔,袭击了两座犹太教堂;在塔巴,袭击以色列游客;在蒙巴萨,袭击以色列人开设的一家旅馆,随后试图击落一架以色列客机等。

**袭击目标从埃及政府转向美国**。这一点使他有别于库特卜等第一代圣战者,因为后者只聚焦攻击本国目标。拉赫曼指责西方尤其是美国要对埃及政府犯下的所有罪恶负责,宣称像穆巴拉克这样的阿拉伯领导人"只关照西方的利益,是西方的爪牙或恭顺的走狗"。他把针对西方的"圣战"称为"自卫性圣战",因为西方已经向伊斯兰教发动进攻;他将基督徒视为敌人,还为此发布"法特瓦":允许屠杀和

---

① Evan F. Kohlmann, *Al-Qaida's Jihad in Europe*, Berg Publishers, November 25, 2004, pp. 26、185.

## 第三章 穆斯林思想史上激进理论家和践行家

抢劫反穆斯林的基督徒。① 1993年，他发布"法特瓦"，号召袭击美国纽约和新泽西地区民用设施。结果1993年世贸中心发生爆炸案，造成6人丧生、1000多人受伤。案发后，美国联邦调查局对拉赫曼及其追随者进行详细调查，获悉拉赫曼原本计划在10分钟之内引爆5枚炸弹，其中还包括袭击联合国总部、荷兰隧道、华盛顿大桥和联邦调查局办公大楼等目标。1998年，他更是立下遗嘱："我的兄弟们，如果他们（美国人）杀死我——他们肯定会的——请为我举行葬礼并将我埋葬在故乡，但是绝不要让我的鲜血白流，一定要进行最猛烈的复仇。"同年，他发布"法特瓦"，呼吁对美国经济及其航空业发动攻击："切断他们的交通，破坏他们的经济，烧毁他们的公司，铲除他们的利益，击沉他们的船只，击落他们的飞机，从海上、空中或陆上杀死他们。"这一"法特瓦"为"基地"组织发动大规模恐怖袭击和杀害平民提供了宗教合法性。对"基地"组织来讲，拉赫曼裁定对美国飞机及公司发动攻击符合伊斯兰教法，甚至是值得称颂的行为。直到"9·11"恐怖袭击前，"基地"组织对美国的攻击只限于政府及其军事目标。

**为激进分子袭击穆斯林国家政府提供"合法"依据**。拉赫曼坚持认为，那些忽视真主法律的统治者必须"死"。早在1980年，他就发布"法特瓦"，要求杀死埃及总统萨达特，且至今仍坚持萨达特不是一名穆斯林，因为他"践踏了伊斯兰教及其准则"。拉赫曼通过将政治领导人打上"非穆斯林"标签的办法，绕过了伊斯兰教呼吁信徒服从统治者命令的传统，从而为激进分子通过暴力行动推翻本国政权提供借口。② 1992年12月，拉赫曼在美国"伊斯兰会"（the Islamic Society）极力鼓吹"圣战"，声称"敌人已经团结起来反对穆斯林，

---

① Austin Cline, "Sheik Omar Abdel Rahman: History and Biography", "Sheik Omar Abdel Rahman: Theology, Ideology, and Extremism", About.com. （上网时间：2007年3月10日）

② Austin Cline, "Sheik Omar Abdel Rahman: History and Biography", About.com. （上网时间：2007年3月10日）

必须向他们发动反击。如果你不参加'圣战',就是违背真主的法律"。他点名"圣战"对象包括变节的中东国家政权和"那些抢走了穆斯林石油财富的人"。

**赋予伤及无辜平民的恐怖袭击合法性**。拉赫曼声称,"如果是在战时发生这种事情,那么民众必须面对暴力,因为这种暴力是一种交战行为。"拉赫曼认为,在埃及观光的西方游客不是无辜者,"他们、尤其妇女是给穆斯林世界带来罪恶的人。我呼吁埃及人民袭击游客,必须阻止游客到埃及观光游览。旅游是一种瘟疫,(西方)妇女穿着挑逗的衣服来到埃及,他们吸毒,整夜在夜总会和赌场狂欢,看肚皮舞,我们的人民(埃及人)也开始模仿这些异教徒游客的举止行为"。结果"伊斯兰组织"1997年在埃及制造卢克索惨案,酿成58名外国游客、4名埃及人丧生的惨剧。[①]

## 十、"独狼"理论集大成者塞特马里阿姆[②]

塞特马里阿姆全名穆斯塔法·塞特马里阿姆·纳赛尔(Mustafa Setmariam Naser),又名阿布·穆萨卜·苏里(Abu Mus'ab al-Suri),将后"9·11"时代"基地"组织新战略概念化,即"国际圣战运动原子化","原子化"即"独狼化"。塞特马里阿姆具有丰富实战经验,是新生代圣战者的首席战略家,其思想主张在互联网上广泛传播。

### (一) 毕生践行"圣战"

**武装反叙利亚政权先锋**。1958年,塞特马里阿姆生于叙利亚阿勒颇,在当地长大。从阿勒颇大学机械工程系毕业后,他于1980年参

---

① Muzammil the "Moderate", by Steven Emerson, Counterterrorism Blog, July 30, 2007.

② 材料引自:Craig Whitlock, "Architect of New War on the West: Writings Lay Out Post-9/11 Strategy of Isolated Cells Jointed in Jihad", *Washington Post*, May 23, 2006。

## 第三章 穆斯林思想史上激进理论家和践行家

加叙利亚穆斯林兄弟会极端派别"伊斯兰战斗先锋"组织（al-Tali'a al-Muqatila）。2007 年，据叙利亚穆斯林兄弟会总训导师阿里·巴亚诺尼（Ali Bayanoni）向记者透露，塞特马里阿姆年轻时就以激进分子闻名。他曾在埃及、约旦、伊拉克受过高级培训，掌握爆破、特种作战和城市游击战等技能。他在 2005 年推出的《开展全球伊斯兰抵抗行动呼吁书》(The Call to Global Islamic Resistance)巨著中谈到这段经历："1980 年，在伊拉克巴格达的拉希德军营时，我才 22 岁。我参加了一项专为穆斯林兄弟会军事分支培养骨干而设立的训练课程，以便为开展'圣战'和推翻哈菲兹·阿萨德政权的革命做准备。我们的教官 17 岁就宣誓效忠埃及穆斯林兄弟会创始人哈桑·班纳并担任他的警卫，还曾陪伴过埃及穆斯林兄弟会精神领袖库特卜，后来逃离埃及在国外谋生。他写下第一堂课的题目：恐怖主义是一项职责。"[①]

1982 年，塞特马里阿姆参加穆斯林兄弟会在叙利亚哈马发动的武装暴动，遭叙利亚政权血腥镇压，许多同伴丢了性命。此后，他同叙利亚穆斯林兄弟会决裂，因为后者和叙利亚共产党等世俗政党保持联系。

之后，塞特马里阿姆移居法国，三年后搬到西班牙定居。1987 年或 1988 年，他与皈依伊斯兰教的西班牙女子埃莱娜·莫雷诺（Elena Moreno）结婚，获得西班牙国籍，并育有三个孩子。1985—1994 年，塞特马里阿姆定居西班牙，其间多次前往阿富汗。

**加盟"基地"组织**。1987 年，满怀复兴叙利亚"圣战"运动抱负的塞特马里阿姆和一群叙利亚人离开西班牙前往巴基斯坦白沙瓦，在此结识阿扎姆，被劝说加入后者的队伍。于是他在"基地"组织"阿富汗阿拉伯人"训练营任教官，教授战争与军事学，有时也到前

---

[①] Paul Cruickshank and Mohannad Hage Ali, "Abu Musab Al Suri: Architect of the New Al Qaeda", *Studies in Conflict & Terrorism*, Volume 30, Number 1, January 2007. 作者保罗·克鲁伊克山克是美国纽约大学法学院法律与安全中心研究人员，穆罕纳德·哈吉·阿里是伦敦《生活报》（Al-Hayat）记者。

线打仗。1988 年在白沙瓦训练营，他结识本·拉登，随后加入刚成立的"基地"组织，成为"基地"组织最高权力机构"舒拉委员会"成员，并一直效力到 1991 年。

卡马尔·赫尔巴维（Kamal el Helbawi，开办了一家研究阿富汗战争的机构）当年在白沙瓦结识塞特马里阿姆。据他回忆，"塞特马里阿姆思想激进，具有浓厚的反异教徒理念。当时他撰写的《叙利亚的伊斯兰"圣战"革命》一书正在免费发送，极受人们追捧，尤其受激进派人士青睐，视其为'圣战'运动先锋。"在白沙瓦呆了三年后，塞特马里阿姆返回欧洲。此时本·拉登和"基地"组织开始收拾行装准备前往苏丹。他在《开展全球伊斯兰抵抗行动呼吁书》中写道："1991 年，我离开阿富汗回到西班牙家中，实际上和'基地'组织失去了联系，直至 1996 年我们作为塔利班的客人再度重逢。"

**成为欧洲恐怖小组和阿尔及利亚反政府暴力的"设计师"**。返回西班牙后，塞特马里阿姆和属于穆斯林兄弟会的叙利亚移民取得联系。居住格拉纳达省小镇期间，他有两位重要邻居：后来曾采访过本·拉登的半岛电视台记者泰西尔·阿洛乌尼（Tayssir Alouni）和西班牙"基地"组织头目伊马德·埃丁·巴拉卡特·亚尔卡斯[①]（Imad Eddin Barakat Yarkas）。

这一时期，他致力于在欧洲组建恐怖小组，并遍走欧洲各地。西班牙胡安·卡洛斯国王大学反恐专家罗格里奥·阿隆索（Rogelio Alonso）教授称，"活跃于欧洲的恐怖小组架构多由他设计。"尽管自 1995 年起受到西班牙警方的监视，但他却一直未被视为严重威胁。1994 年，受阿尔及利亚"武装伊斯兰集团"（GIA）创始人谢赫卡里·贾扎里（Sheikh Qari al Jazaeri）之邀，塞特马里阿姆首次来到伦敦。1995 年，他将全家迁往伦敦郊区的尼斯登。两人早在阿富汗战争时期相识，时值"武装伊斯兰集团"在阿尔及利亚开展反政府暴力活动，卡里·贾扎里希望塞特马里阿姆帮忙宣传该组织的各项行动。

---

[①] 2001 年 11 月被捕，2005 年 9 月 26 日因与"9·11"事件策划者共谋而被判处 27 年徒刑。

1995年夏，英国警方曾以"同该团体在巴黎市区制造的一系列爆炸案有关"为由将他逮捕，但因证据不足又将其释放。

在尼斯登的家中，塞特马里阿姆帮助"武装伊斯兰集团"编辑"圣战"杂志《辅士》（Al Ansar，阿语时事通讯），为该组织一系列摧毁整座村庄和杀害平民的行为辩护。据一位住在英国的阿拉伯流亡者称，"他不只是编辑，还是驱使阿尔及利亚激进分子从事暴力活动的战略家。"后来，塞特马里阿姆这样描述："1994—1996年间，我有幸支持反对阿尔及利亚叛教政府的'圣战'活动，同脱离正道的人断绝往来，并为此感到荣幸。"

由于同"武装伊斯兰集团"新领导层的分歧和主编奥马尔·马赫穆德·奥斯曼·阿布·奥马尔（Umar Mahmud Uthman Abu Umar）不和，1996年他离开杂志社重返阿富汗，再次与本·拉登相遇。那年夏天，他帮助安排英国记者罗伯特·费斯克（Robert Fisk）专访本·拉登。1997年回到伦敦后，他与"基地"组织成员穆罕默德·巴哈伊阿（Mohamed Bahaiah，又名阿布·哈立德·苏里）合办"伊斯兰冲突研究局"（Islmaic Conflict Studies Bureau），向克什米尔、波斯尼亚和巴基斯坦派驻记者。通过这家媒体公司，他陪同美国CNN记者彼得·阿内特（Peter Arnett）与彼得·伯根（Peter Bergen）前往阿富汗，对本·拉登进行电视采访。彼得·伯根说："塞特马里阿姆睿智、热情、消息灵通，我很崇敬他的才智。1997年我和他打交道时，他丝毫未露激进好斗的观点。"此间，英国情报部门已注意其行踪，但未展开调查行动。

**创办阿富汗"古拉巴训练营"**（Al-Ghuraba）**，培养新生代恐怖分子**。1998年，塞特马里阿姆携全家定居阿富汗。他感觉自己已掌握西方行为方式和弱点，可以将这些知识传授给其他圣战者，"我是少数懂西方文化与心理的圣战者之一。这由几个原因造成：其中之一是我在西方居住了15年，在当地有亲戚和朋友，阅读了大量历史与社会学方面的资料。"2004年12月，塞特马里阿姆在一份声明中对自己在阿富汗时的所作所为做出解释："我有幸迁居'伊斯兰社会'阿富汗，2000年4月宣誓效忠塔利班领袖毛拉奥马尔，在喀布尔附近的卡尔加（Kargha）开办了隶属于塔利班国防部的'古拉巴训练营'，向众多阿拉伯与非阿拉伯战士教授游击战、使用有毒制剂和化学制剂等课程，同时实践自己的'圣战'观。我还在塔利班的伊斯兰信息部负责阿语部门，在官方报纸上撰写文章，为喀布尔电台阿语广播提供素材。我建立了传播'圣战'思想的'古拉巴研究中心'（Al-Ghuraba Center for Studies），呼吁开展全球抵抗活动。我撰写了数千篇有关意识形态、政治学、军事学、战争学与'沙里亚法'的研究文章。"在"古拉巴训练营"，塞特马里阿姆集中培训"基地"组织未来恐怖活动的策划者。他在训练营讲授课程时拍摄的录像在穆斯林世界广为散发。[①] 正是在"古拉巴训练营"，塞特马里阿姆构思出新"圣战"的战略概念。

　　2001年10月，美国入侵阿富汗，推翻塔利班政权，摧毁"古拉巴训练营"，塞特马里阿姆先后逃往伊朗、伊拉克北部和巴基斯坦，逃亡期间全身心投入写作。2004年11月18日，美国务院将塞特马里阿姆列入头号恐怖分子通缉名单，并悬赏500万美元寻其藏身地信息。2005年11月3日，他在巴基斯坦奎达被安全人员抓获，一个月后移交给美国情报人员。由于他并不是2006年底被移交关塔那摩监狱的14名"基地"组织高层之一，有消息称他后被遣返回叙利亚。

　　**一度与本·拉登貌合神离**。据2001年采访过本·拉登的阿拉伯电视台驻巴基斯坦伊斯兰堡首席记者贝克尔·阿特亚尼（Baker Atyani）说，20世纪90年代末，塞特马里阿姆"并非'基地'组织的人"，返回阿富汗后同毛拉奥马尔特别近。本·拉登称自己是整个"圣战"运动的领袖令塞特马里阿姆感到不安。1998年，他在一封7页纸的信中严厉批评本·拉登，痛斥"基地"组织对塔利班领导层包括毛拉奥马尔的不敬。瓦希德·穆杰德希[②]在其著作《塔利班五年统治下的阿富汗》（2001年底该书达里语版本出版）中写道，"人们不

---

[①] Paul Cruickshank and Mohannad Hage Ali, "Abu Musab Al Suri: Architect of the New Al Qaeda", *Studies in Conflict & Terrorism*, Volume 30, Number 1, January 2007.

[②] 20世纪80年代曾在"圣战者服务处"工作，1995—2001年在塔利班外交部供职。

## 第三章 穆斯林思想史上激进理论家和践行家

该想当然地认为'基地'组织是一个凝聚力强、无懈可击的高效组织，本·拉登的精神影响力还没有大到令所有阿拉伯志愿者都对他惟命是从。阿布·穆萨卜·苏里（塞特马里阿姆曾用过的笔名）就是反对者之一。他一直在劝塔利班阻止本·拉登的行动，因为他确信本·拉登不清楚自己的所作所为会造成什么样的后果。阿布·穆萨卜·苏里和本·拉登之间的争端不断升级，以至于有一次他在接受半岛电视台的采访时说，两人已经一刀两断。"塔利班垮台后，《华尔街日报》记者艾伦·卡利森在阿富汗首都喀布尔购买了一台二手电脑，没想到那台电脑以前竟是扎瓦希里经常使用的工作电脑。他和同事安德鲁·希金斯一起从电脑硬盘中解密了近千份文档，其中就有1999年7月19日塞特马里阿姆写给扎瓦希里的一封信。内容大致是，"阿布·阿卜杜拉（本·拉登的化名）说他不会答应'信徒首领'（奥马尔）让他停止接受采访的要求。我认为，（电视）荧光屏、闪光灯、狂热追随者和掌声已经让我们的本·拉登兄弟病得不轻。"曾在阿富汗与"基地"组织并肩战斗过的"利比亚伊斯兰战斗团"头目诺曼·比诺特曼（Noman Benotman）证实了两人的紧张关系："'9·11'前，他们彼此憎恨，他不欣赏本·拉登的领导，称他是'独裁者'、'暴君'"，抨击'基地'组织的战略，指责1998年对美国驻东非大使馆的袭击。"前美国中情局分析家、后任西点军校反恐中心研究部主任的贾勒特·布雷赫曼（Jarret Brachman）说，塞特马里阿姆认为"本·拉登是个狭隘的思想家，将'圣战'运动带向一场不可能打赢的战争，也没有获得穆斯林的支持。"

塞特马里阿姆对"9·11"袭击造成的后果持强烈保留态度。他在2004年的书里称，"9月11日袭击对穆斯林产生消极影响：阿富汗哈里发统治垮台；9月11日后美国以反恐为名对伊斯兰教和穆斯林发动攻击；占领伊拉克……20世纪60年代"圣战"运动开始兴起，70年代和80年代这一运动得以持续，最终导致阿富汗伊斯兰酋长国建立。然而'9·11'事件后它便遭遇灭顶之灾，失去阿富汗训练营的代价过于高昂，而袭击行动没有完全令美国陷入瘫痪。"

不过，塞特马里阿姆承认国际"圣战"运动需要一位偶像级人物,"9·11"后反而力挺本·拉登:"2001年11月,在保卫阿富汗酋长国的战争中,我最后一次见到奥萨马,我们宣誓向'信徒首领'(奥马尔)效忠。我还向奥萨马起誓,我将坚持进行'圣战'和反抗敌人的战争。"

## (二) 清楚阐述反西方"个体圣战"理论第一人

"个体圣战"理论源于法拉叶,并非塞特马里阿姆原创。不同之处在于,塞特马里阿姆提倡"系统而非组织",且将该理论系统化、丰富化和文字化。

早在1987年,塞特马里阿姆在白沙瓦就以乌马尔·阿布杜·哈齐姆为笔名发表长达900页共18章的力作《叙利亚的伊斯兰"圣战"革命》,又名《叙利亚"圣战"经历之观察》(Observations on the Jihadi Experience in Syria)。该书成为20世纪90年代"基地"组织和国际"圣战"运动的重要理论著作。此后,他撰写了大量有关游击战和恐怖小组结构的文章,以及探讨"圣战"运动理论学说、政治方法论和领导结构的论文,其中最重要的文章是分析中亚、北非和阿拉伯半岛"圣战"失败原因的《"圣战"危机的诸多因素》。

2005年1月25日,就在美国政府发布500万美元悬赏令数周后,塞特马里阿姆结束两年隐居生活,以阿布·穆萨卜·苏里为笔名在其国际伊斯兰抵抗网站(www.fsboa.com/vw,现已不再运行)推出长达1600页的宏篇巨著《开展全球伊斯兰抵抗行动呼吁书》,这是迄今圣战者中最重要的一部关于"圣战"的战略研究著作。在书中,他着重总结了叙利亚、埃及和阿富汗冲突的经验教训,系统勾勒出"国际圣战运动原子化"的未来战略。追踪研究塞特马里阿姆的贾勒特·布雷赫曼总结归纳了其核心思想:"未来'圣战'运动将是一个由远离'基地'组织指挥层、打入敌人内部的个人或独立活动的小团体组成'群龙无首的抵抗运动'(leaderless resistance)。这样不仅能消耗敌人实力,还能实现抵抗运动的终极战略目标——建立伊斯兰国家。"

具体而言,**其一,宣扬以"系统"取代"组织"的理念**。塞特

## 第三章 穆斯林思想史上激进理论家和践行家

马里阿姆指出,随着"基地"组织丢掉在阿富汗的大本营,"组织"的概念对国际"圣战"运动来说已经过时,取而代之的应该是依靠自身力量的个人或小股人员组成的"系统",由它们同时在伊斯兰地区和战争地区的多个战场上发动跨国"圣战"行动。在"系统"模式中,为了规避各国安全机构的渗透和打压,领导人仅对圣战者发挥一般性指导作用,更突出圣战者个体独自开展招募、组织、筹资和发动袭击等活动,即在敌人内部的圣战者要自给自足,独立行动。

2001年底塔利班政权倒台后,美军在阿富汗发现塞特马里阿姆当年在"古拉巴训练营"上培训课的6盘录像带,发现那时他就对"基地"组织等级结构提出批评,称这种通过多个基层组织都能追溯到各级领导人的结构很容易被一网打尽,建议学员们"在新时期应该组建行动小组,最好不超过十人"。在录像带中,塞特马里阿姆向学员们这样解释道:"首先,秘密的等级组织不能吸引穆斯林,稍有差错就遭官方逮捕一网打尽,年轻人害怕加入这样的组织。其次,有些年轻人不想加入组织,不知该如何实践他们的信念。我们要给年轻人机会,让他们不用加入某个组织就可尽显其能。"[1] 他宣称,即使没有上前线,穆斯林也能践行"圣战":"如果你在马来西亚听说车臣发生的事,那就带上刀,去杀死俄罗斯使馆的随员";"英国穆斯林不必离开校园或辞职到前线去参加'圣战'。你能做的就是打电话给媒体,告诉他们你是伊斯兰全球抵抗运动的成员,并称对世界上任何地方的任何行动负责";"如果居住在瑞典的穆斯林发现一个与犹太人有关的目标,那就对它发动攻击"。塞特马里阿姆强调,选择袭击目标有两个标准:最大程度地造成敌人痛苦和最大限度地唤醒穆斯林民众。[2]

**其二,指明"圣战"运动的"分散化"(Decentralization)和"个**

---

[1] Paul Cruickshank and Mohannad Hage Ali, "Abu Musab Al Suri: Architect of the New Al Qaeda", *Studies in Conflict & Terrorism*, Volume 30, Number 1, January 2007.

[2] Brynjar Lia, "Al-Qaeda online: understanding jihadist internet infrastructure", *Jane's Intelligence Review*, January 2006. 作者布赖恩贾·利亚为挪威国防研究机构"跨国激进伊斯兰"项目负责人。

体化"（Individualization）趋势。即"基地"组织从脆弱的等级结构转变为伸缩自如的分散结构，这种"自我驱动式"国际"圣战"运动将使美国和西方忙于四处灭火而走向衰落。塞特马里阿姆曾于2005年7月11日发表声明："穆斯林要将伊斯兰国家和城市全部转化成不屈不挠的'费卢杰'（伊拉克城市）。即便美国增加了十倍的兵力，也不可能打败阿拉伯和穆斯林世界的数百个'费卢杰'。"[①] 同年8月20日，他在Tajdeed圣战论坛（www.tajdeed.org.uk）发表"圣战檄文"（被捕前在网上发布的最后一份声明），鼓动世界范围的"蛰伏"恐怖小组向西方国家发起全面进攻。塞特马里阿姆承认，为了实现他心目中的民众大规模参与"圣战"运动，需要做大量动员工作。为此，他分发课程的录像带以便教会个人如何煽动穆斯林成为圣战者。他说："这要通过突出宣传犹太人—十字军的压迫来实现。"他还说，细述"西方世界的堕落、它的丑恶行径、它的同性恋现象是煽动穆斯林情绪的好办法"。

　　其三，鼓动"基地"组织对美国及其盟友使用大规模杀伤性武器。美国务院称，塞特马里阿姆对大规模杀伤性武器情有独钟。他在阿富汗时曾为"基地"组织负责大规模杀伤性武器的头目埃及人阿布·哈巴布·马斯里（Abu Khabab al-Masri，2006年1月中旬在巴基斯坦一次空袭中丧生）提供过帮助，在"德伦塔训练营"（Derunta）培训"基地"组织成员如何使用有毒与化学制剂。塔利班倒台后，阿布·哈巴布·马斯里写给"基地"组织行动人员的一封信被发现，该信披露塞特马里阿姆对研制"脏弹"的关注："你将发现一份附加的摘要，里面提到传统核反应堆的废料。这些东西里就有可作军事用途的放射性物质，可污染某个地区或阻止敌人前进。我们的巴基斯坦朋友在这方面经验丰富，从他们那里获取更多信息是可能的。"2005年1月，他在一家伊斯兰网站上这样说道："9月11日袭击纽约与华盛

---

[①] Shane Drennan and Andrew Black, "Fourth generation warfare and the international jihad", *Jane's Intelligence Review*, October 2006. 作者沙恩·德雷南是"海上技术应用股份有限公司"情报与恐怖主义分析集团中东部官员，安德鲁·布莱克是该集团非洲部官员。

## 第三章 穆斯林思想史上激进理论家和践行家

顿的飞机上没有装载大规模杀伤性武器,我对此深感遗憾。更完美的计划应是给被劫持飞机配备大规模杀伤性武器,要让美国那些投票支持杀戮、毁灭、掠夺别国财富、妄自尊大和具有控制他人欲望的人沾上可怕的放射性尘埃。"[①] 西方安全机构对此极为担忧,2004年11月8日美国政府悬赏500万美元缉拿他的人头,12月塞特马里阿姆做出回应,使用大规模杀伤性武器袭击美国"最终是可能的,现在已是必须的":"(一种)意见是,使用包括核、化学或生物武器在内的大规模杀伤性武器,以决定性战略行动摧毁美国。如果圣战者能够同拥有这些武器的人进行合作,购买到或是制造和使用简易原子弹或所谓'脏弹'的话。我相信对一个肮脏的国家采用'脏弹'是公允的"。

**其四,主张"圣战"手段残酷化、斗争目标多元化**。在"古拉巴训练营"授课时,塞特马里阿姆就对未来的圣战招募者说:"不分男女老幼,该杀就杀。"在他眼中,需要"打击"的敌人范围极为广泛:十字军、基督徒、犹太人和堕落的穆斯林。他极端憎恶什叶派。2000年在意大利那不勒斯一个阿尔及利亚恐怖分子藏身的公寓里发现的录像带中,塞特马里阿姆反对逊尼派与什叶派开展合作,指出黎巴嫩真主党等什叶派组织给巴勒斯坦斗争造成"消极影响"。这种反什叶派态度日后对伊拉克逊尼派暴乱分子影响突出。

2005年12月,塞特马里阿姆被捕前还发表声明敦促掀起新一轮恐怖浪潮:"我再度发出呼吁,分散在欧洲和敌国的圣战者或能去那里的人尽快行动起来,袭击英国、印尼、荷兰、德国、日本、澳大利亚、俄罗斯和法国以及所有在伊拉克、阿富汗或阿拉伯半岛驻军的国家,或打击他们在我们国家和全世界的利益。"[②]

**其五,坚称国际"圣战"运动仍需一个超国家组织负责提供资金或指导**。虽然塞特马里阿姆认为"系统"重于传统的等级结构,但为

---

[①] Paul Cruickshank and Mohannad Hage Ali, "Abu Musab Al Suri: Architect of the New Al Qaeda", *Studies in Conflict & Terrorism*, Volume 30, Number 1, January 2007.

[②] Paul Cruickshank and Mohannad Hage Ali, "Abu Musab Al Suri: Architect of the New Al Qaeda", *Studies in Conflict & Terrorism*, Volume 30, Number 1, January 2007.

使"个体恐怖主义"有序开展，他指出，"绝妙的个人动机"需要通过战略指导加以"引导"，而这种"引导"则来自于他或其他"基地"组织领袖。换句话说，虽然每次"圣战"行动都是自发的，但为了有助于推进整个"圣战"事业，恐怖袭击行动要归功于"基地"组织。

**各地圣战者纷纷将其理论付诸实践**。按阿拉伯电视台驻巴基斯坦伊斯兰堡首席记者贝克·阿特亚尼的话说，塞特马里阿姆在阿富汗"古拉巴训练营"就已培养出新一代"最睿智和最精干"的圣战者，他们当中有阿拉伯人和外国人，还包括英美在内的西方国家穆斯林。而他的网络版《开展全球伊斯兰抵抗行动呼吁书》一经推出，便迅速在全球诸多"圣战"网站、激进聊天室传播开来，成为"虚拟圣战战争学院"和未来"原子化"圣战者的教科书，对全球圣战者产生深远影响。用塞特马里阿姆的话说，"作为一名现存的'圣战'实战专家，独自一人时，我把时间都花在对即将到来的对抗与战斗性质的探索上。"与"基地"组织头目接触密切的约旦记者弗阿德·侯赛因（Fuad Hussein）慨叹道："塞特马里阿姆（在圣战者中）享有很高威信，影响极大，伊拉克、阿拉伯世界、欧洲乃至全世界的圣战者都在阅读他写的东西。我每天都在监控伊斯兰网站，每天总能看到新的贴子涉及塞特马里阿姆的研究、著述、录像带及录音带。"以色列反恐专家鲁文·帕兹（Reuven Paz）评估《开展全球伊斯兰抵抗行动呼吁书》影响时称，塞特马里阿姆的书"极富才气"，已被新生代圣战者当成实用手册，并将分散在各地的穆斯林激进团体联合起来，为共同的事业而战。① 挪威国防研究机构反恐专家布赖恩贾·利亚博士（Brynjar Lia，正在写一本关于塞特马里阿姆的书）说，"他是清楚阐述全球'原子化圣战'思想的第一人，没有人像他那样做出如此系统和全面的分析。"

---

① Stephen Ulph, "Setmariam Nasar: Background on al-Qaeda's Arrested Strategist", *Terrorism Focus*, Volume 3, Issue 12, March 28, 2006.

## 第三章 穆斯林思想史上激进理论家和践行家

### （三）对当代国际"圣战"运动的影响

**其一，指明了后"9·11"时代"基地"组织演变方向。**"基地"组织已催生出一场基础更为广泛、组织更为松散的"圣战"运动，巴厘岛、卡萨布兰卡、伊斯坦布尔、马德里和伦敦等地恐怖袭击均由本土化恐怖小组策划实施。

**其二，引导了恐怖袭击目标的选择。**鲁文·帕兹在题为"'基地'组织寻找新前线：埃及和西奈半岛'圣战'活动介绍"一文中指出塞特马里阿姆思想的影响：一是袭击西方游客事件频发。自塞特马里阿姆的著作上网后，2005—2006年，埃及西奈半岛的旅游景点发生多起针对游客的袭击事件，其依据正是塞特马里阿姆提出的要针对穆斯林国家的游客发动袭击。二是破坏石油设施行动增多。塞特马里阿姆在书中曾用一章篇幅论述石油对西方的重要性，并得到了扎瓦希里的重视。2005年9月、12月，扎瓦希里先后两次发表讲话，呼吁圣战者"将袭击集中在（敌人）盗取的穆斯林的石油上"，称丧失石油将使西方国家崩溃。从那时起，沙特的布盖格油田多次遭袭，埃及石油设施也遭遇多次袭击图谋。据悉，在突袭布盖格袭击案头目住处时，沙特当局发现了有关海湾合作委员会国家几乎所有石油设施的详细资料。三是欧洲成为袭击的重点目标。受塞特马里阿姆理论影响，自2004年西班牙马德里"3·11"爆炸案后，欧洲接连不断地发生恐怖袭击和恐怖图谋：2005年英国伦敦"7·7"爆炸案和"7·21"未遂爆炸事件；2006年"8·10"爆炸从英国飞往美国10架飞机的图谋；2007年6月30日英国北部的格拉斯哥机场遭恐怖袭击；同年9月4日德国警方在奥伯斯莱德恩小镇逮捕3名武装分子，他们阴谋用炸弹袭击美国和北约在德国军事重地拉姆施泰因空军基地以及欧洲最繁忙的机场之一法兰克福国际机场。据悉，伦敦"7·7"爆炸案后，塞特马里阿姆一个月后就发表一封题为《2005年7月爆炸案后致英国和欧洲民众公开信》，宣称："我向真主起誓，我现在满心欢喜，喜悦的程度超过了历经数十年辛劳以及漫长的栽培与耐心等待后终于看到收获果实的农民。"他被捕一个月后，这份声明于2005年12月2日上传到"圣战"网站上。①

**其三，影响了2003年以来伊拉克逊尼派的暴乱及欧洲的恐怖活动方式**。一是他关于"数以千计甚至数以万计的穆斯林参加圣战"的设想及建立结构松散的"圣战"团体的主张变成现实。伊拉克与美国官员告诉《纽约时报》记者，参加暴乱活动的团体可能有一百个，每个团体都有自己的头目，经常自行其事或者纠集起来发动袭击。二是塞特马里阿姆早就要求袭击伦敦的地下设施："出于平等对待原则，（在我的教导中）我提出打击敌人国家的重点与合法目标。在这些目标中，我特别拿伦敦地下设施举例。将它作为袭击目标那时是，现在仍然是。"三是他称恐怖小组头目应当是个"在安全、文化与宗教方面表现活跃的人，能够对朋友圈产生影响力"。在马德里，联系广泛的突尼斯移民萨哈内·法赫克特（Sarhane Fahket）与摩洛哥移民贾马尔·佐加姆（Jamal Zougam）组建起他们自己的"圣战"团体。法赫克特是一名成功的房地产经纪人，佐加姆开了家手机店。在英格兰北部的迪斯伯里（Dewsbury），穆罕默德·西迪克·汗（Mohammed Siddique Khan）是一名受人尊敬的小学教师。四是在人员训练方面，马德里和伦敦爆炸案的实施者也接受了塞特马里阿姆的建议，"可以在隐密房屋、公寓或体育馆内进行"。实际上，他特别强调，体育馆是圣战者聚会与训练的最佳场合。"小组头目应与其他人员一同在某项强度大的运动中进行紧张的体能训练。"英格兰北部比斯顿（Beeston）小镇的体育馆正是伦敦爆炸案实施者聚会的地方。马德里爆炸案的实施者则在租赁的公寓里进行训练。

---

① Paul Cruickshank and Mohannad Hage Ali, "Abu Musab Al Suri: Architect of the New Al Qaeda", *Studies in Conflict & Terrorism*, Volume 30, Number 1, January 2007.

## 十一、"伊斯兰国"头目巴格达迪[①]

巴格达迪全名阿布·巴克尔·巴格达迪（Abu Bakr al-Baghdadi），本名阿瓦德·易卜拉欣·阿里·巴德里·萨马赖，伊拉克逊尼派穆斯林，"伊斯兰国"头目，**致力于以暴力行动重划中东政治版图**。早在2009年，美国就悬赏1000万美元取巴格达迪首级。如今，他成了继"基地"组织头目扎瓦希里之后，美国通缉追杀的第二号恐怖分子，但在激进分子心目中，他的地位已超过扎瓦希里。《华盛顿邮报》专栏作家大卫·伊格内修斯撰文称，"本·拉登真正的继承人应该是巴格达迪"，他是一个"更暴力、更恶毒、更反美"的人。法国《世界报》给他冠以"新本·拉登"称号。

### （一）崛起成为"伊斯兰国"头目

**生于苏菲派寒门**。据研究巴格达迪生平的伊拉克学者希沙姆·哈希米（Hisham al-Hashimi，有时为伊拉克情报部门做事）称，巴格达迪1971年生于萨拉赫丁省萨马拉附近农村一个苏菲派贫寒人家。但自称据其家谱，他的祖先出自先知穆罕默德所属古莱什部落，他的兄弟叔伯中有宗教学者以及研究阿拉伯语、修辞学和逻辑学的教授。90年代初，他前往巴格达，在当地一所伊斯兰大学攻读伊斯兰文化、历史、"沙里亚法"和法学，并获得伊斯兰研究和历史博士学位，因此他比"基地"组织两任头目本·拉登（土木工程师）、扎瓦希里（医生）拥有更深的宗教学识。上学期间，他的思想开始激进。毕业后，他在家乡萨马拉一座清真寺任伊玛目。

**投奔"基地"组织伊拉克分支**。2003年，美国入侵伊拉克，推翻萨达姆政权，给了巴格达迪信奉激进思想的自由。战争初期，巴格达迪便投奔约旦人阿布·穆萨布·扎卡维（Abu Musab al-Zarqawi,

---

[①] 材料引自：Tim Arango and Eric Schmitt, "U.S. action in Iraq fueled rebel's rise", *International New York Times*, August 12, 2014。

1966年10月生）为首的"基地"组织伊拉克分支。2004年，他在伊拉克费卢杰街头被捕时，美国特工以为他"只是一名街头暴徒，很难想象日后成了'伊斯兰国'头目"。实际上，正是驻伊美军行动带来的政治变化助推他逐步升到该组织头目位置上。2006年，美军击毙扎卡维，随后又集中火力消灭其他伊拉克分支头目。2010年4月，美军与伊拉克军队采取联合行动，在提克里特附近击毙两名头目。

**升任伊拉克分支头目**。2010年5月，巴格达迪接管"基地"组织伊拉克分支，改名"伊拉克伊斯兰国"（ISI, the Islamic State of Iraq），致力于在伊拉克建立哈里发国家，与扎瓦希里开始产生矛盾。巴格达迪着手重组"伊拉克伊斯兰国"军事网络，从已遭解散的萨达姆军队、特别是共和国卫队中招募经验丰富的军官为其效力，并将"伊拉克伊斯兰国"打造成一支职业军队。2011年，美国彻底从伊拉克撤军，巴格达迪通过暗杀行动清除竞争对手，打开监狱补充兵员，通过敲诈筹款，减少资金上对"基地"组织的依赖。3月后，巴格达迪在叙利亚内战中嗅到机会，派手下阿布·穆罕默德·戈拉尼（Abu Mohammad al-Golani）去叙利亚扩大"基地"组织伊拉克分支在当地的势力，建立了叙利亚反政府武装"胜利阵线"。戈拉尼拒绝与巴格达迪的队伍整合后，巴格达迪对"胜利阵线"宣战，因而与"基地"组织领袖扎瓦希里产生嫌隙。巴格达迪无视扎瓦希里命令，拒绝将叙利亚交给"胜利阵线"，反而于2012—2013年扩大在叙利亚北部和东部的作战。2012年，巴格达迪将组织更名为"伊拉克和黎凡特伊斯兰国"（ISIL）。为充实战斗力，他在2012年7月发布视频，煽动追随者在伊拉克全境实施"劫狱""越狱"。随后一年内，他指挥24起汽车炸弹袭击、攻击9座伊拉克监狱，致使多名被囚激进分子越狱。随着这批激进分子加盟"伊斯兰国"，巴格达迪加紧军事攻势，控制了伊拉克北部。

**"伊斯兰国"宣布建国**。2014年1月，"伊拉克和黎凡特伊斯兰国"占领伊拉克西部重镇费卢杰。2月，"基地"组织高层将"伊拉克和黎凡特伊斯兰国"逐出"基地"组织。5月，巴格达迪宣布与"基地"组织分裂。巴格达迪告别"基地"组织时对扎瓦希里说,"我选择顺从真主的旨意"。脱离"基地"组织后,巴格达迪开始从也门和索马里等国"基地"组织分支中吸收成员,蚕食"基地"组织力量。在"圣战者"眼中,巴格达迪的威望已超过扎瓦希里,"支持者从阿富汗和巴基斯坦等国给巴格达迪写信,宣誓对他效忠"。[1]

2014年6月29日,巴格达迪宣布在横跨叙伊边境的广大区域正式建立"伊斯兰国"。**他的领导核心由前复兴党军情官员组成的小集团构成,擅长作战**,占领了叙利亚和伊拉克的部分地区。巴格达迪拥有本·拉登和扎瓦希里不具备的东西——疆土,而他是其统治者。2014年8月,美国务院负责伊拉克政策高官布雷特·麦格克在一次国会听证会上坦言,"'伊斯兰国'比'基地'组织更糟糕。"

### (二) 主要政见

作为"伊斯兰国"哈里发,首次公开向全球喊话。2014年7月4日(美国独立日),巴格达迪在穆斯林斋月现身摩苏尔市中心的诺里大清真寺(Al-Nouri)**发表"建国宣言":**"全天下的穆斯林们,我带来了喜讯并向你们问好。今天,你们可以昂起头来!在真主的庇佑下,你们建立了属于自己的哈里发国家,这将还给你们尊严和力量、权利乃至领袖!"[2]

巴格达迪自称是"哈里发易卜拉欣"(即先知亚伯拉罕),敦促信教群众在斋月里封斋,并**发动"圣战"**:"如果你们知道通过'圣战'能得到现世及来世的奖赏和尊严的话,那么你们当中就没有人会

---

[1] "巴格达迪",http://baike.baidu.com/link?url=zyaZatQvAXfCLCCpL5ZTglIQlhTyBTjYZuHzWcOXP8lJG8dEaK-BlxqDnsbeD31Nfwfavl5UBEcluS67RWiNXa。(上网时间:2015年2月11日)

[2] "ISIS扬言数年后占领新疆,其头目指责中国在疆政策",《凤凰周刊》,2014年第22期,http://www.guancha.cn/Third-World/2014_08_09_254914.shtml?ZXW。(上网时间:2014年8月10日)

203

延误去'圣战'。"他语气谦卑,口吻虔诚,令人难以将他与"伊斯兰国"绑架人质勒索钱财、即刻处决、斩首等暴行联系起来:"如果你们发现我是对的,那就来帮助我;如果你们发现我错了,就给我提建议,让我改正。我不会像国王和统治者那样,向其臣民承诺奢华生活、安全和休养生息;但我的承诺一如真主对其虔诚信徒的承诺。"①翌日,该组织将其21分钟的宣教视频上传到网上,这是其追随者首次一睹巴格达迪真面目。

**否定全部西方文明和价值观**。巴格达迪在演讲中痛陈"穆斯林世界在失去哈里发之后落败了,他们的国亡了",更否定一切发源于西方的现代性思潮和价值取向,"不信道的人一度攻占穆斯林的土地……散播虚假口号,诸如文明、和平、共存、自由、民主、政教分离、复兴主义、民族主义、爱国主义,等等",声称"伊斯兰国"才是穆斯林的归宿。

**持坚定反什叶派立场**。他视什叶派为异教徒、伊斯兰心脏地带的"第五纵队",他们面前只有两种选择:要么皈依逊尼派,要么灭亡。什叶派是"伊斯兰国"的头号敌人。巴格达迪利用中东地区的逊尼派与什叶派的冲突,将"伊斯兰国"塑造成为逊尼派阿拉伯人反抗伊拉克、叙利亚等什叶派政权的先锋队。②

巴格达迪以他占领的伊拉克北部和叙利亚北部、东部地区为根据地,建立哈里发国家,并在全球发动"圣战"。"伊斯兰国"曾发布一段主要用英语旁述的影片,解释**"伊斯兰国"立国愿景**:声言要终结1916年4月26日英法两国一战中为瓜分奥斯曼帝国中东地盘而达成的密约《赛克斯—皮科协定》(Sykes-Picot),不仅要消除伊拉克与叙利亚的边界,还要消除约旦、黎巴嫩的边境,并要"从犹太人手里解放巴勒斯坦"。"伊斯兰国"制作的招募志愿者歌曲中这样唱道:

---

① Alissa J. Rubin, "Militant leader surfaces for Iraq sermon", *International New York Times*, July 7, 2014.

② Fawaz A. Gerges, "ISIS and the Third Wave of Jihadism", *Current History*, December 2014, p. 340.

第三章 穆斯林思想史上激进理论家和践行家

"伊斯兰之国已经建立,让我们扫除一切边界,我们的战车所到之处,犹太拉比必将蒙羞。哦,追求真理的战士,出发吧!""伊斯兰国"远期目标是,全球穆斯林向巴格达迪宣誓效忠:"随着哈里发的权威扩张,其军队所到之处,所有酋长国、组织、国家、团体的合法性俱将无效。""伊斯兰国"规划着数年后占领西亚、北非、西班牙、中亚、印度次大陆全境乃至中国新疆。在巴格达迪的讲话中,他点名全世界的许多国家:"在中国、印度、巴勒斯坦、索马里、阿拉伯半岛、高加索、摩洛哥、埃及、伊拉克、印度尼西亚、阿富汗、菲律宾、伊朗、巴基斯坦、突尼斯、利比亚、阿尔及利亚和摩洛哥,在东方和西方,穆斯林的权利都被强行剥夺了……你们看到的中非和缅甸,只是他们水深火热处境的冰山一角。安拉在上,我们要复仇!"这宣示,巴格达迪致力于要回归早期伊斯兰扩张时期的传统,打破西方主导的现代世界格局,重建神权至上的穆斯林共同体。值得注意的是,中国被排在了第一位。巴格达迪在讲话中,多次提到中国以及中国新疆,指责中国政府在新疆的政策,并要求中国穆斯林和全世界穆斯林一样向其效忠。[1]

## (三)"鬼影"或"隐形圣战者"

这是美国情报人员和国际媒体给巴格达迪取的外号。巴格达迪比先前的主要"圣战"领导人更隐秘,擅长伪装容颜,许多巴格达迪的手下都没见过他的真容,他在发表讲话时从来都戴着面具。他会讲带黎巴嫩、叙利亚和沙特阿拉伯等各种口音的阿拉伯语。美国、伊拉克情报分析人员及特工难以拼凑出他的人生轨迹。因此,有关其生平,外界存在相互矛盾的看法。前美中情局官员、现在布鲁金斯学会做学者的布鲁斯·里德尔2014年8月撰文披露,巴格达迪曾与扎卡维一起在阿富汗数年。而美国情报界认为,他根本就没去过伊拉克、叙利

---

[1] "ISIS扬言数年后占领新疆,其头目指责中国在疆政策",《凤凰周刊》,2014年第22期,http://www.guancha.cn/Third-World/2014_08_09_254914.shtml? ZXW。(上网时间:2014年8月10日)

亚冲突区以外地方，也从未与扎卡维交往甚密。美国五角大楼称，2004年初，巴格达迪曾在费卢杰被美军抓获，当年12月即与其他许多犯人一起获释。但希沙姆·哈希米称，巴格达迪在伊拉克南部美国人开设的监狱布卡营（Camp Bucca，别称"圣战大学"，犯人入狱后反而激进化）服刑5年，不仅更激进化，而且在狱中建立了一个颇有价值的人脉网。

虽然行事神秘，媒体还是从巴格达迪的种种蛛丝马迹中为他勾勒出一个大致形象：决策精明、财力雄厚、心狠手辣，毫不犹豫地清除一切拦路石，甚至包括前盟友。巴格达迪抓到俘虏后会一律枪毙或砍头，并拍下行刑过程发布到网上。美国《时代》周刊2014年宣布巴格达迪为"世界上最危险的人"。巴格达迪的精明之处在于，他不光在中东招募成员，还向美欧圣战者敞开大门，将他们训练得"无畏且残忍"。这些人既在中东战场上发挥作用，回国后还为巴格达迪招募新成员，在中东以外的国家发动袭击。巴格达迪的支持者说，巴格达迪还有很多不为人知的能力，"当你拥有他那样的军队、决心和信仰，会让全世界害怕"。①

### （四）确保一旦遭遇不测，"伊斯兰国"仍能幸存和发展下去

在"伊斯兰国"权力的金字塔中，巴格达迪之下是前扎卡维的副手阿布·阿拉·阿弗里（Abu Alaa al-Afri）、前伊拉克特种部队军官法德尔·哈亚里（Fadel al-Hayali）中校两人。不过，阿布·阿拉·阿弗里是土库曼人，不可能继任其位，因为巴格达迪宣称哈里发必须是出自先知穆罕默德所属古莱什部落的阿拉伯人。巴格达迪下放权力，军事行动权掌握在由前萨达姆政权军情官员组成的核心圈手中，确保自己一旦被击毙，"伊斯兰国"能迅速做出调整和继续运转。其

---

① "巴格达迪"，http://baike.baidu.com/link? url = zyaZatQvAXfCLCCpL5ZTglIQlhTyBTjYZuHzWcOXP8lJG8dEaK-BlxqDnsbeD31Nfwfavl5UBEcluS67RWiNXa。（上网时间：2015年2月11日）

内阁包括战争、财政、宗教事务等,由伊拉克人控制要害部门,突尼斯人和沙特人占据许多宗教职位。总体看,迄今,外界对"伊斯兰国"的权力运作情况依旧雾里看花。[1]

---

[1] Eric Schmitt and Ben Hubbard, "ISIS leader has a plan to ensure its survival", *International New York Times*, July 22, 2015.

# 第四章 穆斯林演进史中的激进运动

纵观近1400多年穆斯林激进主义历史,其进程可分为五个历史阶段:7—9世纪、10世纪、12—13世纪、18世纪、1979年至今,暴力恐怖在不同时代延续,目标日趋多元化,地域日趋全球化。

## 一、7—9世纪哈瓦利吉派[①]

"哈瓦利吉"(Khawāridj)阿拉伯语意为"出走者",专指从第四任哈里发阿里的队伍中分裂出走的一个派别。该派是伊斯兰历史上最早出现的原教旨主义性质的派别,武装反抗伍麦叶王朝、阿巴斯王朝封建贵族统治近三个世纪,在中世纪伊斯兰历史上扮演过重要角色,最后被王朝军队镇压而告终。哈瓦利吉派是当今世界以"基地"组织为核心的激进运动理论与实践的鼻祖。

### (一)哈瓦利吉派发展史是一部始终武装反抗统治者的斗争史

**隋芬战役诞生哈瓦利吉派**。该派基本群众是阿拉伯台米姆(Tamim)部落游牧民,四大哈里发时期参加穆斯林大军,驻守巴士拉。他们是阿里的追随者,加入反对第三任哈里发奥斯曼的行列。其中,有一批诵经家,平时以背诵《古兰经》为职责,指导穆斯林的宗

---

[①] 材料引自:"伊斯兰教的哈瓦利吉派",中国伊斯兰教协会,2010年9月2日,http://www.mzb.com.cn/html/report/140658-1.htm。(上网时间:2014年1月4日)

## 第四章 穆斯林演进史中的激进运动

教生活，战时进行宣传鼓动。

656年，奥斯曼被暗杀后，阿里被推选为第四任哈里发，奥斯曼堂弟、叙利亚总督穆阿维叶不承认阿里的哈里发地位，举兵反抗。657年，两军在幼发拉底河畔的隋芬平原激战，穆阿维叶在面临战败情势下，提出"依《古兰经》裁决"的停战议和要求。当时，在阿里军中，主战派占少数，大部分人主张媾和，阿里也倾向和解，遂接受穆阿维叶"依经裁决"要求。双方各自派出公断人仲裁。结果，罢免了双方领导人职务，把正统哈里发阿里置于和穆阿维叶同等地位，引起主战派强烈不满。他们认为，**奥斯曼被杀后，阿里被推选为哈里发，乃系穆斯林公社的集体决定，即是真主的裁决，是神圣的。阿里接受裁决，就是"违犯真主之法度"，是"叛教行为"**。于是，约1.2万人退出阿里队伍从隋芬出走，史称哈瓦利吉派。

**长期武装反抗当权者**。658年，哈瓦利吉派以库法北部的哈鲁拉村为活动基地，推举虔诚信教的普通士兵阿卜杜拉·本·瓦哈布·拉西比（？—658年）为该派第一任哈里发，宣布不承认阿里和穆阿维叶在伊斯兰社会的领袖地位。起初，为对付穆阿维叶，阿里对哈瓦利吉派采取怀柔政策，亲自前往哈鲁拉村说服该派归队，虽使多人退出哈瓦利吉派，仍有3000余人坚持与阿里为敌。后来，当阿里率6万大军进军叙利亚时，获悉哈瓦利吉派杀死支持阿里的麦达因总督和阿里的特使，阿里怒不可遏，途中改变路线，向伊拉克境内的纳赫拉万（Ghazwah Nahrawan）进军，讨伐哈瓦利吉派。进攻前，阿里曾与哈瓦利吉派和谈，使不少哈瓦利吉派成员临阵离队，但其首领拒不接受阿里和谈要求。658年7月17日（一说659年初），阿里下令发起进攻，首领拉西比阵亡，固守营地的哈瓦利吉派1800余人几乎全被消灭，阿里取得决定性胜利。但哈瓦利吉派没有屈服，残部在各地积蓄力量继续开展反阿里活动。在阿里讨伐哈瓦利吉派之际，穆阿维叶于659年击败阿里在埃及的军队，并任命阿慕尔·本·阿斯为埃及总督，阿里势力被极大削弱。**哈瓦利吉派认为，自己已成为唯一真正信仰安拉之道者，是最有资格拥有伊斯兰社会领导权的派别，决心清除所有可能成为哈里发的人，以便自己掌权**。661年，他们派人暗杀了阿里，刺伤穆阿维叶。此后，该派力量逐渐得到恢复和发展，以巴士拉以西沼泽地为基地，分股四处游击，开展不懈的武装斗争。

伍麦叶王朝时期（由穆阿维叶建立），哈瓦利吉派支派在各地发动35次反抗哈里发统治的武装起义，一度占领库法、叶麻麦、哈达拉毛和塔伊夫等城镇和一些部落，势力最大时疆域包括波斯、伊拉克、阿拉伯半岛的汉志和也门地区，但都被伍麦叶王朝军队镇压下去。

阿巴斯王朝初期，该派虽已失去武装斗争能力，但反抗压迫和提倡平均主义的思想得到广大下层贫苦穆斯林主要是农民的积极响应和支持，仍然发动过规模不等的起义。866年，该派领导巴士拉盐场奴隶武装起义，后有士兵、贝都因人、自由农民加入起义队伍，武装抗争长达14年之久。8世纪中叶至10世纪初，其支派曾在北非建立哈塔卜王朝、罗斯图姆王朝和萨杰拉马赛王朝。

## （二）哈瓦利吉派的宗教思想、政治主张

宗教教义上，哈瓦利吉派是虔诚、严格的派别，**认为安拉是独一的，对安拉必须笃信和虔诚，任何怀疑和动摇都是"叛教者"，是大罪，今世应严加惩罚，死后入火狱**；认为《古兰经》除第12章（即优素福章）为被造之作外，其他章节均属安拉语言，须按原意信守，不得擅自加以解释和变动；认为穆斯林仅有信仰还不够，必须践行信仰。为此，穆斯林要履行"念、礼、斋、课、朝"五项宗教功课、参加"圣战"（**将"圣战"作为第6项宗教义务**）和遵守教法教规，强调"礼拜、斋戒、诚实、公正都是信仰的一部分"。该派严格要求信仰的纯正，认为必须思想纯净，斋戒、礼拜才能有效；主张苦修，其成员为表明自己信仰虔诚而加重苦行，延长礼拜时间，增加叩头次数，直至额生胼胝，故又被称为"有胼胝者"；念诵《古兰经》，当读到天园时就激动流涕，企望天园泽降于己；读到火狱时，就喘息唏嘘，以示恐惧。该派还定立禁欲之教规，如禁烟酒，禁娱乐，禁剃须，禁哀悼亡人，禁说谎，禁与本派以外人通婚和发生继承关系等。

该派坚信,犯了"大罪"的人就不是穆斯林,将犯了酗酒、通奸、杀人等大罪的人判为"卡菲尔"。近现代,这一思想不时死灰复燃。

**政治纲领上,宣扬平等精神**。主张凡穆斯林一律平等,哈里发应由全体穆斯林推选,任何一个信仰虔诚、熟知教义教法和行为端正的穆斯林,不分民族和种族,甚至奴隶都有资格当选;哈里发应绝对服从真主,代表全体穆斯林利益,否则就应推翻,甚至被处死;主张在所有穆斯林中平等分配土地和战利品,"消除奴隶和奴役制",故又称"军事民主派"。

**践行"塔克菲尔"理念,主张对政敌和教敌展开无情斗争**。该派既反对伍麦叶王朝和阿巴斯王朝的贵族专政,也反对只有先知穆罕默德及阿里的后裔才能当哈里发的主张,只承认艾布·伯克尔和欧麦尔两任哈里发的合法地位;**反对不赞同他们教义和政治观点的穆斯林,认为除哈瓦利吉派外,其他穆斯林都是"背离主道"的"叛教者",处死"背离主道"的人不仅无罪,而且是信徒的职责,是"真主喜悦的事情"**。故该派经常迫害和屠杀不赞同他们教义的穆斯林平民。

### (三)7世纪中叶兴起穆尔吉派,反击哈瓦利吉派

穆尔吉派(Murji'ah)是一个提倡宽容的学派,因主张对人的信仰问题奉行"延缓判断"原则,故又称"延缓派"。"穆尔吉"意即"延缓之人"(the postponers)。在何谓"大罪"、何谓真正穆斯林等有争议的定义问题上,穆尔吉派兴起并成为一个反击哈瓦利吉派的神学派别。该派于7世纪末消亡,不过,对伊斯兰教教义学派之一马图里迪学派(the Maturidi)有影响。①

**主要观点**。其一,穆尔吉派认为,**在信仰问题上,没有一个穆斯林有权去评判其他穆斯林,唯有真主才拥有终极权威去判断谁是真正的穆斯林**。穆斯林应该认定所有其他穆斯林都是穆斯林共同体的一员。《古兰经》云:"如果真主意欲,他必使你们变成一个民族。……你们

---

① Mustafa Akyol, "A letter on Muslim toleration", *International New York Times*, February 18, 2015.

全体都要归于真主,他要把你们所争论的是非告诉你们。"(5:48)穆尔吉派秉持宿命论立场,认为真主预定了万物,将所有教义之争都延缓到来世,由真主去做决断。穆尔吉派弘扬伍麦叶王朝时期的宽容国策,允许皈依伊斯兰教之人半心半意地顺从。**其二,穆尔吉派认为,犯了"大罪"的穆斯林仍是穆斯林**。如果他们保持信仰,仍有资格进入天堂。后来的穆尔太齐赖派、"伊斯兰教权威"安萨里又对该观点进行了修正。①

## 二、10 世纪罕百里教法学派

9 世纪,阿巴斯王朝处于鼎盛时期,希腊、波斯、印度文化通过不同渠道进入伊斯兰学术领域,尤其希腊理性主义思想通过穆尔太齐赖派(Mutazilite)② 在伊斯兰教教义学中大行其道,严重威胁伊斯兰纯正性。阿巴斯王朝哈里发为了牢牢控制哈里发手中宗教权力,强迫伊斯兰学者们接受穆尔太齐赖派观点,即《古兰经》不是"天启"而是被造的,是人可看懂的、可触知的。罕百里教法学派创始人伊本·罕百里认为,穆尔太齐赖派观点是异端邪说,起而反抗哈里发对信仰的干预,提出"回归《古兰经》和圣训"口号,回归"清廉的先贤"对经训的实践,反对外来文化对伊斯兰文化的侵蚀。**罕百里教法学派尊奉"萨拉夫",其回归传统、正本清源的思想宣告"萨拉菲派"的诞生,并成为后世"萨拉菲派"思想和精神源泉**。

10 世纪,以哈桑·伊本·阿里·巴巴哈里(Al-Hasan ibn'Ali al-Barbahari)为首的罕百里教法学派与阿巴斯王朝哈里发之间在《古兰

---

① "Murji'ah", http://en.wikipedia.org/wiki/Murji%27ah. (上网时间:2015 年 3 月 4 日)

② 穆尔太齐赖派在推崇理性、用哲学思维判断宗教方面走得很远,但他们的基本思维方式还是宗教性的,他们信仰先知的圣品和启示,热情捍卫并传播伊斯兰,与反信仰思潮(al Ilhad)做斗争,其传播没有带来否认圣品、后世等思想的结果,在穆斯林社会中的存在并没有削弱穆斯林的宗教意识。

经》是"天启"还是被造的问题上持续纷争,造成在首都巴格达①不断上演社会骚乱或暴乱。该派经常在巴格达组织由追随者组成的暴民,袭击所有什叶派和犯了罪的逊尼派同胞,洗劫商店,攻击街头女艺人。他们擅长利用下层民众冤苦来动员、制造社会骚乱。935 年,因贾里尔教法学派创始人穆罕默德·伊本·贾里尔·塔巴里质疑罕百里教法学派的合法性,认为其创始人伊本·罕百里是圣训学家,未当过法官,不承认其教法学成就,一些哈桑·伊本·阿里·巴巴哈里支持者多次拿石头攻击塔巴里的家,并引发大规模暴乱,加上其偏离主流社会的观点,布维希王朝哈里发阿尔-拉迪(Ar-Radi)公开谴责该学派,中止国家宗教机构对该学派的支持,并派军队镇压。② 由于罕百里教法学派组织的暴民力量强大,阿巴斯王朝官员不得不秘葬塔巴里,以免触发进一步社会动乱。

罕百里教法学派在解释伊斯兰法律时,坚决反对个人意见,反对类此,不容忍他人意见,甚至排斥与他们立场不一致的统治者和法官,因此在伊斯兰历史上,被视为反哈里发政权、不断制造麻烦的群体,一次又一次地遭到政权镇压。③

## 三、12—13 世纪伊斯玛仪派分支尼扎里耶派④

### (一) 名称渊源

许多中世纪西方人将什叶派三大分支之一伊斯玛仪派⑤分支尼扎

---

① 巴格达原意为"和平之城"。在阿巴斯王朝时期,巴格达是世界上最繁荣的都市之一,人口多达 100 万人,约为当时东亚第一大城市长安人口的两倍。著名文学作品《一千零一夜》即是巴格达繁荣时代的产物。
② "Hanbali",http://en.wikipedia.org/wiki/Hanbali.(上网时间:2014 年 2 月 7 日)
③ "Hanbaliyyah",http://www.philtar.ac.uk/encyclopedia/islam/sunni/hanb.html.(上网时间:2014 年 2 月 7 日)
④ 材料引自:"Assassins",http://en.wikipedia.org/wiki/Hashshashin。(上网时间:2014 年 3 月 26 日)
⑤ 什叶派三大分支:栽德派、伊斯玛仪派、十二伊玛目派。

里耶派①（the Ismailis-Nizari，以下简称尼扎里耶派）惯称"刺客"（Assassins），将其妖魔化、浪漫化。"Assassins"源于阿语"Hashishi"。1122 年，伊斯玛仪派法蒂玛王朝哈里发第一次使用"Hashishi"一词，特指叙利亚伊斯玛仪派分支尼扎里耶派，带有轻蔑味道。此后，该词迅速被反伊斯玛仪派的历史学家借鉴，并专指叙利亚和波斯的尼扎里耶派。随着该派与十字军展开军事较量，该词传到欧洲。13 世纪，马可波罗②在游记中提到"刺客"，将其描绘成清除对手的职业杀手，从此"刺客"一词在欧洲广泛流传开来。实际上，尼扎里耶派创始人哈桑·本·萨巴赫喜欢称其信徒为"Asasiyun"，意即信仰的基石。该词被外国游客误解成"Hashishi"。绝大多数有关"刺客"起源的信息，出自敌视该派的势力撰写的文献或传说，有关该派内部运作的文献毁于 1256 年蒙古人对阿拉穆特③（Alamut）要塞的进攻。

哈桑·本·萨巴赫生于波斯库姆一个什叶派家庭，年轻时云游四方，伺候过许多主子。1090 年，在阿拉穆特建立军事要塞，直至 1124 年去世的 34 年时间里，他在此指挥着一个由伊玛目、职业刺客组成的网络，并成为当时最令人胆寒的恐怖组织。他保证献身的"殉教者"可以升入天堂。这些"殉教者"的自杀性恐怖战略完美无缺，成为传奇故事，巅峰时刻甚至连萨拉丁这样的苏丹都不能确保自己的卫队是否隐匿着"刺客"成员。

## （二）尼扎里耶派建国史

1094 年，法蒂玛王朝第八任哈里发穆斯坦西尔（al-Mustansir,

---

① 伊斯玛仪派得名于创始人伊斯玛仪。该派接受新柏拉图主义等外来思想影响，同伊斯兰教教义融为一体，形成独特而复杂的哲学体系和以神秘主义为特色的教义、教法学说。伊斯玛仪派又细分为五派：尼扎里耶派、穆斯塔里尔派、阿拉维派、阿里伊拉希派、德鲁兹派。（"Assassins", http://en.wikipedia.org/wiki/Hashshashin. 上网时间：2014 年 3 月 26 日）

② 马可波罗生于 1254 年。

③ 位于今日伊朗西北部，建在厄尔布尔士山脉（the Elburz）中段一块大岩石上。

## 第四章 穆斯林演进史中的激进运动

1036—1094 年,也是第 18 代伊斯玛仪派伊玛目)去世,在哪个儿子继位问题上,**伊斯玛仪派发生重大分裂**:虽然尼札尔(Nizar-Musta)是原定继承人,但其弟穆斯塔里尔(Mustali'lian)在势力强大的亚美尼亚大臣、岳父白德尔·贾马里(Badr al-Jamali)支持下,迅速在开罗夺权继位。白德尔·贾马里称,穆斯坦西尔临终前在病床上修改遗嘱,改换小儿子穆斯塔里尔继位。尼札尔起兵反抗,战败被囚。但他得到深受开罗、叙利亚、波斯等地大多数伊斯玛仪派信徒爱戴的哈桑·本·萨巴赫大力支持,于是,尼扎里耶派宣告诞生,故该派只承认法蒂玛王朝前八任哈里发。[①] 在此后两代人时间里,法蒂玛王朝进一步分裂——先是穆斯塔里尔派分裂成哈菲兹(Hafizis)、塔伊比(Tayyibis)两派;之后,塔伊比派又分裂成达乌德[Daudis,主要是南亚的博赫拉斯[②](Bohras)]、苏莱曼(Sulaymanis,主要分布在也门)两派。最终,法蒂玛王朝从内部土崩瓦解。[③]

在哈桑·本·萨巴赫领导下,尼扎里耶派通过宣传社会正义、自由思想等理念,争取到不满逊尼派塞尔柱王朝(Seljuk)重税政策的当地人和许多军人的大力支持,队伍迅速发展壮大,通过隐蔽战略——先派出部分可靠成员定居在要塞周边,并在要塞里面发展内线,待时机成熟后兵不血刃夺下要塞——相继成功夺取了叙利亚地中海沿岸努赛里耶(al-Nusairiyyah)山脉的许多要塞,建立尼扎里耶派国家,定都阿拉穆特要塞,并创建了一支由冷血"刺客"组成的秘密军事力量。在哈桑·本·萨巴赫及其继任的统率下,继续通过隐蔽战略,不断攻克伊朗、伊拉克和富饶新月地带的战略要塞,其军事实力一度严重威胁塞尔柱王朝在波斯和叙利亚的统治。时值十字军在圣地耶路撒冷制造动乱,该派也同征服叙利亚和伊朗的十字军作战。直至

---

[①] "History of Nizari Ismailism", http://en.wikipedia.org/wiki/History_of_Nizari_Ismailism. (上网时间:2014 年 3 月 26 日)

[②] 指印度西部古杰拉特邦的穆斯林。

[③] Anthony McRoy 书评, Farhad Daftary 主编: *A Modern History of The Ismailis: Continuity and Change in a Muslim Community* (London: I. B. Tauris, 2011), The Muslim World Book Review, Volume 32, Issue 3, Spring 2012, pp. 64 – 66。

1256年12月15日阿拉穆特要塞被蒙古人攻克,尼扎里耶派国家先后有七任大教长。阿拉穆特要塞易守难攻,该派修建了天堂般花园、图书馆、实验室,哲学家、科学家、神学家们可以就所有议题展开辩论,享有学术自由氛围。

**国家特征**。一是由约200个互不相连的战略要塞组成。尼扎里耶派国家领土分散在波斯、叙利亚各地,他们将这些要塞冠名为"迁徙地"①(dar al-hijra,即避难所)。阿拉穆特要塞是大教长所在地,也是整个地区伊斯玛仪派必要时可以安全退却的一处据点。1101—1118年,塞尔柱王朝多次组织大军围攻该派各地要塞。尽管伤亡惨重,但该派击退来犯者,坚守住了阵地。1256年,蒙古人攻占阿拉穆特要塞,尼扎里耶派国家灭亡。二是建立一元化权力结构。其统治比法蒂玛王朝、塞尔柱王朝更有效率,前两者深受内部政治动荡困扰。

## (三) 尼扎里耶派特征

**教义**。七大宗教支柱为:护教(Guardianship)、纯正、念、礼、斋、课、朝;主张教权、政权由圣裔家族世袭继承;教义内核永恒不变,外化形态与时俱进,该派伊玛目有权也有学识与时俱进地诠释《古兰经》;《古兰经》要义不在经文本身,而在于指引的人,他是《古兰经》的化身;身为伊玛目的重要善行是改善穆斯林和非穆斯林的福祉;将一天五次礼拜减少为三次,一年里数日封斋可顶替长达一个月的封斋,男子无需蓄胡,女子无需遮面,强调多元主义。故尼扎里耶派被逊尼派视为主张偶像崇拜的异端。②

**组织结构**。尼扎里耶派内部实行等级制:大教长(Grand Master)是哈桑·本·萨巴赫;其次是"大宣教员"(Greater Propagandists);第三是"普通宣教员"(normal Propagandists);最后是弟子(Com-

---

① "迁徙地"源于622年先知穆罕默德及其圣门弟子受麦加贵族迫害而迁徙到麦地那。

② "Imamah (Nizari Ismaili doctrine)", http://en.wikipedia.org/wiki/Imamah_(Nizari_Ismaili_doctrine).(上网时间:2014年3月26日)

panions）和信徒（Adherents）。信徒通常受训成为令人胆寒的"刺客"，他们擅长打仗，笃信"圣战"。虽然"刺客"位于尼扎里耶派最底层，是大教长的"爪牙"，但该派花费许多时间和大量资源来训练他们。"刺客"一般都很年轻，体力好，以便圆满完成行刺任务。为了接近行刺目标，他们必须训练耐心、冷酷、计算等能力。他们聪明、博闻，不仅了解敌人，而且懂得敌人的文化和当地语言，以便潜伏到敌方土地上从事行刺行动。

**行刺史**。哈桑·本·萨巴赫派出刺客乔装成一名苏菲派，潜入塞尔柱王朝宫廷暗杀了下令要逮捕他的大臣尼扎姆·穆尔克（Nizam al-Mulk），这是该派第一起行刺行动。当时，塞尔柱王朝和十字军也惯用暗杀手段除掉敌人。被尼扎里耶派杀害的其他名人还有：1108年，逊尼派名人阿布尔·马哈辛·鲁亚尼（Abul-Mahasin Ruyani）因宣传反尼扎里耶派言论而被杀；两名刺客乔装成基督教传教士，骗取国王信任后于1192年4月28日在泰拉①（Tyre）城城堡持短剑刺死耶路撒冷国王康拉德（Marquis Conrad），堪称那个时代的"9·11"事件；1272年，在耶路撒冷城墙外，一名刺客刺伤英国王子爱德华（后来成为爱德华一世）。在定都阿拉穆特要塞的200年时间里，在伊斯兰土地上发生的所有重大政治谋杀案都出自该派之手，行刺了众多教敌、政敌。鉴此，美国当代著名中东史学家伯纳德·刘易斯将尼扎里耶派视为一个激进、异端教派。

**行动特点**。该派运用中世纪盛行的各种军事谋略手段，来实现其宗教、政治目标。**一是在敌人土地上搞行刺行动，有选择地清除重要竞争对手**。由于尼扎里耶派国家由互不相连的要塞组成，面对强敌围攻时，各地要塞犹如波涛汹涌大海中的座座孤岛，难以组织有规模的军事反击，主要靠秘密派遣刺客渗透到阿巴斯王朝宫廷内部和敌人的军事据点，潜伏下来等待行刺时机，尽量不直接对抗，以免造成伤

---

① 现黎巴嫩南部省，我国地图上译为"苏尔（提尔）"。

亡。① 他们也经常在公共场合、光天化日之下杀害政敌，以便恐吓其他潜在敌人。行刺目标主要是入侵者和迫害该派者，当中有政客和将军，但从不滥杀平民。**二是发动心理战，迫使敌人不战而降**。譬如，刺客将剑锋上涂着毒药的短剑插在某个敌人的枕头上，并附一封恐吓信。由于他们言必行，行必果，恐吓信很起作用。马斯亚夫（Masyaf）大教长拉希德·丁·希南（Rashid ad-Din Sinan）就曾经成功地警告时任埃及和叙利亚苏丹萨拉丁不要进攻马斯亚夫：萨拉丁两度遭该派暗算，死里逃生。一次是 1174—1175 年冬，他围攻阿勒颇之际；另一次是 1176 年 5 月 22 日，但未遂。为避免第三次遭刺杀，他同尼扎里耶派缔结停战盟约。塞尔柱王朝苏丹桑加尔（Sanjar）刚上台时，回绝哈桑·本·萨巴赫派来的和谈使臣，后者便派刺客恐吓桑加尔：一天早晨醒来，他发现床边地上插着一把短剑，一会儿哈桑·本·萨巴赫的使臣来到，带话给他："难道我不祝福苏丹吗？短剑插在地上而没有插进您的胸膛！"从此，塞尔柱王朝与尼扎里耶派间实现数十年和平。苏丹桑加尔甚至向该派发放养老金，赠与许可证，允许他们从游客身上收取服务费。**三是为消灭对手，不惜牺牲生命**。该派成员视自己的生命为祭品——源于什叶派颂扬死亡、殉教的传统。**四是军事行动期间，出于保护和保密要求，他们从不让自己的女人身处要塞**。塞尔柱王朝派军围攻阿拉穆特要塞时，一度出现饥荒，哈桑·本·萨巴赫便将妻儿送往格尔度赫（Girdhuh），从此定下先例。

## （四）历史影响

尼扎里耶派国家末代大教长是伊玛目鲁肯·丁·呼尔沙赫（Rukn al-Din Khurshah）。统治波斯部分地区的成吉思汗儿子贾加迪（Jagati）因一些宗教禁令冒犯了尼扎里耶派，该派便派刺客前去暗杀。1253 年，蒙古大军统帅基特布卡（Kitbuqa）受命攻打该派要塞。1255—

---

① "History of Nizari Ismailism", http://en.wikipedia.org/wiki/History_of_Nizari_Ismailism. （上网时间：2014 年 3 月 26 日）

## 第四章 穆斯林演进史中的激进运动

1256年，呼拉古·汗（Hulagu Khan）率蒙古大军大举围攻阿拉穆特要塞，该派绝大多数成员被杀，许多要塞被摧毁。1256年12月15日，阿拉穆特要塞被攻克。鲁肯·丁·呼尔沙赫曾寻求与蒙古人议和，遭拒后返家途中被蒙古人处死，其家人被俘后被毒打致死。1275年，尼扎里耶派曾夺回阿拉穆特要塞数月，但最后被镇压下去，从此永远失去了政权。1273年，该派叙利亚分支被马木鲁克王朝苏丹拜巴尔斯（Baibars）收编，他们为苏丹卖命，换取自己的生存权利。尽管该派已遭毁灭性打击，但14世纪仍有该派刺客替他人夺命。15世纪初，最后一名尼扎里耶派刺客去世，从此"刺客"成为一段尘封的历史过往。当代伊斯兰原教旨主义领袖常援引这段历史，从道义上赋予恐怖袭击合法性。

萨法维王朝（Safawid，始于16世纪）建立前一百年，伊斯玛仪派在靠近什叶派中心库姆和卡尚（Kashan）的安珠丹村（Anjudan）建立了伊斯兰教长国，实现尼扎里耶派国家覆亡后的首次复兴，史称"安珠丹时期"。

从15世纪起，伊斯玛仪派遵行什叶派"塔基亚"（taqiyya）传统，即为了免受迫害，"隐遁"自己的身份，伊玛目乔装成裁缝或神秘长老在波斯漫游，其信徒隐身于苏菲派中间。这一时期，在波斯、中亚的伊斯玛仪派与苏菲派建立紧密联系，出现苏菲派—伊斯玛仪派合流趋势。北波斯卡贾尔（Kajar或Qajar）部族领袖阿加·穆罕默德汗（Aga Mohammed Khan）崛起。1794年8月，阿加·穆罕默德汗击溃他在波斯的最后一个对手——南部的克尔曼（Kerman）之后，迁都德黑兰，波斯从此进入百余年的卡贾尔王朝时代（至1925年）。

伊斯玛仪派阿加汗时期（Aga Khans）始于1817年。1841年，阿加汗从波斯移民到英属印度之后，西方才重新发现伊斯玛仪派踪影。在英属印度，许多伊斯玛仪派是卡贾尔人，他们模糊了印度教徒、逊尼派、十二伊玛目派和伊斯玛仪派的区别，因为阿加汗抵印后，他努力推行神学、财政改革，造成卡贾尔人分裂成逊尼派、十二伊玛目派和伊斯玛仪派。从英属印度时期开始，伊斯玛仪派与英国的密切联系持续至今，秘密总部现设在英国。目前，许多英国伊斯玛仪派是卡贾尔人。①

如今，几乎所有伊斯玛仪派都公认沙·卡里姆·胡塞尼（Shah Karim Al-Husayni）即阿加汗四世为该派"当代伊玛目"（第49代）。1957年，年仅20岁、在哈佛大学上学的沙·卡里姆·胡塞尼从祖父阿加汗三世手中继位，又被信徒称为"原子时代伊玛目"，他是一名**英国公民，被视为西化、非暴力伊斯兰教派的集中体现**。阿加汗四世身处政治经济大变革时代，许多伊斯玛仪派居住的殖民地国家获得独立，于是20世纪50年代中期前，该派在非洲、亚洲和中东聚焦社会福利、经济发展、中学教育等项目，培养出一批商人、农学家、专业人士。1972年，乌干达政府驱逐世代居住在该国的伊斯玛仪派及亚洲人，沙·卡里姆·胡塞尼迅速采取行动，将离开乌干达、坦桑尼亚、肯尼亚、缅甸的无家可归伊斯玛仪派重新安置到亚洲、欧洲和北美，因受教育背景及语言能力强，这些信徒很快就入乡随俗。现在，该派主要分布在叙利亚、伊朗、阿富汗、印度、巴基斯坦等国。

值得一提的是，俄罗斯征服帕米尔（Pamir）曾惠及伊斯玛仪派。但在苏联时期，伊斯玛仪派度过一段艰难时光。20世纪90年代，塔吉克斯坦内战爆发，造成许多伊斯玛仪派无家可归。在阿富汗，塔吉克族、哈扎拉人②属于伊斯玛仪派，在逊尼派统治下，他们曾遭受种种迫害。20世纪90年代，塔利班当政时期，伊斯玛仪派吃尽苦头。③

---

① Anthony McRoy 书评，Farhad Daftary 主编：*A Modern History of The Ismailis：Continuity and Change in a Muslim Community*（London：I. B. Tauris，2011），The Muslim World Book Review，Volume 32，Issue 3，Spring 2012，pp. 64 – 66。

② 哈扎拉人远祖是13世纪蒙古帝国征服阿富汗后定居在该国中部山区高地蒙古兵团的后裔。17世纪初，萨法维王朝皇帝阿巴斯一世（1588—1629年在位）派兵征服，强迫其改宗什叶派。

③ Anthony McRoy 书评，Farhad Daftary 主编：*A Modern History of The Ismailis：Continuity and Change in a Muslim Community*（London：I. B. Tauris，2011），The Muslim World Book Review，Volume 32，Issue 3，Spring 2012，pp. 64 – 66。

## 四、18世纪瓦哈比运动

1683年，奥斯曼帝国军事入侵维也纳受阻，伊斯兰军事扩张从此陷入停顿，世界范围伊斯兰辉煌胜利的顶峰宣告结束。从十字军东征到奥斯曼帝国崛起，伊斯兰文明一直充当对抗西方的角色，且延续数百年。随着西方工业革命的推进，近代西方发展可用一日千里来形容，和西方文明比邻而居的伊斯兰文明失落感最强烈。此时，伊斯兰封建帝国已难敌近代西方文明。1771年，奥斯曼帝国首次将土地割让给俄罗斯帝国，英国、荷兰商船在波斯湾游弋，还在波斯湾兴建许多商业设施。同时，奥斯曼帝国内部出现崇拜圣徒、圣墓等各种离经叛道怪象。加之，阿拉伯半岛大部分地区处于土耳其人控制下，穆斯林之间也互成仇敌，民族矛盾尖锐。

在这种大背景下，18世纪全球穆斯林出现反省，认为穆斯林社会出了差错，病根就是穆斯林背离了伊斯兰正道。背离正道是因为对伊斯兰教认识、理解与信仰有偏差，因此，穆斯林必须"回归伊斯兰"，清除那些导致扭曲认识与理解的成分，才能克服危机。由于伊斯兰教来自真主的启示与先知穆罕默德的圣训，扭曲或杂质必来自穆罕默德去世后的历史过程。如此，这次伊斯兰复兴思潮认为，穆斯林遭到了僵化教条的盲目遮蔽与异质（非伊斯兰）成分的污染，遂将任务界定为排除异质与盲从，苏菲派成了他们清除的首要对象。此外，伊斯兰复兴运动者认为，自阿巴斯王朝以来，乌里玛阶层禁止个人诠释之举，也是导致盲目遵从而有损伊斯兰教的原因之一。①

这次复兴运动以18世纪中叶起自阿拉伯半岛的瓦哈比运动为代表，倡导净化伊斯兰教信仰，回归穆罕默德及圣门弟子时代。瓦哈比派实质上就是"萨拉菲派"。瓦哈比派秉持"塔克菲尔"理念，认为不接受瓦哈比派者即是无信仰者和多神论者，无权生存，必须格杀勿

---

① 张锡模：《圣战与文明：伊斯兰与世界政治首部曲》（610—1914年），玉山社出版事业股份有限公司，2003年2月版，第210—211页。

论。瓦哈比运动为面对危机却苦无出路的穆斯林指明了一条道路。明确的方向感、信仰上的坚定立场，以及实践上的力量，构成了瓦哈比运动的魅力所在。通过赴麦加朝觐的穆斯林归国后的不懈传播，瓦哈比运动在全球穆斯林中影响不断扩大。

但是，瓦哈比运动的本质，旨在清除伊斯兰的"内敌"，而不是抵抗非伊斯兰的"外敌"，主要针对穆斯林世界内部的衰退危机，而非因应西欧国家体系的冲击，因此没有给予封建制度以沉重打击，也没有带来宗教改革。相反，它却在阿拉伯半岛地区强化了伊斯兰教，建立起政教合一的封建君主制度的国家，形成新的信仰堡垒。瓦哈比运动诉诸伊斯兰的净化，主张理想型的伊斯兰社会（麦地那宗教公社），并认为"回归伊斯兰"议题既是个人事务，也是穆斯林公共事务，它并未促进穆斯林的团结，反而由于政治上的部族属性与宗教上的严厉立场，深化了奥斯曼帝国内部以及穆斯林之间的分裂。①

**瓦哈比派掀起3次中东暴力浪潮：第一次**发生在18世纪末至19世纪初，瓦哈比派将向非瓦哈比派穆斯林"圣战"合法化。1801年，瓦哈比派攻占什叶派圣地伊拉克卡尔巴拉，在大街上屠杀2000名什叶派民众，拆毁先知穆罕默德外孙、第四任哈里发阿里之子侯赛因·伊本·阿里（Husayn ibn Ali）陵墓。1803—1804年，瓦哈比派相继攻克麦加和麦地那，捣毁包括先知穆罕默德墓在内的300多处历史圣地。1811年，第一个沙特王朝建立，瓦哈比派崛起直接威胁奥斯曼帝国在阿拉伯半岛统治，奥斯曼苏丹命埃及总督穆罕默德·阿里率大军讨伐。1812年，埃及军队夺取麦地那，次年攻占塔伊夫。1818年4月，瓦哈比派最后一个据点沙特王朝首都迪利亚被夷平，瓦哈比派信徒被赶回位于利雅得附近的沙漠老家。**第二次**发生在20世纪初现代沙特阿拉伯形成期。沙特家族领袖、沙特王国奠基人伊本·沙特与瓦哈比派再度联手，组建"认主独一兄弟会"，对包括千年以来一直掌管麦加和麦地那的先知穆罕默德后人哈希姆家族在内的其他阿拉伯

---

① 张锡模：《圣战与文明：伊斯兰与世界政治首部曲》（610—1914年），玉山社出版事业股份有限公司，2003年2月版，第210—211页。

穆斯林发动"圣战",造成阿拉伯人重大伤亡。**第三次**发生在20世纪70年代瓦哈比派向外大发展时代,中东地区出现针对以色列和阿拉伯国家当权者的劫机、暗杀和爆炸等恐怖主义浪潮。

2001年"9·11"恐怖袭击造成3000多人遇难,瓦哈比派终于引起西方社会的高度关注,一些国家政府、学界精英、政治学家、媒体认定瓦哈比派为西方文明最大威胁。当时美国学者斯蒂芬·施瓦茨(Stephen Schwartz)一言以蔽之:"并非所有的穆斯林都是人体炸弹,但所有穆斯林人体炸弹肯定都是瓦哈比派。"值得一提的是,1973年,第一次石油危机期间,石油价格连续翻两番。自此,沙特阿拉伯一直慷慨解囊,在世界各地修建清真寺、经文学校,资助教职人员,积极传播瓦哈比派教义。如今,瓦哈比派虽是沙特阿拉伯、卡塔尔的国教,但在阿富汗、巴基斯坦、伊拉克、埃及等穆斯林国家影响巨大。现代瓦哈比派中的一些激进分子公开反对不同宗教、种族间的宽容与和睦,主张通过"圣战"正本清源,倡导"塔克菲尔"理念,营造出催生激进主义、封闭狂热的社会环境,在全球推进暴力恐怖事业。[①]

## 五、1979年至今的"全球圣战主义"

从18世纪起,欧洲列强凭借坚船利炮,开始侵略东方国家。处于东西方之间的阿拉伯国家,首当其冲成为欧洲列强侵略目标。从英国统治下的埃及、科威特、巴勒斯坦等,到法国、意大利和西班牙统治下的北非,阿拉伯世界大部分地区纷纷沦为西方列强殖民地或半殖民地。伴随着殖民者的洋枪洋炮以及一批批穆斯林青年赴西方学习深造,西方意识形态、价值观念和法律制度对阿拉伯世界产生深远影响,在反殖民统治的斗争中,阿拉伯国家高举的旗帜不是伊斯兰教而

---

[①] Marko Rakic and Dragisa Jurisic, "Wahhabism as a Militant Form of Islam on Europe's Doorstep", *Studies in Conflict & Terrorism*, Volume 35, Number 9, September 2012, p. 651. 作者来自贝尔格莱德大学安全研究系。

是源自西方的民族主义。许多阿拉伯民族独立运动领导人都受过西方现代教育，受到民主、立宪政府、议会政治、人权和民族主义等现代西方政治思想和价值观影响。所以，二战后，泛阿拉伯民族主义在阿拉伯世界相继独立的国家大行其道。传统伊斯兰政治理念基于共同信仰基础上的"乌玛"政治忠诚和团结，现代民族主义则不以宗教信仰为基础，而是立足于共同的语言、地域、种族和历史。

20世纪70年代之前，在世界范围民族主义高涨背景下，中东地区承继历史的宗教与民族"二合一"忠诚让位于民族主义和伊斯兰教渐行渐远的复杂关系。但是，经过几十年全盘西化、全面世俗化实践，并未出现阿拉伯民族主义者所许诺的、人们所期望的经济发展、文化繁荣、国强民富的局面。1967年阿以战争中阿拉伯国家大败的惨痛经历、1973年阿拉伯国家的反攻又以失败告终，导致民众对阿拉伯民族主义幻想破灭，产生广泛的"信仰危机"。另一方面，70年代后，绝大多数阿拉伯国家经济上增长缓慢、通货膨胀加剧、失业率上升、社会分配不均、两极分化；政治上缺乏民主；外交上受制于人，西方腐朽文化渗透到穆斯林社会几乎每个角落，伊斯兰教禁止的夜总会和酒吧、淫秽录像、电影、电视和书刊充斥各大城市，有些国家甚至出现红灯区、妓院等。[1] 广大穆斯林目睹这一切，强烈不满，要求以伊斯兰传统方式治理国家、改造社会、开创未来。他们尤为关心发展道路问题，当中有些人认为，无论东方的社会主义还是西方的资本主义，皆无法从外部来解决他们的问题，而摆脱逆境的唯一可行"正道"，还得从穆斯林自身的历史文化传统中去寻求。伊斯兰原教旨主义者开始活跃起来，长期受压抑的宗教力量再度崛起，成为不少国家的主要政治反对派。[2]

这一时期，伊斯兰复兴运动公认的主要理论家有巴基斯坦"伊斯兰促进会"主席毛杜迪、埃及穆斯林兄弟会精神领袖库特卜、伊朗什

---

[1] "伊斯兰复兴运动——原教旨主义"，2011年12月15日，http://news.sohu.com/20111215/n329173382.shtml。（上网时间：2014年2月3日）

[2] 吴云贵：《伊斯兰教法概略》，中国社会科学出版社，1993年2月版，第294页。

## 第四章 穆斯林演进史中的激进运动

叶派宗教领袖霍梅尼。他们提出的基本理论观点包括：一是伊斯兰教根本目标是创建一种以宗教教义为基础的"伊斯兰秩序"。二是伊斯兰教作为一种普世宗教，倡导"天下穆斯林皆兄弟"，号召全世界穆斯林联合起来，共同实现自己的目标。三是以《古兰经》和圣训为基础的"沙里亚法"为"安拉之法度"，一个名副其实的伊斯兰国家必须以"沙里亚法"为基础，实行伊斯兰法治。四是只能在伊斯兰文明基础上实现国家体制和社会经济的现代化。[1]

1952年，"自由军官组织"在穆斯林兄弟会支持下推翻法鲁克王朝，建立埃及共和国。由于穆斯林兄弟会奉行的伊斯兰主义与纳赛尔总统倡导的阿拉伯民族主义之间的矛盾不可调和，1954年纳赛尔下令镇压穆斯林兄弟会，其精神领袖库特卜被判处15年徒刑。在狱中，他遭严刑拷打，思想越来越极端，创造性提出一套完整、富有战争性和号召力的库特卜主义（Qutbism）理论，标志着伊斯兰原教旨主义思想正式过渡到激进主义实践。库特卜认为，当代世界，包括所有的伊斯兰国家都处于"蒙昧状态"，唯有通过"圣战"行动才能摆脱"蒙昧状态"，才能建立真主的绝对主权和统治权。1966年8月29日，库特卜被纳赛尔政府绞死，使其升华到激进分子心目中"殉教者"的地位上。他死后，追随者们接过库特卜的火炬，激进主义开始蔓延。

1979年，穆斯林世界发生三件大事，即伊朗伊斯兰革命、沙特麦加禁寺被激进分子占领、阿富汗战争爆发，标志着伊斯兰原教旨主义势力正式登上国际政治舞台，并成为一股不能小视的力量，且比历史上任何一次伊斯兰复兴运动影响都深远：不仅在个人层面上强调宗教功修（到清真寺做礼拜、斋月封斋、禁酒、禁赌），而且在媒体上开播伊斯兰节目，传播伊斯兰文学，兴办各类伊斯兰协会，穆斯林学生协会赢得大专院校选举胜利，"达瓦"宣教运动致力于使非穆斯林皈依伊斯兰教，还致力于穆斯林社会的"伊斯兰化"，深化他们的伊斯

---

[1] 吴云贵：《伊斯兰教法概略》，中国社会科学出版社，1993年2月版，第296页。

兰学识和责任担当。① 其中，阿富汗战争更使以库特卜主义为指导思想的激进主义逐步演变成"全球圣战主义"，成为当今不少国家面临的主要非传统安全威胁之一。

### （一）什叶派原教旨主义分子在伊朗发动伊斯兰革命，夺取国家政权

1979年1月16日，在霍梅尼领导下，伊朗民众推翻实行全盘西化政策的巴列维王朝，建立首个现代伊斯兰神权国家，制定"伊斯兰宪法"，全面实施"沙里亚法"。伊朗伊斯兰革命是美国二战以来长期干涉伊朗政策的产物。1953年8月19日，美中央情报局人员利用伊朗国内一些亲西方政治、军事势力和媒体发动政变，推翻民选的摩萨台政府，扶植傀儡巴列维国王（Shah Mohammad Reza Pahlavi）复辟。巴列维上台后，在伊朗实行铁腕统治，数千名反对派民主人士遭残害。他本人则成了美总统、以色列总理座上宾，利用手中掌握的巨额石油收入购买美式军事装备，让美军工企业挣得盆满钵满。到1979年，伊朗民众忍无可忍，在霍梅尼领导下发动伊斯兰革命，推翻巴列维政权，回归"沙里亚法"统治。11月4日，一些伊朗学生占领美驻伊朗大使馆，劫持并扣押52名美国人，以强迫美政府引渡流亡美国的巴列维国王，遭美拒绝，两国关系陷入长达444天之久的危机，并于次年断交，至今没有恢复外交关系。

这场伊斯兰革命使伊朗成为这场复兴运动的中心和激进分子心中的圣地，世界各地穆斯林奔走相告，前往德黑兰"取经"，极大地强化了穆斯林对伊斯兰力量的信念，推动伊斯兰复兴运动在全球的开展。1980年1月14日，霍梅尼向赴库姆朝觐的120名巴基斯坦军官发表他将致力于领导全球伊斯兰革命的讲话："我们同异教徒处于战争状态。我敦促所有伊斯兰民族、伊斯兰军队和伊斯兰国家元首参加

---

① Assaf Moghadam, "A Global Resurgence of Religion?" Paper No. 03-03, published by the Weatherhead Center for International Affairs, Harvard University, August 2003.

## 第四章 穆斯林演进史中的激进运动

'圣战'。有许多敌人等着我们去杀死或摧毁,'圣战'必胜。"同年3月21日,在新年致辞中,霍梅尼强调继续伊斯兰革命的坚定信念:"我们必须致力于向全世界输出革命,因为伊斯兰教不仅拒绝承认穆斯林国家之间的任何差异,而且是所有被压迫人民的斗士。所有列强都想毁灭我们,如果我们闭关锁国的话,肯定会被打败。我们必须向列强和超级大国阐明立场,即不管前面有多少艰难险阻,信仰决定了我们对世界的态度。"

1979年伊朗伊斯兰革命使伊朗成为世界上以什叶派十二伊玛目派治国的唯一国家,对什叶派穆斯林更具特殊号召力——他们大多生活在逊尼派占统治地位的国家,属少数教派群体。靠近伊朗的周边国家,如海湾国家和巴基斯坦、印度、阿富汗、土耳其、黎巴嫩以及前苏联的阿塞拜疆、高加索,都生活着大量什叶派。在伊拉克,什叶派为主体民族。这些国家什叶派的共性是,政治上对各自所属政权不满——待他们为"二等公民",不许分享政治权力或经济成果。因此,伊朗伊斯兰革命后,他们都听从霍梅尼领导的伊朗的召唤。[①]

从80年代起,伊斯兰革命卫队精锐圣城旅(the Al-Quds Force)一直在伊玛目阿里训练营(Imam Ali camp)培训黎巴嫩"真主党"、巴勒斯坦哈马斯和"伊斯兰圣战"成员。1989年,苏丹成为激进逊尼派国家,在苏丹恐怖分子训练营,有伊朗革命卫队、圣城旅教官执教。1991年12月,伊朗总统拉夫桑贾尼对苏丹进行国事访问,两国缔结盟约,伊朗向苏丹提供1000万—2000万美元建立训练基地,由伊斯兰革命卫队负责训练苏丹人及其他国家人员,旨在向非洲输出霍梅尼革命。1993年,伊朗政府命其驻苏丹大使马吉德·卡迈勒(Majid Kamal)准备在苏丹接收数百名"阿富汗阿拉伯人"(Afghan Arabs)。80年代初,马吉德·卡迈勒任伊朗驻黎巴嫩大使期间,在创建"真

---

[①] Anthony Hyman, "Muslim Fundamentalism", Number 174, published by the Institute for the Study of Conflict, 1985, p. 16.

主党"方面发挥了不少作用。① 从此,以伊朗、叙利亚、黎巴嫩"真主党"为轴心的什叶派宗教力量在中东乃至国际政治舞台上兴起,不断挑战沙特阿拉伯在阿拉伯乃至穆斯林世界的领袖地位。逊尼派与什叶派的教派纷争导致许多逊尼派政权、慈善团体和清真寺支持"圣战"组织,因为这些"圣战"组织成员狂热反什叶派。美西方的"绿色危险"(Green Peril)由此而来。

## (二) 激进分子武装反抗沙特王室政权

麦加禁寺是伊斯兰教的心脏,穆斯林最神圣的圣地,绝对禁止非穆斯林进入,不准穆斯林犯下一切有损圣地的行为,严禁携带武器或制造屠杀案,违犯者严惩。1979年11月20日,在年轻激进分子约海曼·奥泰比(Johaiman al-Oteibi,在麦地那大学求学)率领下,由沙特人、埃及人等组成的约500名激进分子以伊斯兰救世主"马赫迪"名义攻占麦加禁寺,囚禁在里面朝觐的穆斯林,要求回归伊斯兰原始教义,废黜沙特王室——因其腐败、将西方文明引入圣地并逐步走上亲美道路。他们还认为,沙特宗教阶层违背自己的职责,将自己出卖给王室。他们蓄谋已久,装备精良,携带足够坚守多日的枪支、弹药和食品。占领过程中,一名麦加禁寺守卫丧生。

沙特王室政权试图以谈判方式疏散占领者,遭拒后决定动武。因为"沙里亚法"禁止在圣地发生流血事件,他们先要得到"乌里玛委员会"发布的"法特瓦"——允许使用武力,甚至流血,以便从占领者手中夺回麦加禁寺。② "乌里玛委员会"发布"法特瓦"后,沙特军队和国家卫队前往镇压,经过两周流血围攻,击毙大多数占领者,其余被捕者在沙特四大城市主要广场上斩首示众。这次事件共造成数百人死亡。

---

① Yehudit Barsky, "Al-Qa'ida, Iran, and Hizballah: A Continuing Symbiosis", AJC series on Terrorism, the American Jewish Committee, February 2004, pp. iii、5 - 6.

② 《古兰经》云:"你们不要在禁寺附近和他们战斗,直到他们在那里进攻你们;如果他们进攻你们,你们就应当杀戮他们。"(2:191)

## 第四章 穆斯林演进史中的激进运动

这是一场激进分子武装反抗王室政权的行动，严重损害了沙特王室的威望和宗教合法性（伊斯兰教发祥地、先知穆罕默德故乡、伊斯兰教两大圣地所在地），王室政权在全国范围严打激进势力，沙特本土激进主义火药桶被点燃。不久，在富藏石油的东部省——当地有12万什叶派，发生什叶派骚乱。伊朗此时在国内新设"沙特伊斯兰革命之声"电台，霍梅尼通过该电台号召在沙特油田工作的什叶派（Aramco工人1/3是什叶派）起来反抗沙特王室统治。从1979年起，大批伊朗朝觐者携带标语牌在圣地举行示威活动，散发支持霍梅尼的小册子，严厉抨击沙特王室非伊斯兰性质。1984年，在圣地举行示威活动的伊朗人多达15万人。[①]

1979年12月26日，阿富汗战争爆发，沙特王室政权迅速支持本国以及他国激进分子参加抗苏"圣战"，希冀一箭双雕[②]：既将国内激进势力"祸水东引"阿富汗，同时增强其统治的宗教合法性。从80年代起，随着石油美元大量流入沙特阿拉伯，王室政权凭借石油经济实力，辟出多种途径对外输出瓦哈比派思想，在非洲、亚洲、甚至欧洲特别是西班牙和意大利、美国黑人中发动咄咄逼人的宣教攻势，成为瓦哈比派迅速向全球扩张时期。沙特阿拉伯在世界不少地方修建瓦哈比派清真寺、伊斯兰文化中心、经文学校以及网站，后来很多落入激进势力之手，被他们用来洗脑、募人、筹款、甚至培训。[③]由于沙特王室政权持亲美立场，不仅向美国供应了60余年廉价石油，

---

[①] Anthony Hyman, "Muslim Fundamentalism", Number 174, published by the Institute for the Study of Conflict, 1985, p. 19.

[②] "祸水外引"在伊斯兰历史上不乏先例。伍麦叶王朝对外征服主力是游牧兵团，这是延续正统哈里发时代策略，将阿拉伯半岛内潜在政治风险性较高的武装势力对外输出，藉以收取稳固内部统治与外部征服效果的"一石二鸟"之策。而对于游牧兵团来说，参与对外征服则可获巨额战利品，并在征服地区成为统治者，提升自己原本在半岛政治中属于劣等的地位。

[③] Ely Karmon, "The War on Terrorism: Who is the Enemy and What is the Coalition?" October 15, 2001, http://www.ict.org.il/articles/articledet.cfm?articleid = 397.（上网时间：2001年12月27日）

而且是美国军火最大买主之一，美国和西方社会一直无视瓦哈比派输出极端信仰危害国际安全的严重问题。阿富汗抗苏"圣战"10年间，由于穆斯林圣战者服务于美国与苏联全球争霸的国家利益——集结世界各地穆斯林圣战者让苏联陷入泥潭。1986年，一群圣战者头面人物甚至获邀赴美访问，在白宫受到里根总统欢迎，还称他们为"自由斗士"。

### （三）阿富汗战争揭开"全球圣战主义"、也是第一次国际"圣战"浪潮的序幕

20世纪80年代，各国穆斯林志愿者响应"讨伐异教徒"口号，蜂拥至阿富汗，投身抗击苏军的行列。他们在巴基斯坦、苏丹、也门和伊朗等地接受军训，并在实战中获得了经验。他们通过参与阿富汗战争创造了"国际伊斯兰主义"，表现出一种"宗教军事化趋势"，其目的是"发动一场文化革命以恢复伊斯兰过去的荣耀"，因而在很大程度上具有文化冲突的性质。

1. "阿富汗阿拉伯人"诞生。1979年，阿富汗喀布尔亲苏政权受穆斯林叛乱势力围攻，12月26日，苏军入侵阿富汗。阿富汗各派"圣战"力量呼吁巴基斯坦和其他穆斯林国家支持其抗苏斗争，并提供军事、财政和人道主义援助，从此揭开长达10年之久的全世界穆斯林圣战者赴阿"圣战"序幕。后被称为"全球圣战之父"的巴勒斯坦人阿扎姆深受库特卜激进思想影响，苏军入侵后不久便前往毗邻阿富汗"圣战"前线的巴基斯坦，在沙特阿拉伯等海湾国家和美国的大量资助下迅速开展招募各国穆斯林行动。他鼓吹针对"不信教者"发动"圣战"思想，唤醒其学生本·拉登心中的宗教狂热。[1] 1981年，本·拉登从吉达的阿卜杜勒·阿齐兹国王大学毕业后即赴巴基斯坦白沙瓦开始"圣战"生涯，从此倾尽其财富从世界各地招募、培训穆斯林青年赴阿参战。1984年，本·拉登与阿扎姆在巴基斯坦白沙

---

[1] "Al-Qaeda", *Jane's World Insurgency and Terrorism*, posted October 2, 2008.

瓦联手创建"圣战者服务处",同美国政府、巴基斯坦三军情报局[①]、沙特政府、埃及政府和穆斯林兄弟会密切合作,招募约50个国家(主要来自中东地区)近2万人至阿富汗参战。这些来自各国的穆斯林圣战者日后被统称为"阿富汗阿拉伯人","圣战"的斗争矛头指向"远敌"——苏联。10年间,美国和沙特共向阿富汗投入价值500亿美元军火。

**2. "阿富汗阿拉伯人"特征**

(1) 动机分成五大类:寻求履行宗教义务、就业机会、冒险、活动天堂、军事训练。最初一批志愿者都20来岁,来自沙特阿拉伯、科威特、也门,各国官方媒体连篇累牍地宣传阿富汗人受难形象,宗教界鼓励年轻穆斯林甘当志愿者,政府补贴资助志愿者前往巴阿地区,还付给他们一些薪水。这些来自阿拉伯世界的圣战者受到官方宗教机构如开罗爱资哈尔大学以及知名宗教领袖如已故沙特谢赫阿布德·阿齐兹·本·巴兹和已故叙利亚赛义德·哈瓦(Sayid Hawa)发布的"法特瓦"召唤——穆斯林要去解放阿富汗的兄弟。[②]

(2) 人员来源分三大类:一类为来自海湾国家的志愿者——主要出自贫穷国家的劳工,如毛里塔尼亚、索马里、苏丹和也门。他们是到海湾国家设在巴基斯坦的非政府组织里工作挣钱,不是为了到阿富汗战场上"殉教"。甚至有不少埃及穆斯林兄弟会成员来巴基斯坦当工程师和医生,因为他们在埃及找不到工作。二类为来自埃及和北非的志愿者,始于80年中后期。亲西方的突尼斯、埃及、摩洛哥等北非政权,不反对其公民前往阿富汗参战,因此有数千名北非穆斯林奔赴巴基斯坦和阿富汗。阿尔及利亚政府则帮助年轻人赴阿富汗,由沙特出钱购买机票,他们先前往沙特阿拉伯的麦加,然后到阿富汗。在北非穆斯林中,以阿尔及利亚人、埃及人最多;其次是突尼斯人、利

---

[①] 时任巴基斯坦三军情报局局长是哈米德·古尔(Hamid Ghul)。
[②] Mohammed M. Hafez, "Jihad after Iraq: Lessons from the Arab Afghans", *Studies in Conflict & Terrorism*, Volume 32, Number 2, February 2009, pp. 75 - 76.

比亚人；还有少数摩洛哥人。① 80 年代中期，埃及政府从监狱释放了大批激进犯人，如果继续待在国内会受到政府骚扰。为了寻找建立军事能力以便将来推翻政府的活动基地，1987 年埃及"伊斯兰组织"（Al-Gama'a Al-Islamiyya）核心成员穆罕默德·伊斯兰伯利（Mohammed al-Islambouli）、阿里·阿卜杜勒·法塔赫（Ali Abdul Fattah）、莱法伊·塔哈（Rifai Taha）在白沙瓦落脚，开始出版聚焦埃及局势的杂志《坚定不移》（al-Murabitun），还修建了自己的接待处，也冠名"坚定不移"。三类为冒险家，如来自海湾国家的"度假学生"。绝大多数沙特"阿富汗阿拉伯人"将"圣战"视为一种丰富人生的冒险活动，并没有在阿富汗战场上打多少仗。有些从未离开过巴基斯坦，有些只是将大学暑假用于"圣战"，但极少真正参加过一季战事。阿富汗各路"圣战"势力指挥官热衷于给这些人戴上"英雄"头衔，旨在让海湾国家给予其大量援助。②

（3）**兵分两路**：绝大多数人在冲突地区从事人道主义救援工作；只有一小部分人加入阿富汗各派"圣战"力量，在战场上直接抗击苏军。"阿富汗阿拉伯人"直接参加的战事有：1986 年 4 月的焦尔战役（Jawr）、1987 年 5 月的贾吉战役（Jaji）、1989 年 3 月的贾拉拉巴德战役、1989—1991 年的霍斯特战役。"基地"组织核心创始人本·拉登、阿布·哈夫斯·马斯里（Abu Hafs al-Masri）、阿布·乌拜达·班西里（Abu Ubayda al-Banshiri）在这些战役中作为指挥官参战。③

（4）**作用分为三阶段**。**阶段一**：1979—1984 年，为数不多的阿拉伯志愿者前来帮助阿富汗人，在本国政权、非政府组织的资助下，主要从事人道主义救援工作。**阶段二**：1984—1989 年，在阿扎姆的召唤下，阿拉伯志愿者逐渐涌入巴基斯坦和阿富汗。阿扎姆既是阿富

---

① Alison Pargeter, "North African Immigrants in Europe and Political Violence", *Studies in Conflict & Terrorism*, Volume 29, Number 8, December 2006, pp. 732 – 733.

② Mohammed M. Hafez, "Jihad after Iraq: Lessons from the Arab Afghans", *Studies in Conflict & Terrorism*, Volume 32, Number 2, February 2009, p. 76.

③ Mohammed M. Hafez, "Jihad after Iraq: Lessons from the Arab Afghans", *Studies in Conflict & Terrorism*, Volume 32, Number 2, February 2009, pp. 74、76.

汗"圣战"的筹款人也是招募者,在白沙瓦"圣战者服务处"接待阿拉伯志愿者。尽管80年代中期阿富汗战争国际化,但抗苏"圣战"及其最终胜利主要靠阿富汗人自己。国际经济、军事、情报支持只是推动了抗苏"圣战"的胜利,"阿富汗阿拉伯人"本身并没有创建抵抗运动,也没有大批参战。据著名阿拉伯志愿者阿卜杜拉·阿纳斯[①](Abdullah Anas)称,他们仅是"抗苏战争汪洋大海中的一滴水"。据统计,1986年后,"阿富汗阿拉伯人"经常保持在3000—4000人规模,绝大多数在白沙瓦和其他毗邻阿富汗的巴基斯坦城市当人道主义救援工作者、厨师、司机、会计、老师、医生、工程师、伊玛目等。只是到1988年,本·拉登利用这批人成立"基地"组织,尊奉库特卜主义激进思想,为全球恐怖网络的形成奠定了组织、人员基础,成为向异教徒开战的先锋。**阶段三:1989—1992年**,阿拉伯志愿者人数激增,许多人来到由阿富汗和阿拉伯指挥官设立的训练营(至少有四个)接受游击战训练,并参加针对阿富汗纳吉布拉政权的战斗。需要强调的是,80年代末,来到巴阿地区的阿拉伯人带来激进意识形态,特别是埃及人站在宣传"塔克菲尔"理念的最前线。扎瓦希里为首的埃及"伊斯兰圣战"发放许多小册子,谴责穆斯林兄弟会接受民主、放弃暴力的思想。在白沙瓦的许多"阿富汗阿拉伯人"都在爱资哈尔大学上过学,能背诵整部《古兰经》。[②]

**1989—1992年是"阿富汗阿拉伯人"最重要时期**。他们开始思考后阿富汗时代的斗争新方向,而他们离开阿富汗时,历史提供给他们走向全球的机遇:**一是坚定了伊斯兰价值观必胜信念**。1989年,在阿富汗的圣战者将苏军赶出国土,1992年接踵推翻了纳吉布拉政权,喀布尔落入圣战者手中,阿拉伯人将此视为伊斯兰主义的胜利。通过血与火的锤炼,这些富有实战经验的圣战者,从此致力于在世界

---

① 阿卜杜拉·阿扎姆的女婿和贴身助手,还同阿富汗"圣战"传奇指挥官之一艾哈迈德·夏·马苏德并肩战斗过。

② Mohammed M. Hafez, "Jihad after Iraq: Lessons from the Arab Afghans", *Studies in Conflict & Terrorism*, Volume 32, Number 2, February 2009, pp. 75、78.

多地弘扬激进思想。**二是世界上已出现一些动荡"热点"**。克什米尔（动乱从1989年持续至今）、塔吉克斯坦（1992—1997年内战）、波斯尼亚（1992—1995年内战）、阿尔及利亚（内战从1992年起持续10余年）等。特别值得一提的是，1990—1991年爆发第一次海湾战争，大批美国人驻扎沙特，冒犯了本·拉登等激进分子。本·拉登原想利用"阿富汗阿拉伯人"夺取南也门，但1991年后，他一心一意地誓将美军赶出沙特。**三是1989年6月苏丹发生军事政变，激进分子上台执政**。哈桑·图拉比（Hassan al-Turabi）欢迎本·拉登及"阿富汗阿拉伯人"落脚苏丹，1990年末，"基地"组织头目一致同意将总部迁往喀土穆。苏丹讲阿拉伯语，靠近埃及和阿拉伯世界的心脏地带，那些不希望留在阿富汗又无法返回祖国的圣战者于是追随本·拉登定居苏丹。本·拉登给他们工作，付薪水，甚至盖房子让其家人团聚在一起。**四是1993年美欧和阿拉伯国家开始向巴基斯坦施压，要求其驱逐外国圣战者，并将受通缉的反对派遣返回本国**。巴基斯坦政府被迫关闭了一些训练营，"阿富汗阿拉伯人"决定在被"出卖"之前，赶紧离开巴基斯坦。①

3. "阿富汗阿拉伯人"深远影响

（1）思想上，衍生出具有五大特点的"圣战、殉教"文化。在巴基斯坦白沙瓦训练营，来自海湾、北非的各国圣战者身边没有情报部门阻止其散发库特卜等激进思想家的著作，也没有哪个政府利用官方伊斯兰教反击激进思想，白沙瓦成了一个真正的"露天市场"，宣传各种激进思想没有边界也不受审查，年轻圣战者们拥有大把时间阅读、探讨、辩论"圣战"政治的诸多观点。在这些训练营，军训与意识形态实现二合一，圣战者们不仅军训，而且被灌输激进内容的伊斯兰历史、神学、政治，教官们蓄意将"圣战"神学观转变成捍卫伊斯兰教和穆斯林事业的"圣战主义"意识形态，造成"圣战"观军事化，并强化了他们靠组织能力直面和打败异教徒的信心。这些圣战者

---

① Mohammed M. Hafez, "Jihad after Iraq: Lessons from the Arab Afghans", *Studies in Conflict & Terrorism*, Volume 32, Number 2, February 2009, p. 83.

## 第四章　穆斯林演进史中的激进运动

视阿富汗的什叶派、哈乃斐教法学派不是真正的穆斯林而进行攻击。据1986—1989年任中情局伊斯兰堡情报站站长米尔顿·比尔登透露，阿富汗人对阿拉伯人也不满，"他们说我们是笨蛋，不懂《古兰经》，他们制造的麻烦大于所起的作用。"①

这些圣战者在蜕变成"阿富汗阿拉伯人"的过程中，发展出独特的"圣战、殉教"文化，并于90年代传播到波斯尼亚、车臣、伊拉克等冲突区。**"圣战、殉教"文化具有五大特点：一是倡导"兄弟情谊"**。他们改了原名，换成圣门弟子的名字，尤其是那些参加伊斯兰历史上著名战役或"殉教者"的名字。此外，他们效仿"萨拉夫"蓄起胡子，相互以兄弟称呼，俨然来自同一个家庭。他们还以通婚方式增进兄弟情谊。**二是在头脑中播下"萨拉菲派"伊斯兰国际主义种子**。既然阿拉伯人可以来援助阿富汗同胞，那他们为什么不能为塔吉克人、克什米尔人、菲律宾人、波斯尼亚人、车臣人、伊拉克人而战呢？"阿富汗阿拉伯人"是伊斯兰大团结的先锋队，抛弃了民族主义，期盼建立统一整个伊斯兰"乌玛"的哈里发国家。**三是渴望殉教**。参加阿富汗"圣战"的沙特人阿卜杜勒·拉赫曼·多萨里（Abdul Rahman al-Dosari）一言以蔽之："阿富汗'圣战'是一次伟大的经历。不论谁，只要拥有这样一次经历，他就会热切期盼真主让他战死'圣战'疆场。而我们正是渴望着在'圣战'中献身。"**四是手段残忍**。特别是阿富汗"圣战"晚期的参与者手段血腥，他们制造斩首、断肢等暴行，对非穆斯林充满敌意。有圣战者披露，"对殉教的渴望使他们将异教徒敌人非人化，屠杀犯人，强奸被捕妇女。"之后斩首这类暴行很快在波斯尼亚出现，在伊拉克"圣战"中达到顶峰。**五是训练营薪火相传**。"阿富汗阿拉伯人"开办20多个训练营，培养来自沙特阿拉伯、埃及、约旦、也门、阿尔及利亚、车臣、克什米尔、吉尔吉斯斯坦、塔吉克斯坦、乌兹别克斯坦、菲律宾以及欧洲和北美的圣战者。在这些训练营里，各国圣战者不仅学习如何使用各类武器，还培

---

① Mohammed M. Hafez, "Jihad after Iraq: Lessons from the Arab Afghans", *Studies in Conflict & Terrorism*, Volume 32, Number 2, February 2009, p. 78.

训从事暗杀、爆炸、绑架、城市游击战等作战技能。更重要的是，这些训练营不仅成为来自不同国家的激进组织成员并肩战斗、用鲜血凝结成共同归属感的大熔炉，而且在将80年代阿富汗一国的"圣战"转变成90年代多国的"圣战"上发挥了关键性作用，并于90年代复制到其他冲突区。在塔吉克斯坦、波斯尼亚、车臣、伊拉克，都设有训练营，"圣战主义"意识形态接力棒传至下一代圣战者手中。①

**（2）网络建设上，为日后激进势力走向全球进行人员、军事、组织上的准备**。巴基斯坦情报机构在白沙瓦附近及阿富汗境内设立训练营，由阿富汗"圣战"各派指挥官运营。在这些训练营，"阿富汗阿拉伯人"第一次相互认识，一起学习游击和恐怖战术，甚至直接参加战斗。对他们当中的大多数人来讲，这是他们第一次了解到其他国家伊斯兰运动的情况，并建立了战术上和意识形态上的联系。塞缪尔·亨廷顿写道："阿富汗战争留下一个由伊斯兰组织组成的不固定联盟，他们意在全球弘扬伊斯兰教"；留下一批职业战士，训练营地和后勤设施、人员及组织间关系的泛伊斯兰网络，大量的武器装备，其中包括约300—500枚毒刺导弹。"

训练营受训科目。一是作战技能培训，如在城市搞破坏、发动汽车炸弹袭击、使用对空武器和狙击枪、布雷等。二是游击战的后勤保障技能培训，如在崎岖地形走私人口和武器，伪造假证件和护照等。在这些营地受训的圣战者虽然在抗苏"圣战"中发挥的军事作用有限，但日后却成了在阿富汗、波斯尼亚、塔吉克斯坦、车臣等地作战的圣战者教官，对全球"圣战运动"的发展，后果不可估量。②

更重要的是，阿富汗战争使"圣战"、有组织犯罪、西方人道主义救援、穆斯林世界慈善等四大网络实现对接，为激进势力90年代大踏步走向全球创造了条件。具体看，一方面使罪犯、造假证者、走

---

① Omar Nasiri, *Inside The Global Jihad*, Hurst & Company, London, 2006, pp. xi – xii.

② Mohammed M. Hafez, "Jihad after Iraq: Lessons from the Arab Afghans", *Studies in Conflict & Terrorism*, Volume 32, Number 2, February 2009, p. 77.

私犯趋之若鹜,他们通过运送武器、人员获利;另一方面也吸引着许多人道主义救援组织和富裕慈善家。这些各色人等为"阿富汗阿拉伯人"所用,由此结成的人脉网络在随后的阿尔及利亚、波斯尼亚、车臣等冲突中派上了用场。譬如,在阿尔及利亚,参加阿富汗"圣战"的阿尔及利亚人在90年代初发动反对军政权的武装叛乱,他们不仅通过与其他国家"阿富汗阿拉伯人"的联系获取资金、通讯设备和武器,还在"基地"组织的帮助下,通过其在苏丹、摩洛哥、利比亚的过境点,将在境外被通缉或以阿富汗为活动基地的阿尔及利亚人送回境内。本·拉登甚至在也门和苏丹设立办事处,方便阿尔及利亚境内外武装人员之间的通联,并帮助在逃人员制造假护照等证件。在波斯尼亚,人道主义救援组织成为外国圣战者进入冲突区的主渠道之一,在当地发现的假护照源头可追溯到巴基斯坦的造假证者,世界各地穆斯林的善款要么流向被圣战者渗透的慈善或救援组织,要么被转移到武装行动上。圣战者在地方和全球层面上筹款的能力成为用于其他冲突区的无价资产。①

**(3) 行为主体上,一方面锤炼出一代"圣战"头目、激进宗教领袖和军事指挥官**。这些人成为日后阿尔及利亚、埃及、波斯尼亚、车臣、伊拉克等冲突地区的领导人。随着这些领导人从一个"热点"游走到另一个"热点",他们的声望和领导才能得到进一步巩固,拥有埃米尔头衔。譬如,沙特人哈塔卜(Khattab,原名萨米尔·萨利赫·阿卜杜拉·苏维利姆),1988—1989年(16或17岁)前往阿富汗,参加了1989年的贾拉拉巴德战役,并在一次炸弹事故中炸掉数个手指。1994—1996年,他离开阿富汗前往塔吉克斯坦,身为参加塔吉克斯坦内战(1992—1997年)三支阿拉伯人队伍之一的指挥官,负责向塔吉克叛乱力量提供后勤保障并培训阿拉伯人和塔吉克人的作战技能。1995年,获参加过阿富汗"圣战"的车臣裔约旦人谢赫阿里·法西·希沙尼(Ali Fathi al-Shishani)邀请,哈塔卜前往车臣。

---

① Mohammed M. Hafez, "Jihad after Iraq: Lessons from the Arab Afghans", *Studies in Conflict & Terrorism*, Volume 32, Number 2, February 2009, pp. 80 – 81.

希沙尼约有90余名部下,他1997年死后所有人员投奔哈塔卜。1996年,第一次车臣战争结束,哈塔卜开始在车臣东南部地区创建训练基地,培训来自该地区的武装分子。他还与车臣著名叛乱指挥官之一萨米尔·巴萨耶夫(Shamil Basayev)交好,并联袂组成一支国际"维和"民兵武装,哈塔卜出任由阿拉伯人、土耳其人、北非人组成的国际小分队指挥官。他们一起在临近的达吉斯坦挑起事端,从而引发1999年的第二次车臣战争。2002年,哈塔卜被俄罗斯特工击毙。[1]

**另一方面,穆斯林激进圈开始盛行"圣战"私有化**(The privatization of jihad)。阿扎姆和本·拉登通过大规模动员穆斯林世界民众支持阿富汗圣战者行动,打破了国家对动用合法武力的垄断,即发动军事行动专利从国家转移到个人手中。一些激进伊斯兰学者发布"法特瓦",宣称"圣战"是每个有能力的穆斯林义不容辞的职责,为"圣战"私有化提供了理论基础。正如阿扎姆所言,"圣战"没有疆界,成了一个"露天市场",不论是个人还是组织,都可以随时、随便出入。[2] 阿富汗战争为各国穆斯林圣战者介入90年代各地区"热点"树立了先例。

## (四) 从1989年到90年代末,激进势力走向全球,掀起了第二次国际"圣战"浪潮

20世纪80年代,全球层面由穆斯林圣战者制造的恐怖袭击屈指可数,但1989年2月苏军撤出阿富汗,阿富汗战争以圣战者胜利告终,从此宣告激进势力在国际舞台上崛起。美苏争霸的直接后果是,阿富汗成为全球"圣战"舞台,90年代中后期成为恐怖主义的指挥中心。据前美国中情局官员称,阿富汗战争中诞生的"阿富汗阿拉伯

---

[1] Mohammed M. Hafez, "Jihad after Iraq: Lessons from the Arab Afghans", *Studies in Conflict & Terrorism*, Volume 32, Number 2, February 2009, p. 82.

[2] Noman Benotman, "The privatisation of jihad", theguardian.com, Friday 14, January 2011, http://www.theguardian.com/commentisfree/belief/2011/jan/14/privatisation-jihad-global-market#start-of-comments. (上网时间:2013年12月29日)

## 第四章 穆斯林演进史中的激进运动

人"人数接近1.7万人,英国《简氏情报评论》估计为1.4万人。[①] 他们高度政治化并满怀宗教激情,在本国和世界各地寻找新敌人。1991年苏联解体及其共产主义意识形态崩溃,产生了一个政治、意识形态真空,为激进势力打开了推进其事业的历史性"机遇之门"。

1992年5月,亲苏纳吉布拉政权倒台,"阿富汗阿拉伯人"分流成三股势力,成为地区冲突和国际安全的主要威胁:**一部分重返中东和非洲**,在埃及、阿尔及利亚、叙利亚、约旦、黎巴嫩、利比亚、突尼斯、摩洛哥、苏丹、尼日利亚、索马里、沙特、伊拉克等国建立起一个由"信教者"组成的分散国际性团伙,频繁发动袭击以期"净化穆斯林同胞和伊斯兰社会",并试图推翻那里"已经腐败的异教徒政权"。**一部分(数以千计)游走他乡**,凭借丰富作战经验"支援世界各地受迫害、受压迫的穆斯林同胞",从一个战场迁徙到另一个战场:在波黑、俄罗斯北高加索、科索沃、菲律宾、印尼、克什米尔、塔吉克斯坦等新动荡"热点",与当地及来自欧美的年轻圣战者一道持续"圣战"事业。**一部分加入"基地"组织**,成为其全球恐怖网骨干:有的在巴基斯坦、阿富汗训练营当教官,负责培训恐怖和游击战技能;有的在阿尔及利亚、埃及、塔吉克斯坦、波斯尼亚、车臣等地激进组织里担任军事指挥官或精神领袖等。[②]

**1. 地区"热点"丛生的复杂时代背景。**1990年8月—1991年4月,第一次海湾战争进一步加剧伊斯兰运动激进化。海湾战争后7年里,大批美军一直驻扎在沙特,抢劫伊拉克石油财富,操纵当地统治者,羞辱穆斯林,在中东奉行"双重标准",一味袒护以色列等,"阿富汗阿拉伯人"认定美国为"万恶之源"。阿富汗战争使他们形成这样一种信念:"信仰可以打败一切超级大国",既然能够把苏军赶出阿富汗,那么他们同样也有能力打垮美国。从1992年起,"阿富汗

---

[①] Simon Reeve, *The New Jackals*, Northeastern University Press, Boston, 1999, pp. 2–3.

[②] Mohammed M. Hafez, "Jihad after Iraq: Lessons from the Arab Afghans", *Studies in Conflict & Terrorism*, Volume 32, Number 2, February 2009, pp. 73–74.

阿拉伯人"中的一部分人开始针对西方、主要是美国人的恐怖袭击，其中 1993 年第一次美国纽约世贸中心爆炸案、1998 年美国驻肯尼亚和坦桑尼亚两座大使馆爆炸案是典型代表。

  1991 年 12 月，苏联解体后，出于地缘政治的考虑，美欧和相当部分穆斯兰国家共同创建和维系"绿色危险"——伊斯兰原教旨主义威胁，并将其推向全球。美西方：认为伊斯兰原教旨主义等同于激进意识形态＋反西方文明的暴力"圣战"，是"一场进攻性革命运动，一如过去的共产主义、法西斯主义运动，具有独裁主义、反民主、反世俗性质，不能与基督教—世俗世界和解，其目标是在中东建立伊斯兰极权国家。"美国胡佛研究所高级研究员阿诺德·贝奇曼（Arnold Beichman）率先发出"绿色危险"警告："从地理上看，伊朗输出伊斯兰革命目标是中亚共和国、北非地区、埃及和周边阿拉伯国家、海湾国家四大区域，首当其冲是沙特阿拉伯。如果西方不应对伊朗挑战的话，整个动荡新月地带将拉下一幅'绿幕'（Green Curtain）。"通过数月政策辩论、国会听证等，布什政府最后制定政策，缔结新同盟以抗衡伊朗影响：加强世俗、亲西方的伊斯兰国家土耳其力量，以便在中亚抗衡伊朗；扩大美国对沙特阿拉伯承担的义务；警告苏丹推行支持输出伊斯兰革命将面临严重后果；支持阿尔及利亚军政权。①

  实际上，在反击伊斯兰原教旨主义威胁的过程中，美国是中东地区几乎所有君主国的盟友和保护者，因为沙特阿拉伯、摩洛哥、约旦、卡塔尔、科威特的国王们对美国利益至关重要。美国的支持不仅孕育了这些国家的激进反对派势力，而且助长了民众的反美情绪。土耳其、阿尔及利亚、沙特、巴林、科威特等国，在美国支持下镇压反对派。阿拉伯国家缺乏抗议和持不同政见等和平管道，使国内绝大多

---

 ① Leon T. Hadar, "The 'Green Peril': Creating the Islamic Fundamentalist Threat", *Cato Policy Analysis*, No. 177, August 27, 1992, http：//www.cato.org/pubs/pas/pa‐177.html.（上网时间：2003 年 7 月 9 日）

数温和伊斯兰反对派力量走向激进化。①

**地区国家**：随着冷战的结束，它们担心将失去美国的支持，就夸大和利用伊斯兰原教旨主义威胁，以确保从美国继续源源不断地得到军事援助和政治、经济支持，并推进其国内外议程。沙特阿拉伯担心，伊朗崛起成为海湾地区的争霸者，就不断在美国煽动反原教旨主义、反伊朗情绪，劝说美国将其视为海湾、中东和中亚地区的反伊斯兰原教旨主义"温和支柱"。沙特王室政权存续至今很大程度上在于得到美国直接和间接的军事援助，海湾战争期间尤为突出。当年美国总统罗斯福称，"沙特人是伊斯兰原教旨主义分子，但他们是我们的伊斯兰原教旨主义分子。"美国也愿意将伊朗变成一个新意识形态和军事威胁，从而为美国干涉中东事务和建立新"支柱"创造条件。埃及在海湾战争中的作用使美国豁免了埃及的 70 亿美元债务，但海湾君主国不希望埃及在该地区发挥军事作用，于是埃及便把邻国苏丹视为中东和撒哈拉以南非洲的新威胁，以此获得埃及在美国全球战略中的新地位。当时，埃及大肆宣传苏丹伊斯兰原教旨主义政权得到伊朗资助和培训，是许多恐怖组织的"天然活动基地"。的确，苏丹也是伊朗向非洲输出伊斯兰原教旨主义战略的一个重要桥头堡，巴希尔政权与伊朗合作密切，1992 年双方签署经济、军事协定，伊朗向苏丹提供军事和经济援助。苏丹将其中的部分援助提供给各类恐怖组织。美国遂将苏丹列入"支持恐怖主义国家"名单，并对其实施商业和经济制裁。土耳其利用中亚兴起伊斯兰原教旨主义威胁，说服美国将其视为遏制伊朗扩张的一个新支柱，从而在中东和中亚发挥更积极的政治、军事作用，并增加土耳其对西方联盟的价值。以色列随着冷战的结束对美重要性下降，海湾战争期间其作用进一步遭到质疑，"绿色危险"可以使以色列继续被美国视为"战略资产"。伊朗国内反对派过去持社会主义、反美国立场，如今为了保持美国对伊朗政权的压力，也借口伊朗在中亚、中东和北非创建"伊斯兰阵营"（Islamic

---

① "Islamic Perspectives on Peace and Violence", *Special Report*, United States Institute of Peace, January 24, 2002.

bloc) 以争取美国的大力支持。

此外,阿富汗战争结束后,对美而言,巴基斯坦作为抗苏"前线国家"的战略价值不再;随着苏联的解体,印度重要性下降。为了争夺南亚地区霸权,印度和巴基斯坦利用"伊斯兰牌"争取美国的支持。巴基斯坦期望美国将其视为新战略盟友,是在中亚限制伊朗影响扩大的伙伴。印度开始致力于扮演抗衡亚洲和巴基斯坦"伊斯兰危险"的力量。阿富汗纳吉布拉则表示将在反击激进伊斯兰威胁上提供一臂之力:"阿富汗、美国和文明世界拥有一个共同的任务,那就是联手发动反击原教旨主义的斗争。"他警告美国:"伊斯兰原教旨主义分子将征服阿富汗,并使阿富汗成为世界上走私毒品和恐怖主义的中心。"[①]

**现代伊斯兰复兴运动在欧美得到很大发展**。20世纪40年代,欧洲穆斯林不到1000万人,到70年代末迅速增至2800万人,伦敦、巴黎、波恩、汉堡、罗马、布鲁塞尔等大城市都有国际伊斯兰组织和当地穆斯林创建的由清真寺、图书馆、学校、医院、旅馆、停车场等组成的伊斯兰文化中心。在美国,伊斯兰教的发展与民权运动相结合,因此在黑人等少数民族中(白人皈依伊斯兰教者也不少)传播很快。著名黑人穆斯林领袖马尔科姆·埃克斯到麦加朝觐后,看到全世界穆斯林不分种族和肤色,平等相处,共同履行神圣的宗教功课,深受启发,回国后放弃了"黑人穆斯林"与白人分离的倾向,积极在白人中传播伊斯兰教。到80年代初,美国穆斯林人数已达到500万人,而在60年代只有大约50万人。同样,美国各大城市也都纷纷建起伊斯兰文化中心和各种穆斯林社团。

**80年代后交通、通讯革命(尤其是信息技术革命)促生跨界种族网络**。伴随着全球化步伐,人口从一个大洲迁徙到另一个大洲,各族群网络向全球蔓延。这些移居国外的族群在新居住国经济上获得成

---

① Leon T. Hadar, "The 'Green Peril': Creating the Islamic Fundamentalist Threat", *Cato Policy Analysis*, No. 177, August 27, 1992, http://www.cato.org/pubs/pas/pa-177.html. (上网时间:2003年7月9日)

功，感到支持故乡同胞的事业是义不容辞的责任。如果恐怖组织只在一国开展活动，总要面临资源问题，且易遭到执法部门打击。因此，恐怖组织借助种族网络，在境外国家建立各种联系，实现恐怖活动舞台的国际化。这一转型具有重大意义：境外国家提供安全庇护场所，容易得到军火补给，接受更好的军事训练，洗钱和获得资金援助，在各种国际场合和论坛上呼吁支持恐怖组织事业，提供通讯设施和协调恐怖组织行动，等等。①

**伊斯兰慈善和救济团体成为激进势力用来跨界运送人员、资金及武器的渠道**。穆斯林世界有乐善好施的漫长历史传统，以赈济、救灾为主的伊斯兰慈善和救济团体一向存在。自20世纪80年代以来，随着国际、地区局势巨大变化，动荡弧地带"热点"丛生，使伊斯兰慈善和救济团体在全球获得长足发展。截至2000年，世界范围内有6000多个伊斯兰慈善和救济团体在开展活动，绝大多数是合法组织，向穆斯林世界一些地方处于危险、绝望境地的民众提供赈济、救灾服务，但有时它们被恐怖分子用作掩护机构。据跟踪1990—2000年国际恐怖主义动向的美国官员称，它们当中一些团体与1993年美国纽约世贸中心爆炸案、1997年在埃及卢克索和西奈半岛针对游客爆炸案、1998年美驻东非两使馆爆炸案、千禧年在约旦针对历史风景名胜阴谋制造恐怖事件有牵连，2000年"基地"组织恐怖活动至少依靠9个这类团体，"伊斯兰慈善和救济团体成为恐怖主义基础结构中的关键部件。"②

2. **"圣战"热点丛生为"绿色危险"理论背书**。激进势力制造的冲突主要有四种情形：一是在穆斯林国家，以伊斯兰政权取代世俗政权的斗争；二是在世俗国家，穆斯林少数民族争取建立伊斯兰独立国的斗争；三是在穆斯林国家穆斯林中的少数族群（如印尼亚齐）争

---

① Sreedhar, paper on IDSA workshop "Terrorist Organizations and Financial Flows", July 13, 2002.

② Judith Miller, "Terrorists Rely on a Few Islamic Charities, U. S. Suspects", *International Herald Tribune*, February 21, 2000.

取自治或独立的斗争；四是伊斯兰文明与其他文明主要是西方文明间的斗争。从西非到太平洋岛屿，到处存在伊斯兰教与其他文明的冲突热点：苏丹基督徒与穆斯林内战，埃塞俄比亚与厄立特里亚之争，海湾战争，阿以冲突，波斯尼亚人与塞族人的战争，马其顿阿尔巴尼亚族穆斯林与基督徒的战争，科索沃塞族人与阿尔巴尼亚族的冲突，土耳其与希腊冲突，前苏联民族、宗教冲突，阿塞拜疆与亚美尼亚之争，车臣穆斯林分离分子与俄罗斯的战争，阿富汗战争，中国新疆暴恐分裂活动，菲律宾摩洛人与天主教政权的战争等。①

**重大冲突有四次：阿尔及利亚内战**。据报道，约有3000名阿尔及利亚人参加了20世纪80年阿富汗抗苏"圣战"，因此，在1991年12月议会选举中，民众不满贫穷生活条件和社会不公正情绪导致大规模的抗议，主要由参加阿富汗抗苏"圣战"的"阿尔及利亚阿富汗人"（Algerian-Afghans）首先组成的"伊斯兰拯救阵线"（FIS）逼迫本贾迪德总统（Benjadid）辞职，制造制度真空无法完成选举过程。与此同时，该组织在阿尔及利亚境内外发动全面恐怖攻势：在欧洲，他们袭击法国，经营着由阿尔及利亚移民组成的筹款、走私武器网络。与伊朗、阿富汗、波斯尼亚有联系的阿尔及利亚恐怖小组在法国、意大利、比利时、西班牙、德国、英国曝光。

1991年6月，阿尔及利亚政府逮捕了两名"伊斯兰拯救阵线"主要领导人，该组织从此开始与政府公开对抗。1992年1月，在阿尔及利亚举行的第二次选举中，"伊斯兰拯救阵线"获胜，法国在美国心照不宣的支持下，资助阿尔及利亚军方发动政变，阻止激进分子大选获胜后上台掌权。军方取消结果，并接踵在全国逮捕激进分子，几乎所有留着胡子的人都被捕入狱，遂导致许多不信奉武装斗争的人投身反政府运动。自1992年起，许多宗教武装组织兴起："萨拉菲宣教和战斗组织"（the Salafist Group for Call and Combat，GSPC）、伊

---

① 2002年初，以色列国际反恐怖政策研究中心发表了其高级研究员肖尔·谢伊博士（Shaul Shay）撰写的《关于恐怖主义》白皮书。他通过列举伊斯兰教与其他文明冲突的典型案例，提出"文化恐怖主义"新概念。

斯兰拯救军（the Islamic Salvation Army）、拉赫曼营（the Al-Rahman Battalion）、伊斯兰武装圣战阵线（the Islamic Front of the Armed Jihad）、伊斯兰宣教与圣战联盟（the Islamic League for Call and Jihad），其中大多数组织与阿尔及利亚"武装伊斯兰集团"没有关系。据报道，20多岁的单身失业青年最易受这些组织召唤，他们是文盲，不懂法语和阿拉伯语。

1992年末至1993年末，视政府为异教徒政权的阿尔及利亚"武装伊斯兰集团"崛起，他们高举"建立伊斯兰国家、反抗镇压和不公正"旗号，成为阿尔及利亚最强大的反政府势力。短短三年时间里，他们就编织了一张从巴黎到萨拉热窝、从布鲁塞尔到华沙、从卡尔斯鲁厄[①]（Karlsruhe）到米兰的巨大恐怖组织网。他们在欧洲设立了许多秘密小组，招兵买马，训练杀手，并随时向那些公开反对伊斯兰原教旨主义的国家如法国等采取恐怖行动。到1994年，共有900名经战争洗礼的"阿富汗阿拉伯人"分三批回国，构成阿尔及利亚激进分子的核心，对许多恐怖大屠杀负有责任。1992—1994年，在阿尔及利亚发生的政治暴力和恐怖活动中，有6.5万人丧生。从1994年下半年起，巴黎和欧洲其他国家发生连续不断的恐怖事件，即由阿尔及利亚"武装伊斯兰集团"在幕后操纵的结果。[②] 1997年，内战达到顶点。"阿尔及利亚阿富汗人"没有率先发起叛乱，但他们的作战技能、人脉网络为叛乱添砖加瓦。

10年内战最终造成20万阿尔及利亚人丧生，100万人流离失所，还有许多人失踪。[③]

**波黑战争**。波斯尼亚是欧洲最大的穆斯林聚居地，约有400万穆斯林。自20世纪70年代以来，在沙特阿拉伯、科威特、利比亚和其

---

[①] 德国西南部城市。

[②] 邱丹阳："冷战后影响国际关系的新因子——恐怖主义"，《东南亚研究》，2000年第3期，第47页。

[③] Kamel Daoud, "The Algerian exception", *International New York Times*, May 30 – 31, 2015.

他穆斯林富油国资助下，修建了不少清真寺和伊斯兰文化中心，伊斯兰复兴运动一直呈上升势头。①

1992—1995年，穆斯林认同问题数十年来首次在巴尔干地区（波斯尼亚、科索沃、阿尔巴尼亚）凸显，该地区的种族、宗教冲突为激进思想站稳脚跟提供了历史性机遇。来自沙特阿拉伯、巴基斯坦、阿富汗、约旦、埃及、伊拉克和巴勒斯坦的外国穆斯林圣战者赴波斯尼亚中部和北部打击异教徒，希冀复制阿富汗经验。当时报纸上称，这些圣战者人数达4000人，被编入"El Mujahedin"，独立于由波斯尼亚人组成的"第七穆斯林旅"（7th Muslim Brigade）。② 许多外国圣战者都是"萨拉菲派"穆斯林，他们在波斯尼亚有两大目标：一是积极投入与塞族（基督徒）军队的战斗；二是通过"达瓦"宣教教育波斯尼亚穆斯林真正的伊斯兰方式，这与当地世俗社会和行为较自由的波斯尼亚穆斯林发生冲突，一些圣战者甚至希望在此打一场种族灭绝战。③

**两次车臣战争**。1991年苏联解体后，当年9月6日，车臣宣布独立，来自阿富汗、巴基斯坦、波黑、中东地区的外国圣战者进入车臣，加入当地叛乱队伍，最著名当属沙米尔·巴萨耶夫武装。许多外国圣战者都是"阿富汗阿拉伯人"，得到哈拉曼基金会等财力雄厚"萨拉菲派"慈善机构资助。1994年12月11日，俄军进入车臣，武装冲突从常规战演变成游击战、恐怖战，战争性质也从民族主义事业转向反俄"圣战"，第一次车臣战争爆发。1996年，第一次车臣战争结束，俄军撤出车臣，绝大多数外国圣战者留在车臣，也有许多车臣人被"基地"组织派往阿富汗、巴基斯坦、伊朗受训。1999年，车臣入侵达吉斯坦，这些外国圣战者发挥重要作用，但入侵失败，他们

---

① Anthony Hyman, "Muslim Fundamentalism", Number 174, published by the Institute for the Study of Conflict, 1985, p. 22.

② "Mujahideen", http://en.wikipedia.org/wiki/Mujahideen. （上网时间：2013年12月26日）

③ Shaul Shay and Yoram Schweitzer, The "Afghan Alumni" Terrorism: Islamic Militants against the Rest of the World, ICT Papers, Volume 6, September 2000, p. 14.

退回车臣。这次入侵事件使俄军1999年12月再入车臣发动第二次车臣战争。2002年初,车臣分离分子再次被俄军打败,绝大多数头目如哈塔卜、艾布·瓦利德(Abu al-Walid)被击毙。[①] 第二次车臣战争直到2009年才结束。

**科索沃战争**。1997—1999年,数百名至数千名来自中东和比利时、英国、德国、美国、法国等国圣战者加入科索沃解放军,同塞族军队作战。一些圣战者与会讲流利阿语的阿尔巴尼亚领导人一起建立了自己的武装小分队,参与科沙雷之战(Kosare)。战争结束后,绝大多数外国圣战者返回家园,但有一些留在科索沃,成了当地公民。

3. **激进分子主攻目标进一步从"近敌"转向"远敌"**。这一时期,身处社会底层的穆斯林一生下来就生活在伊斯兰原教旨主义的汪洋大海中,在阿拉伯世界,特别是经济落后地区,很多乡村和学校都在传授伊斯兰原教旨主义思想,肥沃的社会土壤使"基地"组织恐怖网迅速壮大,将"圣战"推向全球:战场从家门口转向境外,"圣战"运动从等级领导结构的国别斗争向水平结构的全球运动转型,参与"圣战"的主体从各国宗教民族主义者转变成国际圣战者,斗争矛头从聚焦中东推翻当地独裁统治者的"近敌"扩大到美西方为首的"远敌"身上。

据美国务院反恐怖主义小组的报告,90年代世界范围的恐怖活动中有40%是针对美国人及其设施。1993年2月23日,第一次美国世贸中心爆炸案是"基地"组织将攻击"远敌"——美国及其盟友——的理念付诸于实践的开端,进攻美国本土,并制造大量民众伤亡。同年10月,在索马里首都摩加迪沙击落一架美军直升机。1996年、1998年,本·拉登两次发出反美"法特瓦"后,1998年8月6日,美驻肯尼亚、坦桑尼亚两使馆遭爆炸袭击,标志着"基地"组织将枪口转向美在海外的利益。

"圣战"矛头转向以美为首的"远敌"原因有四:一是以"基

---

① "Mujahideen", http://en.wikipedia.org/wiki/Mujahideen. (上网时间:2013年12月26日)

地"组织为核心的恐怖网认为,是美西方这样的"远敌"在支撑"近敌"不倒,使其得以镇压伊斯兰运动和压迫穆斯林民众;美国对阿拉伯世界和中东事务的不公正、不合理干涉,是妨碍阿拉伯民族统一、复兴、发展的主要障碍。美国圣母大学①研究宗教史的斯科特·阿普尔比说,"激进分子认为,美国政府为了自己的地缘政治利益支持'有名无实'的伊斯兰国家";"把以色列看作美国在中东利益(特别是石油)的代理人或者犹太复国主义者实行扩张主义的工具"。二是许多跨国公司将总部设在美国,这些跨国公司领导人视伊斯兰教为其追求物质财富道路上的主要障碍。此外,美国音乐、电影、互联网在全球铺天盖地,这种"堕落的现代都市文化"威胁到伊斯兰价值观和文化。三是整个90年代,埃及、阿尔及利亚等国亲西方统治者严打以宗教民族主义者为主体的圣战者,杀害、逮捕成千上万名圣战者,残酷镇压其家庭、朋友、潜在的支持者。他们顶不住强大国家政权的镇压攻势,到90年代末,绝大多数圣战者同意政府停火呼吁,暂停军事行动,取而代之的是,在"基地"组织指引下针对"远敌"开展更加殊死的"圣战"。② 四是1990年伊拉克入侵科威特,美国参战,解放科威特后驻军沙特,在伊斯兰圣地上驻扎异教徒军队,掠夺石油财富,对中东各国统治者指手划脚,恐吓伊拉克并将驻扎在阿拉伯半岛上的美军基地变成同伊作战的桥头堡。所有这一切牵动本·拉登及其他激进分子的敏感神经,一夜之间,美国成为本·拉登及其"基地"组织网络的头号敌人。本·拉登有一套理论向其手下灌输反美"圣战":"当今战争没有道义可言。美国人掠夺我们的财富、资源、石油;我们的宗教受到攻击;他们杀害我们的同胞,剥夺我们的荣誉和尊严。我们为什么不能奋起抗击这种不公呢?"③

---

① 美国私立天主教研究型大学,又译诺特丹大学(Notre Dame),始建于19世纪中期。

② Fawaz A. Gerges, *The Far Enemy: Why Jihad Went Global*, Cambridge University Press, New York, Melbourne, Madrid, Cape Town, and Singapore, 2005, p. 67.

③ Michael Dobbs, "Saudi's Words Presaged Attacks", *International Herald Tribune*, September 21, 2001.

## 第四章　穆斯林演进史中的激进运动

### （五）两次国际"圣战"浪潮在不同国家背景的两代圣战者人群中延续

**第一代圣战者**由80年代与苏联作战的"阿富汗阿拉伯人"组成。他们一般来自社会经济地位较高阶层，上流社会和中产阶级几乎各占一半。本·拉登来自沙特建筑业巨子穆罕默德·本·拉登家族，二号人物扎瓦希里则来自埃及最显赫的政治家族之一（祖父是爱资哈尔大学的谢赫，叔叔是阿拉伯国家联盟首任秘书长，外祖父是开罗大学校长，父亲任开罗大学药学院院长）。"阿富汗阿拉伯人"以埃及人为主，因为1981年萨达特总统被激进分子暗杀后，埃及政府大举镇压两大激进组织"伊斯兰组织"和"伊斯兰圣战"，未被捕成员纷纷逃往阿富汗。鉴此，1988年，"基地"组织初创时期三分之二核心圈成员为埃及人，他们成为本·拉登的左膀右臂，在战火中凝结成牢固关系，即使存在思想分歧，彼此也十分忠诚。除了埃及人，位居第二位的当属沙特人，沙特政府鼓励本国"圣战"志愿者前往阿富汗，沙特航空公司为他们提供75%的赴阿机票折扣，沙特情报机构以及红新月会、伊斯兰世界联盟等非政府组织以及沙特的亲王们都向这些"圣战"志愿者慷慨解囊相助。

**"本·拉登现象"**（a bin Laden phenomenon）。2002年10月底，《国际先驱论坛报》专栏作家托马斯·弗里德曼就"9·11"根源采访巴林第一家独立报纸《中间报》（Al Wasat）年轻编辑曼苏尔·贾姆里（Mansoor Jamri）。他较清楚地解读了阿拉伯世界的"本·拉登现象"："根源就在于你压制自由，不许言论自由，人格受到侮辱，只给他金钱。他就会把这些钱用于报复，因为他已失去做人的尊严。在关塔那摩监狱有6名巴林人，其中1人出自巴林统治家族。另5人都来自巴林上流社会。他们为何赴阿富汗'圣战'？因为你让一个人头脑空空，金钱和物质不能满足作为一个人所需要的精神需求。他有人生目标和情感，这些是金钱和物质无法补偿的。突然，某人来告诉他，所有他空虚的根子就是这个全球大国——侮辱你，继续无视我们的存在，视我们为只知道吃、睡、追逐女人的废物。突然间，他将其愤怒直指他认为的根源——为什么他不能拥有自己想拥有的东西，即作为一个真正的人，能自由表达自己的看法，影响社会，在当地乃至国际上受人尊敬。正是缺乏尊重导致了'本·拉登现象'。"①

**第二代圣战者**由参加 90 年代跨国"圣战"运动的人组成。在波斯尼亚、车臣、科索沃、塔吉克斯坦、阿富汗、巴基斯坦等"热点"地区参加武装冲突的外国穆斯林圣战者中，沙特人占很大份额。在"9·11"恐怖袭击中，19 名劫机犯里 15 名属沙特激进分子。这些沙特年轻人主要来自中产阶级，通过参加境外"圣战"赋予生命价值和意义。因为：瓦哈比派以禁欲的清教徒主义为典型特征，规定男人必须在清真寺做礼拜，不许刮胡子；清真寺必须简朴，不能富丽堂皇；不准庆祝先知的诞辰日，不许在圣墓前敬供；不准欣赏鼓声之外的其他音乐，不许绘画或画"活物"；不能放声大笑；不准饮酒和性骚扰，否则要受到死刑的惩罚。因此，沙特年轻人生活很无聊，没有音乐、没有电影、没有消遣、没有剧院，公园少得可怜，只有一家博物馆，文学艺术很贫乏，没有政治生活，没有聚会。除了政府和清真寺，根本不存在市民社会空间。对沙特阿拉伯 2000 名学生的调查显示，65％的男生、72％的女生有抑郁症迹象。7％女生承认曾经想自杀，有 5％的男生和女生承认经常吸毒和嗜好喝酒，而在沙特阿拉伯喝酒是被严格禁止的行为。沙特阿拉伯人口 60％为 25 岁以下青年，非官方统计，失业率高达 20％。一名与沙特政府关系密切的知名商人说，"许多年轻人有挫折感，无所事事。他们是定时炸弹，如同日本的'神风敢死队'（Kamikaze）。"②

**中产阶级投身恐怖现象**。2002 年普林斯顿大学关于以色列和阿拉伯恐怖主义的一项研究表明，中东地区的恐怖分子不仅享有高于贫困

---

① Thomas L. Friedman, "Arab youth: Give them a voice", *International Herald Tribune*, October 31, 2002.

② James M. Dorsey, "Saudis Hold Conflicting Views on Terrorism War", *The Asian Wall Street Journal*, October 15, 2001.

## 第四章 穆斯林演进史中的激进运动

线的生活水平,而且还普遍受过中等以上的教育。"基地"组织成员成功融入国外环境的能力印证了这一点,在外国城市,他们可以轻松地找到工作、租公寓、上学和参加飞行训练。如果没受过教育或是囊中羞涩,他们很难做这些事。这些受过西方教育的青年大都来自中产阶级家庭,生活相当舒适。他们加入"基地"组织原因在于:在阿拉伯世界,一些独裁政权不仅拒绝给予民众参政议政的政治空间,而且对伊斯兰运动采取不分青红皂白的镇压政策,将不少穆斯林推到暴力抗争的道路上。2004年8月,《阿拉伯圣城报》刊登了哈马迪对本·拉登前保镖阿布·詹达尔的一篇采访。在专访中,阿布·詹达尔表示,"'基地'组织招募的穆斯林成员大多是因为政治原因逃离了自己国家,因为他们在国内没有机会表达自己的见解。譬如,'基地'组织三任军事统帅中,阿布·乌拜达·班希尔、阿布·阿提夫都曾是埃及的警官,第三任赛义夫·阿德尔曾是埃及特种部队军官。这些人离开祖国加入'基地'组织是为了表达自己的心声。"

**激进分子投身"圣战"的主要媒介**。一是友谊。他们一起长大成人,相互信任、忠诚,携手共步恐怖不归路,这是一种自下而上自愿加入恐怖组织的模式。二是家庭纽带。有些穆斯林家庭致力于"圣战"事业。通婚是圣战者家庭之间打造恒久同盟关系的理想方式。三是师徒关系。如东南亚"伊斯兰祈祷团"最为典型,老师获得学生们终生的忠诚追随和拥戴。四是宗教场所。清真寺是穆斯林青年相遇、相知的地方,通过参加共同的宗教仪式,锤炼出团结和归属感。在20世纪90年代末21世纪初近10年时间里,欧洲布鲁克林、米兰、伦敦、蒙特利尔、马德里、汉堡、鲁贝等地的"萨拉菲派"清真寺培养了大批圣战者。[1]

---

[1] Marc Sageman, *Understanding Terror Networks*, University of Pennsylvania Press, Philadelphia, 2004, pp. 108 – 114、143.

# 第五章  21世纪穆斯林激进势力发展趋势

李光耀指出："我们现在面对的是一个在人类文明史上从未出现过的新形势，因为存在这样一群人，他们为了伤害别人，不惜毁灭自己……因为他们是为了伊斯兰的宗教信仰而战。'基地'组织式的恐怖主义是一种新现象，具有独特性，因为它是全球性的。假如摩洛哥发生了一件事情，可能会刺激到印度尼西亚的极端组织。世界各地极端分子之间有一种共同的特征，那就是狂热……不可能轻易地或很快地就被清除得一干二净。应对恐怖主义是一个漫长而艰巨的事业。"① 恐怖主义就像"癌扩散，切除了一个细胞，还会转移到其他身体部位"。

**21世纪，激进分子在全球的暴力恐怖活动愈演愈烈**。2001年"9·11"后，恐怖活动猖獗，激进组织不仅活跃在中东、北非、南亚、东南亚、中亚等广阔的动荡弧地带，欧、美、俄罗斯高加索、中国新疆等地的暴恐活动也此起彼伏，各地暴恐活动的规模和强度不断升级。激进分子"殉教现象"尤为突出，自杀式恐怖袭击频频上演。暴恐活动已成为一个危及国家、地区和国际安全的严峻问题，成为许多国家必须关切的头等大事之一，一些政府甚至不得不每天同恐怖主义作战。

---

① 李光耀："恐怖主义及伊斯兰极端主义的未来"，腾讯文化，2014年3月3日，选自（美）艾利森、（美）布莱克威尔、（美）温尼编，蒋宗强译：《李光耀论中国与世界》，中信出版社，2013年10月出版，http://cul.qq.com/a/20140303/003380.htm。（上网时间：2015年2月11日）

总体看，穆斯林国家发生的恐怖袭击高于非穆斯林国家，穆斯林平民成为暴力的最大受害者群体。展望未来，由于穆斯林世界年轻人口爆增，生态环境持续恶化，经济发展普遍停滞不前，社会危机进一步加剧，暴恐活动在广度和深度上还将愈演愈烈，可能对世界和平构成更严重威胁。

# 一、激进势力在全球不断坐大

## （一）目前，穆斯林世界不断涌现新动荡"热点"，非穆斯林世界重大暴恐事件频发

1. 2001 年"9·11"恐怖袭击事件。2001 年 9 月 11 日上午，四架美国民航客机遭劫持。其中，两架被恐怖分子劫持的民航客机分别撞向美国纽约世界贸易中心一号楼和二号楼，两座建筑在遭到攻击后相继倒塌，世界贸易中心其余 5 座建筑物也受震而坍塌损毁；9 时许，另一架被劫持的客机撞向位于美国华盛顿的美国国防部五角大楼，五角大楼局部结构损坏并坍塌；还有一架坠毁在宾夕法尼亚州。"9·11"事件是发生在美国本土最为严重的恐怖袭击行动，遇难者总数高达 2996 人。对于此次事件的财产损失各方统计不一，联合国报告称，此次恐怖袭击对美国造成经济损失达 2000 亿美元，相当于当年国内生产总值的 2%。此次事件对全球经济造成损害甚至达 1 万亿美元左右。[①]

**美国发动全球"反恐战争"。**"9·11"事件对美国民众心理影响极为深远，成为美国人心中永远挥之不去的痛，美国民众对经济及政治上的安全感均被严重削弱。美国专栏作家罗伯特·萨默森说，恐怖活动炸毁的"不仅仅是世贸中心和五角大楼的一部分，而是美国的平

---

[①] "9·11 事件"，http://baike.baidu.com/link? url = h2XuDx3kfdbZNQPjcfd5NY315TrvJJfQpFOZzjxecPLd65gfRhAO7CNTLX3A_0brgb2pkjeSd-jEOmx0RV32GTks-SeUyAORAgXk-PjSxpc-wS2Ieyp_FeJSxE0NJLfQ3YyEVa0MxlMy02xwEcMlviohWlWrBSrV6xEBQGiYLlUe。（上网时间：2015 年 2 月 11 日）

静和安全感"。"美国人的自由假日从此划上句号。""9·11"事件后,强硬的共和党新保守主义集团得势,布什政府将维护国内安全放在突出位置上,打击恐怖主义成了第一要务,将反恐与防扩散结合起来,为此出台"布什主义"和"先发制人"理论。

事件发生后,虽然阿富汗塔利班政权发表声明,称恐怖事件与本·拉登无关,但9月13日,美国国务卿鲍威尔召开新闻发布会宣布,锁定本·拉登为制造"9·11"恐怖袭击事件头号嫌疑犯。9月14日晚,美国众议院同意授权布什总统对恐怖分子使用武力。据美国民意测验显示,美国民众中有90%的人支持美国对恐怖分子实施武力打击。10月7日下午13点左右,布什总统宣布,美英已开始对阿富汗塔利班政权军事目标和"基地"组织训练营进行军事打击,"反恐战争"爆发。在美国内,布什政府通过《爱国者法案》。

因"9·11"事件而引发的美国入侵阿富汗战争以及全球"反恐战争",出动了美军总计20多万的兵力和几千架战斗机。据美国国会研究所计算,在未经通货膨胀率和国债利率调整的前提下,美国总共支出1.4万亿美元军费。

**冲突"热点"渐趋常态化、长期化、复杂化**。随着美军入侵阿富汗,塔利班政权垮台,"基地"组织大本营被摧毁,激进势力从阿富汗四散到世界各地,激进势力大肆蔓延,俄罗斯高加索、阿富汗、巴阿部落区、巴尔干等旧"热点"旷日持久,伊拉克、也门、萨赫勒地区、尼日利亚北部、索马里等新"热点"不断涌现,成为恐怖活动新"巢穴"。一方面,这些"热点"吸引世界多国激进分子来此参战;另一方面,这些激进分子回流祖国时使暴恐活动在地域上进一步扩大。他们作战经验愈益丰富,流动性、互动性突出,在穆斯林世界和非穆斯林世界来回奔走,对国际安全的危害加剧。激进分子还开辟新战场,如2002年10月12日印尼巴厘岛爆炸案、2004年3月西班牙马德里火车站连环爆炸案、2005年7月英国伦敦地铁爆炸案等重大恐怖事件接踵而至。

2. **2003年伊拉克战争**。2003年3月20日,以美英军队为主的国际联军对伊拉克发动军事行动,推翻了萨达姆政权。美国以伊拉克藏

## 第五章 21世纪穆斯林激进势力发展趋势

有大规模杀伤性武器并暗中支持恐怖分子为由,绕开联合国安理会,单方面对伊拉克实施军事打击。到2010年8月美国战斗部队撤出伊拉克为止,历时7年多,美方最终没有找到所谓的大规模杀伤性武器。2011年12月18日,美军全部撤出。整个伊拉克战争期间,参战方有美国、英国、澳大利亚、丹麦、波兰、伊拉克等国,参战主力为美国12万人,英国1.5万人。由于这次战争实际上是1990年海湾战争的继续,故也被称为"第二次海湾战争"。由于伊拉克战争大量使用美国现代化新式武器,加上美军使用的武器费用非常高昂,这场战争也被称为烧钱战争。①

伊拉克战争实质上是美国借反恐名义,以伊拉克拒绝交出子虚乌有的大规模杀伤性武器为借口,趁机清除反美政权的战争,是美推行全球战略扩张的又一重要步骤。在布什的心目中,发动这场战争关系到美国的眼前和长远安全,关系到美国的世界霸权地位。通过战争,不仅可以拔掉他恨之入骨的萨达姆这枚钉子,在穆斯林世界建立维护美国利益的战略同盟;还可以控制欧亚大陆的核心地带,通过控制伊拉克摆脱严重依赖沙特阿拉伯石油的局面和控制世界石油供应的主动权;实现对俄、欧、中、印等大国的战略牵制等。

**伊拉克战争对"全球圣战主义"意义重大。一是欧洲参加"圣战"的人数增长。**2003年伊拉克战争爆发,以欧洲为基地的激进分子马上派出成员通过复杂地下网络与"伊斯兰辅士"(Ansar al-Islam)和其他组织建立了联系。2003—2005年,德国、意大利、爱尔兰、英国等国警方逮捕了一些恐怖嫌犯,捣毁了一个以意大利为中心、招募奔赴伊拉克"圣战"的伊斯兰网络。该网络涉及意大利的"伊斯兰辅士"和英国、德国的"认主独一"(al-Tawhid)等激进组

---

① "伊拉克战争",http://baike.baidu.com/link?url=CgV3lfWWvkcDunzSOT7vtQAoZMEv7dnkT6VSr2OrQ5K9JV1dqE57P8Ywr34cBUhV06fRcLeqS9BuouWgXTdKs_。(上网时间:2015年2月11日)

织，而且在挪威、法国、西班牙、荷兰也有成员。①**二是外国圣战者直接参加激烈战事**。他们是人体炸弹主力军，并且在"基地"组织伊拉克分支头目扎卡维率领下参加了伊拉克境内的重大恐怖行动，包括袭击联合国维和部队、约旦大使馆、土耳其大使馆。他们还参加了2004年的费卢杰战役，同国际联军交火。"基地"组织伊拉克分支成员制造卡车爆炸等较大伤亡的自杀式恐怖袭击行动，布雷和发射火箭弹，绑架人质和斩首，击落飞机，针对硬目标发动"群狼式"攻击，暗杀要人，屠杀什叶派等。**三是外国圣战者实现与有组织犯罪集团合作**。其中，走私犯罪网络起到至关重要作用，不仅帮助许多外国圣战者经叙利亚、土耳其、约旦、沙特阿拉伯、伊朗非法进入伊拉克，而且帮助他们离开伊拉克，前往新目的地。另外，与前复兴党官员和情报人员的合作，使外国圣战者获得重要的反侦查技能。与绑架者、罪犯的合作，使外国圣战者建立了自己的融资机构，用来资助伊拉克境外的行动。②

3. **2011年"阿拉伯之春"**。2011年，"阿拉伯之春"后，北非和中东地区原有的强人铁腕统治被推翻。2011年1—4月，扎瓦希里先后发布5次视频声明，试图将阿拉伯世界的"街头革命"与"9·11"后席卷全球的"圣战"运动联系起来。在4月发布的视频中，他称，"我们伊斯兰民族正同现代十字军侵略者及其代理人——我们的腐败统治者作战。"③"唯有通过'圣战'和抵抗建成伊斯兰政权，才能实现公正、自由、独立。"④ **本·拉登欢呼"阿拉伯之春"**。同年5月18日，本·拉登颂扬推翻突尼斯、埃及独裁强人革命的12分钟视

---

① Ely Karmon, "Al-Qa'ida and the War on Terror after the War in Iraq", *Middle East Review of International Affairs*, Vol. 10, No. 1, March 2006.

② Mohammed M. Hafez, "Jihad after Iraq: Lessons from the Arab Afghans", *Studies in Conflict & Terrorism*, Volume 32, Number 2, February 2009, pp. 86 – 87.

③ Juan C. Zarate, "Al Qaeda stirs again", *International Herald Tribune*, April 18, 2011.

④ Neil Macfarquhar, "First mission for Al Qaeda is to salvage its ideology", *International Herald Tribune*, May 4, 2011.

## 第五章　21世纪穆斯林激进势力发展趋势

频上传到互联网众多"圣战"论坛上:"我们密切关注这场伟大历史事件,我们和你们一起共享喜悦、幸福和快乐。你们快乐,我们也快乐;你们悲伤,我们也悲伤。为你们取得的胜利表示由衷的祝贺!中东地区正处历史紧要关头,为'乌玛'兴起和将你们自己从统治者暴政、人定法律、西方垄断中解放出来提供了千载难逢的历史机遇。应该由'沙里亚法'来治理新秩序。"本·拉登还建议在埃及、突尼斯创建一个向新政权提供咨商的"委员会",并在最合适的时间决定在其他国家发动人民起义。他敦促中东穆斯林"不要贻误时机,我坚信承蒙真主恩赐,变革之风将横扫整个穆斯林世界"。[①]

**阿拉伯世界变革一度使"基地"组织边缘化**。在近20年的时间里,"基地"组织一直声讨阿拉伯世界的独裁者是异教徒、"西方的傀儡",号召民众将其推翻。2011年,当中东国家民众接踵推翻各自统治者时,"基地"组织无所作为,民众没有拥抱"基地"组织两大信条:暴力、宗教狂热,而是拥抱民主,并将伊斯兰教置于脑后。"阿拉伯之春"议程与"圣战"议程不一致,圣战者在这场历史变革中如同无足轻重的"旁观者",年轻穆斯林有了恐怖主义之外的其他选择!新美国基金会反恐问题专家布赖恩·菲什曼(Brian Fishman)说:"过去20多年里,扎瓦希里一直致力于要把穆巴拉克赶下台,但他没能实现该目标。如今,倡导非暴力、非宗教的民主运动数周内推翻了穆巴拉克政权,对'基地'组织而言,这是个大问题。"美对外关系委员会成员斯蒂芬·西蒙(《神圣恐怖时代》两作者之一)指出,"这些街头革命表明,新一代对'基地'组织意识形态毫无兴趣。"[②]

**"基地"组织又得益于"阿拉伯之春"后民众希望的破灭**。在伊拉克作战的约旦圣战者阿布·哈利德说:"在埃及和其他国家,最后

---

[①] Scott Shane, "Bin Laden dispatch praises Arab revolts", *International Herald Tribune*, May 20, 2011.

[②] Scott Shane, "Ignored by Arab revolts, Al Qaeda at a crossroads", *International Herald Tribune*, March 1, 2011.

究竟会带来多少变化？届时，将会有许多失望的示威者，他们将认识到只有一种选择。我们深信，一切都终将落入我们的掌心。"[1] 2013年，随着"阿拉伯之春"上台的穆斯林政客在突尼斯、埃及、利比亚纷纷下台，"基地"组织为首的恐怖分子迅速填补真空，他们不仅游走于北非和中东的广大区域，甚至控制了伊拉克北部和西部、叙利亚北部和东部地区。[2] 此外，欧洲地区的反恐形势再次严峻起来，2015年1月7日，因巴黎《查理周刊》刊登亵渎先知穆罕默德漫画，激进分子手持AK-47，杀害了12名周刊员工（总编以及数名该刊著名漫画家），这是自20世纪60年代初阿尔及利亚战争结束后法国领土上发生的最严重恐怖袭击案。[3]

**"基地"组织分支"控制有形疆域"**。在也门，2011年5月28日，"阿拉伯半岛'基地'组织"（AQAP）发表声明，宣称该组织已占领也门南部阿比扬省几乎所有地区及省会津吉巴尔市，在此建立"伊斯兰酋长国"。[4] 圣战者通过清真寺大喇叭呼吁实行"沙里亚法"统治。他们当中有沙特人、伊拉克人、苏丹人，高举着印有"沙里亚法辅士"（Ansar al Sharia）白旗。6月，亚丁港被激进分子包围，其中一些与"基地"组织有联系。他们在也门南部至少占领了两座城镇，攻打监狱，洗劫银行和武器库，而也门政府军一直忙于对付北部的平民抗议者，无暇南顾阻止圣战者活动。[5] 2015年，"阿拉伯半岛'基地'组织"的势力范围更加扩大，因为属什叶派分支栽德派

---

[1] Scott Shane, "Ignored by Arab revolts, Al Qaeda at a crossroads", *International Herald Tribune*, March 1, 2011.

[2] David D. Kirkpatrick, "Jihadist rise reverses the hopes of Arab Spring", *International New York Times*, June 13, 2014.

[3] Steven Erlanger and Katrin Bennhold, "Paris attack likely to add to anti-Islam sentiments", *International New York Times*, January 9, 2015.

[4] Scott Shane, "The loud silence from Al Qaeda", *International Herald Tribune*, May 14-15, 2011.

[5] Robert F. Worth, "Violent militants take advantage of chaos in Yemen", *International Herald Tribune*, June 28, 2011.

（Zaydis）的也门少数民族胡塞族（Houthis）是"基地"组织最大敌人，2015年因集中精力同其他竞争对手交战，并遭到沙特为首的阿拉伯盟军空袭打击，这为"阿拉伯半岛'基地'组织"攫取更大地盘创造了条件。该组织首次与一些也门部落缔结了战略联盟。[1]

**在高加索**，2007年10月，外国圣战者影响再次凸显。**多库·乌马罗夫（Dokku Umarov）宣布建立由当地诸多穆斯林叛乱团体组成的泛高加索穆斯林国家"高加索酋长国"（Caucasus Emirate）**，"圣战"目标不仅锁定俄罗斯，而且还针对美国、英国、以色列以及"在世界各地同穆斯林作战的任何国家"。从2008年起，激进分子掀起的叛乱从车臣蔓延至北高加索地区。"高加索酋长国"核心成员只有数百名，但支持者比该数目高出好多倍。"高加索酋长国"融入"基地"组织全球"圣战"网站网络。附属于"基地"组织的"圣战者辅士"（Ansar al-Mujahideen）网站替"高加索酋长国"招募新人和筹措资金。"高加索酋长国"成立5年时间里，制造2200多起袭击和暴力事件，军警和政府官员被害1800余人，伤2600人；平民被害450人，伤1200人。目前，达吉斯坦已成为北高加索地区叛乱活动中心。过去数年里，秘密"圣战"力量在此兴起，他们效忠"基地"组织，加入"高加索酋长国"，如"沙里亚团"（Shariat Jamaat），开始针对美欧目标发动袭击。[2]

2013年8月，乌马罗夫丧命。为了避免"高加索酋长国"的分裂，选出继承人之前，他的死讯一直压着未发，直到2014年3月19日才宣布其死讯。

2014年3月22日，阿里亚斯哈布·凯贝科夫（Aliaskhab Kebekov）不仅证实乌马罗夫之死，而且声明他已被6人舒拉委员会以及

---

[1] Saeed al-Batati and Kareem Fahim, "Yemen chaos is allowing Qaeda group to expand", *International New York Times*, April 18–19, 2015.

[2] Col. Danny Dickerson (Ret.), "Growing Threats of Terrorism: From The North Caucasus", *The Journal of Counter Terrorism & Homeland Security International*, Vol. 20, No. 3, Fall 2014.

"高加索酋长国"4个省——车臣、达吉斯坦、印古什、卡巴尔达-巴尔卡尔-卡拉恰伊（Kabardino-Balkaria-Karachay）的战地指挥官一致推选为"高加索酋长国"新埃米尔。凯贝科夫当时42岁，来自达吉斯坦西部的沙米尔县（Shamil），阿语流利，曾在叙利亚生活过。他不是战地指挥官，而是一名高级伊斯兰法官。凯贝科夫主张发动更大范围的"圣战"，在北高加索地区建立伊斯兰哈里发国家，反对一些车臣圣战者主张的"民族精神"。目前看，北高加索地区还将动荡下去。因为：当地没有采取具体措施改善政府治理，经济不景气，严重依赖俄罗斯的补贴，印古什等地的年轻人失业率高达45%，官员腐败现象严重等。①

"高加索酋长国"中的车臣人、达吉斯坦人、印古什人向在阿富汗的"基地"组织和哈卡尼网络提供战斗人员。在叙利亚，2014年里，来自车臣的阿布·奥马尔·希斯哈尼（Abu Omar al-Shishani）率领1000余名"迁士和辅士军"（Jaish al-Muhajireen wa Ansar）在侵扰叙利亚重大军事设施时发挥至关重要作用。该组织效忠凯贝科夫。北高加索恐怖分子对俄罗斯、欧洲、美国构成两大威胁：一是通过训练营或互联网继续训练圣战者，使他们保持攻击西方利益的能力；二是为了摧毁西方经济体，圣战者致力于摧毁中东和高加索地区的能源设施。②

**在叙利亚和伊拉克，"伊斯兰国"宣布建国**。2014年6月29日，"伊拉克和黎凡特伊斯兰国"发言人阿布·穆罕默德·阿德纳尼（Abu Muhammad al-Adnani）在"推特"上发布音频，宣布成立哈里发国家。该组织成员阿布·奥马尔在网上聊天室称，"'基地'组织是一个组织，而我们已是一个国家。奥萨马·本·拉登为建立统治世

---

① Mark Galeotti, "Caucasus Crossroads: Russian insurgence reaches a turning point", *Jane's Intelligence Review*, May 2014.

② Col. Danny Dickerson (Ret.), "Growing Threats of Terrorism: From The North Caucasus", *The Journal of Counter Terrorism & Homeland Security International*, Vol. 20, No. 3, Fall 2014.

界的伊斯兰国家而战,而我们已实现了他的梦想。"① 由于"伊斯兰国"拥有自己的资金和武器来源(从叙利亚、伊拉克政府的军事基地缴获大量武器)、募人网络,得到伊拉克反什叶派政府的各股逊尼派势力支持——如复兴党成员、前伊拉克国防军士兵、2003 年美入侵伊拉克时的反美抵抗力量等,加上外国圣战者,作战能力强,在叙利亚和伊拉克日渐坐大,其控制区面积几乎与英国领土相当。②

## (二) 当前国际"圣战"运动呈现诸多新特点

**1. 活动地域上,"圣战"行动"去疆域化"**(de-territoria-lized)。挪威国防研究机构(the Norwegian Defence Research Establishment)研究人员托马斯·赫格姆梅尔(Thomas Hegghammer)在其著《沙特阿拉伯的"圣战":1979 年以来的暴力与泛伊斯兰主义》(2010 年版)中指出,国际范围穆斯林中的激进主义已发展到"全球圣战主义"阶段,穆斯林与非穆斯林发生冲突的战场没有地域限制。法国知名伊斯兰问题专家奥利维尔·罗伊(Olivier Roy)也指出,全球化时代的穆斯林激进分子人生轨迹是:生于一个国家,长于另一个国家,在第三国"圣战",赴第四国寻求庇护。③ 他们坚信"圣战"是全球的,游走于不同文化和国度,从一场"圣战"走向另一场"圣战",俄罗斯高加索、中亚、南亚、东南亚、中东、北非、欧美等地区,重大恐怖事件相继频生,为国际"圣战"队伍源源不断输送新人,绝大多数新人成为铁杆圣战者。从"基地"组织为核心的国际恐怖网活动模式看,在一地募人,在另一地培训新人,在第三地(中东)汇出钱,在第四地发动恐怖袭击。而各国政府仍有领土疆界,仍有不同的国家利益,无法实现反恐合作的全球化。

---

① Ben Hubbard, "Al Qaeda's status threatened by ISIS", *International New York Times*, July 2, 2014.

② Ezzeldeen Khalil, "Partners to foes", *Jane's Intelligence Review*, July 2014.

③ "Islamic terrorism", http://en.wikipedia.org/wiki/Islamic_terrorism. (上网时间:2013 年 12 月 26 日)

**2. 战争形态上，非国家行为体向主权国家发动恐怖性"不对称战争"。** 全球化时代的恐怖性不对称战争亦称第四代战争[①]（4GW, fourth generation warfare），或后现代恐怖主义（postmodern terrorism），是目前挑战主权国家和威胁全球安全的主要暴力形态，穆斯林"圣战"网络是这场战争的主角。美国是一个超级军事大国，拥有高科技军事能力，如精确制导武器、训练有素的军队、抵达全球各地的能力，"基地"组织为核心的国际恐怖网无法凭实力向五角大楼叫阵，低科技恐怖手段如港口船只和卡车炸弹成为其手中的新式武器，由于对美军事行动了解详尽，能出其不意，攻其不备。自20世纪80年代以来，美国投入相当人力、物力加强对其海外机构的保护，但恐怖行动始终难以防范和制止。2000年10月，在亚丁港，美军"科尔号"

---

[①] 人类从古至今直至可预见的将来，历经六代战争形态的演变。第一代战争称低技术消耗战（attrition war）。交战双方都致力于最大限度地消灭对手，直至最终取得胜利。第二代战争为技术含量较高的机动战（maneuver warfare）。交战双方都动用更好、更快的武器去打败对手。在武器、通讯设施上占优势一方更容易获胜。第三代战争为智慧战（the employment of brainpower）。交战双方从硬实力转向软实力的较量，强调要充分利用情报、心理战、新科技知识去瘫痪对手，而不仅仅是在战场上打垮对手的军队。软实力手段与硬实力（步兵、坦克、火炮）相比，不那么血腥，但终极目标都是一个，即迫使敌人屈服投降。第四代战争为不对称战争（asymmetry）。这是以弱制强的战争，交战双方实力悬殊，弱势方"以不同于强势对手的思维、行为、组织方式，将自己的有利面最大化，并利用对手的弱点，争取主动权，或争取更大的行动自由"。在这场战争中，恐怖分子等弱势方是"聪明的对手"，不搞常规军事对抗，而是付诸于恐怖主义和其他非传统的攻击手段与国家政权展开较量。国家政权一方所需要的是摒弃传统，善于随机应变，拥有决断力。全球化时代的战争是一种"无规则战争"，没有限定条条框框，不那么血腥，但绝对残忍。第五代战争为信息（宣传）与高科技战。它包括金融战、贸易战、经济战、新闻战、电脑战、网络战等，就像柏林墙的倒塌，靠的不是坦克、火炮或战斗机。交战双方采用一切手段，包括武装部队或非武装力量，军事或非军事手段，致命或非致命性武器来迫使对手屈服。第六代战争为生物信息战。譬如，设计一个电脑病毒入侵网络，制造股市崩溃，传播谣言或曝光丑闻致使政府倒台，向一座超大城市供水系统投毒，在人头攒动的地铁站施放毒气，在某个国家投放"疯牛病"之类的生物病毒等。在生物信息战中，不分军事目标与平民，战场延伸到每个人、每个角落。（Robert J. Bunker edited, *Networks, Terrorism and Global Insurgency*, Routledge, Taylor & Francis Group, London and New York, 2005, pp. 28 – 31.）

驱逐舰遭"基地"组织自杀式袭击，该舰装备有最先进的传感与反传感系统、远程巡航导弹和防空武器，可保护美航空母舰和海军战斗群免遭敌机和导弹的攻击，却难以对付港口满载炸药的一艘小船。海湾战争期间的美军主要指挥官理查德·尼尔将军无奈地说，"我们如此强大，拥有如此先进的装备，以至于我们的敌人不得不采取不对称的方式对付我们。眼下尚无解决这一问题的灵丹妙药。"

**特征。一是战争双方不是面对面的正规作战**。平时，恐怖组织往往利用民族、宗教等因素，藏身于民，身份难辨。战时，没有前线和后方，出其不意地攻击国家的最薄弱环节，行动具有高度的隐秘性。"9·11"嫌疑犯在美蛰伏生活多年，与其他挂了名的恐怖组织没有联系，也没有犯罪前科，突然发动恐怖袭击，执法部门难以提前侦破。他们是在对目标情况了如指掌后才发动"万无一失"的恐怖攻击。**二是作战对手的临时性**。恐怖组织基层成员都是"业余"分子，其中有不少大学生，有些人出生在西方或在西方生活多年，已掌握现代高科技，现代武器和炸弹的知识非常丰富，作战技能高超。他们通过书店、书刊、CD、因特网，了解恐怖手段、制造炸弹的说明、恐怖活动的指南。美国务院称，实施恐怖袭击的组织都是临时组成的，行动结束后即解散隐藏，不需要总部，也不需要各方承认的领导人。组织成员具有流动与暂时性，一般在2—12人左右，没有头目，不与上层领导直接接触，执法部门不易打入。**三是攻击动机动态性**。恐怖分子经常选择两类攻击目标：一类是具有象征意义的目标。如美国五角大楼和世贸中心，它们代表美国政府及其手中看似坚不可摧的政治、经济、军事权力，恐怖组织成功地在这些地点实施爆炸，旨在向美国民众乃至全世界证明，当今世界唯一的超级大国——美国政府权力也有其脆弱性，从而使美民众质疑政府保护公众及其控制、保障公共场所安全的能力。另一类是普通民众。恐怖组织通过滥杀无辜制造恐怖、悲惨场面，形成社会轰动效应，引起媒体第一时间全面报导，使恐怖场面的目击者群体全球化，达到"杀一儆千万"效果。**四是暴恐手段多样性**。从一般的雷管、塑胶炸药到人体炸弹、载炸药的小船、大型空中客机与自杀性恐怖手段相结合。通常在闹市区制造自杀性恐怖活动，使许多无辜百姓遭殃。

**自杀式恐怖袭击成为恐怖分子最惯常手段**。当代穆斯林中的自杀式恐怖活动源于1983年黎巴嫩"真主党"在贝鲁特袭击美国海军陆战队总部以及美国驻黎大使馆，迫使美国为首的多国部队结束在该国的维和使命。1995年10月在克罗地亚、11月在巴基斯坦卡拉奇，埃及"伊斯兰组织"和"伊斯兰圣战"两大激进组织制造了两起自杀式恐怖袭击。1998年8月7日，"基地"组织首次采用自杀式手段，同时袭击美国驻肯尼亚、坦桑尼亚大使馆，造成224人丧生，5000人受伤。2000年10月，在也门加油的美军"科尔号"驱逐舰遭自杀式袭击，舰体被炸出一个大洞，17人丧生，38人受伤，这是"基地"组织第一次成功地袭击美军海外舰只。2000年6—7月，车臣武装在与俄军战斗中使用人体炸弹。2001年"9·11"恐怖袭击事件是最震惊世界的自杀式袭击。2003年后，在伊拉克战场上，各激进组织纷纷付诸自杀式恐怖袭击。之后，阿富汗、巴基斯坦的激进分子迅速竞相效仿。① 2003年11月20日，土耳其最大城市伊斯坦布尔市中心发生自杀式小型卡车连环爆炸案，造成26人丧生，450多人受伤。上午11时，先是汇丰银行土耳其总部大楼发生爆炸，部分银行建筑物被摧毁；5分钟后，英国驻伊斯坦布尔领事馆遭袭，英国总领事肖特丧生，部分建筑坍塌。这些袭击是激进组织"大东方伊斯兰袭击者阵线"（Islamic Front of Raiders of the Great Orient）和"基地"组织的联合行动。早在11月15日，伊斯坦布尔"尼夫沙洛姆"犹太教堂②

---

① Martha Crenshaw, "The Long View of Terrorism", *Current History*, January 2014.

② 伊斯坦尔是土耳其最大的犹太人聚居地，约有2.5万人。11月15日遭袭的"尼夫沙洛姆"犹太教堂是最重要的宗教活动场所。土耳其于1948年承认以色列的合法地位，是第一个做出这一宣示的穆斯林国家。随后，两国签署一系列协议，建立了稳定的关系，尤其是军事领域进行了良好合作。伊斯坦布尔是土耳其享誉世界的文化名城，也是该国经济中心，汇丰银行等许多金融机构将分部或办事处设在这里。打击这座城市，无异于击中土耳其的"心脏"。该爆炸案旨在警告土耳其政府不要奉行亲西方政策。过去许多年，伊斯坦布尔出现犹太人、基督徒与穆斯林和平共处的局面，基本上井水不犯河水，谁也不主动招惹谁，这显然不是激进组织愿意看到的。

被炸，造成23人死亡，300余人受伤。自杀式恐怖袭击不是巴基斯坦文化的组成部分，但2000—2010年，巴基斯坦却发生了321起自杀式恐怖袭击，造成数千人丧生，当中既有军人也有平民。[①] 如今，在全球暴恐舞台上，自杀式恐怖袭击已成为激进组织的惯用伎俩，但除了制造大量平民伤亡外，尚不能实现其战略目标。

**自杀式恐怖袭击源于伊斯兰殉教观**。伊斯兰教弘扬和平，但允许信教者在特定的条件下为捍卫伊斯兰教献身、流血，这就是"圣战"。在阿拉伯语中，"殉教者"（shahid）和信仰告白（shahada，即清真言）来自同一词根，只有为真主而死的烈士才能称为"殉教者"。殉教是穆斯林的义务，是"圣战"的最高品级，真主欢迎"殉教者"直接进入天堂，所以"殉教者"总以微笑泰然直面死亡，因为死亡打开通往天堂的大门。**除了真主，信教者绝不向任何人投降，并坚信从不会被战败所击倒，战败只是"圣战"中一次挫折而已，只是"再获新生"进程中的一个"逗号"**。穆斯林认为所有帝国都有兴衰，但也深信三阶段轮回说：兴、衰、再生，"圣战"永不停息。正是这种精神在历史上激励着穆斯林大军东征西讨，激励着穆斯林奋起保卫圣地，并在基督教西方强大挑战面前捍卫、信守自己的生活方式，西方历来低估穆斯林当"殉教者"的意愿。有伊拉克激进伊玛目声称，**"穆斯林期待殉教正如同渴死的人盼望水一样。我们希望人民热爱死亡，渴望进入天堂。我们希望'不是上帝而是真主'撼动这个世界。"** 2003年9月6日，叙利亚外交部发言人曾发表评论称，"'殉教者'代表了民族的意识，他们是世界上最尊贵的人，人类中最令人尊敬的人。"现代穆斯林激进分子把殉教外延到自杀式暴恐行动——"袭击者为了正义事业而献身"，因此在激进组织里，人体炸弹被称为"殉教者"。21世纪，激进分子更加强调殉教精神，以此赋予暴力恐怖的合法性，2001年"9·11"恐怖袭击事件在他们眼里就是殉教行为。甚至阿拉伯世界最负盛名的伊斯兰学者之一优素福·格尔达维也

---

① Bridget Rose Nolan, "The Effects of Cleric Statements on Suicide Bombings in Pakistan, 2000–2010", *Studies in Conflict & Terrorism*, Volume 36, Number 3, March 2013.

认为，殉教是一种高贵行为，在天堂里可以保证得到一席之地。事实上，许多激进分子视蹲监狱、遭毒打乃至死亡为"神圣使命"的一部分，由此在天堂里成为"烈士"。"恐怖主义就是他们的生命"，时刻准备着为其信念采取暴力行动。①

**3. 暴恐行为主体上，两种形态并存：一是由"独狼"（lone wolves）实施"群龙无首的'圣战'"。** 在推行严打政策的非穆斯林国家里，这些年恐怖组织不断被破获，暴恐行为主体呈现"独狼"形态。2001年"9·11"后，美西方发动全球反恐战，以"圣战"为旗号的激进分子四散各地，"基地"组织演变成一个全球"圣战"网络，由"本土化"恐怖分子组成的非正式团体构成"基地"组织网络主体。他们通过互联网联结起来，相互间拥有共同的世界观和集体认同，不需要正式的组织结构和成员，只需参与者，流动性是其典型特征，这就是"群龙无首的'圣战'"。② 早在2008年，美国宾夕法尼亚大学出版社就出版发行了马克·萨基曼③（Marc Sageman）的专著《群龙无首的"圣战"：21世纪的恐怖网络》。他在书中断言，后"9·11"时代，全球暴恐行动已演变成具有更强的流动性、独立性及难以预测的社会运动，即由"本土化"恐怖分子构成"群龙无首的'圣战'"，恐怖威胁从"基地"组织幕后主谋、发布命令演变为由大量"本土化"恐怖分子"自下而上"独立地策划、实施恐怖行动。这是激进分子应对国际社会"自上而下"反恐战略而演变出来的"自下而上"的组织形态。2011年5月2日，本·拉登被击毙。5月9日，"基地"组织即敦促世界各地圣战者自行发动恐怖袭击："我们告诉每名圣战者，如果有机会发动袭击，就不要浪费机会。杀死美国人或摧毁美国经济，无需与任何人商量。我们鼓励你去发动能带来重大后果、只需

---

① Simon Reeve, *The New Jackals*, Northeastern University Press, Boston, 1999, p. 58.

② Marc Sageman, *Leaderless Jihad: Terror Networks in the Twenty-First Century*, University of Pennsylvania Press, Philadelphia, 2008, pp. 31 - 32.

③ 马克·萨基曼博士是宾夕法尼亚大学精神病学专家，1987—1989年曾任美中央情报局驻阿富汗特工，与阿富汗圣战者共事，曾任美政府反恐顾问。他的另一力作《了解恐怖网络》（2004版）是畅销书。

简单准备的个体恐怖主义行动。"①

过去数年里，欧洲暴恐舞台上出现了由"独狼"或小"狼群"（a wolf pack）发动的恐怖袭击现象。与大规模恐怖袭击相比，这些恐怖袭击造成的生命和财产损失不大，但却激发民众的恐惧，制造高调宣传效应，有利于激进组织开展募人、筹款行动。这些"独狼"或小"狼群"越来越谨慎使用电话和互联网，更经常通过人与人之间的接触来进行勾连，因此家庭纽带帮了他们不少忙。另外，他们使用各类可以隐藏数据信息的新型通讯工具，如WhatsApp和Snapchat。这一切给各国执法部门的监控及其侦破工作带来巨大挑战。②

二是"基地"组织分支或附属组织继续实施暴恐活动。在巴阿部落区，中东和非洲的失败国家、三不管地带仍是"基地"组织分支或附属组织大显身手的地方。另外，许多"独狼"并不完全各自为战，像 2012 年 3 月在法国图卢兹制造系列枪击案的穆罕默德·梅拉赫（Mohammed Merah）与支持伊拉克叛乱的武装网络、阿尔及利亚激进分子都有联系。据美方调查，此人还到巴基斯坦训练营地培训过。事发后，在北瓦济里斯坦的哈萨克武装组织"哈里发战士"（Jund al-Khilafah）宣称穆罕默德·梅拉赫是他们的人。还有些"独狼"虽无境外武装网络背景，但与当地激进社区或团体有联系，处于激进圈外围地带。③ 2015 年 1 月初，法国巴黎发生针对《查理周刊》血案，堪称法国"9·11"事件。这起恐袭案虽属"独狼"行为，但其幕后是"基地"组织阿拉伯半岛分支，并得到"基地"组织头目扎瓦希里授权。阿拉伯半岛分支发表声明，宣布这起血案制造者赛义德·库阿奇

---

① Scott Shane, "The loud silence from Al Qaeda", *International Herald Tribune*, May 14 – 15, 2011.

② Steven Erlanger, "Europe turns focus to 'lone wolves'", *International New York Times*, January 15, 2015.

③ Raffaello Pantucci, "The power of one", *Jane's Terrorism & Insurgency Monitor*, October 2012.

(Said Kouachi)、谢里夫·库阿奇（Cherif Kouachi）俩兄弟是"英雄"。①

**（1）"草根圣战者"成分**。这些"本土化"恐怖分子如今被称为"独狼"，主要由新一代"草根圣战者"（grassroots jihadists）构成。**在穆斯林世界，新一代"草根圣战者"来自两个群体**：一是城市穷人。现代化、城镇化进程使数以百万计的农村人离开土地迁到城市谋生，但他们无法应对现代化带来的技术、文化、经济诸方面挑战，面临沉重的生存压力，容易接受"对抗型"意识形态。"基地"组织及其附属组织的基本骨干主要来自这一群体。在快速发展的大都市，通货膨胀、失业严重、缺乏住房等问题层出不穷，营造了有利于激进分子宣传的氛围。刚从农村前往城市的穆斯林移民虔诚、保守，而在城市面对赤裸裸的剥削和道德沦丧生活，激进组织利用民众的宗教感情对抗国家的世俗化进程，**伊斯兰认同的民粹化加上受剥削，使穆斯林穷人走向政治行动主义**。二是受过教育的中产阶级。其中部分人因对世俗意识形态阿拉伯民族主义、国家社会主义、自由民主等幻想破灭而步入激进主义阵营，并成为恐怖组织的领导、中坚力量。② 2001年"9·11"恐怖袭击中，行为主体都来自中产阶级，教育程度高，懂英语。他们不想对话，一心要摧毁，而且是为摧毁而摧毁，没有宣言，不带有任何政治诉求，是一件静悄悄的暴行，不分青红皂白地实施恐怖袭击。③

在非穆斯林世界，主要是在欧美，"草根圣战者"成分多元化：有工程师、失业者、获释犯人、鲁莽青少年，以及从阿富汗、索马里、波斯尼亚、伊拉克归来的圣战者。他们虽来自不同社会背景，但拥有一个共性，即对西方针对穆斯林的态度幻想破灭。譬如，在比利

---

① Rukmini Callimachi and Alan Cowell, "Qaeda group in Yemen says it was behind Paris attack", *International New York Times*, January 15, 2015.

② Anthony Hyman, "*Muslim Fundamentalism*", Number 174, published by the Institute for the Study of Conflict, 1985, pp. 6 - 7.

③ 爱德华·萨依德（Edward W. Said）著，梁永安译：《文化与抵抗》，立绪文化事业有限公司，中华民国93年8月初版，第134页。

时，许多穆斯林反对不许戴头巾的禁令——虽然只有少数妇女戴头巾，但禁令属高压举措——因为政府对一些更迫切的少数民族关切，如歧视、"恐伊症"、失业、经济权利剥夺等问题几乎无所作为。[①] 他们还对西方在阿拉伯世界、非洲等地发动的战争深感愤怒。

**三种新鲜血液加入"圣战"队伍：一是西方穆斯林移民家庭的第二、三代**。他们来自中产、下层阶级，其父母属于欧洲没有技术的劳工群体。过去10—20年里，西方穆斯林社区发生深刻变化：第一代移民以融入西方社会、挣钱养家为头等大事，但第二、三代移民的奋斗目标已与前辈不同，他们关心的问题已从父辈强调的文化融合和社会同化转向强调宗教认同与面临的种种歧视问题，他们不准备接受种族和宗教的歧视与骚扰。虽然许多欧洲国家，尤其是英国、斯堪的纳维亚诸国、德国给予移民慷慨的经济援助和言论、结社、教育、活动等自由，但西方国家的白人种族主义问题根深蒂固，如英国存在反巴基斯坦裔、法国存在反阿尔及利亚裔的种族主义现象，不仅使年轻穆斯林的生活变得艰难，无法实现其期望值，而且普遍产生与主流社会的疏离感和"我是谁？"认同危机。如今，在欧洲，反穆斯林情绪强化，右翼团体的"恐伊症"言论在整个欧洲的主流政治和草根层面甚嚣尘上。自由开放的西方社会不仅没有将穆斯林当作真正的欧洲人敞开怀抱拥抱他们，反而嘲弄伊斯兰教，有时甚至镇压，这更激起了穆斯林青年心中的愤怒。在穆斯林青年成长的环境里，一旦媒体和周边每个人嘲弄和侮辱其文化时，激进主义的感召力就极强。[②] 于是他们甘愿背井离乡，奔赴叙利亚、伊拉克等地投身"圣战"事业，获得"我是全球穆斯林大家庭一员"的认同感和创造新世界秩序的使命感。还有，就是欧美社会的穆斯林新移民，90年代以来，穆斯林世界暴力频仍，战乱难民纷纷流向欧、美国家，其中有不少年轻人思想已经

---

[①] Chams Eddine Zaougui and Pieter Van Ostaeyen, "Overblown fears of foreign fighters", *International New York Times*, July 30, 2014. 两人都是研究阿拉伯问题的学者。

[②] Abdelkader Benali, "From teenage angst to jihad", *International New York Times*, January 14, 2015.

激进化。

**二是欧美新皈依伊斯兰教的白人**。据悉，2001年7—10月，3500名受训的"基地"组织成员离开阿富汗，其中1500名送回沙特阿拉伯，其余携带不同的护照返回欧洲和美国，绝大多数人手持写着基督徒和犹太人名字的意大利、葡萄牙、荷兰、法国、英国、美国护照。这些欧美年轻白人皈依者大多获大学学位，有些硕士学位，甚至还有在读博士生。① 皈依伊斯兰教的白人激进化的根源在于：西方穆斯林社区正逐渐发展成为激进主义、恐怖活动的"新根据地"——20世纪90年代后期以来，穆斯林世界的世俗政权（如1998—1999年埃及、阿尔及利亚、也门等国）严打激进分子，激进分子滥杀无辜（如1997年11月在埃及发生的卢克索惨案），使本土民众的支持下降，这些国家的恐怖组织开始转向西方穆斯林社区寻求支持、援助。这些年来，自身与恐怖主义无牵连、甚至还抨击恐怖主义的伊斯兰运动和组织，通过开展文化、教育、慈善活动，在西方穆斯林社区营造的"伊斯兰氛围"，成为孕育激进分子的"温床"。它们建立的用于开展活动的基础设施，被激进分子用来筹款、招兵买马、联络、散发弘扬极端思想的出版物等。许多从事慈善事业的伊斯兰组织和机构筹集的资金，不少流入各类激进组织或由这些组织建立的"外围组织"手中。

**三是女圣战者**。2000年后，为了成功实现突然袭击和打击战略目标，"萨拉菲派圣战"组织②一改过去禁令，日益招募女性参与到他们的全球"圣战"行动中，从尼日利亚到巴基斯坦的广大穆斯林地域上出现"女人弹"身影。全球层面，在由女性发动的自杀式袭击中，

---

① Marc Sageman, *Leaderless Jihad: Terror Networks in the Twenty-First Century*, University of Pennsylvania Press, Philadelphia, 2008, pp. 48 – 50.

② "萨拉菲派圣战"组织主要指以"基地"组织为核心的全球恐怖网络。巴勒斯坦哈马斯、黎巴嫩"真主党"不属于该范畴，其宗教意识形态与全球"萨拉菲派圣战"意识形态不同。

"基地"组织伊拉克分支占24.7%,车臣("高加索酋长国")占19.90%。① 在伊拉克战争中,"基地"组织及其附属组织2003年之前从未使用过"女人弹",队伍里女性成员不多。但2003年3月后,"基地"组织开始征募女性。据美国联邦调查局称,"基地"组织成立一支女性小分队,头目绰号"乌萨马之母"(Umm Usama),与本·拉登关系密切。这支女性小分队成员来自阿富汗、车臣、阿拉伯国家等。从2004年起,女性发动的恐怖袭击逐年增加,造成的伤亡也同步增长。2007年有报道称,在阿富汗贾拉拉巴德、坎大哈机场附近的训练营地,"基地"组织对女队员进行军事训练,但没让塔利班知情。同年9月11日,伊拉克"基地"组织头目宣布,该组织已创建了"女人弹旅"。2009年4月,扎瓦希里妻子发表公开信,号召穆斯林妇女以包括"殉教"在内的一切方式支援"圣战"行动。她宣称,在巴勒斯坦、车臣、伊拉克,妇女投身的"殉教"行动已给敌人以沉重打击。同时,她也强调,穆斯林妇女的根本职责是保护圣战者及其子女和他们的秘密。②

**女性参与伊拉克"圣战"行动标志着全球"圣战"舞台上出现一个重大变化,不仅其参与人数史无前例,而且为她们投身索马里、阿富汗等旷日持久冲突"热点"的全球"圣战"扫清障碍**。此后,与全球"圣战"有关的激进组织日益让穆斯林妇女担当人弹角色:在巴基斯坦,2009年,"巴基斯坦塔利班"命一名妇女袭击白沙瓦的一个警察局;2010—2011年,巴基斯坦发生数起妇女制造的恐怖袭击。在索马里、阿富汗,2012年,妇女制造了数起自杀式恐怖袭击。"基地"组织在伊拉克的实践为"萨拉菲派"组织在"圣战"行动中进一步动用妇女打开新思路,在尼日利亚的"博科圣地"、中国新疆暴恐分裂团伙中也接踵出现女性。在尼日利亚,2014年6月25日,在

---

① 此外,巴勒斯坦的各类组织占23.97%、斯里兰卡的"泰米尔虎"(LTTE)占14.40%、库尔德工人党(PKK)等占7.5%、其他为9.6%。

② Jessica Davis, "Evolution of the Global Jihad: Female Suicide Bombers in Iraq", *Studies in Conflict & Terrorism*, Volume 36, Number 4, April 2013.

拉各斯阿帕帕港口（Apapa）附近，"女人弹"开着油罐车发动袭击，行动由"博科圣地"分支（Jamaatu Ansarul Muslimina fi Biladis Sudan）策划，主要打击西方目标。7月27—30日，有"女人弹"在卡诺州针对大学、加油站、购物中心等四个地点制造自杀式袭击。①

女性参与"圣战"活动人数大增的原因在于：一是尽管她们已参与冲突地区的暴恐行动，仍未被政府视为恐怖分子或安全威胁。二是她们更容易掩人耳目，逃避强力部门监控，更能实现战术性胜利。三是她们更易接近高价值目标和软目标，从而造成高伤亡率。在伊拉克，"女人弹"主攻目标是什叶派、逊尼派觉醒委员会（Sunni Awakening councils）、伊拉克军警、市场和基础设施、与美国合作的逊尼派团体、伊拉克平民聚集处。四是反映出国际反恐合作已给全球"萨拉菲派圣战"运动制造巨大障碍——不断挫败其恐怖袭击行动，于是开始让妇女发动自杀式袭击。五是恐怖组织成员蓄意强奸穆斯林妇女，然后派人鼓励遭强奸的妇女参加"圣战"，以此来挽回自己的名誉。在车臣冲突中，女圣战者渐增的原因是：激进势力与俄罗斯的军事较量长期化，人员折损惨重，为保持战斗力，必须扩大募人基础。六是互联网使恐怖分子的性别之分逐步消失。网上匿名使许多女性（她们来自保守、传统的社会）能充分表达自己，像男人一样参与虚拟"圣战"，也能成为全球斗争的参与者。尽管她们成不了伊玛目，但住在西方的穆斯林妇女，可以通过互联网找到归属穆斯林世界的感受。首先，妇女在网络聊天室很活跃。尽管很多论坛专为妇女开辟聊天室，但仍有一些女性加入到一些最流行的恐怖分子论坛，此前她们大多被排除在外。这些论坛公开弘扬"圣战"，激励着参与者积极参与恐怖行动。其次，因其夫或兄弟已被杀或被捕，她们渴望为夫、兄复仇。②

---

① Martin Roberts, "Boko Haram increases attacks in Nigeria as election run-up begins", *Jane's Intelligence Review*, September 2014.

② Jessica Davis, "Evolution of the Global Jihad: Female Suicide Bombers in Iraq", *Studies in Conflict & Terrorism*, Volume 36, Number 4, April 2013.

## 第五章　21世纪穆斯林激进势力发展趋势

**（2）新一代"草根圣战者"层出不穷的原因。一是认同危机促使年轻穆斯林投身弘扬暴力的激进运动**。他们一直在寻找文化和宗教的根和人生方向，急于了解自身价值和在社会中的位置，这导致伊斯兰认同的强化——"圣战"恰恰给年轻人以明确指引，进而诱使其从事暴力活动。在种族界限分明的西方社会，少数族裔青年往往发现本族群鲜有成功人士，据此认为主流社会存在对本族群的偏见和压迫，其实现自我价值的愿望更强烈。此外，"基地"组织等一贯神化自杀式袭击者，将其塑造成"为正义事业献身、在族群中广受尊崇的烈士"。有法国激进分子坦言，"我准备杀身取义。我们是圣战者，渴望死亡，盼着升入天堂。"[①] 久而久之，穆斯林青年认为，参加"圣战"是自己赢得他人尊敬的主要渠道。**二是世界各地冲突频生**。在穆斯林世界，存在阿以冲突、车臣问题、伊拉克战争、阿富汗战争、叙利亚内战等。在欧美国家，存在失控区域，如欧洲穆斯林社区、美国监狱和非法移民社区，成为恐怖组织的招募场所。**三是经济利益驱动**。恐怖主义成了一门行当。对于一个贫困家庭来说，金钱上的回报具有吸引力，人体炸弹和贫困之间确实存在着直接的联系，他们的家庭可以为此得到很多慈善机构的慷慨补助。正如关注克什米尔问题的美国学者杰西卡·斯特恩（Jessica Stern）研究发现，很多志愿者的确出身贫寒，殉教者家庭能得到奖励。在巴基斯坦，一个殉教者家庭因此可以从土坯屋搬进水泥盖的房子里或收到抚恤金。有巴基斯坦"圣战者运动"成员称，他如果脱离该组织转至一个普通工作，薪水会大打折扣。"虔诚军"一名中层头目表示，其收入是他在社会上工作的 7 倍，并称高层头目收入更高。[②] 索马里青年党成员每月领 70 美元薪水，这在当地算是高薪。所以不少成员起初是为了金钱而战，后来才是为了

---

[①] Jim Yardley, "Hate born in park and bred in prison", *International New York Times*, January 13, 2015.

[②] Judy Barsalou, "Islamic Extremists: How Do They Mobilize Support?" Special Report 89, United States Institute of Peace, July 2002.

信仰而战。① 另外，激进组织宣扬，"圣战"是一项公共事业，参加"圣战"相当于纳税。

**（3）"草根圣战者"特点。其一，因地制宜发动恐怖袭击**。2009年10月底，"阿拉伯半岛'基地'组织"头目纳西尔·瓦赫希在"圣战"网站发行的网络杂志《战斗的回声》（Sada al-Malahim）上撰文，呼吁圣战者向多种目标发动攻击：暴君、情报机构、亲王或大臣（主要指埃及、沙特、也门等国政府），以及随时发现的"十字军"，如参与反伊斯兰战争的西方国家的机场、居民区、火车站等（主要针对美欧及住在穆斯林国家的西方人）。他还称，圣战者"无需花大力气或很多钱去制造10克炸药"，不应"浪费时间去找武器，武器随处都可以找到，如匕首、木棒、简易爆炸装置等都可发动攻击"。②

**其二，属于全球化时代认同虚拟"穆斯林共同体"的青年人**。他们信仰的不是过去传承下来的伊斯兰，而是经重塑的伊斯兰。他们从不参照穆斯林传统习俗或传统伊斯兰，从不听从官方认可的宗教人士发出的"法特瓦"，而是深受激进网络伊玛目煽动——"穆斯林共同体"正在遭受困苦和羞辱而激进化。这些激进分子聆听"基地"组织头目本·拉登和扎瓦希里、"阿拉伯半岛'基地'组织"导师安瓦尔·奥拉基（Anwar al-Awlaqi）、激进黎巴嫩裔澳大利亚伊玛目菲兹·穆罕默德（Feiz Mohammed）、牙买加伊玛目阿卜杜拉·费萨尔（Abdullah el-Faisal）等人的录音带，阅览"阿拉伯半岛'基地'组织"出版的英文"圣战"杂志《鼓舞》③（Inspire）文章以及21世纪"个体圣战"首席战略家塞特马里阿姆著作，还花许多时间观看"优兔"上的安瓦尔·奥拉基、阿扎姆的视频。他们深受这些人激进思想浸淫后，自愿迈向"圣战"不归路。从心理上看，他们是失败者，没

---

① "Somalia's insurgents split with courts", *Terrorism & Security Monitor*, February 2008.

② Scott Stewart and Fred Burton, "Counterterrorism: Shifting from 'Who' to 'How'", Stratfor, November 4, 2009.

③ 《鼓舞》杂志旨在鼓动世界各地的草根激进分子或"独狼"们向西方发动"个体圣战"。

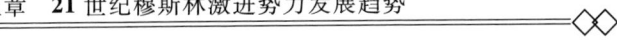

有归属感的个体，但实际上通过献身成为虚拟"穆斯林共同体"的"虚幻英雄"来救赎自己不快乐的人生，同时逃离这个没有立足感的世界。[①] 另外，在激进"虚拟社会里"，人们彼此关爱对方，有回家的感觉。这使他们彼此更加亲近，产生一种归属感，感到自己属于一个以共同的伊斯兰信仰为基础的更大社会。网络论坛向他们证明，"乌玛"这个想象中的穆斯林国家是真实存在并呈现在互联网上。新一代跨国"草根圣战者"来自世界各地，国家、社会背景不同，但"泛伊斯兰主义"思想根深蒂固，视自己为"穆斯林共同体"卫士，他们既不是宗教民族主义者也不是跨国民族主义者，他们比本土圣战者更无畏，在战场上与其他圣战者一起经受血与火的洗礼后获得一种新型跨国伊斯兰主义意识，接受激进势力的"圣战"召唤。在伊拉克战场上，外国圣战者尽管人数很少（即使到 2006 年 3 月，据报道也仅有 4%—10% 是外国圣战者），但绝大多数人弹都出自他们——来自沙特、科威特、约旦、叙利亚、北非和欧洲等阿拉伯和非阿拉伯国家圣战者。[②]

其三，属于"天马行空型"。他们的行为多是个体行为，脱离了通常的穆斯林族群纽带，如家庭、清真寺和各种伊斯兰协会，绝大多数激进分子与其家庭断绝或疏远了关系；通常不与教派团体有瓜葛；不参与社会或政治活动。他们有三类社会交往：要么是在当地封闭团体内的密友间往来（"9·11"的劫机犯、2005 年伦敦爆炸案犯），要么同在巴基斯坦边远地区训练营里的战友们交往，要么通过网络聊天。他们还属于"自学成才型"。他们直接使用互联网上提供的相关知识，互联网使"独狼"式恐怖袭击成为现实。从反恐角度看，"草根圣战者"给各国安全带来的挑战是，他们强调"思想全球化，作战本土化"，直接从网站获取指示，行动隐秘低调。除非他们和政府线

---

① Oliver Roy, "The allure of terrorism", *International Herald Tribune*, January 11, 2010.

② Jessica Davis, "Evolution of the Global Jihad: Female Suicide Bombers in Iraq", *Studies in Conflict & Terrorism*, Volume 36, Number 4, April 2013.

人或其他向官方通风报信人接触,或者与政府监控下的个人或组织有电子邮件往来,否则极难被发现。"草根圣战者"以个人或小团伙方式策划实施袭击行动,不会被"关注作案者"的执法部门侦破并挫败其行动。

**其四,属于"自我招募型"。**"基地"组织没有拨出专款"自上而下"招募新人,而是通过非正式的亲朋好友圈"自下而上"地"自我招募"。执法部门难以界定谁是恐怖分子,谁是同情者。有相当多的家庭成员或朋友,起初持反对恐怖主义立场,当他们的亲友被捕或遭严惩时义愤填膺后转变成恐怖分子。大量穆斯林志愿者加盟"基地"组织,好比入学哈佛大学,人们到哈佛求学是冲着它的名声和学成后的回报,年轻穆斯林加盟"基地"组织也是寻找刺激、名望和荣誉。这是一种持续、相互激励的自我招募过程,无需外来招募者。[①]

**其五,许多属于专业人士。**"9·11"事件中,参加恐怖行动的某些成员都受过高等教育,英语流利,为恐怖行动准备了数月甚至数年时间。平时,与妻儿一起过着正常生活,带孩子上麦当劳吃快餐,上飞行课,住在舒适的中产阶级社区,但他们心里明白,有朝一日将与数千人同归于尽。耶路撒冷希伯莱大学专家埃胡德·斯普林扎克(Ehud Springzak)说,"我们收集的人体炸弹档案里从未包括受过高等教育的飞行员"。这批人被吸引到"基地"组织阵营不足为怪。美前中央情报局官员威特莱·布伦纳(Witley Bruner)称,"在西方国家生活过一些年头的人更容易产生被西方主流社会疏远感。生活在阿富汗农村的人永远不会有这种感觉。他们也许恨美国,但他们没有被羞辱的感受。"[②]

**4. 组织架构上,建立非传统恐怖组织与传统有组织犯罪集团合作"轴心"。**虽然恐怖组织与贩毒、人口走私、有组织犯罪网络时有合

---

[①] Marc Sageman, *Leaderless Jihad: Terror Networks in the Twenty-First Century*, University of Pennsylvania Press, Philadelphia, 2008, pp. 69 – 70、140 – 142.

[②] Karen DeYoung and Michael Dobbs, "Evolving Terror Tactics Join Old Theology With New Technology", *International Herald Tribune*, September 17, 2001.

## 第五章　21世纪穆斯林激进势力发展趋势

作,但人们通常以为他们之间不可能建立"轴心",因为恐怖分子不认为自己是罪犯,有意识形态或宗教作指导。但现实中,由于合法资源有限,加之亡命生涯,恐怖分子与罪犯日趋建立"轴心",从战术到战略的各个层面上展开互利互惠的合作,如武器采购的后勤保障、共享贩毒和人员非法流动线路、武装培训、制造假证件和假信用卡等。对国际社会而言,这增加了摧毁保障恐怖组织后勤网络的难度,除非重拳出击相关有组织犯罪网络。①

在南亚,"基地"组织与以迪拜为活动基地的印度黑帮老大阿弗塔布·安萨里（Aftab Ansari）建立联系,"基地"组织利用该黑帮为其"圣战"事业服务,而该黑帮利用"基地"组织网络为其有组织犯罪活动服务。据悉,该黑帮成员在阿富汗属于巴基斯坦"虔诚军"的霍斯特营地受训,还将绑架勒索到的赎金用以资助"9·11"恐怖活动——向主犯之一穆罕默德·阿塔汇去10万美元。②

在俄罗斯北高加索,当地穆斯林激进分子与在俄罗斯境内外的中亚有组织犯罪网络结合,将从欧洲募集到的资金转移到北高加索。据俄罗斯安全部门透露,有60多个国际激进组织、约100家外国公司（与北高加索人有联系）、10家银行集团参与支持"高加索酋长国"的融资活动。这些激进组织和金融机构坐落在中东,但其大量资金投放在欧洲。之所以发生这种情况,是因为北高加索人在海外有大量侨民——在土耳其有30万人,哈萨克斯坦有4万名车臣人和3万名印古什人,阿塞拜疆有许多达吉斯坦人,在埃及、伊拉克、约旦、叙利亚人数也不少,在格鲁吉亚的潘基斯峡谷（Pankisi Gorge）地区有7000人——其第二、三代侨民愿意资助家乡的激进事业。在土耳其的车臣侨民是资助"高加索酋长国"的主力。据美国财政部披露,2004年之前,与"基地"组织有关的哈拉曼基金会向车臣激进分子提供资

---

① Richard A. Clarke and Barry R. McCaffrey, "NATO's Role in Confronting International Terrorism", *Policy Paper*, June 2004.

② Jessica Stern, "The Protean Enemy", *Foreign Affairs*, Volume 82, No. 4, July/August 2003.

金。2004年,美国财政部开始冻结该基金会资金后,境外资金通过信使和公司网络转交到北高加索激进分子手中。如今,他们则日益通过三条走私海洛因的有组织犯罪网络来将资金转移到俄罗斯:一条经中东到土耳其,一条经伊朗,一条经阿塞拜疆的巴库。另外,北高加索激进分子与当地强大的有组织犯罪团伙联合,直接从事绑架勒索赎金活动。①

在南亚和中东地区,各类犯罪团伙和恐怖组织在重大国际恐怖活动中长期合作,他们还合伙从事贩毒贸易,所挣毒资用于犯罪和恐怖活动。随着时间的推移,有些犯罪团伙已走上恐怖道路,摇身变成恐怖组织。以巴基斯坦为活动基地的印度犯罪团伙头子达乌德·易卜拉欣就持有双重身份,他既是犯罪团伙头子又是恐怖分子头目。② 与此同时,还出现另一新动向,即激进组织成员直接参与有组织犯罪活动。在德国,执法部门2002年发现"认主独一"组织的许多成员参与走私非法移民、向圣战者提供假护照等活动。③

**5. 通联互动上,主要存在现实世界、虚拟世界两种模式**。以2004年为转折点。此前,恐怖分子之间主要靠现实世界勾连;此后,主要靠虚拟世界实现通联互动。现实世界中进行面对面交流的非正式社会网络主要指以下三类:**一是地域性团伙**。恐怖分子出自穆斯林青年组成的非正式团体。由于流落他乡,多数人结成帮派。20世纪90年代,在法国几近一半因从事恐怖主义而被捕的人是在阿尔及利亚的奥兰(Oran)长大。在蒙特利尔,围绕法特赫·卡迈尔(Fateh Kamel)成立的团伙成员都是在阿尔及尔郊区长大。在阿姆斯特丹,霍

---

① Mark Galeotti, "Shadow spreads: Criminal-militant links in Russia", *Jane's Intelligence Review*, Vol 26, Issue 1, January 2014.

② Richard A. Clarke and Barry R. McCaffrey, "NATO's Role in Confronting International Terrorism", *Policy Paper*, June 2004; Rollie Lal, "Terrorists and organized crime join forces", *International Herald Tribune*, May 24, 2005.

③ Rolf Tophoven, "The European Network of Al-Qaeda", International Conference "Global Terrorism: Its Genesis, Implications, Remedial and Counter Measures" paper, Islamabad, 29 – 31 August, 2005.

夫斯塔德团伙（Hofstad）中坚力量来自摩洛哥里夫地区（Rif）的霍赛马港（al-Hoceima）。马德里爆炸案的大多数案犯来自摩洛哥的得土安（Tetouan）。在英国被捕的很多"本土化"恐怖分子是来自巴控克什米尔的米尔布尔地区（Mirpur）的移民家庭。**二是激进穆斯林学生会**。很多恐怖组织成员前来西方是为了求学深造，但孤独难熬时会投入当地大学穆斯林学生组织怀抱，发动"9·11"袭击的汉堡小组就是这种情形。一些激进团体，如英国的"迁士运动"（al-Muhajiroun）就将大学作为发展成员的主要对象。这些学生组织成为陌生人间建立友谊的重要渠道。**三是围绕激进清真寺成立的学习小组**。这类学习小组由更激进的群体组建成网络，如在汉堡库德斯清真寺（al-Quds），围绕穆罕默德·贝尔法斯（Mohammed Belfas）建立的团伙；围绕马德里 M-30 清真寺建立的团伙；在伦敦芬斯伯里公园清真寺（Finsbury Park）建立的团伙；在东南亚激进经文学校，如鲁克马努尔·哈基姆（Lukmanul Hakie）建立的团伙。所有这些网络可以连接起来，使其进一步扩展和激进化。一个例子是汉堡-哈伯格（Harburg）理工大学的激进穆斯林学生组织与库德斯清真寺的穆罕默德·贝尔法斯团伙之间的联合。[①]

　　**虚拟世界中通联互动模式，实现恐怖袭击的"虚拟世界、现实落地"**。进入 21 世纪互联网时代，以"全球圣战主义"为特征的"基地"组织网络通过互联网赢得无数穆斯林青年的心灵，互联网成为"基地"组织的全球战略资产。早在 2005 年 11 月，以色列著名学者鲁文·帕兹（Reuven Paz）就在《国际先驱论坛报》上撰文指出，互联网已演变成为"一座开放性圣战大学"（open university of jihad），在招募、洗脑、培训"殉教者"、制作炸弹、策划恐怖袭击等方面发挥关键作用。其一，2000 年后，互联网在穆斯林世界愈益普及，使人气颇旺的激进网络伊玛目对穆斯林青年走上"恐怖不归路"拥有巨大煽动蛊惑力。由于现实中的一些激进场所，如激进清真寺已被执法

---

① Marc Sageman, *Leaderless Jihad: Terror Networks in the Twenty-First Century*, University of Pennsylvania Press, Philadelphia, 2008, pp. 84–86.

部门严密监控，激进伊玛目转至网上宣教。网上宣教如影响老一辈恐怖分子的激进清真寺那样发挥着相同功用。网上关于车臣、阿富汗、伊拉克令人惊悚的视频和内容在穆斯林个体激进化过程中起到推波助澜的作用，而激进网络伊玛目是这种思想转变的"助推器"。其二，互联网成为"全球圣战主义"的宣传媒介、图书馆、论坛、战场。20世纪60年代，库特卜在埃及监狱奋笔疾书《路标》时，清真寺、经文学校、穆斯林世界的监狱是"圣战主义"的宣传阵地；如今，互联网取而代之成为新的宣传阵地，面临"认同危机"的群体通过互联网，将现实和假想的国别与全球性冤苦联系起来，申诉遭受的痛苦和不公正待遇，致力于追寻一种"去疆界"世界里的"去疆界认同"。① 透过众多"圣战"网络论坛、"雅虎群"、"推特群"、"优兔群"等新媒体，激进势力构筑了一个遍及全球、多层次传播"圣战"思想和暴恐指南的视频网络。其中，2001年夏，"基地"组织组建的媒体机构"云彩"（Al-Sahab）以及"黎明媒体中心"（al-Fajr Media Center）和"全球伊斯兰媒体阵线"（Global Islamic Media Front）两大阿语论坛作用突出。② "马德里爆炸"案犯受属于"基地"组织的"全球伊斯兰媒体阵线"网站2003年12月发布的文章启迪。荷兰的霍夫斯塔德团伙利用网上论坛和聊天室，鼓动在论坛上认识的穆斯林青年加入其组织。2005年4月，埃及开罗的汗·哈里里（Khan al-Khalili）爆炸案借助了互联网，案犯从"圣战"网站下载炸弹制造方法说明书。2006年6月在奥赛奇行动（Operation Osage）中被捕的多伦多团伙，就是通过一个"在线"论坛与哥本哈根的团伙（力图将一些成员派往波斯尼亚使用炸弹袭击美驻当地使馆）、伦敦的团伙（充当总协调人）、在美国佐治亚州的两人进行勾连。2006年夏，试图在德国

---

① Imtiyaz Yufuf, "How to Win a Cosmic War: Confronting Radical Islam", *The Muslim World Book Review*, Volume 31, Issue 2, Winter 2011, published by The Islamic Foundation.

② Brynjar Lia, "Al-Qaeda online: understanding jihadist internet infrastructure", *Jane's Intelligence Review*, January 2006. 作者布赖恩贾·利亚为挪威国防研究机构"跨国激进伊斯兰"项目负责人。

列车上安放炸弹的人就是在网上论坛结识的。其三，提供沟通个人之间及个人与组织之间的通联方式。最为人们熟知的有电子邮件特别是论坛和聊天室，这些互动方式使散落在世界各地的"基地"组织成员之间保持着联系，传递信息。互联网还为"圣战"组织领导人提供联络及散发战略指令的平台。

在国际恐怖舞台上，出现"虚拟世界、现实落地"趋势，即恐怖组织在网上完成对成员的招募、洗脑、勾连等过程，只是制造恐怖活动那一刻发生在现实世界中。"网络圣战"成为"圣战"恐怖主义进一步走向全球化的一个重要促成因素，虽然制造恐怖活动的骨干只有区区数百人，但其同情支持者成千上万。

**6. 舆论宣传上，煽动伊斯兰教作为一种宗教、文化和生活方式正受到世俗价值观和文化的围攻**。一是大肆宣扬"全球文化战"观念，即宣称伊斯兰教作为一种宗教、文化和生活方式正受到世俗价值观和文化的围攻，因此"为了自卫，可以不择手段"。这一论调已深植许多激进分子心中，他们视"圣战"、殉教等为神圣"天职"。二是声称穆斯林世界没有一个单一的、得到广大民众信赖的伊斯兰权威，世俗政权控制的宗教机构已成为世俗国家利益的傀儡，并以此为借口使一些激进组织领导人成为相当一部分穆斯林民众的"精神导师"。三是20世纪60年代后诞生的激进运动和组织标榜自己是"社会中弱势群体的保护者"，从而吸引反政府及反美、反以、反西方"异教文化"的力量在其麾下效力。激进分子是穆斯林世界受到全球化威胁并边缘化的一种产物。

当代穆斯林中的暴恐文化，其构造好比一座金字塔：塔基是各种温和、非暴力的伊斯兰组织、机构，在穆斯林世界和西方穆斯林社区做了大量的涉及政治、社会、文化和教育等方面的工作，争取到了民心；中间是各道舆论工序，将穆斯林民众的种种不满"加工"成仇恨、报复、暴力等思想"产品"；塔尖则是暴力恐怖活动。

## 二、暴恐乱象实质

面对激进势力的严峻挑战，不同社会制度国家目前都陷于无解境地。

### （一）在非穆斯林世界，穆斯林族群与世俗主流社会的冲突不断，实质源于价值观念上认识有别

其一，伊斯兰信仰的核心是"认主独一"。由于宗教信仰导致的社会生活习俗的不同，造成穆斯林族群与世俗主流社会文化上的冲突和摩擦。

其二，**激进分子将世界划分成伊斯兰地区和战争地区**[①]。伊斯兰教终极目标是实现永恒的全球使命——消灭战争地区，使全球变成无国界的政教合一的伊斯兰地区，全球人民皈依伊斯兰教。2001年10月7日，美国向阿富汗发动空袭，卡塔尔半岛电视台播放了本·拉登呼吁全世界穆斯林对美"圣战"录像带。他宣布"9·11"事件已将整个世界一分为二：以伊斯兰教信徒为一方，异教徒为另一方，每一个穆斯林都必须奋起捍卫伊斯兰教。这一终极目标注定了"圣战"的长期性和不妥协性。对从事暴力斗争的激进运动来讲，该目标是真主赋予他们的宗教职责——他们的斗争基于真理，是向邪恶开战。[②] 他们深信，只有最大限度地消灭对手，才能实现真主的旨意。新一代穆斯林激进分子认为，同世俗权力的较量是"一个漫长的历史过程，但最终必胜"。这种必胜信念使他们坚决反对与世俗价值观、世俗机构和现行法律妥协，他们尊奉更高权威真主；拒绝遵守世俗社会定下的"宗教不许干政"戒律，致力于推翻现政权，实现宗教治国；坚信世

---

[①] 主流伊斯兰将世界划分成伊斯兰地区与非伊斯兰地区。非伊斯兰地区又划分成战争地区与和平非伊斯兰地区。

[②] Carl W. Ernst, *Rethinking Islam in the Contemporary World*, Edinburgh University Press Ltd, USA, 2004, p. 9.

界已堕入贪婪、道德沦丧的泥潭，唯有重建"本真"社会，天堂才会降临。他们付诸暴力恐怖手段来加速这一时刻的到来，并给恐怖主义注入"圣战"内涵，把自己看作为公平与正义而战的"英雄"，既打击"近敌"也攻击"远敌"。①

他们从不谈判，因为这是宗教暴力，与异教徒誓不两立。美国著名反恐问题专家布鲁斯·霍夫曼说，"每当有宗教因素卷入，恐怖分子总会杀害更多生命"，他们当中许多人视入狱、遭毒打以及死亡为"神圣使命"的一部分，并认为由此可"进入天堂"，攻击目标时视死如归。华盛顿战略与国际问题研究中心高级研究员本杰明说，"他们深信暴力的神圣性，伟大目标需要惹人注目的手段，这种手段就是血流成河。"② 过去一些惯用反恐举措如政治让步、奖赏、大赦等方式不适用于这些激进分子。

在实现永恒全球使命前，当下激进分子要努力实现三重目标：在穆斯林国家实现"沙里亚法"治国；建立新的伊斯兰国家；在俄罗斯、菲律宾、印度等国实现穆斯林少数民族的独立。换句话说，激进分子同异族文化的斗争包括三个方面：推翻穆斯林国家的世俗政权，以伊斯兰政教合一神权取而代之；实现穆斯林少数民族的独立建国；使外来文明、特别是西方文明的影响中立化。**最当务之急是重构穆斯**

---

① Marc Sageman, *Leaderless Jihad: Terror Networks in the Twenty-First Century*, University of Pennsylvania Press, Philadelphia, 2008, pp. 32 – 33. 前三次现代恐怖主义浪潮为：第一次由无政府主义者掀起，认为国家乃一切罪恶之源，消灭国家将带来"人间天堂"。在所有恐怖主义社会运动中，无政府主义者可能最具影响力，曾杀害了俄、法、意、美等国元首及众多欧洲国家政要。其中，暗杀费迪南德事件直接导致了第一次世界大战的爆发。第二次由反殖主义者掀起，认为只有脱离西方获得独立才能振兴本国经济与政治。二战的洗礼进一步推动这一进程，在20年时间里，他们将西方殖民者赶回了老家。第三次由左翼革命者掀起，认为资本主义乃社会罪恶之本。因此其目标是消灭资本主义，实行共产主义制度并按需分配社会财富。第四次是穆斯林激进分子主导的宗教恐怖主义浪潮。1979年的伊朗伊斯兰革命以及苏联入侵阿富汗，使恐怖主义从世俗性转向宗教性。

② Karen DeYoung and Michael Dobbs, "Evolving Terror Tactics Join Old Theology With New Technology", *International Herald Tribune*, September 17, 2001.

林世界的政治版图。①

其三，实现全球皈依伊斯兰教的目标，靠宣教和"圣战"两手。宣教不成，就高举"圣战"旗帜发动暴力。鉴此，埃及"伊斯兰圣战"前头目赛义德·伊玛目·谢里夫（Sayyed Imam Al-Sharif）在其1988年问世的《"圣战"准备纲要》（The Essentials of Making Ready for Jihad）中断言，穆斯林肯定会不断地与不信真主的异教徒产生冲突。只有在穆斯林绝对脆弱时，才会与异教徒缔结和平。

上述价值观念上的冲突，加上独特的地缘政治等其他多种因素汇合，许多穆斯林同其他几大宗教信徒都处于对抗中：中东的犹太教，巴尔干、车臣、尼日利亚、苏丹、菲律宾和印尼的基督教，印度的印度教，阿富汗塔利班时期的佛教等。在这场文化交锋中，激进分子不仅打击富裕西方工业化国家，而且打击其他异教徒宗教占主导的发展中国家。穆斯林族群与世俗主流社会冲突具有必然性、不可扭转性，世俗主流社会仇恨或藐视伊斯兰教及其文明的"恐伊症"在增强、蔓延，这对穆斯林家庭、社会、政治、道德生活形成压力，致使穆斯林普遍产生愤怒、挫折感，最终走向暴力和动荡。② 短期看，世俗主流社会动辄付诸严打行动，使穆斯林族群进一步被世俗主流社会边缘化并与之产生更大范围的冲突，越来越多国家的族际关系走向撕裂，冲突常态化和长期化。**这是一个世俗化与宗教化并存的时代，也是世俗主义与伊斯兰主义激烈较量的时代。**

## （二）在穆斯林世界，动荡不断的实质源于政治权力之争以及穆斯林身处深刻的社会危机

其一，穆斯林世界的穆斯林要造反。自20世纪70年代起，在穆斯林世界，穆斯林叛乱运动风起云涌。在伊朗，穆斯林起来推翻了独

---

① Shaul Shay and Yoram Schweitzer, The "Afghan Alumni" Terrorism: Islamic Militants against the Rest of the World, ICT Papers, Volume 6, September 2000, p. 3.

② Akbar S. Ahmed, Islam Under Siege, Vistaar Publications, New Delhi, 2003, pp. 7–8.

裁政权；在阿尔及利亚和埃及，穆斯林为建立伊斯兰国家而战；在菲律宾、克什米尔、车臣等地，穆斯林发动分离主义运动，谋求建立属于自己的独立家园。在激进分子与现代国家之间的关系史上，1992年是一个重要的分水岭。在此之前，伊斯兰运动主要以"和解与改良相结合的战略去影响社会变革"，暴力活动是未能争取到民众支持的边缘化穆斯林激进团体付诸的主要手段。譬如，埃及穆斯林兄弟会强调通过开展议会斗争挑战执政党和政府的政策：要求贯彻"沙里亚法"，教学大纲里增加宗教内容，在电台、电视上延长宗教节目的播出时间，不适宜在电视上播出的节目要进行审查；要求政府尊重民主、自由和人权，结束大规模逮捕行动以及拘留所里的严刑拷打；改革选举制度以确保举行公平、有效的民主选举。在此之后，激进派逐渐成为伊斯兰运动的主流，与政权的关系走向持久、血腥的对抗。在阿尔及利亚，当激进分子获得大选胜利，当局随即取消选举结果后，"伊斯兰拯救阵线"成员拿起了武器。从此，激进分子与政权间的战斗经久不息，造成10多万人丧命。在埃及，为了推翻世俗政权建立伊斯兰国家，"伊斯兰组织"在上埃及发动暴力攻势，1992—1997年共导致数千人伤亡。激进组织不仅袭击政权及其官员，而且攻击知识分子、记者、外国人、游客、平民百姓。在阿尔及利亚，整个家庭、整座村镇沦为血腥暴力的受害者。在埃及，游客、科普特（古埃及人的后裔）基督教徒不时惨遭杀害。

这些地方普遍共有一个特性：穆斯林走上暴力抗争不归路是因为他们面临独断专行的国家政权，不仅拒绝给予民众参政议政的政治空间，而且对伊斯兰运动采取不分皂白的镇压政策。政治排斥和严厉镇压催生穆斯林激进主义。这些运动感到，在体制内根本无法推进其事业，暴力抗争成为唯一可行的选择。**排他性叛乱组织**（exclusive rebel organizations）**是这场激进主义浪潮的主角，他们构建了一种反体制意识形态，并将这场暴力抗争视为世俗主义与伊斯兰主义之间一场你死我活的长期生死较量**。由受教育群体组成的"新中产阶级"，主要是在理工科院校接受高等教育的20—30岁年龄段的学生和专业人士加盟这场激进主义浪潮。究其原因，政府大力普及世俗教育，培养出不

285

少工程师、医生、律师、教师。但随着时间的推移，这批"新中产阶级"就业前景逐渐渺茫，或在国营部门就业浪费所学专长。①

其二，数十年来，穆斯林世界总体上一直处于衰落势头，经济不断下滑。穆斯林世界核心区阿拉伯世界分割成22个国家，其中任何一个阿拉伯国家都不可能成为世界强国。20世纪40年代，地中海的阿拉伯一边与欧洲一边的国家经济发展水平相当：埃及的亚历山大甚至比希腊雅典还繁荣，当时希腊而不是埃及因激进暴力陷入四分五裂状态。黎巴嫩贝鲁特发展高于意大利的那不勒斯。但阿拉伯国家奉行的社会主义政策负面影响在60—70年代开始显现出来，严重依靠石油经济使局势变得更糟。据世界银行数据，沙特人均收入从1982年的1.6万美元下降到2002年的11050美元；同一时期，阿尔及利亚从2350美元下降到1720美元。曾经看好的非石油经济体约旦情况也不好。2002年，所有阿拉伯国家的收入水平都不及1982年的水平。②进入21世纪，随着世界经济全球化步伐的日益加快，由于穆斯林人口爆炸、生态环境恶化、城镇化进程加速，经济停滞不前，人均GDP比非穆斯林国家低，阿拉伯民众越来越感受到自己的落后，阿拉伯世界同西方世界在发展方面差距越来越大，越来越面临深刻的社会危机。2011年，美国总统奥巴马称，除去原油收入，拥有4亿人口的大中东出口大体相当于瑞士的出口，仅有500万人口的芬兰出口超过

---

① 以上两段材料引自：Mohammed M. Hafez, *Why Muslims Rebel: Repression and Resistance in the Islamic World*, Viva Books Private Limited, New Delhi, 2005, pp. xv – xvi、1 – 3、49。2005年，印度维瓦书籍私人有限公司在新德里出版了穆罕默德·M·哈费兹撰写的《穆斯林为什么要造反——伊斯兰世界的镇压与反抗》一书。该书作者主要通过阿尔及利亚和埃及两个案例研究，从政治进程角度深刻分析了穆斯林世界的穆斯林为什么要造反的根源，指出经济剥夺（economic deprivation）和心理疏远（psychological alienation）不是当今穆斯林世界暴力活动绵延不断的主因，关键在于身处镇压的政治环境下，穆斯林民众被剥夺了参政议政的政治空间，而且对伊斯兰运动采取不分皂白的镇压政策，危及伊斯兰组织及其成员的生存。哈费兹时为美国密苏里—堪萨斯城大学政治系访问学者。

② Patrick Clawson, "Bad Thinking", *National Review Online*, March 30, 2004, http://www.washingtoninstitute.org/media/clawson/clawson033004.htm. （上网时间：2004年4月15日）

## 第五章 21世纪穆斯林激进势力发展趋势

拥有2.6亿人口的阿拉伯世界出口总和（除去原油出口）。①

欧洲穆斯林也处于深刻的社会危机状态。法国第三大贫穷城市里昂郊区沃昂夫兰（Vaulx-en-Velin）主要居住着穆斯林，成为这一问题的缩影：失业率约20%，两倍于全国平均水平，对年轻人来讲，失业率甚至高于40%。当地一半居民没有高中毕业证，警察的骚扰常态化。在削减预算和财政紧缩背景下，就业状况还在恶化。2015年1月7日，因巴黎《查理周刊》刊登亵渎先知穆罕默德漫画制造12人丧生恐袭案的元凶赛义德·库阿奇（Said Kouachi）、谢里夫·库阿奇（Cherif Kouachi）就常常失业在家。因此，穆斯林从青少年时代起就受激进主义吸引。而法国等西欧国家迄今仍不正视这一社会问题，日渐增长的社会经济边缘化是许多年轻穆斯林走向激进主义不归路的根源，他们生活的社区得不到国家的社会经济福利政策的惠顾，被主流社会遗弃。②

放眼当今世界，广大穆斯林民众仍普遍缺乏教育或文化进步。埃及文化部长加贝尔·阿什弗尔（Gaber Asfour）2015年1月在一次电视访谈中坦承，"宗教思想或宗教宣传与落后相关，我们现在仍生活在落后时代。"**处于深刻社会危机、边缘化的穆斯林，对人生际遇满怀挫折感和愤怒，但手上除了宗教一无所有，只有依靠宗教发起反击**。突尼斯"复兴运动"官员赛义德·费尔加尼（Said Ferjani）谈到各地以伊斯兰名义制造的暴力乱象时，打了一个形象比喻，"如果你遭到攻击时手上只有一把叉，你也会拿叉去反抗。"加拿大多伦多大学埃及裔美国人、伊斯兰法学学者穆罕默德·法德尔（Mohammad Fadel）进一步指出，"在独裁社会里，没有理性辩论的空间，因此非理性的宗教宣传在埃及或阿拉伯世界的一些地方蔓延。这些政权加大

---

① "为什么伊斯兰恐怖主义现象会越演愈烈？"，楼主：铁嘴硬飘飘，2010年10月8日，http://bbs.tianya.cn/post-worldlook-268767-1.shtml。（上网时间：2014年2月3日）

② Adam B. Ellick and Liz Alderman, "French crisis seen as sign of chronic social problems", *International New York Times*, January 16, 2015.

严打力度，反而使激进势力得到进一步增强。"[1]

**其三，为能滥杀无辜，形成一整套反体制的意识形态理论**。在各国政府严打面前，排他性激进组织逐渐衍生出一整套反体制的意识形态理论，赋予其野蛮暴行合法性。这类组织断言，形形色色的社会罪恶和个人的痛苦都源于体制，因而拒绝通过与政府达成互惠协议实现体制内的改良，把冲突双方划分成"敌与我、正义与非正义、信徒与邪恶"两大阵营，并誓言要取而代之。在激进分子眼里，这场反体制战争不是一场政治战争，而是一场宗教战争。在建成伊斯兰国家和实现"沙里亚法"统治之前，他们与政权之间，没有对话、和谈、停火，"圣战"必须永不停息。为了捍卫伊斯兰教和穆斯林社会的圣洁，与异教徒必须不共戴天。这场宗教战争应该席卷整个穆斯林世界，必须推翻穆斯林世界里一切世俗政权，最终实现由真主一统天下的伟业。这套理论否定个人或组织在暴力抗争中保持中立的可能性，每个人只要活着，就是要么维护体制要么推翻体制。在推翻骑在人民头上作威作福的政权时，拒绝助一臂之力甚至为虎作伥的个人或组织成为激进组织袭击的目标。[2]

伊斯兰文化本身具有多元性。在穆斯林自信时代，伊斯兰神学家主张宽宏大量与和解；但在"乌玛"受到威胁时代，绝对排他性成为必然。当今世界，"乌玛"受到史无前例的威胁，"塔克菲尔"理念具有了普遍性，越来越多的穆斯林接受"塔克菲尔"理念："只要是不同意我的人，就都是罪人，就要进地狱。"在穆斯林国家，统治者欢迎西方的支持以及随之而来的世俗文化，对穆斯林反对派推行镇压政策，且大多数国家都没有实施"沙里亚法"。激进分子秉持"塔克菲尔"理念，认为这些国家统治者不是真正的穆斯林，是"叛教者"，要建立真正的伊斯兰国家，就必须发动"圣战"将这些统治者

---

[1] David D. Kirkpatrick, "Questions swirl within Islam after Paris killings", *International New York Times*, January 10 – 11, 2015.

[2] Mohammed M. Hafez, *Why Muslims Rebel: Repression and Resistance in the Islamic World*, Viva Books Private Limited, New Delhi, 2005, pp. 155 – 159、166.

赶下台,每个穆斯林都有参加"圣战"的义务。结果,穆斯林国家内部不同教派关系走向撕裂,教派冲突深化,动乱蔓延,更多穆斯林国家沦为"失败国家",成为新的恐怖主义巢穴,再如同细胞分裂般扩散。动乱造成穆斯林难民外溢,流向非穆斯林为主体的世俗国家,他们在这些国家属边缘化人群,当中少部分人回流到"热点"地区"圣战",形成恶性循环。甚至在西方世界,如英国,"塔克菲尔"现象也在逐步增加,有些激进派别成员深信只有他们(仅为1%)才能进天堂,另外99%的穆斯林在他们眼中根本就不是穆斯林。[1]

## 三、未来展望

**长远看,激进势力将进一步向全球推进**。随着动荡"热点"不断增多和常态化,国际社会仍找不到治本之策,将有越来越多的年轻穆斯林投身激进、暴恐运动,恐怖主义成为全球不能承受的生命之轻。

### (一)宗教因素

**伊斯兰教是一个淡化族群观念的宗教,这种普世性使其不断向全球发展**。伊斯兰教与其他宗教及意识形态的一个最大区别是,其他宗教崇拜创建这些宗教的领袖,并以其领袖和创教者名字命名。毛杜迪说,"世界上每个宗教要么以其创教者命名,要么以其诞生的社团或民族命名。譬如,基督教来自先知耶稣基督,佛教来自创教者佛祖,拜火教来自创教者琐罗亚斯德,犹太教来自犹大。唯有伊斯兰教不存在这种与特定的某个人或民族、国家的联系。伊斯兰教是一种普世性宗教,旨在提高、培养人的品格以及和平、服从的态度。"这种普世观使伊斯兰教不是属于特定种族群体的宗教,因此在传教过程中吸收

---

[1] Abdal Hakim Murad, "Islam and the New Millennium", a lecture given at the Belfast Central Mosque in March 1997.

所有的种族成员入教。① 2013 年，伊斯兰教已成为世界第二大宗教。按穆斯林占国内总人口比例超过 50%、伊斯兰教为国教、伊斯兰教在国内有着重大影响等标准综合衡量，世界上主要的穆斯林国家共有 47 个，伊斯兰会议组织（2011 年 6 月改为伊斯兰合作组织）成员有 57 个。据美国"皮尤宗教和公共生活论坛"历时三年对 232 个国家的调研并于 2009 年 10 月 7 日发表的一份报告称，全球穆斯林人口近 16 亿，其中 60% 以上穆斯林分布在亚洲，只有约 20% 生活在中东和北非，约 15% 住在撒哈拉以南非洲，2.4% 在欧洲，0.3% 在美国。另外，德国穆斯林人口超过黎巴嫩，俄罗斯穆斯林人数超过约旦和利比亚之和，埃塞俄比亚穆斯林与阿富汗相当，彻底颠覆"穆斯林是阿拉伯人、阿拉伯人就是穆斯林的传统观念"。该报告估计，什叶派约占全球穆斯林人口的 10%—13%，其中约 80% 什叶派集中聚居在伊朗、巴基斯坦、印度、伊拉克。②

**穆斯林是一个宗教性强的族群**。伊斯兰教是一种生活方式，影响从吃、睡到工作、娱乐的每一个方面。它不仅是一种个人信仰的宗教，而且是一种社会准则的宗教。伊斯兰教要求穆斯林严格遵循《古兰经》生活。这样做，可以靠真主最近，战胜诱惑，礼拜、封斋、善行、朝觐都是为了实现这一目标。③ 这种宗教性为倡导伊斯兰原教旨主义的激进势力发展提供了社会土壤。即使温和穆斯林也不能经常无条件地谴责激进分子制造的"圣战"暴力行为。

## （二）人口因素

**穆斯林世界爆增的年轻人口助推激进势力在地域上不断扩张**。穆

---

① Sheikh Qari Mohammad Ismail, *Cultural Awareness Training: Islam and British Muslims*, Trafford Publishing, Canada, 2004, pp. 81 – 82.

② The Associated Press, "Islam practiced by nearly 1 in 4 worldwide, study finds", *International Herald Tribune*, October 9, 2009.

③ Neil MacFarquhar, "Bin Laden's Uncompromising Faith", *International Herald Tribune*, October 8, 2001.

## 第五章　21世纪穆斯林激进势力发展趋势

斯林作为最年轻的族群，人口增长快，在人口、地域上一直处在不断向外扩张进程中，有庞大穆斯林聚居区的国家已超过200个。**全球穆斯林绝对人口数与年俱增，主要靠穆斯林自然生育**：根据1982年剑桥大学出版的《世界基督教百科全书》统计，1900年全球人口12.4%为穆斯林，1980年为16.5%，2000年为19.2%，到2025年将达30%。在马格里布地区，1965—1990年，人口从2980万增长到5240万；同期，埃及从2940万增长到5240万人。在中亚地区，1970—1993年，人口年增长率：塔吉克斯坦2.9%，乌兹别克斯坦2.6%，土库曼斯坦2.5%，吉尔吉斯斯坦1.9%。早在20世纪70年代，苏联境内的人口平衡已发生大幅变化，穆斯林人口增长了24%，而俄罗斯人只增长了6.5%。即使在苏联解体后的俄罗斯，穆斯林（鞑靼人）、巴什基尔人（Bashkirs）、楚瓦什人（Chuvash），加上穆斯林移民随处可见，在莫斯科和圣彼得堡，穆斯林占两市人口的10%以上。1972—1990年，美国穆斯林人口增长了6倍。几乎在每个欧洲国家，伊斯兰教已成为第二大宗教。在阿塞拜疆和阿尔巴尼亚，伊斯兰教已是主流宗教。到2020年，欧洲总人口中，10%以上将是穆斯林。[1] 就全球穆斯林人口总数而言，1950—1970年从2亿增至5.5亿；到1980年增至7.2亿；到1990年增至9.5亿；到2000年已发展到12亿人口。2013年，穆斯林人口预估16亿。其中，穆斯林国家尤其是北非、中亚、南亚地区人口增长大大超过其邻近国家和世界平均水平。

　　**整个21世纪上半叶，穆斯林人口快速增长与结构年轻化给国际安全带来深远影响**。当今穆斯林世界、尤其是中东阿拉伯国家存在着一个突出现象，青年在各国人口构成中占50%至65%，**青年群体与激进势力相结合引发社会动荡，危害地区乃至国际安全**。据联合国2003年统计，15岁以下人口占总人口比重，中东高达35.1%。如果将年龄放宽到24岁以下，几乎所有的穆斯林国家都介于50%—65%

---

[1] Abdal Hakim Murad, "Islam and the New Millennium", a lecture given at the Belfast Central Mosque in March 1997.

之间。位居前列的国家有：也门65.3%，阿富汗几乎65%，沙特阿拉伯62.3%，伊拉克61.7%，巴基斯坦61%，伊朗59.3%，阿尔及利亚56.5%。在中亚国家，5000万人中的60%以上小于25岁。欧美穆斯林社区的青年比例也很高，约70%的英国穆斯林人口为14—34岁的年轻人。据2001年统计，加拿大约有60万穆斯林，其中半数以上为24岁以下的年轻人。[1]

**年轻人口规模与其所需社会物质条件严重不足之间的矛盾突出。**十几岁和二十几岁人口激增，且大部分为城市人口，对相关国家现有政治、经济和社会生活造成极大压力；特别是导致教育、就业、住房等方面需求明显增大，迫切要求政府大幅增加相应的服务来加以满足。但绝大多数阿拉伯国家腐败盛行，繁文缛节多如牛毛，阻碍私营企业发展、外国直接投资和创造就业机会，25%阿拉伯人生活在贫困线下，1971—2004年整个地区增长率几近零。[2] 57个伊斯兰合作组织成员国仅占全球贸易的8.3%。[3] 各国政府不能为越来越多的大学毕业生提供就业机会，失业问题不断恶化，不仅没有使青年群体变为积极因素，反而成为制造社会动荡的主体。

**穆斯林青年是穆斯林世界反抗、动荡、改革、革命的主角。**早在20世纪70—80年代，他们就在伊斯兰复兴运动中打上自己的烙印。当时，主要穆斯林国家年轻人口（15—24岁）激增，超过总人口的20%，他们为伊斯兰组织和政治运动提供了生力军。例如，伊朗人口中年轻人比例在70年代急剧增长，70年代后半期达到22%，结果1979年发生伊朗伊斯兰革命。1989年，阿尔及利亚人口中年轻人比例也达到这个高度，结果1992年1月"伊斯兰拯救阵线"赢得公众

---

[1] Graham E. Fuller, "The Youth Factor: The Demographics of the Middle East and The Implications for U. S. Policy", The Brookings Project on U. S. Policy Towards The Islamic World, Number 3, June 2003.

[2] Afshin Molavi, "The Arab world needs a development bank", International Herald Tribune, August 10, 2004.

[3] Najib Razak, "The challenge of Muslim youth", International Herald Tribune, December 15-16, 2012. 作者是马来西亚首相。

支持取得选举胜利,但军方取消结果,并接踵在全国展开大逮捕伊斯兰分子行动,从此阿尔及利亚陷入长达10余年的血腥内战。[①] 进入21世纪,阿尔及利亚、埃及、摩洛哥、叙利亚、突尼斯等主要阿拉伯国家,20岁出头、寻找工作的年轻人口增长持续到2010年左右。与1990年相比,在突尼斯,进入就业市场的就业者增加30%;在阿尔及利亚、埃及和摩洛哥增长约50%;在叙利亚超过100%。2011年初,突尼斯、埃及、利比亚、也门、叙利亚先后发生"阿拉伯之春",显示30岁以下年轻人无业或失业人数庞大,引发中东大变局。正如世界银行前行长詹姆斯·沃尔芬森所言,"如果他们受挫严重,找不到工作,建立不了家庭,动荡、纠纷乃至暴力冲突就会产生。"[②]

**青年群体成为制造社会动荡主体的根源主要有以下方面:**[③]

**从生理看**,有研究表明,18—24岁年龄段的青年最富于野性、自信、没耐性、好斗,不像成年人那样顾虑后果,解决问题的方式源于简单思维,极易走向激进主义和诉诸暴力。此外,处于社会转型、城市化进程的国家,青年人面对生存的不确定和无望感时,投身激进运动也能得到他们人格构筑中所需要的归属感。无业、贫困的青年群体更认为人生已毫无希望,愈加孤注一掷。

**从社会看**,虽说穆斯林世界总体上更因循守旧,社会约束比西方多,政治控制更强,但社会不满俯拾皆是,滋生暴力行为的土壤更肥沃。以激进意识形态、强化政治暴力、愈益反美主义为特征的地区环境正在构筑新一代穆斯林青年的世界观。

**从政治看**,穆斯林世界绝大多数政权,只允许反对派在行业工会、学生会角逐领导权,绝不允许反对派威胁政权。青年仁人志士

---

[①] "穆斯林世界人口爆增",楼主:火炎焱炎火,2007年9月4日,http://bbs.tianya.cn/post-worldlook-160271-1.shtml。(上网时间:2014年2月3日)

[②] (澳)贝哲民著,程仁桃译:"青年妇女与阿拉伯世界的未来",《回族文学》,2015年第4期,总第204期,第93页。

[③] 材料引自:Graham E. Fuller, "The Youth Factor: The Demographics of The Middle East and The Implications for U. S. Policy", The Brookings Project on U. S. Policy Towards The Islamic World, Number 3, June 2003.

中，有些通过政府允许的合法渠道实现雄心壮志，另一些激进青年则宁愿冒险投身非法的激进运动来实现其政治抱负。

在迅速城市化造成传统价值观丧失的条件下，或者国家权威削弱或不存在的情况下，伊斯兰教常常是维护社会秩序的关键因素，因为它提供了社会凝聚力所必需的一种重要的道德秩序和权威。激进组织吸引穆斯林青年的原因是，绝大多数穆斯林国家的民众普遍痛恨现状，激进组织主张改变现状，反映了民众的呼声。其次，各国政府普遍取缔一切政党，激进团体成为政治反对派的中坚，因为他们有清真寺和慈善机构这类草根设施。多年来，这些草根设施通过开展许多以青年为服务对象的社会项目争取到大批青年追随者。再者，中东许多国家制订严厉的规章制度，不允许公共场所聚众集会，以免引发示威和政治动荡。而在学校，学生们必须集中上课、讨论，因此激进运动对中学这块领地向来情有独钟。加上大多数中学教员本身就是社会中下层的年轻一族，有生之年无望攀升到精英行列，对现行制度也颇有微词，甚至怀恨在心。鉴于此，中学校园成为激进组织向青少年灌输激进世界观和招兵买马之地。

许多激进团体还具有社会服务功能。在土耳其、埃及、阿尔及利亚、巴基斯坦、摩洛哥等国，这些团体承担了国家不再提供的社会服务，如开办社区的免费诊所、法律咨询或食品救济站，关心青年的呼声等等。在大城市，它们向农村或穷困学生提供廉价房或免费住宿，帮助学生应对严酷的城市生活。这些做法巩固了激进组织在青年中的亲和力。

在穆斯林世界，穆斯林青年在家庭以外的两性接触条条框框多，性挫折和压抑得不到宣泄，极易受激进运动领袖煽动，走向清教徒主义、苦行、暴力行为。青年人没钱，买不起房子，结不了婚。伊斯兰组织实施了不少项目，如举行花钱不多的集体婚礼，呼吁减少嫁妆，向青年人提供廉价房等帮助青年人成家。80年代末，阿尔及利亚青年支持"伊斯兰拯救阵线"，上述因素起了大作用。

**从教育看**，许多穆斯林国家的教育制度与整个社会进步所需要的教育相脱节，教育质量差。许多中东穆斯林国家的大专院校供不应求,只有9%的青年能上大学,结果免费的私立经文学校填补了这块教育缺口。许多经文学校并不宣扬激进思想,但只设宗教课,没有应用/现代科目,培养出来的毕业生缺乏现代生活技能,更甭提有些经文学校还灌输反政府、反西方或反进步的宗教观。经文学校毕业生不具备现代技能,劳动力素质差使这些国家无法向外国投资者招商引资,阻碍了这些经济体与全球经济的接轨。

从20世纪70年代起,也门、摩洛哥、埃及、海湾国家"在美国的支持下,将教育伊斯兰化视为同左翼、亲共产主义势力做斗争的一种方式"。1979年,沙特阿拉伯境内的激进分子在麦加发动袭击,动摇了王室统治。为了平息激进分子的愤怒,王室"赋予其权力,使沙特阿拉伯及周边国家教育和社会生活的伊斯兰化"。于是,大量学生前往沙特阿拉伯,师从80年代如雨后春笋般建立起来的经学院的瓦哈比派宗教人士。在也门许多学校,教学课程的核心是瓦哈比派教义,这摧毁了培养劳动力大军所必需的基本技能的机会。沙特阿拉伯通过资助也门成千上万所灌输宗教狂热的经文学校,输出瓦哈比主义。

**从经济看**,中东地区青年失业率平均为25%至40%,短期内看不到改善的前景。知识青年不愿从事苦活、累活,总是寻找白领就业机会,而许多中东国家没什么私营企业,政府部门是白领的主要就业场所。受过教育的青年失业更易以激进方式表达、宣泄心中不满。

### (三) 生态因素

生态环境恶化是当今穆斯林世界面临的最严重问题之一,许多中东、北非国家将是"潜在的人类/生态灾难区"。这些国家的农业普遍面临严重生态危机,造成大量农村人口向城市迁徙,城镇化进程加速,有关国家政府没有做好应对准备,发展困局难解,动荡、战争不可避免,因为现代民族国家不利于人口大迁徙,因为有国界。**在非洲萨赫勒地区**——乍得、马里、尼日尔,人口90%以上为穆斯林,雨量每十年减少10%;撒哈拉沙漠面积在增大,已吞噬了南部边缘地带的牧场和可耕地；在阿尔及利亚，雨量进一步减少10%的话，绝大多数可耕地将不复存在，加剧农村人口向城市迁徙浪潮。①

**在埃及**，2013年6月，埃及农业研究中心研究员、埃及50名环境专家之一的马赫茂德·迈达尼（Mahmoud Medany）指出，"40年前，埃及只有2000万人口；1982年穆巴拉克上台时，我们有3300万—3400万人口；如今，我们有8000多万人口。另一方面，由于全球气候变暖，海平面逐渐上升，越来越多的咸水倒灌进尼罗河三角洲，土壤在板结。尼罗河是埃及人的命脉，三角洲是我们的粮食产区，如果尼罗河没有了，埃及也就不复存在。"过度捕鱼、过度开发正在威胁红海生态系统，落后农业地区无章法、不可持续的做法，加上越来越极端的气候条件，加剧了对土壤的侵蚀和沙漠化。人口、气候、失业、水资源匮乏、高文盲率等问题汇聚在一起，使埃及更难以治理。据世界银行估计，环境恶化使埃及每年损失5%的国内生产总值。②

**在也门**，由于近半个世纪的政府治理不善，自然资源开发不当，畸形石油经济以及人口爆炸，现在面临人类发展灾难。也门环境灾难始于20世纪70年代，当时波斯湾地区石油、建筑业爆炸性繁荣起来，约300万毫无技能的也门男性背井离乡，前往沙特阿拉伯谋生。广大农村缺乏劳动力，妇女们砍树当柴火，造成梯田被侵蚀和泥石流。原来的季节性河床土壤肥沃，一年可以种三季作物，包括咖啡。河床肥力降低后，咖啡种植产业退出，人们开始种植其他不需要肥沃土壤的经济作物，如也门人吸食的麻醉叶"qat"。此作物十分耗水，人们就过度使用地下水浇灌。也门前水资源和环境部部长阿卜杜勒·拉赫曼·厄雅尼（Abdul Rahman al-Eryani）坦言，"在萨那，20世纪80年代打井60米即可找到水。如今，必须打井850—1000米才能找到水。也门曾有15条水渠，今天只有2条水渠能用，其他都被慢慢

---

① Abdal Hakim Murad, "Islam and the New Millennium", a lecture given at the Belfast Central Mosque in March 1997.
② Thomas L. Friedman, "Mother Nature and the middle class", *International Herald Tribune*, September 23, 2013.

废弃。所以,**我们现在不为政治而战、不为穆斯林兄弟会而战,而是为水而战**。这一切导致冲突动荡加剧。形势最严峻地区当属拉达盆地(Radaa Basin),现在成了'基地'组织的据点。在北方,与沙特阿拉伯相邻的萨达地区(Sadah),过去曾是最富饶地区,盛产葡萄、石榴和橘子,由于当地人废弃水渠,许多农场变得干旱。结果,亲伊朗胡塞族(Houthis,什叶派,占也门总人口的1/4)得以招募到年轻、失业的农场工人,开启分离主义运动。"[1]

截至2015年7月,2600万也门人口中,至少有1500万人得不到医疗保健,5名也门人中,有4人需要某种形式的人道主义救援。[2]

**在叙利亚**,2006—2011年,约有60%土地干旱,河水灌溉减少,夺走了80万农民和牧人的生计。叙利亚经济学家萨米尔·埃塔(Samir Aita)说,"在古老的美索不达米亚大地上,国家和政府的职责就是搞灌溉、种粮食,而巴沙尔政权没有履行其基本职责。""2000年,巴沙尔上台后,将叙利亚农业向大农场主——许多是政府的老朋友——开放,他们购买土地,大肆打井用水,地下水位急剧下降,迫使大批小农离开赖以为生的土地到城市讨生活。"离开乡村的农民都带着一大家子人到阿勒颇等城市的周边小镇谋生,这些小镇原来只有2000名居民,10年里激增至40万人,而政府无法向爆增的青少年和20岁出头的年轻人提供合适的学校、工作或社会服务。联合国有报告称,"过去10年里,地处底格里斯河与幼发拉底河之间的叙利亚,有一半人口离开土地到城市谋生。从自给自足的小农生活转向一切都需花钱购买的城市生活,他们需要找到一份工作养家糊口,但巴沙尔政权没有帮助干旱难民,失业严重。若想在政府部门谋职,获得稳定的收入,你就必须贿赂官员,结果许多农民和他们的子女政治

---

[1] Thomas L. Friedman, "Postcard from Yemen", *International Herald Tribune*, May 9, 2013.

[2] Shuaib Almosawa and Kareem Fahim, "Scores are killed as Saudi-led coalition steps up airstrikes in Yemen", *International New York Times*, July 8, 2015.

化。"这场干旱是叙利亚爆发"阿拉伯之春"的原因之一。①

**在伊朗**，1979年伊斯兰革命时，只有3700万人，如今是7500万人。2013年7月9日，身为伊朗新总统哈桑·鲁哈尼顾问的前农业部长艾萨·卡兰塔里（Issa Kalantari）在媒体上直言，"威胁我们的主要问题是在伊朗的生存问题，它甚至比以色列、美国或政治斗争更危险。伊朗高原已经越来越不宜人居……地下水在减少，缺水范围日益扩大，我对未来忧心忡忡：如果局面得不到改观，30年时间伊朗就将成为一座荒无人烟的'鬼城'。即使沙漠里大雨倾盆，也不会种出庄稼，因为地下水在枯竭，伊朗所有天然水资源如乌鲁米耶湖（Urumieh）、巴赫蒂根湖（Bakhtegan）、塔夏克湖（Tashak）、帕里尚湖（Parishan）等湖泊都在枯竭，沙漠在蔓延。厄尔布尔士山脉南段、扎格罗斯山脉（Zagros）东段将不宜人居，民众被迫移民他乡，但移往何处？7500万伊朗人中，4500万人未来前景不明朗……"②

**在巴基斯坦**，过去数十年里，大量农村人口向中等城市迁移，许多激进组织也集中在这些城镇。

### （四）政权因素

一是穆斯林国家中，沙特阿拉伯一直向全球范围逊尼派输出"瓦哈比主义"。过去50年时间里，沙特阿拉伯的大专院校教授瓦哈比派教义，麦地那大学招收世界各地的穆斯林学生，向其灌输瓦哈比派思想，然后将他们派往巴尔干、非洲、印尼、孟加拉国、埃及等国家和地区的穆斯林社区，致力于消灭倡导和睦关系的当地化伊斯兰教。沙特阿拉伯激进瓦哈比派在阿拉伯半岛以外地区煽动针对其他穆斯林和其他宗教的暴力活动，宣称不是瓦哈比派的穆斯林根本就不是真正的穆斯林。沙特宗教势力强大，其影响力不可撼动。例如，激进宗教人

---

① Thomas L. Friedman, "Without water, revolution", *International Herald Tribune*, May 20, 2013.

② Thomas L. Friedman, "Mother Nature and the middle class", *International Herald Tribune*, September 23, 2013.

## 第五章　21世纪穆斯林激进势力发展趋势

士穆罕默德·阿里菲（Muhammad al-Arifi）2013 年遭欧盟禁止，他就倡导打老婆、恨犹太人等思想，却拥有 940 万追随者。在圣地麦加和麦地那，宗教警察棒打迷路到男性区域的妇女。[①]

**阿拉伯国家致力于将"祸水外引"到疆界外地区。** 1998 年 2 月 23 日，"基地"组织与其他 6 个极端组织结盟组成"反犹太人和十字军国际伊斯兰'圣战'阵线"，后有 40 余个组织加盟，到 2001 年初该网络已在 60 多个国家活动。沙特阿拉伯、科威特、阿联酋这三个穆斯林世界最富有的国家一直资助"国际伊斯兰'圣战'阵线"活动。进入 21 世纪，这些国家对激进势力招募、灌输本国及其他国家年轻穆斯林赴海外"圣战"睁一眼闭一眼，甚至直接在境外支持这些激进势力。2011 年 3 月叙利亚内战爆发后，沙特阿拉伯从克罗地亚大批采购前南斯拉夫制无后座力炮、手榴弹、机枪、迫击炮、打坦克和装甲车的火箭弹等武器，此外还有乌克兰制步枪子弹、瑞士制手榴弹、比利时制步枪，然后悄悄运抵叙利亚"萨拉菲派"反政府势力手中。[②] 卡塔尔也一直支持叙利亚反对派势力，包括向其提供大量武器，从 2013 年起利用隐形武器网络向其提供至少两批肩扛式导弹。

从 2003 年伊拉克战争爆发到 2006 年 3 月，阿拉伯国家释放大批在押犯，将这批激进分子"祸水外引"伊拉克，减少激进分子对自身的安全威胁。2003 年 11 月斋月期间，也门政府释放 1500 多名犯人，其中包括 92 名"基地"组织嫌犯；2005 年 1 月宰牲节期间，阿尔及利亚政府大赦 5065 名犯人；9 月，毛里塔尼亚新军人政权大赦政治犯，其中包括不少激进分子；11 月斋月结束之际，摩洛哥政府释放了 164 名激进分子；同月，摩洛哥为纪念独立 50 周年，又释放了 5000 名犯人；2005 年 11—12 月，沙特阿拉伯释放了 400 名激进犯人；2006 年 2—3 月，作为全国和解计划的一部分，阿尔及利亚政府

---

[①] Ed Husain, "Saudi-exported extremism", *International New York Times*, August 25, 2014.

[②] C. J. Chivers and Eric Schmitt, "Adopting active role, Saudis arm Syrian rebels", *International Herald Tribune*, February 27, 2013.

共释放 5000 名犯人；2 月，突尼斯总统本·阿里释放 1600 名犯人，当中有激进分子；3 月，也门释放了 600 余名激进分子。①

穆斯林世界激进主义兴起还有以下政权因素：过去一个世纪里，穆斯林国家世俗的现代主义未能发展出良好的治国理政经验，未能处理好社会、人口、经济急剧发展所引发的诸多挑战。例如，巴基斯坦许多激进组织以中等城市为中心并不是偶然的，源于过去几十年大量人员从农村前往城市使城市人口激增。2013 年，巴基斯坦 1.97 亿人口中，大部分处于贫穷状态，易于受到激进组织的蛊惑，他们声称能够处理政府不能或不愿解决的问题。在中东，自 2011 年发生"阿拉伯之春"以来，叙利亚、伊拉克等一些国家政权弱化，执政者失去政治威信，为激进主义的泛滥以及宗教认同的滋长创造了条件。在贝鲁特卡内基中东中心做访问学者的也门人法雷亚·穆斯里米（Farea al-Muslimi）一针见血地指出，在这些国家里，"没有领导人，没有政府，没有国家，没有国家议程，枪支泛滥"。② 另外，穆斯林社会的宗教人士对《古兰经》明文的诠释日益僵化和狭隘，难以适应快速变化的世界。

**二是非穆斯林国家不能对症下药**。进入 21 世纪，各国纷纷付诸于武力对付恐怖主义问题，但武力终究不是解决恐怖主义问题的"良药"。因为恐怖主义问题与大范围的政治、社会、经济环境（如贫穷、腐败、政府羸弱、人口增长压力）相关。人类历史一再证明，"以暴制暴"只会引发更多暴力，循环往复没有尽头。种族、宗教暴力是人性中的黑暗、丑陋面，要想遏制战胜它，必须对症下药。

**美国打着坐收渔翁之利算盘**。2014 年 9 月，斯特拉特福（Stratfor）主席乔治·弗里德曼在斯特拉特福网站上撰文"狡猾的美德"，声称美国在中东的利益"不是实现稳定，而是实现所有力量间的动态

---

① Michael Scheuer, "Reinforcing the Mujahideen: Origins of Jihadi Manpower", *Terrorism Monitor*, Volume 3, Issue 18, May 9, 2006.

② Kareem Fahim, "Middle East leaders fan sectarian flames", *International New York Times*, October 19, 2015.

均势,以便确保没有哪股力量能兴起威胁到美国的利益。如果美国不介入,土耳其、伊朗、沙特就不能只当乱局的旁观者,必须介入,别无选择。因此,美国的最佳战略选择是,尽量少做,迫使地区大国陷入纷争,从而维持地区均势"。[1] 当前中东和北非地区大肆蔓延的恐怖主义危机是教派争斗、政府腐败等一系列因素的产物。然而,追根溯源是美国为了实现自身地缘政治目的,将谋求美国利益扩展的过程全部植入到反恐名下。为铲除异己,美国政府不惜持续教唆当地的民族和宗教矛盾。推翻伊拉克萨达姆政权时,美国教唆什叶派和库尔德人反对当权的逊尼派;为打倒卡扎菲,美国利用了利比亚中西部的部落矛盾;为推翻巴沙尔·阿萨德政府,美国就挑动逊尼派反对什叶派……与此同时,暗中资助一些带有恐怖主义色彩的反政府武装也成为美国政府成本最小化的选择项。"以暴制暴"的后果是,旧的体系被打破,但新的平衡无法形成,美国政府"打完就跑""只打不建"的举动造成了中东和北非地区现今的恐怖乱象,美国留下的反恐遗产,除了一些恐怖分子的肉体,还有那未能连根拔起的恐怖主义野草。[2]

**美西方军火商大发战争财**。代理人战争、教派冲突、打击恐怖网络等,使沙特阿拉伯、阿联酋、卡塔尔、巴林、约旦、埃及等国不仅动用这些年库存的美式武器,而且纷纷给美军火商下新订单,购买数千枚美制导弹、炸弹和其他武器装备,以便补充2014年消耗掉的武器弹药。2014年,沙特阿拉伯花费800多亿美元采购武器(该国有史以来最大规模的军备采购);阿联酋为230亿美元(三倍于2006年的军备采购费);卡塔尔与美国防部签署了110亿美元订单,购买阿帕奇攻击直升机以及爱国者和标枪单兵便携式反坦克导弹(Javelin),还打算大批购进波音公司制的F-15战斗机,以便替换老旧的法国幻影战机。2011年,波音公司在卡塔尔首都多哈开设了办事处;2015

---

[1] Thomas L. Friedman, "Take a deep breath", *International New York Times*, September 18, 2014.
[2] 韩洁:"美国全球反恐进入寒冬",《新民周刊》,2014年第36期。

年，洛克希德马丁公司也在此设立了办事处。① 2015 年 2 月，法国向埃及出售了 24 架达索阵风战斗机（Rafale）、一艘护卫舰等军事装备，总价值 57 亿美元。②

**各国情报部门卧底难。** 自 "9·11" 以来，美国联邦调查局一直将招募阿拉伯和穆斯林线人作为工作重点。但美国联邦调查局官员表示，"基地"组织严格招募过程——常常需要以威胁性命的方式证明对组织的忠诚——使美国特工难以打入"基地"组织网络。"基地"组织成员多是靠血缘或姻亲方式紧密结合在一起，且恐怖分子加入组织时立下宗教誓言。所以，一名前美国联邦调查局反恐官员称，"风险实在太大了。宗教及文化差异也使得渗透进'基地'组织比渗透进美国黑手党（花费了数十年时间）更具挑战性。"③ "他们不像黑手党，忠诚建立在犯罪营生上，金钱或交易可以超越个人甚至家庭关系。但伊斯兰原教旨主义分子不会放弃其宗教信仰为联邦调查局提供信息。因为他们坚信，同敌人'圣战'而死可以升入天堂；违背宗教誓言，向敌人通风报信注定要入地狱。"自 20 世纪 90 年代以来，美国中央情报局和联邦调查局曾多次试图派人卧底从内部摧毁"基地"组织恐怖网，均无重大建树。④ 此外，各国情报机构缺乏语言学家、伊斯兰学者和在穆斯林世界语言、文化、政治、经济方面接受过教育的高级决策者。正如前五角大楼国家侦察局局长马丁·法加坦承，"'基地'组织恐怖网是最难寻找的目标。他们没有可供监控的组织系统，没有储藏大型武器的大仓库，没有舰艇，人员数量少，联系松

---

① Mark Mazzetti and Helene Cooper, "U. S. weapons fueling wars in Arab states", *International New York Times*, April 20, 2015.

② Mona Eltahawy, "Egypt's vanishing youth", *International New York Times*, June 16, 2015.

③ Kevin Johnson and Toni Locy, "FBI says it can't infiltrate al Qaeda Agency, focuses on recruiting in informants", *USA Today*, September 11, 2003.

④ Bob Woodward and Walter Pincus, "Despite Leads, Investigators Struggle to Establish a Link With the Hijackers", *International Herald Tribune*, September 24, 2001.

散且四处流动，找他们就像大海捞针。"①

## （五）社会因素

**一是穆斯林社会凝聚力垮掉了**。在今日穆斯林世界，大规模城市化、人口爆炸造成贫富差距急剧拉大，统治者普遍腐败和治国无术，民众教育水平低下，西方思想流入等诸多因素，导致穆斯林社会凝聚力崩溃。这一切正好发生在穆斯林世界人口构成中青年占大比率之时，大批青年文盲、无业，对统治者不再抱有幻想，很容易被调动起来要求激进变革，导致穆斯林社会内部冲突和暴力丛生。当今穆斯林社会面对的重大危机之一就是领导人能力危机，不仅影响到穆斯林国家的自身社会稳定，而且影响到他们与其他国家的关系。②

这一切阻止穆斯林民众发展出一套现代化的政治文化。没有现代化的政治文化，穆斯林民众就不能变革其社会，重建其经济。在穆斯林黄金岁月，伊斯兰教是文明的缔造者，而不是约束、恐怖与破坏的力量。更重要的是，在伊斯兰核心区的阿拉伯世界，知识界存在着一种深度绝望、否定论文化，许多人将生活视为一场"零和博弈"。来自海湾地区的一名教授称，"阿拉伯世界正陷入一种悲哀、厌世、受伤、被连续攻击的情绪中，感到正在回到殖民岁月。阿拉伯知识分子士气低落，没有关注点，没有激情。"③

**二是反抗不公具有强大号召力**。一个曾为"基地"组织融资过的人谈道，"为何人们在国际反恐合作严加限制的情况下仍愿意向'基地'组织捐赠大笔金钱？""为什么一个小女孩在知道我为'基地'组织筹资后捐出一美元？"这个小女孩回答是"我希望他们杀死那些

---

① 安德烈娅·斯通："情报是美国制胜的关键"，美国《今日美国报》，2001年9月25日。

② Akbar S. Ahmed, *Islam Under Siege*, Vistaar Publications, New Delhi, 2003, pp. 81-82、97、105.

③ David Ignatius, "Old-Thinking Arabs", *New York Times*, June 27, 2003.

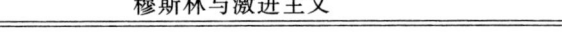

欺负穆斯林的美国人（犹太人）"。① 李光耀曾说："当代穆斯林激进主义的根源是什么？穆斯林（尤其是中东地区的穆斯林）都坚定地认为自己被西方国家压制太久了，而现在终于要迎来属于自己的时代。虽然20世纪50—60年代的泛阿拉伯民族主义思潮没有让伊斯兰世界团结起来，但当前狂热的伊斯兰主义却有可能使他们实现团结。"②

## （六）资金因素

过去，"基地"组织绝大多数活动经费来自大富豪捐款。从2003年起，"基地"组织恐怖网转向通过绑架西方人勒索赎金方式，资助其恐怖活动。当时，一名德国官员手提三箱现金飞赴马里北部荒野，救出14名欧洲人质。从此，绑架欧洲人勒索赎金成为"基地"组织一项全球产业，用来资助其世界各地的恐怖活动。③ 早在2012年，美财政部负责恐怖主义和金融情报的副部长戴维·科恩就指出，"绑架勒索赎金已成为今日恐怖融资最重要来源，每笔赎金的交付都引发另一起绑架行动。" 2003年，绑匪从每个人质身上收取20万美元，如今有时高达1000万美元。所以，2010年以来，撕票情况很少，只占15%——英美两国拒绝支付赎金，所以被害人质主要是这两国公民。

---

① Abdul Hameed Bakier, "Al-Qaeda Outlines Its Strategy Seven Years After 9/11", *Terrorism Focus*, Volume 5, Issue 35（October 1, 2008）, The Jamestown Foundation.

② 李光耀："恐怖主义及伊斯兰极端主义的未来"，腾讯文化，2014年3月3日，选自（美）艾利森、（美）布莱克威尔、（美）温尼编，蒋宗强译：《李光耀论中国与世界》，中信出版社，2013年10月出版，http://cul.qq.com/a/20140303/003380.htm.（上网时间：2015年2月11日）

③ 激进组织通过绑架人质勒索赎金做法始于2003年2月23日，当时"萨拉菲宣教和战斗组织"在阿尔及利亚绑架了4名瑞士观光客。2004年，"基地"组织成员阿布德拉齐兹·慕克林（Abdelaziz al-Muqrin）发表《绑架指南》，并强调吸取了"阿尔及利亚兄弟勒索赎金的成功经验"。以后数年间，在绑架人质问题上，"基地"组织内部出现分裂：伊拉克分支绑架外国人质是为了杀害他们；而在阿尔及利亚，他们利用绑架欧洲人质勒索到的500万欧元赎金，招募和培训激进分子，并发动一系列重大恐怖袭击，崛起成为一支重要地区性恐怖力量，并成为"基地"组织的正式分支。绑架收入成了其主要生命线。

"基地"组织阿拉伯半岛分支头目纳赛尔·乌海希（Nasser al-Wuhayshi）承认，"绑架人质是一项油水丰厚的营生，一笔无价财富。其分支的一半经费来自赎金。""基地"组织在巴基斯坦的总部与"伊斯兰马格里布'基地'组织"、"阿拉伯半岛'基地'组织"、"索马里青年党"协调绑架行动，并遵守一项共同的绑架议定书。目前，以"基地"组织名义制造的绑架活动主要发生在非洲，叙利亚、也门也经常发生。过去5年里，已知的被"基地"组织分支绑架的53名人质，1/3是法国人，其他来自奥地利、西班牙、瑞士等国，只有3名美国人。据《纽约时报》记者通过访谈欧洲、非洲和中东10个国家的前人质、中间人、外交官、政府官员后发现，自2008年以来，"基地"组织及其分支通过绑架至少挣得1.25亿美元收入。欧洲国家通过一条中间人网络支付赎金，有时以开发援助或人道主义救援的名义支付。由于英美不付赎金，"基地"组织分支拿不到钱，已不主张绑架英美人质，而是绑架法国、西班牙、瑞士等国公民。据悉，2013年秋，为了解救在马里遭绑架的4名法国人质，法国政府支付了约3000万欧元赎金。布基纳法索一名总统顾问一针见血地指出，"西方是'基地'组织的生命线，是他们资助了恐怖事业。"[①]

此外，国际社会仍难以有效切断恐怖组织的生存命脉。恐怖组织融资渠道多元化，如参与毒品生产和走私、贩人贩武器、盗版光碟、抢劫、伪造信用卡、投资合法生意、渗透到慈善机构里面等等。

### （七）知识因素

过去数十年里，阿拉伯世界进一步走向衰落。根源在于：**一是没有创新**。阿拉伯国家将大量资金用于建房、建工厂、买设备，但用于研发微乎其微，根本不鼓励创新和创造力。阿拉伯人只知道进口技术，但从不国产化或搞技术革新。结果，绝大多数阿拉伯国家基础设施老化，技术过时，大量年轻人没有劳动技能。**二是"人才流失"**。

---

[①] Rukmini Callimachi, "Kidnapping Europeans is a cash cow for Al Qaeda", *International New York Times*, July 31, 2014.

自 20 世纪 90 年代以来，成千上万名在西方国家的大学或这些大学在阿拉伯国家分校获得医学、理科学位的知识精英们，纷纷离开祖国到西方国家谋生，或在联合国等国际机构、非政府组织，或私营部门谋职，加剧了"人才流失"势头，造成阿拉伯人"宁愿活在历史中，也不愿做好应对现实挑战的准备"。①

## （八）难民因素

截至 2015 年 7 月，叙利亚战争已造成 400 余万难民。据联合国负责难民事务高级专员安东尼奥·古特雷斯（Antonio Guterres）坦言，"这是在一代人里一次武装冲突产生的最大规模难民人口。随着局势的进一步恶化，越来越多的难民涌向欧洲，但绝大多数难民仍留在中东地区。"土耳其收容了 180 万叙利亚难民，成为当今世界难民人数最多的国家；其次，是黎巴嫩，有 120 万叙利亚难民；约旦约有 62.9 万；还有 25 万逃往伊拉克。② 西方救援机构早就发出警告，**不仅是叙利亚，约旦和黎巴嫩都将出现"失去的一代"**（a lost generation），为了生存，叙利亚难民被迫早婚、当童工的现象突出。在约旦，越来越多的叙利亚儿童在建筑工地、在田里做工，以便贴补家用。孩子一旦不受教育下长大，就可能"被叙利亚境内外的武装组织招募"。③

---

① Robert Satloff, "What Do Arab Reformers Want?" COMMENTARY, December 2003.
② Nick Cumming-Bruce, "Syrian refugees now over 4 million", International New York Times, July 10, 2015.
③ Rana F. Sweis, "Jordanian schools buckle beneath a flood of Syria's displaced young", International Herald Tribune, October 7, 2013.

# 第六章 从"基地"组织到"伊斯兰国"

20世纪80年代阿富汗抗苏"圣战"是第一次国际"圣战"浪潮,90年代以"基地"组织为核心的激进势力走向全球掀起第二次国际"圣战"浪潮,而2014年"伊斯兰国"诞生则宣告第三次国际"圣战"浪潮的到来。从"基地"组织到"伊斯兰国",标志着国际"圣战"运动从"基地"组织水平型国际恐怖网络向"伊斯兰国"占有疆土的垂直统治转型,打破"基地"组织垄断,重构国际"圣战"圈,亚洲、中东等地区不少激进组织已纷纷宣布效忠"伊斯兰国"。目前,叙利亚、伊拉克战场一如20世纪80年代的阿富汗战场,成为新一代圣战者的大熔炉,国际社会的反恐怖斗争更加任重而道远。[1]

## 一、"基地"组织领衔全球化时代的恐怖性不对称战争

全球化时代的恐怖性不对称战争是挑战美国主导的西方霸权和威胁全球安全的主要暴力形态,以"基地"组织为核心的国际恐怖网络集宗教极端主义和国际恐怖主义为一体,成为这场战争的主角。从1993年"基地"组织开始针对美国发动恐怖袭击至2014年"伊斯兰国"强势崛起之前,它对中东、非洲、美国、东南亚、欧洲的西方目

---

[1] Ezzeldeen Khalil, "Caliphate Question", *Jane's Intelligence Review*, August 2014.

标发动多起重大恐怖袭击，造成严重的人员伤亡和财产损失，成为西方世界乃至部分中东国家的心头大患。

## （一）"基地"组织成为挑战世界强权的恐怖势力

"基地"组织的名称可以追溯到第一任哈里发艾布·伯克尔。在622年之后的战争中，他建立了一个"基地"组织并加入先知的军队，这支军队战胜了当时世界上最强大的两个国家罗马和波斯。本·拉登为了重现先辈的辉煌，1988年8月在阿富汗创建"基地"组织，核心力量约有4000—5000人，主要由"阿富汗阿拉伯人"组成。从此，"基地"组织成为本·拉登开展国际"圣战"行动的主要载体，先同入侵阿富汗的苏军展开"圣战"，90年代又调转枪口直指唯一超级大国美国及其盟友，在世界范围开展"圣战"行动。

1998年2月22日，本·拉登在阿富汗会见埃及"伊斯兰圣战"组织头头扎瓦希里和"伊斯兰组织"头目艾哈迈德·塔哈、孟加拉国"圣战运动"头目阿卜杜勒·萨拉姆·莫纳迈德、巴基斯坦"安萨尔运动"（后改称"圣战者运动"）领导人法迪·埃拉马尼·哈利尔等人后，宣布共同成立"反犹太人和十字军国际伊斯兰'圣战'阵线"，以便加强各成员在组织层面上的合作。此后，本·拉登在阿富汗通过传真、移动电话、互联网或信使遥控沙特、黎巴嫩、也门、索马里、阿尔及利亚、突尼斯、肯尼亚、巴基斯坦、克什米尔、波斯尼亚、克罗地亚、塔吉克斯坦、车臣、阿塞拜疆、菲律宾、印尼等地的追随者不断制造恐怖事件。

2001年"9·11"恐怖袭击后，美国先后入侵阿富汗、伊拉克，发动国际反恐战，"基地"组织核心成员不断折损。但经过20余年的苦心经营，本·拉登已建立了一个令人生畏的恐怖机器，能够在世界范围发动致命打击，而且破坏不少国家正常生活。恐怖分子不仅继续拥有发动恐怖袭击的决心和意志，而且具备不断应变各种形势制造恐怖事件的能力，他们仍能在各地不断找到安全真空、漏洞、"软目标"来发动恐怖袭击。

## 第六章 从"基地"组织到"伊斯兰国"

"基地"组织创立至今实施恐怖行动主战场历经四个阶段演变。第一阶段:从20世纪80年代末起,本·拉登开始宣传全球"圣战"理念,意欲将在阿富汗抗苏时期学到的"圣战"经验扩至全球舞台。1993年美国世贸中心爆炸案正是"基地"组织将攻击"远敌"——美国及其盟友——的理念付诸于实践,进攻美国本土,并力争制造大量民众的伤亡。第二阶段:1996年和1998年本·拉登两次发出反美"法特瓦"后,1998年8月6日针对美驻肯尼亚、坦桑尼亚两使馆制造爆炸案,标志着"基地"组织将枪口转向美国海外利益,并将实施恐怖行动的能力扩至非洲,包括马格里布地区、索马里。第三阶段:是"惊心动魄"阶段,2001年"9·11"恐怖袭击、2002年10月12日印尼巴厘岛爆炸案、2004年3月西班牙马德里火车连环爆炸案、2005年7月英国伦敦地铁爆炸案等重大恐怖事件接踵而至,以及随着美国相继开辟伊拉克、阿富汗反恐战场,"基地"组织公开以暴力方式咄咄逼人地在全球展示其存在,并再次攻击美国本土及其盟友,力图将美拖入"阿拉伯腹地"的多维度、多层次战争状态。第四阶段:巴阿部落区成为全球"圣战"的中心舞台及恐怖"黑洞"。在逃的恐怖组织头目纷纷在此藏匿、募人、策划行动。[①]

**"基地"组织不再是一种单一、统一的恐怖组织,而成为一种宗教意识形态,或者一种概念、一种跨国运动。**"基地"组织在阿富汗大本营被摧毁后,迅速进行调整与改变,不再设指挥控制中心,而是分散到世界各地。同时,全球出现许多"基地"组织分支,"基地"组织由一个"官僚实体"转变成跨国网络组织,核心集权领导与各国激进组织组成的松散网络相结合,从而具备了很快恢复发动袭击的能力。"基地"网络既可自上而下,也可自下而上运作。"9·11"前,"基地"重大恐怖袭击均由职业恐怖分子所为。本·拉登经常直接参与袭击目标选择、系统策划、后勤保障整个过程。"9·11"后,接受过"基地"组织培训或受其影响的极端分子成为恐怖袭击的主体,恐怖袭击呈现"当地化"特点。这些组织在意识形态上受"基地"

---

① "Osama bin Laden turns 50", *Jane's Terrorism & Security Monitor*, March 2007.

组织影响，并得到资金援助，但在指挥控制方面并不隶属于"基地"组织。马德里、伦敦等地爆炸案均属这一范畴。

## （二）"基地"组织特征

1. **目标上，明确现实和终极斗争目标**。本·拉登深受埃及穆斯林兄弟会精神领袖库特卜思想的影响，强调穆斯林有反抗西方帝国主义和建立伊斯兰国家的神圣职责。本·拉登致力于同世界霸权美国作战，认为这是20世纪60—70年代激进反帝斗争的继续。**在全球层面上，现实斗争重点是把美国拖入与整个穆斯林世界的冲突之中**。2001年CNN在阿富汗坎大哈本·拉登总部发现1500多份讲话、宣教录音带，时间跨度为1988—2000年。美国加州大学助教弗拉格·米勒（Flagg Miller）花费5年心血翻译了这些录音带。他发现，本·拉登的讲话内容分三个时期：20世纪80年代末，为了募人赴阿富汗参加抗苏"圣战"，他讲话的受众是沙特民众。90年代中期，本·拉登转向攻击美军在海湾地区的存在。到1999年强烈呼吁对美作战，标题经常是"十字军犹太人占领伊斯兰世界的心脏"。[①]

实际上，20世纪90年代初，随着苏联解体，本·拉登已将"圣战"矛头瞄准美国，认为只有美国衰落，受其控制和支持的阿拉伯、伊斯兰国家独裁政府才会垮台，美国对阿拉伯政府的支持是"基地"组织实现在穆斯林世界重建"哈里发帝国"终极目标的障碍，因此他号召打掉美国这只"蛇头"，而不是其他"许许多多紧随其后的蛇尾"。1996年8月23日，他在阿富汗发布《告全世界、尤其阿拉伯半岛穆斯林兄弟书》，宣布向驻军沙特阿拉伯的美国人发动"圣战"，将异教徒赶出阿拉伯半岛。这是"基地"组织首次对美宣战，扬言穆斯林唯一的出路是开展"自卫性圣战"，断言最终将打败美国及其穆斯林傀儡国家和以色列。1998年2月23日，"基地"组织与其他6个极端组织结盟组成"反犹太人和十字军国际伊斯兰'圣战'阵线"

---

[①] Neil MacFarquhar, "A portrait of Osama bin Laden", *International Herald Tribune*, September 12, 2008.

(即"国际伊斯兰'圣战'阵线"),本·拉登代表该阵线发布"圣战宣言",呼吁每位穆斯林都有义不容辞的责任:无论身处何地,只要有可能,就应杀死美国人及其盟友——包括平民和军事人员。同年5月,本·拉登再次以该阵线领导人名义发布"法特瓦",阐明对美"圣战"的理由:第一,海湾战争后7年里,美军一直驻扎在沙特阿拉伯,抢劫石油财富,操纵当地统治者,羞辱穆斯林,威吓伊拉克并将阿拉伯半岛上的美军基地变成对伊拉克作战的桥头堡。第二,给伊拉克人民带来无穷灾难。第三,在中东奉行"双重标准",一味袒护以色列。

为了迫使美国做出不分青红皂白的反应,从而促使穆斯林民众走向激进化并进而支持恐怖活动,"基地"组织采取挑衅策略,从1993年开始,频频发动针对美国目标的恐怖行动:1993年10月3—4日,在索马里的摩加迪沙袭击美军,18名美国兵被炸死,几十人受伤;1995年11月13日,在利雅得市中心的国家卫队通讯中心制造一起汽车炸弹爆炸事件,5名美国人丧生;1996年6月,用卡车炸弹袭击沙特宰赫兰美军营,炸死19名美军士兵;1998年8月6日,攻击美驻肯尼亚大使馆,严重毁坏使馆建筑及相邻的合作银行大厦,至少213人丧生,4500人受伤,其中有11名美国人;10分钟内,美驻坦桑尼亚大使馆被炸,11人丧生,85人受伤;2000年10月,在也门亚丁港袭击美"科尔号"驱逐舰,美军死17人,伤38人;2001年9月11日,直接发动针对美国世贸中心、五角大楼的恐怖袭击,造成重大人员伤亡和财产损失,震惊世界。之后,美国发动国际反恐战,先后出兵阿富汗、伊拉克,激怒了广大穆斯林,美军陷入泥淖不能自拔,本·拉登实现了挑起同美国发生重大冲突的战略目标。

正如法瓦兹·格吉斯(Fawaz Gerges)在其著《远敌》(The Far Enemy)中所称,"9·11"袭击本意并非要迫使美国从中东撤军,而是要挑动美国做出侵略性反应,进而导致一场旷日持久的冲突,从而激励穆斯林像20世纪80年代反抗苏联入侵阿富汗那样参加"圣战"运动。2004年8月,《阿拉伯圣城报》(Al-Quds al-Arab)刊登对本·拉登前保镖阿布·詹达尔①（Abu Jandal）的一篇采访。在专访中，阿布·詹达尔回忆道，本·拉登常说，"这场斗争并不仅仅是在'基地'组织和美国之间展开，'基地'组织只是一个核心和工具，目的是要唤醒伊斯兰世界……我们要把美国拖入一场与整个伊斯兰世界的冲突之中。"早在1998年本·拉登接受ABC记者约翰·米勒专访时就称，同抗苏"圣战"相比，对美"圣战"规模更大，"我们期待着给美国一个黑色未来，让其将海外公民尸体扛回国，美将以四分五裂而告终。"2007年初，本·拉登发表声明，明确提出下一阶段目标："我们将在所有地方同美国及其盟友继续战斗，在伊拉克与阿富汗，在索马里与苏丹，直至耗尽美国所有的钱财并杀死美国人。美国将败退回自己的国家，就像早前我们在索马里打败美国一样。"

美国伊斯兰政策失误激发穆斯林反美仇美心态。其一，总是戴着特殊的镜片，以美国自身的经历去看待穆斯林世界，然而他们与美国不一样。多少年来，穆斯林世界的人们以他们自己的方式生活着。问题在于，美国不接受存在着其他文化的现实，而是以为所有其他人都和美国人一样，正在等待着美国人去解放他们。20世纪70—80年代，中东不存在反美主义，没有多少中东国家拥抱"圣战"文化。如今，斩首录像带在中东许多地方比色情画更流行，这意味着许多穆斯林对"圣战"产生共鸣，最终也愿意投身"圣战"。在中东，即便是那些美国的盟国，也反美主义高涨。在埃及民意调查显示，98%的人不支持美国。在约旦，70%的受访对象支持对占领伊拉克美军发动袭击，86%的人支持袭击以色列人。②其二，通过军事征服来实现民主改造伊斯兰社会。但因对穆斯林民众的生活方式、文化价值观构成威胁，反而造成更多的穆斯林反对美国。在伊拉克问题上，美国的愿望与现实已证明相距甚远：2003年3月，美国以为，伊拉克战争是美国对民主、自由的承诺，伊拉克人民会把美军当作解放者，6个月后在伊

---

① 也门裔沙特人，1997年见到本·拉登后任其保镖，1998年出任本·拉登卫队长。

② Karen J. Greenberg edited, *Al Qaeda Now*: *Understanding Today's Terrorists*, Cambridge University Press, 2005, pp. 91 - 93、103、128.

## 第六章 从"基地"组织到"伊斯兰国"

拉克的美军就可减至 3 万人。然而伊拉克事态没有向着这一愿望方向发展，2003 年 4 月后，反美武装不断壮大。尽管美军每月平均打死 2000 名反美武装分子，但反美武装从 2003 年 4 月的约 5000 人增至 2005 年 1 月的 1.8 万人。据美情报部门估计，反美武装中绝大多数为伊拉克人，外国人不到 5%。人体炸弹主要是伊拉克逊尼派和沙特人，主要袭击目标是美军、伊拉克军队、与美国共事的伊拉克政治领导人。在穆斯林世界以武力推行民主，或者一味动用军事高压手段解决恐怖主义问题，反而不仅不能打败恐怖分子，而且催生下一代恐怖分子。①

实际上，穆斯林世界盛行"阴谋论"。发动反恐战 7 年之后，中东地区仍有很多人普遍认为，本·拉登和"基地"组织与"9·11"袭击无关。阿拉伯民众坚信，"9·11"袭击是针对穆斯林的一个阴谋，此后美国的外交政策表明，美国和以色列是这些袭击的幕后推手。开罗附近布拉克地区的布店老板、36 岁的穆罕默德·易卜拉欣说："实施行动的人可能是阿拉伯人，但策划者呢？当然不是，这是别人组织的，美国或以色列。"在开罗给一位律师当司机的 25 岁的艾哈迈德·赛义德质问："为什么 9 月 11 日那天犹太人根本就没去世贸中心？"42 岁的电气工程师辛·阿伯丁在布拉克的沙哈特咖啡馆里一边喝茶吸烟，一边谈他对"9·11"的看法："这是一场针对阿拉伯人的袭击。他们为什么一直抓不到本·拉登？如果他们什么都知道的话，怎么不知道他藏在哪里？伊拉克的情况证明本·拉登或'基地'组织与'9·11'事件毫无关联。他们打击阿拉伯人和伊斯兰是为了帮助以色列。"阿拉伯人普遍认为，早在"9·11"前，美国就在阿以冲突中扮演着不公正的角色，之后又利用恐怖袭击事件来支持以色列、破坏阿拉伯穆斯林世界。金字塔政治战略研究中心副主任瓦希德·阿卜杜·梅古德（Wahid Abdel Meguid）说："这是广泛不信任的结果，阿拉伯人和穆斯林一直认为美国对他们抱有偏见，因此他们

---

① Robert A. Pape, *Dying to Win: The Strategic Logic of Suicide Terrorism*, RANDOM HOUSE, New York, 2005, pp. 239 - 241、245 - 246.

永远不认为美国人会有好心,不论美国人做了什么都被认为另有企图。"①

**在穆斯林世界,有四大斗争目标。**

**目标一:沙特政府**。20世纪80年代后期,本·拉登不愿反沙特王室,曾要求在巴基斯坦和阿富汗的阿拉伯激进分子不要批评沙特王室成员。但到了90年代初,他却直接与沙特王室作对,主要原因是沙特王室决定依靠非穆斯林来保卫阿拉伯的圣地(允许大约50万美军于1990年夏天进驻沙特)。21世纪,本·拉登已成为沙特政府不共戴天的宿敌。2004年12月16日,他在网上宣称,"利雅得政府已经加入到由布什领导的、反伊斯兰教及其人民的异教徒十字军国际联盟中去了……人民已经从沉睡中觉醒,意识到你们实行暴政和腐败的程度。你们应该记住伊朗国王的命运以及罗马尼亚齐奥塞斯库的结局。"在2008年4月2日和22日发布的录像带中,扎瓦希里宣称"沙特当局在违背历史潮流,其与国际十字军的勾结将注定失败"。

**目标二:宗教"异端"什叶派**。本·拉登把解决与什叶派的历史恩怨作为"基地"组织的战略目标之一。"基地"组织战略、宣传家阿布·亚海·利比(Abu Yahya al-Libi)把与什叶派的争端定义为"敌我矛盾",首先,认定什叶派对伊斯兰无论古今都有罪,他们的罪行"和犹太犯罪分子相比有过之而无不及"。为此,他呼吁"基地"组织应充分意识到,"什叶派终究是异端,今后将被消灭";"在打败伊斯兰最危险的敌人美国之前,延缓两派间的全面战争只是当前的权宜之计。"其次,大肆鞭挞伊朗霍梅尼革命。利比认为伊朗在霍梅尼1979年建立伊斯兰革命政权以来,一直期望建立一个以德黑兰为中心的大波斯国,并对此大力攻击。其一,批判这不符合什叶派教义。根据"隐遁伊玛目"教义,什叶派应世世代代隐忍等待救世主伊玛目的到来,但他们没有忍耐等待,却由霍梅尼开创宗教法理学家管理国家的理念。其二,强调什叶派的膨胀对逊尼派是潜在威胁。利比称,

---

① Michael Slackman, "A given in Arab world: U. S. behind Sept. 11", *International Herald Tribune*, September 10, 2008.

什叶派人士尝到了掌握政权的甜头，摆脱了数世纪什叶派处于无权、被统治的地位，野心不断膨胀，要建立大波斯国。如果逊尼派领导人及学者不认识到这一点，并全力应对，后果不堪设想：什叶派的威望、对穆斯林的号召力将超越逊尼派。

**目标三：与"基地"组织立场分歧的伊斯兰学者**。2007年上半年，利比集中抨击那些无心支持或不支持"基地"组织"自卫性圣战"的伊斯兰学者。第一，谴责他们"否定圣战者的行为，并鼓足口舌诽谤他们"的做法。利比虽然承认圣战者在神学和战场上犯过错误，却把账算到这些学者们的头上，指责他们没有尽到"对圣战者进行理论指导"的职责。第二，坚决反对学者们有关年轻穆斯林可以"选择"是否参加"圣战"的观点。利比批判学者们的言论混淆了"圣战"的涵义，玷污了"圣战"，强调青年人没有选择，必须参加"圣战"，因为真主规定"圣战"是每位穆斯林应尽的义务。第三，呼吁伊斯兰学者"迷途知返"。利比抨击学者们谴责"基地"组织为了证明暴力"圣战"的合法性而错误诠释《古兰经》，宣称学者们的工作对"圣战"成功至关重要，奉劝他们加入"圣战"，回归正道，重获圣战者对他们的尊敬。他号召学者们以已故的塔利班学者兼军事指挥官毛拉达杜拉赫（Mullah Dadullah）为榜样，"他失去一条腿，本可以不参加'圣战'，但他仍同美国领导的联军战斗直至牺牲。"

**目标四：践行西方民主制的哈马斯**。利比视哈马斯为伊斯兰的"害群之马"，多次指责其从两方面损害了伊斯兰。一方面，选举本身是对伊斯兰的损害。因为选举是非伊斯兰的，创造的是世俗"偶像"，即"多神教的立法委员会"，导致哈马斯政府依据人的意愿而非真主的言论来统治一切。另一方面，哈马斯在赢得巴勒斯坦选举后，意识形态开始世俗化。利比为此谴责哈马斯抛弃"战场上的圣战观"、丧失了自己的宗教，认为哈马斯领导人当选后的言论让人难以辨别哪些是哈马斯的声音，哪些是法塔赫、"人民阵线"等巴勒斯坦非伊斯兰组织的声音。他甚至离间哈马斯，宣扬哈马斯政治领导人确保"一旦……走进立法院殿堂就将停止活动"，积极敦促哈马斯战士继续进行军事战斗,"恢复你们的光荣,让我们看到敌人城堡的崩塌。"①

**终极斗争目标是在穆斯林世界恢复"哈里发帝国"。** 1964年,库特卜在其经典之作《路标》中写道,由于"沙里亚法"被人为制订的法律取代,伊斯兰世界退回到信奉异教的"蒙昧状态"。为此,他呼吁穆斯林必须发动"进攻型'圣战',以便在地球上确立真主的权威,按照真主的指引来安排人间诸事,消灭所有的邪恶势力与邪恶生活制度,终结一人凌驾于他人之上的统治"。本·拉登建立"基地"组织的目的就是要在穆斯林中宣扬同所有异教徒战斗的"圣战"思想,并在世界范围建立"真正的伊斯兰政府"。

实际上,"基地"组织三大分支之一"伊拉克'基地'组织"宣布伊拉克西部与中部地区为其领土,称为"伊拉克伊斯兰国"(the Islamic State in Iraq)。"基地"组织力图将这个"伊斯兰国"当作在该地区开展"圣战"的活动基地。2005年7月,扎瓦希里致信"伊拉克'基地'组织"领导人阿布·穆萨布·扎卡维(Abu Musab al-Zarqawi),强调要在伊拉克实现四个目标:赶走美国,建立"伊斯兰国家";将"圣战"浪潮拓展到伊拉克周边的世俗国家,颠覆中东数个温和、亲西方政权,不仅包括沙特阿拉伯、埃及和约旦,还包括巴基斯坦;建立哈里发政权;之后,同以色列交战。2007年10月22日,半岛电视台播出了本·拉登《致我们伊拉克的人民》录音带(也在互联网上发布)。他在录音带中阐述了创建"大伊斯兰国"的宏伟蓝图,同时指出"国际、区域和地方所有层面的异教徒都在合力阻止"这一目标的实现,希望整合伊拉克分散的反美武装以便在伊拉克建立一个"伊斯兰国家"。② 2008年1月1日,本·拉登在一份声明中再次谈到建立"伊斯兰国家"的必要性,称之为穆斯林"走向

---

① 以上四大目标材料引自:Michael Scheuer, "Abu Yahya al-Libi: Al-Qaeda's Theological Enforcer-part 1", *Terrorism Focus*, Volume 4, Issue 25, July 31, 2007; Michael Scheuer, "Abu Yahya al-Libi: Al-Qaeda's Theological Enforcer-part 2", *Terrorism Focus*, Volume 4, Issue 27, August 14, 2007。

② "Bin Laden says mistakes made in Iraq", *Jane's Terrorism & Security Monitor*, November 2007.

## 第六章 从"基地"组织到"伊斯兰国"

统一的重要、伟大和神圣的一步"。扎瓦希里也呼吁,伊拉克逊尼派反美武装要团结在"更加先进"的"伊拉克伊斯兰国"周围,从而"向建立哈里发帝国迈进"。扎瓦希里还强调黎巴嫩的重要性,"黎巴嫩是穆斯林的前线之一,在未来与十字军和犹太人的战斗中将发挥重要作用。"他建议黎巴嫩圣战者"准备挺进巴勒斯坦,将名为维和部队实为十字军的侵略者赶出黎巴嫩,拒绝联合国安理会的1701号决议"。扎瓦希里的战略很清楚,即试图保持伊拉克作为"基地"组织的"伊斯兰堡垒"地位,然后将黎巴嫩变成一个"圣战"战场和攻击以色列的跳板。[①]

**2. 思想上,高举"圣战"旗帜。** 自2003年始,扎瓦希里每年多次在"基地"组织发布的视频、音频中现身发声,呼吁对美西方和以色列目标发动"圣战"等。据本·拉登传记作家哈米德·米尔称,扎瓦希里被视为本·拉登的"左膀右臂",是"基地"组织"真正大脑"和首席战略思想家。扎瓦希里于2001年12月出版其专著《先知麾下的骑士们》(Knights Under the Prophet's Banner),详细阐述了"基地"组织的意识形态。书名中的"骑士",借用十字军东征中"骑士"一词,专指"圣战"运动成员。如今,该书阿语版在阿拉伯世界各大城市的大街小巷随处可见,并已发行英文版,网上有内容摘录。

**主要主张。其一,认定"圣战"是一场为了生存、没有休战的意识形态斗争。** 扎瓦希里将美国、以色列及其西方和阿拉伯盟友视为"第一支力量",将只仰仗真主指引的伊斯兰武装运动为"第二支力量"。他坚信,美国通过操纵选举、付诸暴行和武力剥夺伊斯兰的权利,而签订条约、开展和平谈判、禁运武器,是美军直接占领穆斯林土地的步骤;伊斯兰"圣战"运动应该攻击伊斯兰的敌人(如1997年发生的卢克索事件),支持年轻人积极参加"圣战"。**其二,断言"圣战"远未终结,始终处于要么攻击、要么准备发动攻击的状态。** 他回顾、检讨了埃及"伊斯兰圣战"组织恐怖行动的失误,强调伊斯

---

[①] "Zawahiri answers back", *Jane's Terrorism & Security Monitor*, May 2008.

兰武装运动应从以往的过错中汲取经验教训,从而不断地提高"圣战"行动的效力。他宣称,"9·11"恐怖袭击仅仅是"万炮齐轰(基督徒和犹太人)异教徒"的开端。**其三,憧憬未来发动一场范围广泛的"圣战"**。表示未来将在俄罗斯南部的加盟共和国、伊朗、土耳其、巴基斯坦发动一场"圣战"。为服务于该目标,呼吁统一拥有核武器的巴基斯坦和天然气资源丰富的里海周边诸国。**其四,正告激进分子要将"圣战"事业掌握在自己手中**。扎瓦希里大力鼓吹发动个体恐怖主义行动,"追踪美国人和犹太人不是不可能;用一颗子弹、一把刺刀、一根铁棒或者一枚简易爆炸装置杀死他们也不是不可能;打击美国人和犹太人,组织小型化同样令其不寒而栗。"他还激励追随者们在西方向敌人的要害部门(如银行、交通枢纽、炼油厂)发动袭击,提倡耐心和精心策划,以便最大限度地制造大规模破坏、混乱和伤亡。

3. **组织上,打造一支过硬的"圣战"队伍**。"基地"组织内设最高权力机构"舒拉委员会"①,下辖4个委员会:军事委员会,负责军训和采购武器;资金与商务委员会,管理"基地"组织在世界各地

---

① 伊斯兰教法、政治概念。阿拉伯语音译,意为"协商"。教法理论原则之一,即通过"协商"决定国家大事。原为古代阿拉伯部落会议议事习惯,后为伊斯兰教所确认、沿用,《古兰经》第42章列为章名予以论述。第二任哈里发欧麦尔临终时,指定6人组成舒拉会议,协商推举产生哈里发。后随着伊斯兰教法的形成,教法学家们又据此提出"公议"原则,或以大多数教法学家或以全体穆斯林的一致意见为核准类比推理(格亚斯)的法理依据。但这一政治理论原则后来受到封建王权的限制,而未能继续付诸实施。14世纪,罕百里派教法学家伊本·泰米叶重新修正哈里发学说时,提出哈里发(或伊玛目、苏丹)可不必精通教法,法律事务可由熟谙教法知识的伊斯兰学者(乌里玛)集体协商处理,从此协商作为一项政治原则,再次受到教法学家们重视。近代特别是19世纪以来,伊斯兰现代主义者和原教旨主义者都据此提出新的解释。印度伊克巴尔认为,现代协商机构即由各党派、各阶层人士代表组成的穆斯林立法议会,有权制定、颁布、监察国家立法,任免国家元首。埃及库特卜认为,一个名符其实的伊斯兰国家必须以"沙里亚法"为根本大法,实行广泛的政治协商制度。巴基斯坦毛杜迪将这种协商制度称之为"伊斯兰民主制"。20世纪70年代后,随着伊斯兰复兴运动的勃兴,各国的原教旨主义派别、组织,就协商制度发表了大量言论、著作,要求政府实践这一政治理论原则。

的多家公司；新闻和媒体委员会，负责出版一些关于伊斯兰教和"圣战"内容的日报和周报；宗教判决与伊斯兰研究委员会。"舒拉委员会"是一个为本·拉登及"基地"组织军事统帅服务的顾问机构，即使有80％成员赞成某项决议，如果本·拉登持反对意见，他仍有权否决该决议。在"基地"组织内部，成员间相互称谓"兄弟"，本·拉登等领导人称追随者为"年轻人"，追随者称领导人为"谢赫"。

为使"基地"组织成员始终保持强大凝聚力和高昂士气，他们采取了许多切实有效的措施。具体做法如下：

（1）**在挑选人员时慎之又慎，严把入门关**。加入者必须具备两个条件。第一，必须了解和坚持该组织的特性、意识形态和各项目标，要继续追寻先知和圣门弟子的足迹，通过"圣战"复兴和捍卫伊斯兰教。第二，要在身体、精神等方面做好准备，譬如，必须通过生存技能、身体强度训练，必须认识到"圣战"不是一场野餐会，在这条道上布满了艰难险阻，要不怕牺牲，坚信袭击美西方目标是一种"神赐恐怖"。[①]

（2）**对来自世界各地的圣战者坚持进行五项素质培养。讲虔诚**。本·拉登在阿富汗抗苏"圣战"期间的经历使他注重宗教信仰的重要性。在他看来，一个超级大国（苏联）之所以被装备差的穆斯林游击队打败，就是因为缺失信仰。前巴基斯坦空军军官哈立德·哈瓦贾曾与本·拉登在1987年4月的贾吉战役中并肩战斗。他说，本·拉登经常祈祷，是一个极度虔诚和富有自我牺牲精神的人，他只想干一件事，那就是"殉教"。

因此，"基地"组织训练营训练每位圣战者时，都强调第一要务是做好"精神准备……因为只有这样才能走向胜利"。"精神准备"包括两层含义：其一，必须坚信，真主保证只要穆斯林遵循他的言行，就能取得胜利；其二，必须认识到，胜利之所以还没有降临，是因为穆斯林贪生怕死偏离了真主正道，特别是偏离了"圣战"之路。因此，"基地"组织明确告诫每名受训圣战者，"真主让异教徒国家

---

① Abdul Hameed Bakier, "Jihadi Website Advises Recruits on How to Join al-Qaeda", *Terrorism Focus*, Volume 5, Issue 18, May 6, 2008.

反对穆斯林，让他们蒙受耻辱和低下地位。对那些放弃'圣战'的人，这是一个不可避免、命中注定的惩罚……穆斯林因不顺从真主而招致真主降临给他们的羞辱，这种羞辱只有通过听从真主并回归'圣战'才能得以消除。如果他们这样做了，他们就将取得类似先知穆罕默德及圣门弟子在'白德尔之战'和'壕沟之战'那样的胜利。尽管那时（追随穆罕默德的）穆斯林人数少、武器差，异教徒人数众多、装备良好，但胜利最终属于真主。"来到阿富汗训练营的圣战者经过"信念、精神和心灵"的强化训练后，懂得"除真主外必须无所畏惧，必须时刻准备着为真主牺牲一切"。

**重纪律**。"基地"组织注重通过宣誓效忠方式加强其纪律性。据哈立德·谢赫·穆罕默德[①]在其审讯供词中透露，"基地"组织模仿穆斯林部族首领对先知穆罕默德和早期哈里发的效忠宣誓，从1988年"基地"组织成立伊始，成员就正式向本·拉登宣誓效忠。誓词大致如下："我向您宣誓效忠，为了'圣战'，不论时局好坏，我将谨听您的命令，服从您的指挥并承受一切后果；我向您宣誓效忠，甘愿为真主的事业献出生命。"其目的就是做出具有精神约束力的神圣承诺，即只服从一位领导人或埃米尔的指挥。哈立德·谢赫·穆罕默德指出，进行宣誓的个人实际上也是向埃米尔领导的整个组织宣誓效忠，也是在承诺服从埃米尔副手的领导，遵守埃米尔的组织规则，埃米尔去世后继续效忠其继任者。宣誓后的成员违抗命令不会受到制度上的惩罚，因为他将受到真主的惩罚。"基地"组织是首个将这一理念作为维系组织指挥与控制机制的组织，久而久之，这种做法已为多个"圣战"组织采纳。"基地"组织还告诫每个圣战者，"必须有良好的言行操守，在穆斯林中享有高尚和忠诚之名，必须像灯塔那样为人们照亮前进的道路，必须成为其他同伴追随的榜样。"

1996年1月，美国中央情报局成立由11个联邦机构精英组成的"追捕本·拉登专案组"，之后中情局不仅同英国军情六处、以色列摩萨德、德国联邦情报局（BND）和联邦宪法保卫局（BFV）、法国领

---

[①] "9·11"事件的主要策划者，2003年3月在巴基斯坦被捕。

土监护局（DST）和对外安全总局（DGSE）以及中东国家、巴基斯坦等国的情报部门展开密切合作，甚至悬赏2500万美元缉拿本·拉登，但长时间未果，不能不承认其组织体系和这种效忠宣誓的重要性和有效性。

**求团结**。"基地"组织成员来自五湖四海，却始终保持凝聚力，秘诀在于本·拉登深知，信奉同一宗教不能自动造就一支始终团结的队伍，因此十分注意消除来自不同国家成员间的不和。阿布·詹达尔说，20世纪90年代末，本·拉登常派他前往阿富汗各地训练营，解决不同国家、大多数为沙特人和埃及人之间的对立。因为他认为，真主的敌人、心怀鬼胎的人和告密者都会利用这种对立在"基地"组织成员间散播分裂与不和的种子。为成功抗击美国及其盟友，"基地"组织成员"需要团结一致"。所以，训练营培训内容还包括"将民族主义从我们的心中赶出去，代之以一个更广泛的理念，即穆斯林共同体"。

**信前定**。"基地"组织训练营向圣战者灌输的最基本信条是，圣战者参与"圣战"的终极目的只有两个，要么胜利要么殉教。受训后的圣战者"必须深信真主一定会胜利。他不必担心未来：如果你命中注定被杀死、被关押或被打伤，那就是你的命"。

**精技能**。从1996年本·拉登重返阿富汗至2001年10月美国推翻塔利班政权，"基地"组织在阿富汗开办10多个训练营，培训了约5000—8000人（具体数字难以掌握）。训练营规模不等：最小的一次能容纳15人左右，只有一座用土坯盖的清真寺和一些帆布帐篷；最大的一次能容纳300多人，有不少永久性建筑，能同时接待30—40户家庭。这些营地配有发电设备。训练营有教材、训练手册、必读书目等。绝大多数受训者进行为期两个月的基础课程培训，其中有两周用于研习《古兰经》。战术性军事技能培训分三个阶段。第一阶段：持续一个月时间，主要教授如何使用大量的轻武器，如手枪、狙击步枪、机枪。每天早晨，受训者先要做晨礼，然后进行体能训练，下午学习使用枪械。第二阶段：进行为期两周的爆破课程学习，主要学习如何使用塑胶或甘油炸药，用电子雷管制造炸弹，以及使用各种类型的地雷。此外，还要学习如何就特定袭击目标进行侦察和策划行动方案。第三阶段：余下时间主要学习如何使用重型武器，如迫击炮、榴弹及反坦克武器。有些受训者还会再呆上一个月时间学习高级培训课程，如对体育场馆、各种建筑物、桥梁进行侦察和使用化学武器。①

美国发动全球反恐战后，"基地"组织主要通过开办短期秘密训练营方式，向新人提供速成培训。2006年3月，在"阿布·博哈里圣战论坛"（Abu al-Bokhary）上发布了"秘密圣战训练营新人基本课程"帖子，透露了为期四天的培训内容。第一天，学习"沙里亚法"和恰当的伊斯兰行为举止；掌握武器知识，主要是拆卸和组装左轮手枪和卡拉什尼科夫冲锋枪。第二天，练习两个人如何在衣服中藏匿一支卡拉什尼科夫冲锋枪部件，在移动中一人向另一人投掷部件并组装成冲锋枪；练习扼杀、匕首攻击、空手夺刀、找到身体致命部位及攻击等暗杀技能；学习读地图、分析路线、判断敌方火力和计算距离等技能；如何在敌人防线后迅速挖掘壕沟掩体和进行伪装；掌握情报搜集、对目标的分析研判、接近和逃离目标的方式；建立恐怖小组、成员间的调遣和联络方式。第三天，强调使用消音器、搜集和掩埋已用弹药筒及将秘密训练营恢复如初的必要性及细节，还包括如何准备和烹饪食品、如何储备多至两周的食物。第四天，讲述先知穆罕默德的生平和参加的战斗、穆斯林的来世以及地狱的惩罚等，旨在"煽起人们对地狱和真主惩罚的恐惧"。②

（3）**制定敌后行动及潜伏细则**。强调在敌人后方严加防范的环境里创建、运作恐怖小组必须有一名核心人物，他必须深受"圣战"历史的熏陶和坚持逊尼派意识形态，在宣教上不屈不挠；起码精通小武器，如手枪、步枪；熟练使用互联网和移动设备；必须有一个好的掩护身份，从未出现在执法部门的监控名单上。招兵买马时，主要应在

---

① 以上五项素质材料引自：Michael Scheuer, "Al-Qaeda Doctrine: Training the Individual Warrior", *Terrorism Focus*, Volume 3, Issue 12, March 28, 2006。

② Stephen Ulph, "Secret Camps offer Operational Courses in Jihad Tactics", *Terrorism Focus*, Volume 3, Issue 12, March 28, 2006。

自己推心置腹、勇敢的朋友中招募成员。如果募人努力失败，即便是他自己一个人，也不要放弃"使命"。如果他成功地招募到2名成员，就要开始体能训练，然后融资采办轻型、半自动武器。但不要通过抢银行来融资，因为这类行动需要周密策划，起码需要30人。可通过袭击水电收费处或者什叶派、基督徒开办的企业等方式获取资金。①

关于敌后"蛰伏者"(sleeper agents)，他们应具备以下技能：外表不应有阿拉伯或伊斯兰特征，最好扮作当地人，能熟练掌握当地语言、口音和俚语，使用当地化名。必须有假身份证，购买军需品、猎枪和夜视设备时必须使用假身份。必须小心选择住所，最好选在多元文化社区，但不要选择经常有毒贩出没的区域以免受到缉毒部门盘查。应学习防身术，熟练使用计算机和互联网、狙击步枪、无声手枪，应准备足以引爆一辆小汽车的爆炸腰带和炸药。应成为侦查和反侦查专家。优秀的"蛰伏者"应该是训练有素的"独狼"，不会因为小组某个成员的一个错误就断送整个行动计划。根据"牺牲小恶以阻止大恶"原则，允许潜入西方社会的"蛰伏者"按非伊斯兰方式生活。因为不管他多么融入一个外国社会，倘若遭到安全机构详细盘查的话，总能从他身上发现某些根深蒂固、无法摆脱的习惯。②

**（4）提供战场上的整套战术指导方针。**③ 编撰《"圣战"百科全书》。1996年，根据《美军手册》、伊斯兰早期军事史、阿拉伯人在1979—1989年阿富汗战争中积累的对苏作战经验，"基地"组织编写了一套几乎囊括所有军事内容的百科全书。全书共12卷，图文并茂，为游击战、城市战、间谍战、信息安全战、坦克战、甚至化学战提供了详尽指导，是一部综合性军事教育图书。该书介绍了各种假想敌情下的应对之策，包括如何用餐巾设置诡雷，如何在行进的车辆中对目

---

① Abdul Hameed Bakier, "An Online Terrorism Training Manual- Part One: Creating a Terrorist Cell", *Terrorism Focus*, Volume 5, Issue 13, April 1, 2008.

② Abdul Hameed Bakier, "The 'Lone Wolf' and al-Qaeda Sleeper Cells in the United States", *Terrorism Focus*, Volume 5 Issue 2, January 15, 2008.

③ 材料引自：Michael Scheuer, "Al-Qaeda's Tactical Doctrine for the Long War", *Terrorism Focus*, Volume 3, Issue 10, March 14, 2006。

标射击，如何分辨响尾蛇，如何治疗蝎子蜇伤等，为圣战者掌握游击战和进行恐怖主义战术训练提供了指南。

**实施化整为零战术**。2003年3月，"基地"组织军事统帅赛义夫·阿德尔（Sayf al-Adl）要求将队伍拆分成"易于管理的小组以大量减少损失"，主张每个作战小组人员控制在6—10人，保持机动和良好补给，在城市实施侦查、埋伏、袭击小型基地、监视、绑架等多项任务。在特定地区活动的战斗小组应当有"多个后勤小组支持……以便保证军事行动的持续性"，但各后勤小组要互不联系，以免敌人截获他们之间的通讯信息。阿德尔建议，后勤小组在任何时候都应尽可能地使用"速度快、重量轻的丰田花冠汽车"运送人员和补给，因为在阿富汗抗击美军的战斗中，这种汽车能够同时搭载4名战士及其全部装备。另外，后勤小组应使用摩托车、马匹和骆驼等运输工具，因为在驻阿富汗国际联军士兵经常不检查这些工具。

**选择使用易于获得、可靠性好和价格相对便宜的武器和装备**。如AK–47自动步枪、手榴弹、中等口径迫击炮、无后坐力步枪、107毫米火箭发射器、反坦克火箭推进榴弹、可"有效打击直升机"的SAM–7型防空导弹和12.7毫米和14.5毫米高射机枪。总体上，"基地"组织倾向于使用俄罗斯及苏联各加盟共和国制造的武器，这些武器性能可靠，可"低价"从黑市上轻易购得。关于简易爆炸装置，"基地"组织建议各国圣战者就地取材，不必浪费时间和金钱从境外采办。此外，圣战者要尽量储存"反坦克地雷"，因为它不但可用来反装甲车，还可改造成多用途炸弹，而制作方法和说明网上随处可得。

在有圣战者作战的国家里，"基地"组织主张通过从该国政府放弃或被其缴获的武器库、战场回收以及从逃兵和俘虏手中尽可能多地获取武器装备，然后"分散"存储在圣战者活动区域或附近地区。在建立武器储藏点时，一定不能使用年代久远、众所周知的地点。储藏点规模要小，这样即便敌人摧毁其中的一个，也不会令整个地区的行动陷于瘫痪。

**针对美国空中打击力量制定详细应对战术**。阿德尔承认，美国空

第六章 从"基地"组织到"伊斯兰国"

军是圣战者战斗时面临的最大问题。在阿富汗,没有空军支持,美国和国际联军的地面部队不可能获胜。美军战术有迹可循:先轰炸,继而出动地面部队,出现伤亡后继续轰炸,就这样不断重复。阿德尔说,"敌人无法打赢地面战役,这一点已在阿富汗得到证实"。只要拥有一套"良好的中程防空导弹系统",就能击败美军。不过,阿德尔公开承认,SAM-7型导弹在对付喷气式战斗机时"根本不管用",建议圣战者不要袭击敌人的固定翼飞机,因为这种飞机能够锁定和摧毁火力发射点。圣战者应以伏击、埋雷等方式攻击敌人的基地、机场及巡逻队。为限制敌人空中打击力量,应成立由6—10人组成的小作战单位,专门用来锁定敌人的空军位置并加以摧毁。发动袭击前,应先广泛侦查敌人的行动规律,再详细考察袭击地点,找到一个隐蔽性强、能躲过敌人空中侦查的最佳位置。袭击地点应有多条退路,如果袭击进展不顺,应立即撤离。而且,袭击地点应尽量减少战斗对当地居民的影响,因为他们需要当地民众的支持。

(5)确保信息传递通道的安全通畅。2005年后,"基地"组织媒体机构"云彩"制作的录像、录音带和互联网先后成为"基地"组织对外发布信息的主要载体。但在2005年以前的做法是,将录像、录音带从阿富汗南部或东部送至巴基斯坦的南瓦济里斯坦,再送至白沙瓦,目的地一般是半岛电视台驻伊斯兰堡办事处。但情报部门发现了这条路线:2003年一名中亚送带人在穿越南瓦济里斯坦时被巴基斯坦安全部门抓获;2004年底,送带人在巴基斯坦南部的德拉伊斯梅尔汗附近被捕。不过,被俘者没有供出多少有价值信息,因为带子此前已转手十多次。送带是一项专门任务,送带人往往是年轻、强悍、有经验的当地人或中亚人。一般的圣战同情者不能担当送带人,因为他一旦被捕将面临《反恐法》的严厉法办。由于送带人数次被捕,交接地点已暴露,2005年录像、录音带传递路线作了修改,先送至阿富汗西部的赫拉特,再送至伊朗的沿海地区,最后送至目的地。[①]

---

[①] Sohail Abdul Nasir, "Al-Qaeda's Clandestine Courier Service", *Terrorism Focus*, Volume 3, Issue 7, February 21, 2006.

**(6) 建立军用物资的秘密采购和运送渠道**。在阿富汗抗苏"圣战"期间,本·拉登就建立了该渠道以便为阿富汗"圣战"力量和自身提供武器。"基地"组织成立后,他和助手们又改进了这一采购机制,以适应"基地"组织新的需要和武装其他"圣战"组织。因此,"基地"组织及其盟友从未遭受常规武器短缺之苦。[①]

**(7) 拥有一个高效的圣战者输送网络**。本·拉登的"圣战"生涯始于向阿富汗输送穆斯林世界的圣战者行动,从一开始他就建立了包括圣战者入境路线、接头人和中转站的一整套网络。在抗苏"圣战"结束之际,这套网络已经成熟,很少发生圣战者不能抵达目的地的情况。之后,"基地"组织开始将这个由各地向阿富汗流动的单向系统发展成网状系统:将圣战者先带到南亚接受培训,然后带往也门和苏丹的训练营继续受训,最后将受训完毕的圣战者送往塔吉克斯坦、波斯尼亚和车臣参加战斗。"基地"组织成功实现了这一系统的升级,运送了大量的人员。迄今,人力资源从来不是"基地"组织要面对的一个棘手难题。[②]

**(8) 实施优厚的安抚工作**。"基地"组织会向在行动中死亡或失踪成员的家庭提供医疗服务和经济支持;尽一切可能向伤员提供特别的照顾,如提供康复器械;每月向被关押成员的家庭提供生活补贴。这些对圣战者及其家庭的优抚工作不仅利于保持斗志和凝聚军心,也防止不满的人公开诋毁"基地"组织甚至向敌人提供情报。迄今,没有人在媒体上抱怨受到"基地"组织的不公平待遇,也无情报显示有心怀不满的"基地"组织成员或其家庭成员为报复组织而告密。[③]

"基地"组织在苏丹经营着农场、进出口公司等,在英国、马来西亚、苏丹、香港、阿联酋的迪拜等地设有金融机构,其成员除了薪

---

[①] Michael Scheuer, "Can al-Qaeda Endure Beyond bin Laden?" *Terrorism Focus*, Volume 2, Issue 20, October 31, 2005.

[②] Michael Scheuer, "Can al-Qaeda Endure Beyond bin Laden?" *Terrorism Focus*, Volume 2, Issue 20, October 31, 2005.

[③] Michael Scheuer, "Can al-Qaeda Endure Beyond bin Laden?" *Terrorism Focus*, Volume 2, Issue 20, October 31, 2005.

水，每月还能得到分红；看病、买药后，可以拿发票报销。另外，"基地"组织在一些国家买下招待所供其成员使用。[①]

**4. 战争形态上，领衔全球化时代的恐怖性"不对称战争"。**全球化为非国家行为体的"基地"组织的兴起、发展壮大和灵活机动地在世界各地制造恐怖事件创造了史无前例的机遇，并使"基地"组织影响力波及远离冲突现场的民众。"基地"组织建立了超越狭隘领土理念的全球性恐怖网络：成员来自多个国家，得到遍布世界各地穆斯林移民社团的支持；在一地募人，在另一地培训新人，在第三地（中东）汇出钱，在第四地发动恐怖袭击。而各国政府有领土疆界、有不同的国家利益，无法实现全球化。以"基地"组织为核心的国际恐怖网与以美为首的西方展开一场全新战争，即全球化时代的恐怖性不对称战争。具体特点如下：

**长期"非时空和多维度"**（non-spatial and multidimensional）**新型战争**。美国著名反恐专家布赖恩·詹金斯称，"恐怖主义是一场没有领土的战争。"两次技术革命使恐怖分子有能力发动这种新型战争：一是20世纪50年代末到70年代，交通工具的革命。民航客机使恐怖分子能够在数小时内对全球性目标发动袭击，不再局限在特定的地理区域内作案。还在3万英尺高空劫持客机或利用客机将恐怖分子从活动基地投放到数千英里以外的目标，利用空中交通工具从事"低烈度空战"（low intensity aerospace warfare）。二是通讯技术的革命。卫星技术使恐怖分子能够在同一时间向全球的观众散布恐吓信息。随着互联网的发展，一场全球性"网络圣战"兴起，恐怖分子利用网络争取民众支持，发动恐怖行动。[②]

**全新对手**。"基地"组织成功地将不对称战争提升到全球舞台，将非国家行为体转化成一种能够挑战西方的不对称强权（an asymmet-

---

[①] John J. Goldman, "Bin Laden the Executive: Payrolls and Paperwork", *International Herald Tribune*, February 13, 2001.

[②] Robert J. Bunker edited, *Networks, Terrorism and Global Insurgency*, Routledge, Taylor & Francis Group, London and New York, 2005, pp. xxii – xxiii.

ric power)。**拥有全球性目标与能力**。对"基地"组织来讲,由美国及其盟国主导、压迫世界各地穆斯林的现行国际体系是不合法的。它力主通过恐怖手段,摧毁美国,推翻现行世界秩序,建立"基地"版"哈里发国家"。"基地"组织在阿富汗、中东、菲律宾、亚洲和苏联地区,将游击战与恐怖行动相结合,在"圣战"思想指导下,成功地挑战一个超级大国对国际体系的掌控。**编织全球恐怖网**。"9·11"之前,"基地"组织的核心设在阿富汗,其附属组织伸至全球并发动恐怖行动。据 2005 年 1 月后媒体的报道显示,有近 40 个组织宣布效忠本·拉登、"基地"组织及其战略目标:伊拉克伊斯兰复仇小组(The Islamic Revenge Cells),伊拉克库尔德斯坦旅(Brigades of Kurdistan);沙特阿拉伯"基地"组织辅士(Ansar al-Qaeda),祖菲地区的萨达·图瓦伊克沙特旅(Saudi Brigades of Sada Tuwayq in al-Zufi),烈士阿布·阿纳斯·沙米中队(Squadron of the Martyr Abu Annas al-Shami),阿拉伯岛"基地"组织(Al-Qaeda Organization in the Island of the Arabs);叙利亚"基地"组织"烈士马尔万·哈迪德小组"(Martyr Marwan Hadid Cell),大叙利亚"基地"组织(Al-Qaeda in Bilad al-Sham);黎巴嫩"基地"组织,"黑豹"—黎巴嫩"基地"组织军事派别(Black Leopards-al-Qaeda Military Faction in Lebanon),黎凡特—乌马尔旅—黎巴嫩省"基地"组织(Al-Qaeda Organization in the Levant-Umar Brigade-Lebanon Province);巴勒斯坦圣城伊斯兰军(Al-Quds Army),真主旅(Allah's Brigade);也门"基地"组织"认主独一"团体(Liwa al-Tawid),阿布-阿里·哈里西旅(Abu-ali al-Harithi Brigades);阿布杜拉·阿扎姆旅(Abdallah Azzam Brigades);摩洛哥"基地"马格里布圣训组织(Al-Qaeda Maghreb Commandment);欧洲"基地"组织——"伊斯兰认主独一集团"(The Islamic al-Tawhid Group)和"阿布-伯克尔·西迪克旅"(Abu-Bakr al-Siddiq Brigade);南亚和东亚"基地"组织——"哈姆迪·马斯里烈士营"(Kata'ib al-Shahid Hammudi al-Masri,巴基斯坦、阿富汗、远东),"虔诚军"、"圣战者运动"、巴基斯坦圣门

## 第六章　从"基地"组织到"伊斯兰国"

弟子军；东南亚的"伊斯兰祈祷团"，菲律宾"阿布沙耶夫"，等等。[①]"基地"组织最高指挥层由垂直型领导结构组成，向其水平型恐怖网络提供战略指导和战术支持。"基地"组织允许公平、快速地转移行动指挥权。失去阿富汗大本营后，"基地"组织转而通过互联网宣传自己、招募新人和进行网上培训，与此同时继续依靠经文学校、清真寺和监狱来发展壮大自身。其运作方式也发生转变，从垂直型指挥链条向水平型网络组织成员下放权力，通过内部高度的相互协作和外部广泛支持，适应新现实。**"环环相套"构成"基地"组织恐怖网**。内环是"基地"组织本身，由数百名效忠本·拉登的铁杆成员组成；二环是数千名圣战者，他们在阿富汗的恐怖营地受过训；三环是成千上万的激进分子，他们曾在阿富汗受训，许多人甚至与塔利班并肩作战；四环是外环，由世界各地赞成本·拉登视西方为伊斯兰敌人世界观的穆斯林组成。这种"环"状构造使"基地"组织成为全球性恐怖强权，既有全球存在，必要时又能将行动的指挥控制权从垂直向水平转移。**具备制造重大恐怖活动的决心和能力**。"基地"组织编发的训练手册《反对暴政"圣战"之军事研究》是一套以非国家行为体为主的"作战理论"，为锁定打击目标和筹备恐怖行动设计了各种方法、手段。手册要求收集包括国防部、内政部、机场、港口、边防站、使馆、电台及电视台在内的"战略建筑、重要部门、军事基地"详细信息；明确攻击者需要的设备、应采取的方法以及安全需要、情况分析、资金流动方式等等。"基地"组织网络成员精通以小胜多、以弱制强的不对称战争。他们利用细胞一样的组织，以小股力量对目标实施恐怖袭击，各国执法部门难以察觉或加以反击。另外，成员来自多个种族，散落在全球各地，具有高度的隐秘性。**知己知彼**。"基地"组织直接卷入或者冷静旁观世界各地的诸多冲突，包括索马里、车臣、伊拉克和波黑。另外，它还仔细地观察美国如何处理这些冲突，这也是"基地"组织能够成功挑战美国强权并发动"9·

---

[①] Michael Scheuer, "Al-Qaeda and Algeria's GSPC: Part of a Much Bigger Picture", *Terrorism Focus*, Volume 4, Issue 8, April 3, 2007.

11"恐怖袭击的重要因素。**重视向新人灌输"基地"组织的世界观**。受"基地"组织使命感和"圣战"观念熏陶、用"圣战"必胜信念武装起来的追随者成为"基地"组织全球恐怖网的斗士、支持者或财神爷。**建立全球资金网**。通过清真寺和宗教慈善机构资助其活动;渗透到合法组织内部,将资金划拨到恐怖行动上;有些组织具有双重功能,既支持合法的慈善事业,又同时资助"基地"开展的恐怖行动。①

**全新作战模式**。"基地"组织作战模式是流动的,创造性利用包括互联网在内的五维作战空间,不按常理出牌。**"基地"组织结构松散,并植入世界范围的电脑网络中**。在网络化的恐怖环境里,行动人员和手段只有在恐怖袭击发生或被挫败后才能一清二楚。其工具使用取决于具体地点和组织,在绝大多数情况下是临时、任意决定。"基地"组织尤其擅长利用对手的设备发动恐怖袭击,如"9·11"中的美国民航客机或租用的卡车。这些工具既经济实惠,又难遭到打击报复。美国恐怖问题专家彼得·伯根告诉CNN,"'基地'组织的恐怖袭击总是出人意料",除了常规方法外,"基地"组织攻击新型目标和使用新式武器,这一切极难预测或加以防范。每次袭击都让西方情报机构倍感挫折,而每次恐怖袭击后的逮捕行动和审判只是为本·拉登及其同伙提供发动下一次袭击的新想法。"基地"组织擅于将作战**方式与当地环境有机结合,这使它能够适应并藏匿在世界各地的不同环境里**。譬如,在车臣只用AK-47,在也门则用数种来自不同厂家生产的火器。在一些国家使用汽车运送武器,在阿富汗、巴基斯坦则用驴驮载。**常规作战模式不能用来对付"基地"组织**。传统的军事打击目标是机场、港口、军事基地、城市,而打击"基地"组织则必须攻击山洞、清真寺、公寓、网吧,且作战规模要比常规部队小得多。常规部队作战必须依赖大量的后勤补给,真正打仗的战士人数不多。而"基地"组织由许多不同种族背景的圣战者组成,后勤需求极少,

---

① Robert J. Bunker edited, *Networks, Terrorism and Global Insurgency*, Routledge, Taylor & Francis Group, London and New York, 2005, pp. pxiii、pxxiv、116-127.

## 第六章 从"基地"组织到"伊斯兰国"

不仅作战成本小,且灵活、机动、有效。散布在世界各地的圣战者没有作战服,暗中行动,其支持、同情者是志愿的,后勤线如同地下铁道。此外,"基地"组织大量动用"蛰伏者",因其世界范围的分布及隐密性,难以判定"基地"组织的真正实力。常规部队服役期一般2—4年左右,而"基地"组织成员长期献身"圣战"事业。[1]

2008年以来,"基地"组织从自杀式恐怖主义向高科技恐怖主义转变,以便让圣战者活下来继续从事战斗和袭击。2008年,美国和以色列情报人员在审讯中发现,年轻男子不愿意或非常害怕参与自杀式袭击。同时,2001年以来"基地"组织训练体系频受军事打击,具有战斗经验的极端分子数量减少,新成员比以往更难完成训练。此外,即便是同意将自杀式袭击当作最后手段的宗教领袖也认为这种手段只能在无计可施时才使用。沙特宗教人士、"基地"组织最著名的宗教领袖之一巴希尔·本·法赫德·巴希尔在2008年9月的一次宣教中说,"牺牲是合法的,是为真主而战的最伟大行为之一,但它不能被用,必须严格遵守两个条件:其一,指挥官确信这样做能给敌人造成严重损失;其二,除此之外别无他择。"这些情形迫使"基地"组织技术专家们着手寻求解决方案。"伴随着爆炸和交火,殉难者的数量正在上升。尽管这是真主的旨意,但是让穆斯林无需涉险却能给敌人造成更大伤害还是可能的。具体应怎样做呢?"该问题见于2008年5月一个名为"al7orya"的网站上,该网站是"基地"组织最重要的网络论坛之一(已关闭)。如何避免自杀也成为"基地"组织讨论"圣战"技术的两大网络平台"Ekhlaas"(忠诚)和"Firdaws"(天堂)论坛的主要话题。2008年夏天,这两个论坛上有关"车载简易爆炸装置"的帖子写道,"饶他们一命对我们更有利,因为众生都是平等的。我们必须找到一种挽救他们性命的办法。"极端分子围绕这个帖子在网上展开大讨论,主要围绕如何利用无线电技术更隐秘地靠近目标、之后引爆炸药而不被发现。圣战者利用无线电技术遥控土制

---

[1] Robert J. Bunker edited, *Networks, Terrorism and Global Insurgency*, Routledge, Taylor & Francis Group, London and New York, 2005, pp. 129 – 143.

炸弹，在袭击伊拉克巡逻队方面取得很大成功。这些网站还讨论具有一定载重量的各种型号的航模及专门设计的机器人等。有极端分子称，这些机器人很容易通过商业渠道获得。

5. **资金上，建立多方进帐的恐怖融资网络**。阿富汗抗苏"圣战"耗资巨大，本·拉登亲身体会到这一点，并直接参与了融资活动。战争初期，他即成为沙特阿拉伯官方和私人资金流向圣战者的渠道之一。本·拉登融资活动的同伙是阿扎姆，负责将非海湾地区的中东国家和穆斯林兄弟会的资金投入阿富汗。到了阿富汗战争中期，本·拉登和其他阿拉伯圣战者开始组建完全由阿拉伯人构成的抵抗组织。巴基斯坦情报部门可能也向这些"圣战"组织转交了美国和沙特阿拉伯提供的部分官方资助，但本·拉登认为，阿拉伯人不应该沾染美国的援助，遂另辟融资渠道。阿富汗战争结束后，随着"基地"组织触角向世界范围延伸和开展多种活动——攻击美国、支持穆斯林叛乱组织、训练武装分子等——都需要资金，其融资能力在80年代水平基础上又得到进一步巩固和增强。①

"基地"组织恐怖资金网财力雄厚，如同恐怖分子的"福特基金会"。除本·拉登当年继承3亿美元遗产外，他在巴基斯坦、沙特、苏丹、肯尼亚、也门、阿尔巴尼亚、巴哈马等国以及开曼群岛、荷属安的列斯群岛拥有数百个合法公司经营着各种生意。譬如，本·拉登在苏丹期间，经营建筑业务，进口糖、肥皂，出口芝麻籽、棕榈油、葵花籽，还购买农场、有些农场规模巨大，种玉米和花生，也用来当作训练营。本·拉登拥有一家在英国、瑞士、沙特阿拉伯之间运营的私人航空公司。

"基地"组织还另辟其他财路：**一是争取不少伊斯兰慈善机构的善款**。本·拉登同国际上众多伊斯兰慈善机构建立广泛联系。90年代以来，伊朗、沙特、科威特、苏丹、巴基斯坦等国通过官方或非官

---

① Michael Scheuer, "Can al-Qaeda Endure Beyond bin Laden?" *Terrorism Focus*, Volume 2, Issue 20, October 31, 2005.

方基金会将大笔资金拨给这些机构。[①] 美著名南亚问题专家斯蒂芬·科恩称，一些中东国家及大富豪"常常以帮助巴勒斯坦人、克什米尔自由斗士名义"，将资金打入供恐怖分子使用的国际基金，部分直接给了本·拉登。同一时期，这些机构自身在欧美和伊斯兰国家筹集到大量资金。**二是 90 年代从走私坦桑尼亚、塞拉利昂非法开采出来的坦桑蓝、钻石石料上赚取巨额资金**。调查非法宝石贸易的坦桑尼亚政府官员亚历克斯·麦吉亚尼说，效忠本·拉登的坦桑尼亚激进分子从矿工和中间商那里卖下石料后，通过属于本·拉登的坦桑蓝王（Tanzanite King）和黑巨人（Black Giant）两家公司，经肯尼亚将石料走私到中东的迪拜和香港。坦桑尼亚警方反恐负责人阿达迪·拉贾布说，"1998 年以前，我们不知道有人替恐怖组织走私宝石。自 1998 年美驻该国使馆被炸以来，警方一直将精力投在爆炸活动上。政府因不掌握证据，一向不干涉这一贸易。"[②] 1999—2001 年，"基地"组织在利比里亚设立办事处，专门低价收购塞拉利昂反政府组织"革命统一阵线"（RUF）非法开采的钻石，然后在欧洲高价出售。**三是通过犯罪活动集资**。"基地"组织恐怖网在阿富汗、巴基斯坦、黎巴嫩的附属组织通过种鸦片、走私毒品来资助其活动，这种做法在这些社会里受到饶恕，因为这些社会视毒品为一种仅供异教徒消费的商品。此外，恐怖网专门在美、欧培训成员通过信用卡、食品救济券的舞弊行为筹集小部分资金。

总体看，只有重大恐怖行动由"基地"组织直接出资。如 1998 年美驻东非使馆爆炸案，"基地"组织每月向坐镇苏丹负责各项后援行动的埃及人支付 1200—1500 美元；"9·11"劫机犯每人花 1 万美元在美国上飞行学校。有些恐怖行动则主要靠犯罪活动筹集的资金。阴谋千禧年在约旦制造恐怖爆炸事件未遂，于 1999 年 12 月被捕的约

---

① Reuven Paz, "Targeting Terrorist Financing in the Middle East", ICT, October 23, 2000.

② Robert Block, "Rampant Smuggling of Blue Gem Helps Bin Laden Loyalists", *The Asian Wall Street Journal*, November 19, 2001.

旦小组案犯供认，他们通过抢劫来资助其活动。

密切追踪本·拉登恐怖资金网的美联邦调查局特工称，该资金网有四种运作方式：**一是直接在银行开户**。由于成为激进分子拥戴的领袖，本·拉登事实上可以使用世界上伊斯兰组织的财库（估计达50—160亿美元）。这些财库在中东地区、巴基斯坦、瑞士、比利时、荷兰、卢森堡、加勒比地区及美底特律、新泽西城、布鲁克林等地银行有数百个银行帐户。本·拉登及其助手以合法生意作掩护，在伦敦巴克莱银行，维也纳、阿联酋迪拜和肯尼亚的转账清算银行（Girobank）、马来西亚、香港、苏丹首都喀土穆的夏马尔（Al Shamal）伊斯兰银行和其他一些地方开有匿名户头。① **二是伊斯兰慈善机构成为掩护跨国资金流动的"关键部件"**。肯尼亚"帮助非洲人民"（Help African People）和"大慈国际"（Mercy International）就是这类组织。属于本·拉登的 Al Taqua 和 Al Barakaat 两家跨国公司也是在世界范围内转移大笔资金的掩护机构。**三是经地下金融系统"哈瓦拉"（hawala，即中间人）将大量资金少额分批转手**。这种资金交易方式在印度、巴基斯坦、中东地区很流行。这些中间人常常是珠宝商或金店主，来自同一宗族，相互绝对信任，现金的借贷、转账不会留下任何文字记录。举例来说，印度孟买的某个人想给住在伦敦的侄子汇钱，他先带着现金和小笔手续费找到孟买一个中间人要到一个号码，然后打电话把这个号码告诉侄子。孟买的中间人打电话或通过因特网与伦敦的中间人取得联系。当这人侄子向伦敦的中间人出示号码后就得到了钱。当另一顾客从伦敦汇钱给孟买的亲人时，伦敦的中间人就以同样方式把钱收了回来。所以80年代以来，本·拉登和其他极端组织经常靠"哈瓦拉"运作资金，无需进行跨国现金交易。② **四是通过特别信使直接把现金交到各地成员手里**。

---

① Marcus Walker, "Despite Rich Image, Bin Laden Network Runs on Shoestring", *The Asian Wall Street Journal*, September 21–23, 2001.

② Sanjay Kapoor, "The Money Trail", *Asiaweek*, October 5, 2001.

## （三）"基地"组织针对美西方发起四大战役

1. **"9·11"后，以"离间+恐怖"两手策略，发动"国际政治战"**。其目的是削弱美西方的民众对反恐战的支持；让美国盟友改变政策，逐渐脱离美国使其陷于孤立。本·拉登将这种准外交政策目标与"圣战"行动结合在一起，并直接传递给美西方的选民。

2001年11月，本·拉登接受巴基斯坦记者哈米德·米尔（Hamid Mir）采访时说，"我请求美国人民逼迫政府放弃反穆斯林政策。美国人民曾反对政府发动越南战争，今天他们必须做同样的事情。"2002年11月，本·拉登向欧洲民众喊话，称美国受到攻击是因为"美国（通过联合国经济制裁）杀害我们伊拉克的子孙；美国盟友以色列用美制飞机轰炸巴勒斯坦的老弱妇孺……这些都是美国犯下的罪行"。由于这些盟国没有同美拉开距离，本·拉登扬言，它们将遭受"基地"组织的报复，"正因为你杀了人，所以你必将被杀！"他要求这些国家的民众扪心自问："为什么你们的政府站在白宫一边与穆斯林作对？难道它们不知道美国是这个时代最大的杀人凶手吗？为什么你们的政府与美国一起在阿富汗攻击我们？你们过着平安、快乐的生活，而恐惧、杀戮、毁灭、颠沛流离、沦为孤儿寡母却是我们面临的唯一命运，这种境况还要持续多久？"本·拉登与扎瓦希里点出23个参加阿富汗或伊拉克战争的美国盟友名字，发誓要对它们发动袭击。结果，所有23个国家都遭到了恐怖袭击，有的袭击发生在国内，有的则发生在派驻了军队的海外战场。2004年4月，本·拉登再次向欧洲民众喊话并提出和平倡议承诺："'基地'组织停止对任何保证不攻击穆斯林或干涉穆斯林事务的国家发动袭击。只要双方同意，新旧政府交替之际，即可恢复和平。和平协议只有在最后一名士兵撤离我们的土地时才会生效。该声明自播出之日起，三个月内有效。"在结束喊话时他再次提醒欧洲人，只有当伊斯兰土地遭受攻击，"基地"组织及其盟友才会袭击非穆斯林，因而"解决这一问题的关键掌握在你们手中"。但欧洲各国政府拒绝了他的停火倡议，于是

2005年7月7日发生了对伦敦的恐怖袭击。① 2008年3月份，针对丹麦媒体刊登亵渎先知穆罕默德漫画事件，本·拉登和扎瓦希里发布声明，宣称对先知穆罕默德的"侮辱性图片"是一个"更大和更严重的悲剧"，将"遭受更严厉的报复"。"如果我们没有帮助3月19日被亵渎的先知，我们的母亲都会抛弃我们。"②

自2002年以来，本·拉登一直在精心设计这场"国际政治战"的指导方针：将"人若犯我，我必犯人"与"如果美国的盟友不再支持华盛顿就保证不攻击他们"相结合。该战略可谓用心良苦，的确产生了某些效果。恐怖事件发生后，欧洲民众开始指责他们的领导人因在阿富汗或伊拉克问题上奉行亲美政策而招致袭击。2004年3月马德里爆炸案发生后，西班牙首相何塞·马里亚·阿斯纳尔（Jose Maria Aznar）的亲美保守派政府在大选中落败，社会党领袖何塞·路易斯·罗德里格斯·萨帕特罗（Jose Luis Rodriguez Zapatero）获胜当选首相后，西班牙从伊拉克撤军。2005年7月伦敦地铁爆炸案后，众多英国媒体立即将这次恐怖袭击同首相布莱尔执意参加美国对伊侵略与占领联系起来，在2006年夏天英国工党的内乱中，布莱尔被迫宣布辞职。多项民意调查表明，工党内部的愤怒源自布莱尔坚定支持华盛顿的反恐战。2006年10月中旬，"接近法国军方"的消息人士披露，当时的希拉克政府面对阿富汗不断上升的暴力活动和公众对伊拉克战争的谴责，开始制订2007年从阿富汗撤回法国特种部队计划。③

2. 以关键基础设施为目标，通过"失血而溃"战略（Bleed to

---

① Michale Scheuer, "Al-Qaeda Doctrine for International Political Warfare", *Terrorism Focus*, Volume 3, Issue 42, October 31, 2006.

② "Al-Qaeda propaganda shifts focus", *Jane's Terrorism and Security Monitor*, April 2008.

③ Michale Scheuer, "Al-Qaeda Doctrine for International Political Warfare", *Terrorism Focus*, Volume 3, Issue 42, October 31, 2006.

## 第六章 从"基地"组织到"伊斯兰国"

Bankruptcy),**发动"经济圣战"**。① 战争的胜负往往以一方的人员和经济资源难以为继而见分晓。"基地"组织将"经济圣战"目标锁定在攻击敌人的基础设施,旨在让敌人付出高昂的经济代价。2001 年 9 月 11 日,本·拉登曾狂言,"我们花一美元就要让美国耗费一百万美元。"据伦敦国际战略研究所《战略观察》杂志 2003 年第 4 期的一篇报告估算,"基地"组织发动"9·11"袭击成本约为 50 万美元,美国政府直接和后续损失则高达 5000 亿美元。2006 年 1 月,由诺贝尔经济学奖获得者、美国哥伦比亚大学经济学家约瑟夫·斯蒂格利茨(Joseph E Stiglitz)和哈佛大学讲师林达·比尔梅斯(Linda Bilmes)共同发表的一份研究报告透露,反恐战每年的成本是 1500 亿美元,其中 1000 亿美元是军事预算,300 亿美元是新成立的国土安全部费用,另外 200 亿美元用来增加其他部门的预算。"9·11"恐怖袭击对西方经济冲击巨大,不仅引发预算问题,还大幅增加了重要基础设施、特别是机场的安保成本,欧洲的商业和责任险费率也提高了 30%,其中化工厂、电厂和地标建筑尤为明显。

**2004 年后,"基地"组织强调打击石油设施,认为这是实现美西方"失血而溃"战略的重要组成部分**。在 2004 年 12 月一个录像带中,本·拉登第一次呼吁将打击伊拉克和沙特阿拉伯的石油工业作为对美"经济圣战"的一部分,因为"石油是现代工业的基础和异教徒国家的工业支柱。依靠石油,美国能够主宰世界。石油管道是开展石油长期消耗战的第一道战线。石油管道容易接近,敌人囿于长度根本无法提供有效保护"。2005 年 9 月和 12 月,扎瓦希里两次发表讲话,呼吁圣战者"将袭击集中在(敌人)盗取的穆斯林石油上",称西方国家如果丧失石油将会崩溃。同年 12 月,一个圣战论坛贴出帖子,称"基地"组织将战斗目标延伸至科威特、沙特阿拉伯和委内瑞拉等地,其中还提到美国的跨阿拉斯加石油管道。2006 年 7 月 13 日启用的巴库—杰伊汉(Baku-Ceyhan)石油管道负责将里海石油输往

---

① 材料引自:Matthew Hunt, "Bleed to bankruptcy", *Jane's Intelligence Review*, January 2007。作者马修·亨特是设在伦敦的"Janusian 安全风险管理"公司一名分析员。

西方市场，同样是攻击的目标。这与1996年的情形有很大不同，那时本·拉登曾提出不要针对石油设施和在战斗中不要波及这些设施，称这是即将成立的"伊斯兰国"的财富。

据华盛顿全球安全分析研究所的"伊拉克石油管道观察"和布鲁金斯学会的相关研究，2003年6月至2007年1月，对伊拉克石油管道有记录的攻击超过366起。伊拉克石油部长在2006年2月19日称该国石油收入2005年因此减少了62.5亿美元。除伊拉克外，沙特阿拉伯石油设施也多次遭圣战者袭击。如2004年5月1日延布（Yanbu）的ABB Lumus公司遭袭。四周后，沙特石油城胡拜尔（Khobar compound）又发生恐怖袭击，造成29人死亡。这些袭击主要是打击西方在沙特利益，而不是打击沙特的石油目标。但是2006年2月24日，"基地"组织企图中断沙特东部的布盖格炼油厂[①]的石油供应，以载有简易爆炸物的多辆汽车炸弹对其发动自杀式袭击，袭击行动在安检线外被沙特安全部队挫败。这是"基地"组织首次对海湾合作委员会国家石油基础设施发动直接攻击。在突袭布盖格袭击案头目住处时，沙特政府发现了有关海湾合作委员会国家几乎所有石油设施的详细资料。

鉴于世界超过60%的石油是由油轮运输，"基地"组织也开始对油轮发动袭击。2002年10月6日，"基地"组织一条满载炸药的船在也门木卡拉（Mukalla）的阿什·希赫尔（Ash Shihr）港口外将法国油轮"林堡号"的双层船体炸裂，"基地"组织宣布这"是对国际石油运输线的一次打击"。2008年5月，一家附属于"基地"组织的电子杂志"圣战新闻"（Jihad Press）发表了一份题为《海上恐怖主义战略必要性》的声明，宣称"打败敌人的最后战斗正在临近，将战场移至海洋至关重要。下一阶段应该是破坏航运的海上恐怖主义，首要打击目标为阿拉伯半岛附近的海上航道。为此，海上圣战者必须开

---

① Abqaiq，该国最大的炼油设施，2/3石油经此冶炼后出口，是世界石油供应系统的心脏。沙特政府在该厂周围安装了遥感装置、数道障碍栏，各个进出口设立检查站，派2.5万名保安人员把守。

始进行海上训练，准备建立能够控制海洋和恢复哈里发国家的海上突击队。"按该声明的说法，圣战者应当在也门沿海一带开展海上"圣战"行动，因为这个区域是阿拉伯海与亚丁湾的交汇处，还连接着红海与通往印度洋的曼德海峡。圣战者们深信，海上自由航行对美国经济至关重要，必须对它进行袭扰。许多具有重要意义的海洋通道，如苏伊士运河、博斯普鲁斯海峡、曼德海峡与直布罗陀海峡，都被伊斯兰国家包围或与它们相邻近。正如索马里海盗那样，乘坐小型摩托艇、配备轻武器的团伙可以轻而易举地袭扰这一地区的过往船只。①

2006年，"基地"组织成员试图破坏加拿大多伦多证券交易所、美国纽约地铁和洛杉矶的最高塔、澳大利亚卢卡斯高地的核反应堆等关键基础设施，甚至英国飞往美国的跨大西洋客机等，但这些恐怖图谋均遭挫败。据2008年7月上传到"圣战"网络论坛的"城市内部的隐蔽工作"帖子透露，城市"圣战"小组今后袭击的目标可能是诸如犹太人在穆斯林国家的投资、跨国企业、国际经济专家、"十字军国家"的出口商品、敌人从穆斯林国家偷窃来的原材料，并呼吁袭击油井、石油管线、油轮等。②

3. **充分利用平面、立体、网络媒体，发动争夺民心和话语权的媒体战**。"基地"组织打不垮、具有较强再生能力的法宝之一就是熟练掌握最现代的通讯技术，如电视传媒和互联网，制作、发放视频的能力不断增强。本·拉登先是通过CNN、BBC等西方媒体、后通过半岛电视台来宣传自己和向世界传播其"圣战"思想。"基地"组织不仅拥有自己的媒体机构"云彩"，而且在互联网上赢得广阔的一席之地，不仅本·拉登和扎瓦希里在精心选择的时间和地点现声、现形，完全操纵国际媒体的热点，而且向各地圣战者提供大量的宗教意识形态和军事指导以及涉及各地"圣战"近乎同步的新闻报道，争取到了一批

---

① Abdul Hameed Bakier, "Jihadis Urge Naval Terrorism in the Middle East", *Terrorism Focus*, Volume 5, Issue 19, May 13, 2008.

② Abdul Hameed Bakier, "Jihadi Tutorial in Urban Terrorism and the Kidnapping of Americans", *Terrorism Focus*, Volume 5, Issue 27, July 23, 2008.

又一批随时随刻愿为真主献身的追随者，打击了美国及其西方盟国的信息优势，在西方世界传播了恐惧。扎瓦希里曾明确指出，"我们正经历一场战斗，这场战斗的大部分是在媒体战场上进行。这是一场争夺人心的媒体战。"

**早在青年时代，本·拉登就认识到媒体战的战略价值**。他从1984年开始资助旨在为阿富汗"圣战"事业融资和募人的《圣战》杂志。1987年4月，贾吉战役期间，本·拉登邀请沙特阿拉伯主流媒体记者贾迈勒·卡舒吉前往阿富汗东部，记录他同苏联人的战斗。与此同时，埃及电影制片人埃萨姆·德拉兹也在阿富汗拍摄一部关于本·拉登及其追随者的纪录片。这些媒体将本·拉登塑造成一位"圣战斗士"，为他在中东地区树立起英雄形象，本·拉登从此注重发挥媒体的威力。1988年成立"基地"组织时，他便在组织框架内单设媒体部门。"基地"组织媒体宣传从"阿富汗抗苏"内容逐渐扩展到"世界范围穆斯林抵抗各种压迫者和异教徒"的"圣战"上。

1991—1996年，本·拉登藏身苏丹期间，"基地"组织媒体行动主要是煽动沙特阿拉伯进行政府体制改革。为此，他在伦敦成立了"建议和改革委员会"（ARC），向沙特定期发送电子时事通讯，支持沙特宗教人士、学者和法学家要求沙特王室以"沙里亚法"治国的行动。"建议和改革委员会"的宣传材料带有强烈反美色彩，称沙特王室是美国的傀儡，1991年允许美军进驻沙特行径背离了伊斯兰教。后来，该委员会被关闭，苏丹当局也向本·拉登施压不许公开谴责沙特，"基地"组织媒体行动一度跌入低谷。

1996年5月，本·拉登重返阿富汗，"基地"组织激活媒体行动。在1997年或1998年，本·拉登致信塔利班领袖奥马尔，强调发动媒体战对"基地"组织的重要性，"媒体战显然是本世纪最强有力的手段之一。在战斗准备工作中，媒体战的比重可高达90%。"90年代末，本·拉登在阿富汗接受了CNN、半岛电视台的一系列采访，一时间声名鹊起。在半岛电视台出现之前，他接受西方媒体的采访，彼得·伯根、彼得·阿内特、斯科特·麦克劳德、罗伯特·菲斯克、约翰·米勒都采访过他。其中1997年3月，CNN记者彼得·阿内特对

## 第六章 从"基地"组织到"伊斯兰国"

本·拉登进行过专访。1998年末,半岛电视台出现。1999年1月,半岛电视台首次播放专访本·拉登节目。在专访中,他谈到了童年、流亡生涯、政治宗教观、利用核武器打击美国的想法,这是他曾经接受过的最近距离访谈。这次访谈使本·拉登在整个中东成为"伊斯兰之狮"。从此,半岛电视台成为"基地"组织向穆斯林世界散布信息、发动宣传攻势、招募新鲜血液的主渠道之一,CNN等西方媒体都要从半岛电视台拿到录像带。① 期间,本·拉登及其部下形成这样一种习惯:不论走到哪里,都携带卫星接收器和录像机,途中录下BBC、CNN、半岛电视台及其他新闻节目。2001年夏天,"基地"组织正式组建媒体机构"云彩",将从CNN和半岛电视台录下来的材料与本·拉登的讲话合成录像带。②

2000年6月20日,一个名叫阿布·胡泰法的人致信本·拉登,建议"基地"组织利用互联网"招募更多穆斯林游击队员加入'圣战'运动。从半岛电视台播出的采访节目可以很清楚地看到,人们急切期盼着您的消息,对于您发布的每一条消息大家都奔走相告。因此,应当在互联网上为您创建一个网站,用来存储所有关于您的文字、音频、视频和新闻。这一工具对人与人之间交流的重要性不容忽视"。90年代,"基地"组织在互联网方面进展缓慢可能有两个原因。首先,阿富汗在90年代末还无法接入互联网。其次,"基地"组织领导人是从盒式录音磁带、传真机、广播电视采访时代过来的人,对互联网并不熟悉,互联网登上国际舞台的时候他们正蜗居在与世隔绝的苏丹和阿富汗。

**"9·11"后向西方发动网络"圣战"**。2001年6月,"基地"组织在www.moonwarriors.com网站上公布了一盘长达两小时的宣传录像,这是"云彩"制作的首份作品。从此,"基地"组织开始向西方发动网络"圣战"。如今"云彩"已从当初仅仅发布领导人简单、重

---

① Paul L. Williams, *Osama's Revenge: the Next 9/11*, Prometheus Books, 2004, p. 60.
② Karen J. Greenberg edited, *Al Qaeda Now: Understanding Today's Terrorists*, Cambridge University Press, 2005, pp. 62、65、72、115 - 118、121.

复鼓吹穆斯林应该依"真主路线"发动"圣战"的讲话发展成一个遍及全球的多层面网络宣传网，拥有4大主要制作中心："云彩"自身；属"伊拉克'基地'组织"的"队伍"（al-Furquan）；属"马格里布'基地'组织"的"媒体委员会"；属阿拉伯半岛"基地"组织的"圣战之声"（Sawt al-Jihad，2003年10月创办）。这些机构均有自己的标识，都能熟练运用先进的技术制作种类繁多的宣传品，包括记录恐怖袭击全过程的录像并附带图示、声效、标语、字幕和动画；还有各种网络杂志、实时新闻、文章、白皮书甚至诗歌等。"基地"组织媒体网络不仅向圣战者和同情者提供宗教训诫，通过《古兰经》、先知穆罕默德言行录以及伊斯兰历史证明发动"自卫性圣战"的宗教合法性，而且设立了网上大学提供游击战和恐怖活动的战略、战术培训。"基地"组织军事统帅赛义夫·阿德尔为此编写了几十个课时的情报行动课程，包括数据收集和加密、对国家安全部门的招募渗透、实施绑架和电话窃听等。[①] 2007年，为吸引美国乃至全球的关注，"基地"组织在录像中添加英文字幕。"云彩"不断制作关于穆斯林"圣战"的同步新闻报道。在伊拉克和阿富汗，几乎每天都有高品质的视频出现，内容包括反美武装对抗美国领导的联军、对反美武装指挥官的采访、对与"占领者"合作的穆斯林的惩处。这些视频为世界范围的穆斯林提供了第三信息源（另两个是CNN、VOA和BBC等西方媒体以及"半岛电视台"和"阿拉伯人电视台"等阿拉伯卫星电视台）。[②] 2007年，本·拉登、扎瓦希里、阿布·亚海·利比和其他高层领导人及时发布的视频、音频不断增多。仅在2007年7月，"基地"组织发布的声明、书籍、文章、杂志、录音磁带、恐怖袭击视频短片和长片达450个之多。截至2007年12月中旬，"云彩"已经发

---

[①] Michael Scheuer, "Al-Qaede's Media Doctrine: Evolution from Cheerleader to Opinion-Shaper", *Terrorism Focus*, Volume 4, Issue 15, May 22, 2007.

[②] Brynjar Lia, "Al-Qaeda online: understanding jihadist internet infrastructure", *Jane's Intelligence Review*, January 2006. 作者布赖恩贾·利亚为挪威国防研究机构"跨国激进伊斯兰"项目负责人。

布了92份视频，2006年则发布58份。

（1）"圣战"网络的内部构造。① "圣战"网站分为三类："母站"（mother sites）、"下线"（distributors）、"制作者"（producers）。"母站"：由"圣战"组织、主要"圣战"宣教人员和理论家开设的官方网站组成，提供权威的第一手材料，特别是有关神学、意识形态、战略思考、教义和公告等。如第三代圣战者的首席理论家穆斯塔法·塞特马里阿姆·纳赛尔的主页、阿尔及利亚"萨拉菲呼声与战斗组织"官方网站、"安萨尔逊尼军"（the Ansar al-Sunna Army）网站均属于此类。"安萨尔逊尼军"主页上有最新的公告、意识形态读本、"法特瓦"、10多期"安萨尔逊尼军"在线杂志、行动录像、新闻和加密软件等。不过，该组织的网站极不稳定，经常在消失数小时后又以新网址出现。这是很多"圣战"组织官方网站面临的普遍问题：通常，存活期非常短，地址变化频繁，不能长期维持同一个网址。对"圣战"分子来说，这只是一个小麻烦。例如，"安萨尔逊尼军"网站上有一个邮件列表，它可以让网络漫游者立刻访问重新出现的新网址，下载其全部内容并上传到其他网站上。

如今，"圣战"网络论坛也已成为"圣战"运动最重要和最权威的互联网信息源头，大有取代"圣战"组织官方网站之势。这些论坛通常有自己的子论坛来发布"圣战"新公告，只有管理员有权发布新帖，他通过电子邮件直接从不同"圣战"组织的"通讯员"或媒体部门接受新公告。这些网络论坛的审查非常严格，"非伊斯兰"观点和帖子很快会被删除。网络论坛通常有密码保护，如极受欢迎的"伊斯兰助手论坛"（Muntada al-Ansar al-Islami，如今已不复存在）。在"圣战"网络结构中，网络论坛既是"母站"，也是"下线"。"圣战"分子的文字或音频、视频资料最先出现在一些"圣战"网络论坛上。不过，绝大多数情况下，它们只是"下线"，负责传播来自别处、特别是来自伊拉克战场的有关信息。网络论坛还可能是教授恐怖

---

① 材料引自：Brynjar Lia, "Al-Qaeda online: understanding jihadist internet infrastructure", *Jane's Intelligence Review*, January 2006。

分子技巧的互动中心。例如，"狮洞圣战论坛"（Muntadayat al-ma'sada al-jihadiyya）就有一个专门的"圣战子论坛"（Muntada al-khalaya al-jihadiyya），不但提供武器使用手册，还有一个自称为爆破专家的人经常回复访问者的提问。

"下线"：由不同类型的网站组成。它们不是有关"圣战"运动权威信息和资料的最原始来源，但却是维持"圣战"网络最重要一环，主要任务就是尽量分发从"母站"获取的资料。大体上，"下线"可以分为三类：一类负责更新外部网站链接。进入"圣战"网络世界的入口有无数个。通常情况下，仅仅知道一个"圣战"网址就足够了，因为很多网站都提供一个推荐网站链接，只是其日期更新有些晚罢了。二类提供邮件列表和留言板，如"雅虎群"。通过邮件列表和留言板也能接触到其他"圣战"网络资源，但几乎不提供讨论。"圣战"分子的"雅虎群"是迄今为止相对稳定和存活时间相对较长的一个留言板。从前的"iaiiraq 雅虎群"就是一个很好的例子。最初，该群组是最活跃的伊拉克武装组织"伊拉克伊斯兰军"（The Islamic Army in Iraq）的一个"下线"，后来发展成为一个综合性"圣战""下线"网站。2005年10月5日，在该群组发布的一个有关"天堂圣战论坛"（Muntadayat firdaws al-jihadiyya）的帖子可以说明"下线"对"母站"来说何等重要。在该帖中，"iaiiraq 雅虎群"不但提供了"天堂论坛"的新网址，还催促访问者赶紧去注册，因为该论坛注册时间"仅开放4天"。另外一个雅虎群留言板是"e3dad 群"（mawsu'at al-i'dad）。创建该留言板的目的显然是为了更新"基地"组织《"圣战"百科全书》网络版，故而以"工具之家"命名。有一段时期，该群组确实以该功能为主，但之后主要是发布一些"圣战"新闻、文件和公告。许多"雅虎群"都面临垃圾邮件问题，经常为异教徒的广告和宣传资料所"侵扰"。三类为"圣战"同情者维护的常规非互动性网站。此类网站不但发布"圣战"资料，有时还将其重新编辑成运行更流畅、界面更友好的格式。一些网站是为纪念某些"圣战"领导人而创建，如高加索地区的阿拉伯"圣战"运动偶像埃米尔哈塔卜（Emir Khattab）。另外一些网站与恐怖组织有密切联系，如"圣战之声"。该网站公开声称，其创建目的是为了传播"伊拉克'基地'组织"的出版物，包括扎卡维的电子杂志《逊尼派呼唤》（Majallat Dharwat al-Sinam）和挑选出来的一些视频、录音等，以及一些意识形态手册，如已故的阿布·阿纳斯·沙米（Abu Anas al-Shami）的文章"'圣战'：我们如何理解和践行"等。该网站上还列出最著名的 19 个"圣战"网络论坛。另外一个例子是"先行者"（Al-Qa'idun）网站。该网站自称由一些"圣战"同情者创建，目的是为了重新散发"伊拉克'基地'组织"的出版物。该网站还发布"基地"组织的新公告及本·拉登各种格式的最新讲话，包括对其主要观点的概述等。此外，该网站还提供已故的优素福·阿伊里（Yusuf al-Ayiri）、苏尔坦·乌塔比（Sultan Utaybi）、法里斯·本·艾哈迈德（Faris bin Ahmad）等沙特主要"圣战"理论家的作品集以及《圣战之声》全部节目和《巴塔尔训练营》（Mu'askar al-Battar）杂志等。与其他许多"下线"网站不同，"先行者"网站将这些作品重新制作成更易于阅读、时下最流行的电子版格式。

制作者：是一些自封的"圣战"媒体公司，不仅传递从"母站"获得的原始材料，而且要将其重新制作和包装成更加流畅、更普及的格式。最活跃的制作者是"全球伊斯兰媒体阵线"（the Global Islamic Media Front）、"电子媒体军"（The Electronic Media Battalion）和"伊斯兰媒体中心"（the Islamic Media Center）。它们的基本工作是收集、改造和传播"圣战"资料，并逐渐发挥募人功能，招募那些可能成为网络"圣战"的成员。几乎所有的"圣战"网站上都有他们的标识和彩页，他们的刊物是有关"圣战"运动的重要信息来源。例如，2004 年 10 月，"全球伊斯兰媒体阵线"制作并发布了一部有关《伊拉克认主独一圣战组织》（the Tawhid wa'l-Jihad Group in Iraq）500 页的新电子书籍，当时有关该组织的公开信息还非常少。

一部分"圣战"媒体制作者不但是高效的"下线"，还是"母站"，如"基地"组织媒体机构"云彩"。又如"全球伊斯兰媒体阵线"开播的"哈里发之声广播"（Voice of the Caliphate Broadcast），该节目每周播出 20 分钟新闻，已成为"圣战"版的"互联网电视"。

当这类新闻被贴至各种"圣战"网络论坛后,"下线"们又会使用各种格式和各种链接将其上传到其他网站。在"哈里发之声广播"的视频文件经过第二次编辑并上传后,很快就出现13个不同的下载链接。"下线"还会号召访问者"协助传播"该视频文件,并贴出一个"全球伊斯兰媒体阵线"特别设计包含55个不同的所谓"免费虚拟主机"的链接,可以将大型视频文件免费上传到这些站点。

(2)"圣战"网站的目标受众。主要为操阿拉伯语的年轻逊尼派穆斯林男子,特别是那些熟悉互联网的年轻人,女性也日益成为宣传目标,沙特的"圣战"杂志《坎萨》(Al-Khansa)曾在某期中专门针对妇女做宣传。母语为非阿拉伯语的同情者们也成了目标受众。尽管绝大多数重要"圣战"网站只使用阿拉伯语,但支持"基地"组织的极端分子新网络论坛已开始提供英、法、德、西等语言文本。

(3)网络"圣战"对现实恐怖主义的促进。互联网已成为国际"圣战"运动的宣传媒介、图书馆、论坛及战场,还为"圣战"组织领导人用来招募、联络以及散发战略指令提供了大量有效手段,大大提升了"圣战"运动的能力及效率,成为"圣战"更加全球化和跨国化的一个重要促成因素。第一,互联网越来越成为国际"圣战"运动"原子化"的主要载体,促进了"圣战"运动由组织向个体化的转换,使地理上相互隔离、分散的激进分子聚集到虚拟激进跨国社区,实现即时、匿名和高质量、自由的交流互动,从而将国际"圣战"运动连为一体。这已成为当代国际"圣战"运动的核心特征。第二,使恐怖宣传发生革命性变革。互联网成为招募、劝诱人们改变宗教信仰、促进人们思想激进化的有力工具,有效地将招募行动从现实中组织层面的人际接触变成个体在线激进化,使用网络论坛和网页发送等手段,诱使潜在志愿者通过这种或那种方式支持暴力"圣战"。在整个过程中,互联网具有双重功能:一方面,为招募者及某些宗教理论家提供条件,便于他们将信息传送给易受影响的同情者;另一方面,也为未来应征者提供了丰富的网上资源。互联网的出现极大降低了进行合法及非法宣传的费用,"圣战"音频、视频资讯出现大幅度增长。它们不受国家边界和地域的限制,以更少的成本获得了更多的

第六章 从"基地"组织到"伊斯兰国"

受众,尤其是那些描述在不同战场镇压穆斯林的生动视频成为招募年轻人参加"圣战"的一个强有力手段,有助于从"圣战"同情者向铁杆恐怖分子的转变。第三,减少"圣战"理论家对阿拉伯语平面、电视媒体的依赖,并能确保其追随者获得真实的第一手信息。如2007年4月27日,某亲"圣战"分子的互联网论坛管理员利用网络聊天室,现场采访"伊拉克伊斯兰国"的巴勒斯坦籍成员阿布·阿达姆·马格迪西(Abu Adam Magdisi)。论坛成员可以向马格迪西提问,包括他们如何进入伊拉克参加战斗,个人如何在当前地点向该组织提供支援等问题。马格迪西提供了很多在伊拉克的外国圣战者的活动内幕信息及招募需求等。第四,互联网还"孵化"出新一代圣战者,他们的生活就是参与"虚拟圣战"。他们对"基地"组织领导人最新演讲技巧进行讨论,为"圣战"行动谋划者收集、传递有用的公开情报信息,实施"黑客"和阻断服务式攻击(Denial of Service Attacks)等"积极攻击手段"等。通过这种方式,一些在线的支持"圣战"团体成员将互联网变成他们自己的战场。第五,成为"圣战"组织发布指令的管道。自2006年以来,扎瓦希里几乎每月一次通过视频及音频发布大量战略层面的相关行动指南和对当前时局的议论和分析。[①]

**4. 为了可持续发展,发起募人战。(1)招募一支"金发碧眼"的"圣战军团"。**[②] "9·11"前,"基地"组织绝大多数成员都是阿拉伯人,主要来自沙特阿拉伯、埃及、也门、叙利亚、阿尔及利亚、利比亚、摩洛哥。由于要在西方开展恐怖行动,"基地"组织在进入21世纪后极其看重招募西方皈依者,因为他们不仅可以在西方国家执法部门眼皮底下自由行动,而且能在西方引起恐慌:西方人尤其不

---

[①] Shane Drennan and Andrew Black, "Jihad Online: The Changing Role of the Internet", *Jane's Intelligence Review*, August 2007. 作者沙恩·德雷南海洋应用技术公司(AMTI, Applied Marine Technology Incorporated)情报与恐怖主义分析小组中东方向研究人员,安德鲁·布莱克该公司分析分析小组非洲方向研究人员。

[②] 材料引自:Alison Pargeter, "Western converts to radical Islam: the global jihad's new soldiers?" *Jane's Intelligence Review*, August 2006。作者艾莉森·帕吉特为英国伦敦国王学院国际政策研究所研究员。

能容忍自己人调转枪口的行为。由于极左翼意识形态几乎从西方消失，生活在社会边缘的西方白人在寻找与现行秩序决裂的方式，"基地"组织给他们提供了一个替代性选择。[1]

2005年11月，一则据称来自"全球伊斯兰媒体阵线"的声明出现在伊斯兰网站上，发布声明的人自称为雷坎·本·威廉斯（Rakan Bin Williams，意指西方人）。该声明宣告，"'基地'组织的新战士出生于欧洲，他们的父母是欧洲人和基督徒……他们饮酒，吃猪肉，压迫穆斯林，但'基地'组织却向他们敞开怀抱，他们秘密皈依伊斯兰教，拥抱'基地'组织哲学，发誓要拿起武器追随他们的穆斯林兄弟。他们正漫游在欧洲和美国的土地上，计划和准备着即将到来的袭击。"2006年3月，雷坎·本·威廉斯又发表声明，明确声称他是"'基地'组织在美国的秘密成员"。

"9·11"后，一些信奉激进思想的西方皈依者参与了数次恐怖袭击。英国人理查德·里德（Richard Reid，"鞋炸弹人"）因企图引爆一架从巴黎飞往迈阿密的客机而于2003年被美国判处无期徒刑。乔斯·帕迪拉（Jose Padilla）2005年11月在美国遭到涉恐指控。杰梅恩·林赛（Jermaine Lindsay），与另外3名英国人制造了2005年7月7日伦敦爆炸案。比利时妇女穆里尔·德高克（Muriel Degauque），2005年在伊拉克制造一起自杀式袭击。2007年9月4日，德国挫败了一起恐怖图谋，遭逮捕的三名嫌疑犯中有两人为皈依了伊斯兰教的德国人，另一人为生活在德国的土耳其人。德国政府表示，三人都在巴基斯坦受训过，属于"伊斯兰圣战联盟"（the Islamic Jihad Union）成员。据德国首席检察官莫尼卡·哈姆斯（Monika Harms）说法，这三人计划针对美国驻拉姆施泰因（Ramstein）空军基地、法兰克福机场、美国人常去的酒吧和俱乐部发动"大规模袭击"。他们准备了700多公斤过氧化氢和军用引爆器。过氧化氢正是2005年伦敦"7·

---

[1] Murad al-Shishani, "Westerners Being Recruited by al-Qaeda", *Terrorism Focus*, Volume 2, Issue 23, December 13, 2005.

7爆炸案"炸弹的主要成分。①

**起源**。传统上，因神学或婚姻等现实原因，欧洲存在着一个小规模白人皈依伊斯兰教群体。20世纪80、90年代，伊斯兰主义在阿拉伯世界蓬勃发展，同时促进了伊斯兰意识在欧洲穆斯林社区的觉醒，一些当地白人改信伊斯兰教，有些人加入在欧洲活动的"萨拉菲派"运动，如"迁士运动"（al-Muhajiroun）或"伊斯兰解放党"（Hizb ut-Tahrir，国内称"伊扎布特"），有些则直接参加国外的暴力"圣战"行动或向恐怖分子或叛乱分子提供后勤支持。譬如，在波黑，两名法国年轻皈依者莱奥内尔·杜蒙（Lionel Dumont）和克里斯托弗·卡兹（Christophe Caze）同塞族武装战斗，后在法国成立了伊斯兰好战组织"鲁贝帮"（Roubaix Gang，由参加过波黑战争的老兵组成），并全力为阿尔及利亚"圣战"力量筹集资金和武器支持。后来，杜蒙因涉足该帮而被法国判处无期徒刑，卡兹在1996年法国警察袭击该组织总部后的次日在某路障处被开枪打死。英国皈依者安德鲁·罗（Andrew Rowe）同样参加了波黑战争，2005年因持有暴恐物品被英国判处15年监禁。英国人大卫·辛克莱（David Sinclair）被一家计算机公司解雇后前往波黑，因为他认为在一个"不虔信伊斯兰教的土地"上没什么好做的。1993年同克罗地亚军队的战斗中，辛克莱被打死。在车臣，法国人泽维尔·约弗（Xavier Joffo）2000年死于车臣，德国人托马斯·费希尔（Thomas Fischer）2003年死于俄罗斯对车臣叛军的一次空袭。还有一些白人皈依者通过提供后勤支援来支持他们的新兄弟在本国制造袭击。例如，法国皈依者约瑟夫·贾米（Joseph Jaime）和大卫·瓦拉特（David Vallat）1997年被分别判处5年和6年监禁，其罪名就是向阿尔及利亚"武装伊斯兰集团"（GIA）上世纪90年代中期在法国境内制造的一系列袭击事件提供后勤支持。

**背景**。其一，大多数皈依者来自缺少教育的环境或离异家庭。对他们来说，伊斯兰教向他们提供了一个出路，让生活重新走上轨道。

---

① "Al-Qaeda and 9/11 anniversary", Special Report, *Jane's Terrorism & Security Monitor*, October 2007.

如杰梅恩·林赛、理查德·里德和詹森·沃尔特（Jason Walters，2006年3月因恐怖主义罪名被一家荷兰法院判处15年监禁）。很多人在学校成绩极差或没有毕业。如克里斯汀·甘西扎斯基（Christian Ganczarski，因涉嫌参与2002年突尼斯某爆炸阴谋而被法国警方收押）1976年同波兰父母定居德国米尔海姆后在那里长大，在学校最多读到7年级。在皈依伊斯兰教前他是一名在工厂上班的焊工，后来前往沙特阿拉伯并激进化。安德鲁·罗离开伦敦北部的学校时没有几门课及格，理查德·里德是一个坏学生，穆里尔·德高克（Muriel Degauque）16岁就辍学。除了辍学，他们通常还嗜酒、吸毒和从事小型犯罪。如安德鲁·罗就是一个不严重的售毒者，德高克曾因滥用毒品而失去在面包店的工作。澳大利亚皈依者大卫·希克斯（David Hicks，受美国军方阴谋罪和谋杀未遂罪指控而被关押在关塔那摩监狱）皈依伊斯兰教是为了要寻求"新生"。法国皈依者大卫（David）和杰罗姆·考特勒尔（Jerome Courtailler）兄弟两人在其父的屠宰生意破产、家庭离异后开始吸毒，后来他们在前往英国准备重新开始生活时发现了伊斯兰教。大卫·考特勒尔皈依伊斯兰教过程尤其引人注目。20世纪90年代末，他在布莱顿（Brighton）信仰了伊斯兰教，据说三天后就飞往巴基斯坦，再转道去阿富汗的一个训练营受训。2004年，一家荷兰法院缺席审判杰罗姆·考特勒尔6年监禁，称其与计划袭击美国驻巴黎大使馆的组织有关。2004年5月，大卫·考特勒尔涉嫌与恐怖团伙阴谋制造犯罪活动而被判入狱2年，缓期2年执行。

其二，部分皈依者出身于中产阶级家庭，受过良好教育，但生性爱冒险。如克里斯托弗·卡兹原是医学系学生，上完5年的课程后前往波黑战场，一边战斗一边在医院里救治受伤的圣战者。美国皈依者约翰·沃克·林德（John Walker Lindh）来自一个舒适、政治清白的美国中产阶级家庭，曾是一名勤奋的学生，因对伊斯兰教感兴趣前往也门，后赴阿富汗同塔利班并肩战斗。2002年10月，林德被一家美国法院判处20年监禁。

**基本特征**。第一，以年轻男子为主，绝大多数皈依者都在18—20岁左右时改信伊斯兰教。2003年，被摩洛哥法院根据《反恐法》判处无期徒刑的罗伯特·理查德·安托尼-皮埃尔（Robert Richard Antoine-Pierre）皈依时只有17岁。同样，英国人体炸弹杰梅恩·林赛15岁时就信仰了伊斯兰教。理查德·里德、莱奥内尔·杜蒙和克里斯汀·甘西扎斯基等人，都在20多岁时信奉伊斯兰教。第二，他们当中很多人怀有为被压迫者战斗和挑战不公正现象的愿望。很多皈依者称，是巴勒斯坦的反以斗争促使他们步入伊斯兰行列。第三，伊斯兰教向那些皈依者提供了一个他们从前所一直缺乏的组织、纪律、方向和目标。很多皈依者改成穆斯林名字，不再同以前的朋友来往，生活在一个全新的伊斯兰环境里。第四，很多从事暴力活动的皈依者似乎都是一些与主流社会格格不入的人，他们转向伊斯兰教，以便找到一个能接纳他们的社区。例如，德国人托马斯·费希尔为人内向，出身于一个贫穷、漂泊不定的家庭，还患有语言障碍。14岁时，他才有了来自当地清真寺的第一个朋友。清真寺和新信仰很快成为他生活的全部。约翰·沃克·林德小时候曾不断搬家，而哮喘和过敏又让他远离同龄人，经常呆在家里无法上学。英国"鞋炸弹人"理查德·里德一直很孤独。他的姑妈说，"他非常孤独，他的生命一片空白……他从他的穆斯林兄弟那里找到了安慰。对他来说，伊斯兰教不仅仅是宗教，还是他的家庭。"看来，这些人在穆斯林社区找到一席之地并被接受，是促成他们皈依伊斯兰教的一个重要因素。第五，很多激进皈依者或有过信仰，或接受过宗教教育。不少人都有天主教背景，上过教会学校，如克里斯汀·甘西扎斯基、大卫和杰罗姆·考特勒尔兄弟、托马斯·费希尔和穆里尔·德高克等。另外一些人受到过其他宗教教育，如来自"霍斯塔德组织"（Hostad Group）的詹森·沃尔特自小是一名浸礼会教徒，谢赫阿卜杜拉·费萨尔（2003年被一家伦敦法院以煽动种族仇恨和谋杀罪名判处入狱9年，经上诉后改判为7年）的家庭曾是救世军成员。因此，很多皈依者是从一个信仰转换到另外一个信仰。第六，这些参与恐怖活动的皈依者中有很多人来自少数族裔。如英国的理查德·里德、安德鲁·罗和杰梅恩·林赛；荷兰的詹森·沃尔特和法国的威利·布里吉特（Willie Brigitte），所有这些人都有非洲加勒比血统。伊斯兰教经常被激进分子描述成是一个没有被基督教殖民色彩玷污过的全民宗教,这一信念在某些群体中尤其得到共鸣,如英国的非洲加勒比社区。英国布里克斯顿(Brixton)一座清真寺的伊玛目奥马尔·厄克特(Omar Urquhart)就是一位黑人皈依者,他说该清真寺所辖500个社区中,60%的人都是黑人皈依者。伦敦南部的伊玛目们表示,每周都有十二三岁的年轻人来到清真寺皈依伊斯兰教。第七,对部分年轻皈依者来说,伊斯兰教似乎已经成为一种时尚,就像穿着漂亮衣服的说唱乐队,用歌声来抗击不公正和"恐伊(斯兰)症"。一些年轻皈依者已开始将伊斯兰教与帮派文化融合,他们或认为皈依伊斯兰教可以为他们的犯罪行为找到宗教合法借口,或认为与伊斯兰教搭上关系可以让他们在街头更具威信。这类活动不是恐怖行为,但突出表明伊斯兰教正在被当作一个挑战当局和获得街头信誉的工具,还成为表达对社会不满的渠道。对更大范围内的皈依者来说,伊斯兰教向弱势群体提供了一个有组织的支持环境。"对很多生活贫困、远离上层社会的孩子们来说,他们通常没有父亲,'穆斯林男孩'(伦敦南部某街头帮派名)就成为了一个诱人的第二家庭。"在法国,近年来郊区白人工人阶层的皈依现象增多。这些皈依者的政治和意识形态逻辑是,他们作为移民和第二代,正生活在这个国家的贫困区,这里没有工作或改善生活的希望,通常处于社会的边缘,是伊斯兰教向他们提供了某种希望和大家庭的感觉。2005年法国情报局调查610名积极劝人改宗、有过违法行为或可能与激进分子有联系的法国皈依者,发现他们当中大多数人都来自郊区地带的北非裔居民区。多数皈依者是来自郊区的年轻白人,49%的人没有毕业,15—19岁的人中只有20%的人在上大学或念书。研究还发现,皈依者的失业率要5倍于一般人群。

(2)**招募阿拉伯国家的监狱犯人**。1979—1989年阿富汗战争期间,来自阿拉伯国家的圣战者很多是从这些国家监狱放出来的犯人,因为这些监狱不仅关押罪犯,而且羁押政治反对派。由于年轻激进分子人数众多,阿拉伯各国政府发现阿富汗抗苏"圣战"是减轻极端宗教对社会压力的减压阀。他们因此决定释放他们,条件是这些人必须前往阿富汗同信奉无神论的苏联人作战,许多囚犯答应了这项条件。

政府释放了他们，希望他们在阿富汗杀死异教徒或战死疆场。沙特政府甚至指示沙特航空公司向前往阿富汗的年轻人提供廉价"圣战"机票。10年阿富汗"圣战"使阿拉伯各国政府得以将本国激进主义引向苏军，在20世纪80年代大部分时间与90年代前半期的确令国内的不稳定局势有所缓解。

21世纪初，阿拉伯各国政府重施故伎，因为它们都面对国内激进主义运动。与20世纪80年代相比，该运动的范围更为广泛且更加好斗，2003年后的伊拉克形势十分理想，可以将激进分子送到那里去与美国领导的多国部队战斗直至死亡。2003年11月至2006年3月，以庆祝宗教节日、政治纪念日或民族和解等名义，阿拉伯国家释放了大批激进分子。2003年11月，为迎接穆斯林的"斋月"，也门政府实行大赦，释放了1500多名囚犯，其中包括92名"基地"组织的嫌疑犯。2005年1月，为庆祝宰牲节，阿尔及利亚政府赦免了5065名囚犯。同年9月，新成立的毛里塔尼亚军政府下令"对政治犯实行全面赦免，释放数十名囚徒……其中包括几位政变策划者与所谓的极端分子"。同年11月，为庆祝穆斯林"斋月"结束，摩洛哥释放了164名穆斯林囚犯。同月，为庆祝国家独立50周年，摩洛哥政府释放了5000名囚犯，另有5000名囚犯获得减刑。2005年11月—12月，沙特阿拉伯释放400名经过改造的穆斯林囚犯。2006年2月，作为全国和解计划的一部分，阿尔及利亚对"3000名被判刑的罪犯或恐怖分子嫌犯"实行赦免或减刑，3月份又有2000名囚犯获释。同年2月，突尼斯总统本·阿里释放包括激进分子在内的1600名囚犯。同年3月，也门释放激进教职人员候赛因·巴德尔·埃丁·胡提（Hussein Badr Eddin al-Huthi）领导的600多名穆斯林叛乱分子。[①]

（3）**招募女圣战者**（mujahidat）。2005年11月9日，38岁的比利时公民穆里尔·德高克被其摩洛哥裔丈夫招募，成为在伊拉克发动恐怖袭击的首个欧洲"女人弹"，造成在伊拉克发生的第二起女性自

---

[①] Michale Scheuer, "Reinforcing the Mujahideen: Origins of Jihadi Manpower", *Terrorism Focus*, Volume 3, Issue 18, May 9, 2006.

杀式袭击。据美军方报告称，仅2008年8月初，就有4名妇女在伊拉克实施自杀式爆炸袭击，使伊拉克2008年以来涉及女性恐怖分子的自杀式袭击至少发生了27起，而2007年全年只有8名妇女从事了这种袭击。"女人弹"大多二十五六岁，比"男人弹"岁数大。①

过去，伊斯兰组织一般不主张妇女实施自杀式袭击，偶尔情况下也只是勉强接受这种做法。在2000年第二次巴勒斯坦起义开始阶段，哈马斯创始人谢赫艾哈迈德·亚辛声称，"对穆斯林社会来讲，能否让妇女做殉教者尚未盖棺定论，招募妇女的男人违背了伊斯兰法律。"因遭哈马斯反对，巴勒斯坦的第二个女性自杀式袭击者达林·阿布·艾舍（Darin Abu Eisheh），2002年以世俗组织"阿克萨烈士旅"名义实施自杀式袭击。宗教组织在看到世俗组织的成功后才认识到"女人弹"的战略价值。2003年后，伊拉克、阿富汗与印控克什米尔这些国家与地区的极端组织开始使用"女人弹"。针对女圣战者的"圣战"网站数量有所增加。对圣战者来说，训练女圣战者是一项崭新实践，近年来，伊斯兰网站开始将女性圣战者的培训文件张贴出来。某些帖子是非战斗性的，讲的是医护救助。如一家女圣战者网站贴出急救培训的帖子，声称急救医护能让女圣战者在各地的"圣战"战场上拯救男圣战者的性命。该训练由12个项目组成，对注射、用担架抬运伤员、人工呼吸、使用止血带、处理骨折和治疗枪伤的方法做出简单的解释。然而对阿富汗女圣战者的采访显示，她们也在为参加军事行动而受训。2003年3月12日，一家阿拉伯伊斯兰网站在阿富汗采访了一名掌管妇女训练的女圣战者，她化名乌姆·奥萨马·本·拉登（Umm Osama bin Laden）。她说，"'女人弹'的主意受启发于年轻的巴勒斯坦妇女在被占领土上成功实施的殉教行动"，妇女不易引起怀疑，方便隐匿爆炸物，而且更具冲击性，更能引起国内外媒体的广泛关注。"基地"组织女性成员一直在积极推进"圣战"事业，"女圣

---

① Lindsey O'Rourke, "The woman behind the bomb", *International Herald Tribune*, August 5, 2008; Elaine Sciolino and Souad Mekhennet, "Qaeda warrior uses words as her weapon", *International Herald Tribune*, June 3, 2008.

战者们在阿富汗的营地或通过互联网接受训练,懂得如何使用 M16 突击步枪、AK-47 自动步枪、手榴弹与手枪。"按照乌姆·奥萨马的说法,尽管眼下女性被赋予侦察、搜集情报以及提供后勤支援并为"圣战"领袖传递消息的任务,但她们也接受使用爆炸物和参加自杀袭击行动的训练,为将来执行这类任务做准备。乌姆·奥萨马宣称,"基地"组织的女圣战者来自多个国家,受毛拉赛义夫·丁(Mullah Saif al-Din)领导,此人直接向塔利班与本·拉登负责。[1]

## (四)"基地"组织对平民的袭击疏远了穆斯林世界许多潜在的支持者,使其建立"哈里发帝国"前景黯淡

"基地"组织赋予袭击穆斯林政权及平民的合法性。早在 1987 年 2 月,本·拉登导师阿扎姆就在《圣战》杂志第 27 期上发表"圣战……不是恐怖主义"一文,宣称"圣战"是世界上所有穆斯林的宗教责任,目的在于解放世界人民,给予他们伊斯兰的公正和宗教保护;信仰真主的宗教、受真主赐福的宗教是全人类的信仰,希望将它传播到世界各个角落;符合真主意志的"圣战"就是高举真主的旗帜,以真主的名义消灭异教徒。"只有你拿起武器与异教徒奋战直至他皈依伊斯兰教,符合真主意愿的'圣战'才得以真正实现"。

1992 年 12 月 29 日,亚丁的"Gold Mihor"饭店发生炸弹爆炸事件。据报道,此次爆炸案后,"基地"组织开始提出滥杀无辜的合法性理由——杀害站在敌人附近的人是合法的,因为任何一个无辜的旁观者将在死亡中得到合适的奖赏:如果他是好穆斯林,就会上天堂;如果他是坏穆斯林或不信仰者,就会下地狱。

2008 年 4 月 2 日和 22 日,"云彩"发布两个录像带,扎瓦希里就"圣战"中穆斯林平民伤亡问题,援引本·拉登的话称,如果无辜者在"圣战"行动中被杀,"要么是无意的失误,要么是穆斯林被敌人

---

[1] Abdul Hameed Bakier, "Jihadis Provide Internet Training for Female Mujahideen", *Terrorism Focus*, Volume 3, Issue 40, October 17, 2006.

当作了人体盾牌（Al-Tatarrus）"，为此他"祈祷真主能让这些无辜受害者升入天堂"。① 扎瓦希里将"十字军"（指参与攻击穆斯林的基督徒）、犹太人和"叛教的统治者"（任何拒绝实施"沙里亚法"的穆斯林国家领导人）作为合法的袭击目标，并清楚地阐明，"允许杀死阿拉伯政府安全部队的军官和警察"。②

这些年，激进分子逐渐形成不成文的杀戮五规则。规则一：可以杀害旁观者。《古兰经》禁止屠杀无辜生命，但允许穆斯林为抵抗压迫而杀人。比如，在汽车炸弹案中，有些激进分子称，真主会验明正身，将帮助敌人的人送入地狱，其他受害者则会升入天堂。规则二：可以杀害儿童。尽管《古兰经》禁止杀害老弱妇孺，"基地"组织成员却称，在"圣战"行动中丧生的儿童将直接升入天堂。在那里，他们马上长大成人，像烈士一样能得到处女和其他好处。规则三：可以杀害某些平民。激进穆斯林学者表示，原则上讲，军事行动中不能攻击非战斗人员。但来到中东的西方人，一伺有其军事、安全或政治目的，就是合法打击目标。一些逊尼派激进分子还将目光转向什叶派，宣称他们不是真正的穆斯林，可以被杀害。规则四：可以杀害选民。譬如在伦敦曾师从激进阿訇奥马尔·巴克里（Omar Bakri）的哈立德·凯利（Khalid Kelly，爱尔兰人，皈依了伊斯兰教）曾表示，"在英国有选举制度，投票支持政府的人就不是平民，可以成为袭击目标。"规则五：只要为了"圣战"，可以撒谎或者隐瞒自己的宗教信仰。激进分子平时把自己装扮成花花公子形象，目的是为了掩人耳目。③

"圣战"支持者也从神学上找出攻击穆斯林国家政权以及殃及穆斯林平民是合法行为的解释。2007年7月，在伊斯兰互联网论坛al-firdaws.org上，一位名叫杰萨米（al-Jethami）的人，对圣战者为何在

---

① "Zawahiri answers back", *Jane's Terrorism & Security Monitor*, May 2008.

② "Defining Innocence", *Jane's Terrorism & Security Monitor*, May 2008.

③ Michael Moss and Souad Mekhennet, "Understanding the rules of engagement for Islamic militants", *International Herald Tribune*, June 11, 2007.

## 第六章 从"基地"组织到"伊斯兰国"

穆斯林土地上反抗穆斯林统治者等问题做了回答:"圣战者与这些(穆斯林)政府开战,是因为它们不推行伊斯兰法律……摒弃了真主的言行……它们炮制的'沙里亚法'不符合真主的法律……腐败的穆斯林政府尽管知道自己的所作所为不符合真主的训诫,但仍然强迫民众变成异教徒,遵守人为制订出来的法律。任何这么做的人都会被看成是异教徒。"他说,14世纪回归伊斯兰原教旨主义思想家伊本·泰米叶保证,为了强迫他们回归伊斯兰正道,同腐败的穆斯林政府交战是允许的。接着,杰萨米对温和的穆斯林称"圣战者在攻击安全部门时伤及穆斯林违背了伊斯兰教教义"的批评做出回应,"(安全部门的)士兵中某些人或许信教,某些人或许无辜,但这并不能阻止同他们战斗和杀死他们,因为他们拿起武器站在异教徒一边。对圣战者来说,确认每个同他们交战的人是信徒还是敌人不可能,这么做只会妨碍'圣战'事业。"他还称,圣战者"总在警告穆斯林,要求他们不要接近'背教者'的地盘。如果无辜的穆斯林被圣战者所杀,那么被杀的穆斯林会被视为烈士。决不能因为害怕杀死这类烈士而放弃责无旁贷的'圣战'事业"。[1]

实际上,过分使用暴力的倾向和对"沙里亚法"的极端解释不受绝大多数穆斯林认可。20世纪90年代,埃及和阿尔及利亚"圣战"运动失败清楚说明了这一点。2005年11月,"伊拉克'基地'组织"的人体炸弹袭击约旦首都安曼的酒店以及"基地"组织在阿拉伯半岛未能赢得广泛的追随者也说明了问题。"基地"组织滥杀无辜暴行引起原先支持"基地"组织的教职人员强烈反对。美国皮尤民调公司在2007年进行的一项全球态度调查发现,许多穆斯林国家对本·拉登和人体炸弹的支持已大幅下降,其奉行的极端意识形态也遭到批评。最激烈的批评声来自赛义德·伊玛姆·谢里夫(Sayyid Imam al-Sharif),化名"法德尔博士"(Dr Fadl),曾是扎瓦希里的亲密助手,20世纪80末和90年代初制定了对"圣战"做出最极端解释的基本

---

[1] Erich Marquardt, "Jihadi Ideologue Justifies Attacks on Muslim Governments", *Terrorism Focus*, Volume 4, Issue 23, July 17, 2007.

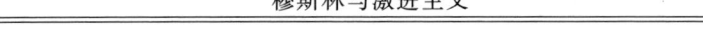

原则——暴力"圣战"不仅是穆斯林的义务，而且拒绝参加的人有被看成是"不信教者"而丢命的危险。一直关押在埃及监狱的法德尔博士2007年出版了否定自己早期论断的《埃及和世界"圣战"合理化》（Rationalization of Jihad of Egypt and the World）一书，强调要对"圣战"加以严格限定，声称"圣战"应该获得资深宗教人士的批准，拥有庇护场所和适当的资金来源。想成为圣战者的人在投入战斗前需要得到他们父母的同意，必须确保其家庭会受到良好照顾。从一开始，"圣战"就必须对敌人做出明确界定，基督徒和犹太平民不应成为合法的袭击目标。只有在的确会改善穆斯林处境且非强制性的情况下才能发动"圣战"。该书招致扎瓦希里的愤怒回应，他在2008年初的声明和自己的长卷著作《免罪》（Exoneration）中，声称法德尔博士新著是遭受监禁与折磨的结果。更多的主流宗教人士不断发出的批评也对"基地"组织民众支持度产生不利影响。像埃及伊斯兰学者优素福·格尔达维、"萨拉菲派"教长哈米德·阿里（Hamid al-Ali）和萨尔曼·奥达赫（Salman al-Awdah）都站出来谴责本·拉登。不过，他们批评的焦点是"基地"组织的袭击目标与战术，而非建立"哈里发帝国"议程。在他们看来，阿富汗、伊拉克与巴勒斯坦领土上的"自卫性圣战"仍是合法斗争。① 受本·拉登敬重、曾支持伊拉克叛乱活动的沙特著名宗教人士萨尔曼·奥达赫2007年9月在电视中首次公开批评本·拉登："我的奥萨马兄弟，你究竟制造了多少血案？究竟有多少无辜的百姓、老弱妇孺被'基地'组织杀害、驱散或逐出家园？当你背负成千上万的血债时何能笑对全能的真主？"科威特议员谢赫瓦利德·塔卜塔巴伊（Sheikh Walid al-Tabtabai）也加入了讨伐阵营，2007年9月27日在科威特《祖国报》（Al-Watan）发表公开信，指出"'基地'组织在伊拉克的可耻行径违背了'圣战'的真谛和超出了'圣战'的意义，因为它们在公共场所绑架、杀戮和爆炸，针对清真寺及无辜的逊尼派和什叶派穆斯林"。他还谴责"基地"组织攻击加入警察和安全部队的伊拉克人。塔卜塔巴伊也抨击

---

① "Al-Qaeda contained", *Jane's Terrorism & Security Monitor*, July 2008.

"伊斯兰马格里布'基地'组织"的爆炸"杀害了无辜的平民,其中大多数是穆斯林"。①

总之,迄今"基地"组织只控制了穆斯林世界的边缘地带,如巴基斯坦部落区。即便在那里,它也仰赖当地部落的支持。"基地"组织几乎完全通过暴力方式来施加影响,因此无助于推进其终极目标,反而经常产生适得其反的结果。②另外,自2011年5月本·拉登被美军击毙以来,随着各地冲突的演变,"基地"组织各地分支在战略决策上日益自主化,他们出版自己的媒体通讯,自定恐怖袭击行动。③

## 二、"伊斯兰国"诞生宣告第三次国际"圣战"浪潮的到来

2014年6月29日,"伊斯兰国"在伊拉克宣布成立,它不是"基地"组织的简单升级版,"基地"组织建立哈里发国家只是一个梦想,而"伊斯兰国"现已控制叙利亚和伊拉克的大片疆土,并向控制区民众提供社会服务,开办"沙里亚法庭"。④从领导人的哈里发封号、组织名称、建国愿景、新媒体宣传等方面看,卡塔尔多哈布鲁金斯学会分析家利斯特认为,"伊斯兰国"是2001年"基地"组织对美国发动恐怖袭击以来"国际'圣战'的最大发展","标志着恐怖主义新纪元的诞生"。

鉴于中东整体局势日趋复杂,美西方和俄罗斯等外部大国,沙特阿拉伯、伊朗、土耳其等地区大国以及叙利亚和伊拉克内部什叶派、逊尼派、库尔德人等诸多力量盘根错节,他们之间的博弈较量将影响

---

① "Bin Laden says mistakes made in Iraq", *Jane's Terrorism & Security Monitor*, November 2007.

② Daniel L. Byman, "Al-Qaeda at 20: Is the Movement Destined To Fail?" *Foreign Policy*, Saban Center for Middle East Policy, August 12, 2008.

③ Ezzeldeen Khalil, "Caliphate Question", *Jane's Intelligence Review*, August 2014.

④ Michael J. Boyle, "The problem with 'evil'", *International New York Times*, August 23-24, 2014.

"伊斯兰国"的未来走向。而"伊斯兰国"如果继续做大,势必将进一步破坏整个中东地区的稳定,并把周边邻国埃及、伊朗、约旦、黎巴嫩、沙特阿拉伯以及土耳其都牵连进去。"目前,在中东根除'伊斯兰国'找不到简单或快速的解决办法,因为它是该地区国家多年来治国理政失败、社会结构崩溃、教派冲突蔓延、逊尼派冤苦积聚、意识形态和社会极化的产物。……绝望、战争的环境促其肆意滋长,惟有消除这些社会环境,其感召力和能量才会衰竭,直至最终消亡。"①卡塔尔埃米尔谢赫塔米姆·本·哈马德·塔尼(Sheikh Tamim Bin Hamad Al-Thani)撰文坦承,"身为穆斯林,我告诉你,问题不出在伊斯兰教,而是绝望感。这种绝望感笼罩着叙利亚和巴勒斯坦难民营,盘踞在叙利亚、伊拉克、也门、利比亚、加沙地带厌战的村镇,弥漫于欧美大城市贫穷的穆斯林社区。要想阻挡恐怖主义浪潮,我们必须要着力消除这种绝望感。"② 埃米尔谢赫塔尼的这一席话一针见血,的确,只有极度的绝望才能召唤那么多生命自愿地走上恐怖不归路,走向毁灭自己也毁灭别人的不归路。他们以这种冷酷、恐怖的方式表达自己绝望的处境,反抗这使他们生存无望的世界。可以断言,只要这个世界的统治秩序不根本改变以消除普遍的绝望,以恐怖来反抗恐怖的战争就绝不会停止。

## (一)"伊斯兰国"起源

"伊斯兰国"的出现是伊拉克现代历史发展的必然产物。③ 1968

---

① Fawaz A. Gerges, "ISIS and the Third Wave of Jihadism", *Current History*, December 2014, pp. 339、343. 作者是伦敦经济和政治学院国际关系与中东政治教授,著有《远敌:圣战为何走向全球》,剑桥大学出版社,2005年版;《新中东:阿拉伯世界的抗议与革命》,剑桥大学出版社,2014年版。

② Sheikh Tamim Bin Hamad Al-Thani, "Qatar's message to Obama", *International New York Times*, February 25, 2015.

③ 材料引自:Kyle W. Orton, "ISIS' debt to Saddam Husseirn", *International New York Times*, December 24–25, 2015. 作者是英国外交政策智库"亨利·杰克逊社"(the Henry Jackson Society)中东问题专家、副教授。

年，阿拉伯民族主义"复兴党"（Baath Party）通过政变上台掌权，萨达姆·侯赛因发挥了关键作用，"复兴党"秉持世俗观点。整个70年代，虽然伊拉克民众日趋宗教化，但"复兴党"世俗观没有发生变化。1980年，两伊战争爆发，情势开始改变。1986年，"复兴党"高级意识形态机构"泛阿拉伯司令部"（the Pan-Arab Command）调整伊拉克外交政策方向，宣布正式同伊斯兰分子结盟，这是首次明确偏离"复兴主义"（Baathism）的世俗性。与此同时，萨达姆政权开动宣传机器，将对伊朗战争称为"圣战"，伊拉克迈向"伊斯兰化"。1989年，"复兴党"的基督徒创始人米歇尔·阿弗拉克（Michel Aflaq）去世，萨达姆宣称阿弗拉克已皈依伊斯兰教。阿弗拉克活着时是反"伊斯兰化"的堡垒，死时却成了伊斯兰教皈依者，这定下了"复兴党"的新方向，伊拉克"伊斯兰化"进程加速。1991年伊拉克在科威特战败，随后国内发生什叶派叛乱，1993年萨达姆放弃"复兴党"的世俗色彩，发起"信仰运动"（the Faith Campaign）。此时，由于遭受严厉的国际制裁，伊拉克人已回归信仰寻求慰籍。为了争取民众支持，萨达姆政权退回逊尼派部落根基，推行"沙里亚法"，着意将伊拉克转变成一个伊斯兰国家：砍去偷盗者的手，从屋顶抛下同性恋者，公开斩首妓女，修建清真寺，研习《古兰经》成了国家重点，教职人员成为社区领导人等。在逊尼派聚居区，亲逊尼派"信仰运动"缓和了政权与"萨拉菲派"分子的紧张关系，但造成国家同什叶派关系的破裂，深化了教派紧张局面。

　　伴随着"信仰运动"，为了规避国际制裁，萨达姆政权建立跨境走私网络，资助通过清真寺的慈善施舍系统，使民兵武装直接听命于他。该网络牢牢扎根于伊拉克西部逊尼派部落，如今正是"伊斯兰国"控制的地盘。"信仰运动"没有言明的一个方面是，军情官员由此渗透进清真寺。该政策有一个旋转门——20世纪90年代末，"复兴主义"已成昨日黄花，许多军情官员悄然转向"萨拉菲主义"。至萨达姆政权倒台时，伊拉克安全部门已经深受"萨拉菲主义"的浸染。因此，2003年伊拉克军队被遣散时，职业军人转身效力于逊尼派叛乱武装。"基地"组织伊拉克分支便诞生于逊尼派叛乱武装。

**"基地"组织伊拉克分支诞生**。2003年3月20日，以美英军队为主的国际联军对伊拉克发动军事行动，推翻了逊尼派萨达姆政权，摧毁了伊拉克政府结构，特别是解散"复兴党"和伊拉克军队，造成权力真空，引发血腥权力斗争和教派内战，最终导致包括"基地"组织在内的非国家行为体介入伊拉克政治舞台。"伊斯兰国"雏形即源自约旦人阿布·穆萨布·扎卡维为首的**"基地"组织伊拉克分支**（Al Qaeda in Iraq），2004年10月17日通过互联网宣布效忠"基地"组织，起初以伊拉克人为主，后来有越来越多中东和北非外国人加入伊拉克分支。扎卡维制定四大攻击目标：一是向有关国际机构施压，迫其解除对美国驻伊拉克临时行政当局的支持。2003年8月，用卡车炸弹袭击在巴格达的联合国机构。同月，还袭击约旦驻巴格达大使馆。二是恐吓伊拉克人，使其不支持美国驻伊拉克临时行政当局。为此，他们针对警察署和征兵中心制造多起袭击，造成数百人丧生，并暗杀了数名伊拉克政界要人。三是阻碍伊拉克经济重建进程，不仅绑架和斩首承包商、人道主义救援人员、在伊拉克的外国人，还将这些暴行制成视频上传到互联网。四是发动全面教派战争，将自己标榜为逊尼派利益的捍卫者。为此，他们在伊拉克掀起针对什叶派及其清真寺的自杀式袭击浪潮。[①]

2006年，美军击毙扎卡维，随后消灭了其他伊拉克分支头目。2010年4月，美军与伊拉克军队采取联合行动，在提克里特附近击毙两名头目。5月，阿布·巴克尔·巴格达迪（Abu Bakr al-Baghdadi，简称巴格达迪）接管"基地"组织伊拉克分支，改名**"伊拉克伊斯兰国"**（ISI, the Islamic State of Iraq），致力于在伊拉克建立"哈里发国家"。

**叙利亚内战助推"伊斯兰国"快速兴起**。2008—2010年，当伊拉克分支被美军几近摧毁时，前军情官员因其反间谍等职业技能而幸存下来。正是这些"萨拉菲化"的前军情官员，以萨米尔·赫利法维

---

[①] Fawaz A. Gerges, "ISIS and the Third Wave of Jihadism", *Current History*, December 2014, p. 340.

## 第六章 从"基地"组织到"伊斯兰国"

(Samir al-Khlifawi,别名哈吉伯克尔,2003年加入"基地"组织伊拉克分支,2014年被击毙前已成为巴格达迪左膀右臂)为首,策划了"伊拉克伊斯兰国"向叙利亚的大举推进。[①]

叙利亚东部的哈塞克省、代尔祖尔省、霍姆斯省与伊拉克的安巴尔省、尼尼微省毗邻,2011年3月叙利亚内战爆发后两年时间里,该地区被视为无人区,缺乏战略价值。实际上,该地区的两国逊尼派部落纽带历史悠久,感情超越国家边界,这正是"伊拉克伊斯兰国"的群众基础。因制造2006—2007年的教派叛乱活动而遭到伊拉克部落民和美军的沉重打击,"伊拉克伊斯兰国"在伊拉克的日子并不好过。2011年3月,叙利亚爆发内战后,该组织找到了发展壮大的新机会。随着越来越多的叙利亚温和派叛乱组织被政府军及其盟友打败,"伊拉克伊斯兰国"将叙利亚的东部、北部地区视为重组并推进其"圣战"议程的理想场所——因为当地处于无政府状态,由地方委员会和反政府武装各自管辖,时常为了争夺资源而竞争不断——遂进军叙利亚内战前线,并于2012年更名"**伊拉克和黎凡特伊斯兰国**"[②](ISIL, the Islamic State in Iraq and Levant)。在叙利亚,前军情官员建立了萨达姆式集权统治结构,使其成为2014年重新挥师伊拉克的前进基地。

从2013年初开始,"伊拉克和黎凡特伊斯兰国"一直以拉卡为主要活动据点,在东南方向,通过代尔祖尔省到安巴尔省开通一条战略走廊;往北,在哈塞克省,为了控制穿越到尼尼微省的边界地区,"伊拉克和黎凡特伊斯兰国"同叙利亚库尔德武装组织(YPG, Yekineyen Parastina Gel)打了几次大仗。人口近百万的拉卡成为"伊拉克和黎凡特伊斯兰国"真正占领的第一片"领土"。叙利亚东部的

---

① Kyle W. Orton, "ISIS' debt to Saddam Husseirn", *International New York Times*, December 24-25, 2015.

② 又名"伊拉克和沙姆伊斯兰国"(ISIS)。沙姆(Sham)在阿拉伯历史上指地中海东岸的叙利亚、约旦、黎巴嫩和巴勒斯坦等地。由于西方人不了解沙姆地区,故用黎凡特。黎凡特来自法文,意为太阳升起的地方,即东方,指地中海东岸国家,与沙姆地区相同。

产油区不仅向"伊拉克和黎凡特伊斯兰国"提供关键活动基地,而且成了该组织向伊拉克境内运送人员和物资开展军事行动的基地。①"伊拉克和黎凡特伊斯兰国"由于拥有武器装备,招募到阿拉伯世界的圣战者,在当地没有直接的敌人,另外叙利亚与土耳其、伊拉克的边界管控不严,容易进出获得物资与人员补给,到2013年5月已在叙利亚反政府阵营逐渐占上风。同年9月,该组织已成为涌入叙利亚的外国圣战者首选投奔目标,其人员不仅来自阿拉伯世界,还来自车臣、欧洲和其他地方,致力于在反政府势力控制区为建立哈里发国家奠定基石。②

"伊拉克和黎凡特伊斯兰国"忙于巩固权力,聚焦攻打已被反政府势力攻占的地区,而不是打败巴沙尔政权:来自伊德利卜省的撒尔·谢卜(Thaer Shaib)说,"我们上前线打仗,解放当地,为了继续向前推进,很少留下人员驻守。于是,他们来了,在后面打我们。"为获得补给,"伊拉克和黎凡特伊斯兰国"还攻击其他反政府武装基地。③ 9月18日,"伊拉克和黎凡特伊斯兰国"占领了叙土边界口岸阿扎兹④(Azaz)小镇,表明该组织在叙利亚北部、东部影响力上升,也标志着国际"圣战"势力与叙利亚世俗反对派关系急剧恶化。2013年年底,该组织与其他叛乱组织的紧张关系达到危机阶段。

2013年3月4日,"伊拉克和黎凡特伊斯兰国"在伊拉克安巴尔省以遥控炸弹、轻中型武器和火箭弹伏击了一队在伊拉克军队护送下返回叙利亚边界途中的叙利亚士兵,至少42名叙利亚士兵丧生。此前一天,与伊拉克尼尼微省接壤的叙利亚边防站遭袭击,边防站士兵

---

① Derek Henry Flood, "The Iraqi-Syrian border route", *Jane's Intelligence Review*, September 2014.

② Ben Hubbard and Michael R. Gordon, "Syrian rebels publicly abandon exile leaders", *International Herald Tribune*, September 27, 2013.

③ Ben Hubbard, "Amid Syria's chaos, Al Qaeda sees an opening", *International Herald Tribune*, October 3, 2013.

④ 位于前往阿勒颇——叙利亚最大城市,叙利亚北部反政府势力武器库所在地、人员和补给的入口、难民逃离战乱赴境外避难的通道——的高速路上。

被迫逃到伊拉克边界暂时避难。"伊拉克和黎凡特伊斯兰国"将伏击视频上传到网上,宣称"遭伏击区域将成为埋葬什叶派和阿拉维派的坟场"。①

2014年1月7日,"伊拉克和黎凡特伊斯兰国"突然袭击"认主独一旅"(Tawhid Brigade)总部。翌日,来自阿勒颇周边的"认主独一旅"进行反攻,"切断其与外部的联系",最后迫使其退出阿勒颇。阿勒颇之战标志着叙利亚北方省份伊德利卜、阿勒颇的叛乱武装,包括叙利亚的"基地"组织分支"胜利阵线"最终建立"伊斯兰阵线",发起驱逐"伊拉克和黎凡特伊斯兰国"的军事行动。②

**"伊斯兰国"在伊拉克宣布建国**。2014年1月,"伊拉克和黎凡特伊斯兰国"挥师重返伊拉克,攻占费卢杰。通过狙击、自杀式袭击伊拉克安全部队等方式,迫使他们呆在军营里不愿外出巡逻,开展反叛乱军事行动不力。另外,"伊拉克和黎凡特伊斯兰国"攻陷一座城市或军事基地,马上洗劫补给品,然后奔赴下一个攻击目标,让逊尼派部落盟友和当地叛乱武装控制其占领区,这样既加强了与这些组织的关系,又避免引起当地人的反感。③ 这些战术使该组织在伊拉克大举推进。6月10日,"伊拉克和黎凡特伊斯兰国"攻占伊拉克第二大城市摩苏尔;翌日,又攻克提克里特。6月29日,该组织发言人、叙利亚埃米尔阿布·穆罕默德·阿德纳尼(Abu Muhammad al-Adnani)通过该组织媒体"队伍"(Al-Furqan)发表题为《这是安拉的允诺》(This is the Promise of Allah)声明,**宣布在横跨叙伊边境的广大区域正式建立"伊斯兰国"**。随后,该声明通过"伊斯兰国"外语媒体部门"Al-Hayat 媒体中心"译成英语、法语、德语、俄语向全球发布。该声明称,"伊斯兰国"不是一个地方性组织,而是"全世界穆

---

① Hania Mourtada and Rick Gladstone, "Iraqi group claims it killed Syrians", *International Herald Tribune*, March 13, 2013.

② Matthieu Aikins, "The promise of Aleppo's radicals", *International New York Times*, July 8, 2014.

③ Mitchell Prothero, "Major Collapse-Islamic State offensive threatens Iraq's integrity", *Jane's Intelligence Review*, September 2014.

斯林的哈里发国家"，全球穆斯林"宣誓效忠和支持哈里发易卜拉欣（巴格达迪自称）是义不容辞的责任"。① 该组织成员阿布·奥马尔在聊天室称，"'基地'组织是一个组织，而我们已是一个国家。奥萨马·本·拉登为建立统治世界的伊斯兰国家而战，而我们已实现了他的梦想。"② 因"伊斯兰国"拥有自己源源不断的资金（从摩苏尔各种敲诈勒索项目中每月收入达1200万美元，手中还掌握银行、油田、炼油厂、天然气管道等）和武器来源（从叙利亚、伊拉克政府军事基地缴获大量轻型和重型武器、弹药等）、募人网络，队伍中50%成员为叙利亚人，还得到伊拉克反什叶派政府的各股逊尼派势力支持，如"复兴党"成员、前伊拉克国防军士兵、2003年美入侵伊拉克时的反美抵抗力量等，加上外国圣战者，成为该地区装备最好的常规武装力量，作战能力强，在叙利亚和伊拉克日渐坐大。截至2014年7月，其控制区面积几乎与英国领土相当。③

**欧美难推其咎**。2014年8月，美国前国务卿希拉里批评奥巴马总统在两个方面助推"伊斯兰国"兴起：2011年美国彻底从伊拉克撤军，在伊拉克留下美军的高精尖武器装备，如今为"伊斯兰国"所用；叙利亚内战初期对武装叙利亚反政府温和派势力犹豫不决。④ 法国总统奥朗德指出，"伊斯兰国"快速崛起是英美两国未能支持叙利亚反政府力量、不轰炸叙利亚政府军造成的直接后果。⑤

## （二）"伊斯兰国"特征

1. 奋斗目标上，致力于在中东建立"伊斯兰国"版伊斯兰社会。

---

① Ezzeldeen Khalil, "Caliphate Question", *Jane's Intelligence Review*, August 2014.

② Ben Hubbard, "Al Qaeda's status threatened by ISIS", *International New York Times*, July 2, 2014.

③ Ezzeldeen Khalil, "Partners to foes", *Jane's Intelligence Review*, July 2014.

④ Tim Arango and Eric Schmitt, "U. S. action in Iraq fueled rebel's rise", *International New York Times*, August 12, 2014.

⑤ Julian Thompson CB OBE, "ISIS and The Hunt for 'Jihad John'", *intersec*, September 2014, p. 5.

## 第六章 从"基地"组织到"伊斯兰国"

叙利亚北部拉卡省大部已被牢牢掌握在该组织手中,并成为其"临时首都"。自2014年初以来,"伊斯兰国"在此将激进建国理念落地实践,表明该组织"有一个明确的建国蓝图,言必行,行必果"。伊斯兰事务委员会设在前拉卡市政厅,前财政部办公室成了"沙里亚法庭",交通警察办事处设在"第一沙里亚法高级学校",前拉卡信贷银行成了税务部门,税务发票上盖"伊斯兰国"章。在叙利亚,"伊斯兰国"成员还将"圣战"黑旗插到教堂上,严格实施"沙里亚法",开办课堂向叙利亚儿童灌输同异教徒开战的重要性,强迫居民要穿着得体,禁止村民们吸烟。由于"伊斯兰国"许多成员是年轻外国圣战者,更热衷于战事而不是管理,且缺乏专业技能,为了保持控制区的正常运转,他们就付薪水或逼迫有经验的职员留在岗位上,同时派去自己人加以监管。有当地救援工作者透露,"伊斯兰国"没有"辞退所有医护人员,他们只是撤换院长而已"。2014年7月,该组织头目巴格达迪发布音频喊话,呼吁医生和工程师前往拉卡等地,帮助他宣布成立的"伊斯兰国","响应穆斯林的急需是一种责任"。如今,在拉卡各检查站的武装人员经常是沙特人、埃及人、突尼斯人或利比亚人,拉卡电力供应负责人为苏丹人,一家医院院长是约旦人,其顶头上司是埃及人。此外,"伊斯兰国"设法让拉卡市场保证食物供应,面包房、加油站不停业。少数仍留在拉卡的基督徒,每月只需交纳少数民族人头税,并遵守穆斯林礼拜期间商店关门的规定。[①]

"伊斯兰国"很有组织性,发布年度军事报告;制作宣传视频,通过"推特"招募全球圣战者,还招募外国女性给圣战者当妻子;在其控制区提供社会服务;禁止在公共场所吸烟和抽水烟,强迫咖啡店歇业,妇女在公开场合必须戴蒙面头巾。

**2. 思想上,将不信奉其基本教义的所有人,包括许多逊尼派穆斯林都视为异教徒,大加迫害。**"伊斯兰国"极端宗教思想的内核源自哈瓦利吉派。该派主张,不论是谁,只要不赞同哈瓦利吉派观点,就

---

[①] Ben Hubbard, "A caliphate takes shape in Syria", *International New York Times*, July 25, 2014.

是异教徒,当被处死;赋予滥杀包括妇女、儿童在内的平民合理性。①在"伊斯兰国"圣战者队伍中,有一群穷苦年轻人,他们受"伊斯兰国"召唤是为了能对其他人称王称霸。在摩苏尔,大批加入"伊斯兰国"的逊尼派大多来自特拉法(Tel Afar)附近的贫穷乡镇,摩苏尔逊尼派一向看不起这些同胞,因其抽烟,喝酒,纹身。由于所处的社会经济环境动辄付诸"不黑即白"的解决办法,因此他们极易受到"不黑即白"激进宗教意识形态蛊惑。②

**残杀什叶派**。2013 年 8 月 4 日,在阿拉维派聚居地拉塔基亚省一座村庄,"伊拉克和黎凡特伊斯兰国"动用从政府军手中缴获的大炮、迫击炮、火箭弹、装甲车和坦克至少杀害 67 人,200 余人被绑为人质,一座阿拉维派圣地被毁,其谢赫被杀。拉塔基亚省的阿拉维派在接受记者采访时称,他们之所以遭到攻击,是因为巴沙尔和许多叙利亚政府领导人都是阿拉维派。③ 在拉卡,该组织公开处决阿拉维派和反对该组织的当地人。一名当地居民称,"他们通过恐怖手段控制当地,在广场公开处决、斩首,手持武器蒙面走路,杀害和绑架任何胆敢反对他们的人。"④ 在伊拉克,自宣布成立"伊斯兰国"以来,该组织残忍杀害什叶派、亚兹迪人(Yazidis)⑤ 等宗教少数族群,摧毁控制区的什叶派清真寺及其圣地。据一度加入"伊斯兰国"队伍打仗的土耳其人坎(27 岁,原是吸毒的不良青年)披露,"在杀害敌人

---

① Nawaf Obaid and Saud al-Sarhan, "The Saudis can crush ISIS", *International New York Times*, September 9, 2014.

② Thomas L. Friedman, "Who are we?" *International New York Times*, November 17, 2014.

③ Anne Barnard, "Report accuses Syrian rebels of atrocities", *International Herald Tribune*, October 12 - 13, 2013.

④ Ben Hubbard, "Amid Syria's chaos, Al Qaeda sees an opening", *International Herald Tribune*, October 3, 2013.

⑤ 亚兹迪人是一个人数很小的教派,约 70 万人,生活贫困,大多数讲库尔德语,将苏菲派教义与伊拉克当地祆教传统相结合。

时,高呼'真主至大'会赋予你神圣力量,因此充满勇气,不害怕流血。"①

**逼迫基督徒背井离乡**。过去数十年里,由于以巴之争和激进分子的威胁,耶路撒冷的基督徒社区在萎缩。在黎巴嫩,始于1975年的15年内战使穆斯林和马龙派基督徒血腥残杀。在伊拉克,2003年美国入侵后,逊尼派与什叶派的血腥教派冲突赶跑了基督徒。2011年发生的"阿拉伯之春"迫使埃及科普特基督徒在世俗派与伊斯兰势力之间选边站。② 在中东,伊拉克的基督徒人数是最多的。2014年6月,"伊斯兰国"占领摩苏尔后,给生活在当地已长达1700多年的基督徒一天时间做出"三选一"决定:皈依伊斯兰教,缴纳赋税,或者被杀。结果,截至同年10月,有4000多名摩苏尔基督徒逃往约旦落脚,因为约旦的基督徒少数族群与逊尼派主体族群关系融洽,而且国际基督教慈善机构"Caritas"多年来一直在约旦救助无家可归的巴勒斯坦人、贫穷的约旦人以及其他弱势群体。随着中东地区宗教不宽容状况的加剧,大批基督徒被迫逃离世代居住的阿拉伯土地,伊拉克摩苏尔基督徒的命运是这一现象的缩影。曾是当地的摄影师赛义夫·杰布里塔(Saif Jebrita)绝望地说,"多样性在消亡。我们本来是阿拉伯文化的组成部分,我们是伊拉克公民。但现在家没了,如果这一状况持续的话,国也将没了。"③ 黎巴嫩著名历史学家卡迈尔·萨利比(Kamal Salibi)悲叹道,"中东基督徒中间存在着种族终结感。每当一名基督徒离开中东,不会有其他基督徒进来填补空缺,这对阿拉伯世界来讲是件很糟糕的事情。"④

---

① Ceylan Yeginsu, "Islamic State draws flow of recruits from Turkey", *International New York Times*, September 17, 2014.

② Alan Cowell, "No respite for Mideast Christians", *International New York Times*, January 9, 2015.

③ Rana F. Sweis, "Christians find aid in Jordan", *International New York Times*, October 28, 2014.

④ Alan Cowell, "No respite for Mideast Christians", *International New York Times*, January 9, 2015.

在此需特别指出的是，前两次现代国际"圣战"浪潮的领袖来自穆斯林精英社会，骨干主要由中下阶层的大学毕业生组成。而以"伊斯兰国"为标志的第三次国际"圣战"浪潮，农村化是其特点，群众基础主要在伊拉克、叙利亚、黎巴嫩等国农村，骨干力量普遍缺乏神学和知识水平，因此不仅犯下屠杀、斩首等暴行，而且坚持发动不加任何限制的全面战争信条，甚至同逊尼派竞争对手之间都不屑仲裁或妥协。与"基地"组织不一样，"伊斯兰国"无需从神学上赋予其暴行合法性，正如巴格达迪的左膀右臂、"伊斯兰国"发言人阿布·穆罕默德·阿德纳尼坦言，"我们只遵行丛林法则"[1]。

3. **组织结构上，核心圈与骨干力量分别由两种人组成**。"基地"组织核心圈是沙特阿拉伯极端保守的"萨拉菲派"与埃及激进分子的结盟，20世纪90年代末"基地"组织鼎盛时期骨干力量仅为1000—3000人之间；而"伊斯兰国"核心圈是"基地"组织伊拉克分支与萨达姆"复兴党"政权的结盟，武装力量超过3万人，其中骨干力量约1.8万人。因此，以本·拉登和扎瓦希里为首的"基地"组织花费几近20年时间也未能建立一个国家，而巴格达迪在不到5年时间里就实现了建国目标。[2]

**巴格达迪权力核心圈由两种人组成**。巴格达迪是"伊斯兰国"的唯一统治者，处于金字塔顶端。在伊拉克和叙利亚，巴格达迪约有25名助手：其中12人相当于地方长官，负责各地事务；有一个3人组成的战争内阁；另有8人负责财政、犯人、招募等事务。作战行动由战区指挥官——拥有各自武装和享有一定程度自治——组成的网络负责实施。这些助手中，1/3 **为前萨达姆政权的军官**，如中校法德尔·哈亚里（Fadel al-Hayali）——负责伊拉克事务的高级助手；中校阿德南·斯韦达维（Adnan al-Sweidawi）——"伊斯兰国"军事委员会

---

[1] Fawaz A. Gerges, "ISIS and the Third Wave of Jihadism", *Current History*, December 2014, p. 340.

[2] Fawaz A. Gerges, "ISIS and the Third Wave of Jihadism", *Current History*, December 2014, pp. 339 – 340.

## 第六章 从"基地"组织到"伊斯兰国"

首脑。该军事委员会由8—13名军官组成,他们全都曾效力于萨达姆政权。美国华盛顿近东政策研究所伊拉克问题专家迈克尔·奈特对此并不感到奇怪,他称"前萨达姆政权的军官加入'伊斯兰国',是因为在萨达姆统治的晚期,伊拉克军队内已存在广泛的不满,地下伊斯兰运动已在发展壮大。美军入侵伊拉克后发生的政治变局,加速了这股力量的兴起。'复兴党'成员不许在新政权里任职,什叶派占据政治统治地位,使许多逊尼派产生权利被剥夺感。2003年后,这些人除了进一步激进化别无选择。"这些职业军人不仅了解当地情况,而且拥有广泛的社会人脉关系。**其他几乎都是驻伊美军监狱的犯人**。一名美国情报官员透露,"这些人十分了解恐怖主义事业,经受住了2007年驻伊美军反恐军事行动的打压,没有本事是活不下来的。"犯人中还有一些前"复兴党"忠诚者,包括萨达姆政权共和国卫队的情报官员和士兵。此外,还有一些逊尼派武装支持巴格达迪。①

**"伊斯兰国"骨干力量由两部分队伍组成**。"伊斯兰国"日常工作机构主要分为两部分:一部分是军事行动前线机构,活动于伊拉克和叙利亚;另一部分是在"伊斯兰国"控制区的居民行政机构。因此,研究伊斯兰组织的约旦专家哈桑·阿布·哈尼赫(Hassan Abu Hanieh)指出,"伊斯兰国"骨干力量由两部分队伍组成。**一是圣战者队伍**,负责在伊拉克和叙利亚打仗;**二是管理者队伍**,主要由中年伊拉克人组成,负责财政、军备、地方事务、招募等事项。一名伊拉克政界要人告诉《简式情报评论》,"伊斯兰国""从其他武装组织和通过打开牢门释放犯人等方式,网罗到所有前'复兴党'官员。如今,他们只要占领一座城市,就有曾长期管理这座城市的官员继续帮助'伊斯兰国'管理这座城市。人们有了薪水,行贿停止了,资源得到更公平的分配。"为了有效管辖在叙利亚东部和伊拉克西部、北部控制区的城镇,"伊斯兰国"还招募外国人从事宗教指导、招募、宣传等事务,他们当中许多人是沙特人,从而使"伊斯兰国"看起来很

---

① Ben Hubbard and Eric Schmitt, "Pedigree of leadership drives ISIS conquests", *International New York Times*, July 29, 2014.

"全球化","以便吸引世界各地圣战者奔赴伊拉克和叙利亚参战"。巴格达迪特别呼吁专业人才——科学家、医生、工程师、专家治国论者通过加入"伊斯兰国"参与国家建设,履行其"圣战"职责。① 在巴格达迪宣布"建国"后不久,在几大全球社交网络上便出现了打着"伊斯兰国"旗号的诸多账号。在这些账号中,"伊斯兰国"呼唤全世界穆斯林,尤其是"伊斯兰国"现在匮乏的人才如工程师、商人甚至律师投奔、"汇聚"到哈里发国家,将新成立的"伊斯兰国"视为真主允诺之地。② 据悉,一些外国人已身居要职,如巴格达迪首席发言人是叙利亚人,一支外国圣战者队伍由车臣人奥马尔·希萨尼(Omar al-Shishani)负责指挥。③

**4. 作战力量上,圣战者队伍由两部分人组成。一部分为2003年后在伊拉克美军监狱服过刑的犯人**。巴格达迪曾在美军伊拉克监狱布卡营(Camp Bucca)服刑5年。"伊斯兰国"高层决策圈绝大多数成员也都曾是犯人,如阿布·穆斯林·图尔克玛尼(Abu Muslim al-Turkmani)、阿布·劳阿伊(Abu Louay)、阿布·卡塞姆(Abu Kassem)、阿布·朱尔纳斯(Abu Jurnas)、阿布·谢玛(Abu Shema)、阿布·苏贾(Abu Suja)等。这些人被捕前,都已是暴恐分子,在狱中服刑进一步强化了他们的激进思想,并提供了壮大其追随者队伍的机会。譬如,在布卡营,同一教派的激进犯人与一般犯人混合关押在一起,激进犯人强迫温和犯人倾听伊玛目的"圣战"宣传,由于绝大多数犯人都是文盲,他们特别易受蛊惑。结果,监狱成了恐怖大学,激进犯人成了教授,其他犯人成了他们的学生,美军监狱管理当局形同虚设。直到2007年9月,驻伊美军在伊拉克监狱实施"去激进化"

---

① Mitchell Prothero, "Major Collapse-Islamic State offensive threatens Iraq's integrity", *Jane's Intelligence Review*, September 2014.

② "ISIS扬言数年后占领新疆,其头目指责中国在疆政策",《凤凰周刊》,2014年第22期, http://www.guancha.cn/Third-World/2014_08_09_254914.shtml?ZXW。(上网时间:2014年8月10日)

③ Ben Hubbard and Eric Schmitt, "Pedigree of leadership drives ISIS conquests", *International New York Times*, July 29, 2014.

项目,才将激进犯人与温和犯人分开关押,让犯人们参加扫盲、职业技能培训班,并灌输温和伊斯兰观。有些新做法起了作用,但危害已经造成,不可弥补——激进犯人花4年时间已在狱中建立了网络,向许多犯人灌输激进伊斯兰观。狱中牢头控制着犯人,不准他们看电视,不准打乒乓球,否则就要遭"沙里亚法庭"的惩处。温和犯人遭激进犯人殴打,一旦还手,又遭监狱管理当局的惩处。伊拉克战争高峰期,各座监狱关押的犯人共达2.6万人。整个战争期间,约有10万人曾在布卡营、靠近巴格达国际机场的克罗珀营(Camp Cropper)、美国陆军"塔基战区拘留营与和解中心"(Taji Theater Internment Facility and Reconciliation Center,简称塔基营)服过刑。2009年12月,布卡营关闭。虽然美军士兵得到情报部门的支持,但因不懂语言和削减监狱开支等因素,甄别最危险犯人的努力仍以失败告终。不过,最激进犯人从未被释放,甚至其中不少人已被处以死刑。美军撤离伊拉克后,有些激进犯人仍关押在狱。所以,2014年夏天,"伊斯兰国"征服大片伊拉克国土后,头等大事就是释放这些激进犯人,如今他们成了"伊斯兰国"最死心塌地的战士。[①]

**另一部分为来自世界各地的穆斯林圣战者**。"伊斯兰国"好比一块磁铁,吸引着来自世界各地的激进分子——不仅是穆斯林,还有从基督教皈依伊斯兰教的新穆斯林人群,许多年轻人受其激进意识形态感召而来,也有些受高薪吸引。据美中情局2014年9月中旬估计,在伊拉克和叙利亚战场,"伊斯兰国"约有2万—3.15万名武装分子。2015年全年,外国圣战者已高达2.5万人,他们来自100余个国家。其豪言壮语是,"**如果天空以星星的存在为荣的话,那么大地就应以圣战者的存在为荣。**"[②] 就美国而言,被"伊斯兰国"招募的美国穆斯林约250余名,他们都很年轻,绝大多数不到20岁或20岁出头。

---

[①] Andrew Thompson and Jeremi Suri, "How America helped ISIS", *International New York Times*, October 2, 2014.

[②] Scott Shane, "From Minneapolis to ISIS, an American's path to jihad", *International New York Times*, March 23, 2015.

受召唤的外国年轻人要么对本国政府心怀不满,要么为了挣钱——每天可挣150美元,所有生活用品免费。"即使去商店买东西,店主因害怕,也免费送给你。"①

**欧洲圣战者人数空前**。在"伊斯兰国"控制的土地上,仅2013年4—12月,前往叙利亚"圣战"的欧洲人数翻了三番,总数介于5000—10000人之间。他们来自欧洲各个族裔的穆斯林人群,如英国南亚裔和非洲裔、瑞典阿拉伯裔、德国加纳裔等。由于"伊斯兰国"注重通过网络招募成员,在校生占较高比率,平均年龄为23.5岁。2013年9月,在德国,经土耳其进入叙利亚的20多名年轻穆斯林,当中5人为青少年,共有9人是在校生。在挪威,一对索马里出生的双胞胎姐妹(16、19岁)奔赴叙利亚战场。在比利时,也有青少年赴叙利亚参战,平均年龄介于23—25岁之间。在英国,投奔"伊斯兰国"的年轻人大多20来岁。这些年轻圣战者有些搭乘欧洲的救援运输队(运送医疗设备和其他必需品)从陆路抵达土耳其,然后进入叙利亚。有些则乘飞机进入土耳其,之后再前往叙利亚。还有些途经埃及等北非国家,先飞往黎巴嫩或土耳其,然后赴叙利亚。②

欧洲圣战者人数激增的原因是:激进主义已牢牢扎根在欧洲心脏地带,而且激进分子网络在蔓延。早在2005年,据英国权威研究估计,当时"基地"组织激进意识形态支持者在英国已达1万人。而德国宪法保卫局则称,同期德国本土穆斯林激进分子就有3.1万人左右。另外,欧洲穆斯林持欧洲护照,在世界各地旅行很方便。③

**一些西方年轻穆斯林女性投奔"伊斯兰国"**。她们甘愿奔赴叙利

---

① Ceylan Yeginsu, "Islamic State draws flow of recruits from Turkey", *International New York Times*, September 17, 2014; Michael S. Schmidt, "U.S. identifies citizens joining ranks of ISIS", *International New York Times*, August 30-31, 2014.

② Rafaello Pantucci, "Foreign fighters: Battle-hardened Europeans return from Syria", *Jane's Intelligence Review*, February 2014.

③ Rolf Tophoven, "The European Network of Al-Qaeda", International Conference "Global Terrorism: Its Genesis, Implications, Remedial and Counter Measures" paper, Islamabad, 29-31 August, 2005.

亚和伊拉克参加"圣战"或嫁给圣战者,因为在她们眼里,**这一切是为了缔造一个理想的哈里发国家**。据一些分析家估计,女性占西方圣战者人数的10%左右,截至2015年2月,约有550名,其中英国人100人左右。她们普遍年龄更小,约14—15岁。① 她们受新媒体的宣传蛊惑——将哈里发国家的生活描绘成天堂一般。这些女性大都受过良好教育,来自中产阶级家庭,反而更容易产生受挫感和社会隔绝感。而且,她们不是来自虔诚信教的家庭,主要通过互联网受"伊斯兰国"改天换地宣传的感召。法国人类学家杜尼娅·布扎(Dounia Bouzar)说,"她们被告知:这个世界是建立在谎言的基础上,唯一真正的力量是伊斯兰教。她们当中许多人都是好学生,理想是当医生和老师,赴叙利亚是为了嫁给真正的穆斯林,或提供人道主义救援。这是要拯救世界的骑士理想。"据报道,有一些英国女性组成清一色女宗教警察队伍,称"坎萨旅"(Khansaa),负责监督叙利亚拉卡街头的非伊斯兰行为。②

5. **宣传上,拥有不小的号召力**。在中东和北非,过去10余年里,**逊尼派屡遭权力剥夺,挫折感深重,"伊斯兰国"被视为打破什叶派新月的逊尼派民族主义代言人**。在伊拉克,美军推翻萨达姆政权,结束长达数百年的逊尼派统治,迎来历时数年之久的血腥教派冲突,什叶派伊朗的影响在不断扩大。是巴格达迪的"伊斯兰国"制造国际压力,迫使高度教派化的什叶派马利基政府于2014年8月下台。在叙利亚和伊拉克控制区,"伊斯兰国"致力于争取当地民众的支持。其成员在摩苏尔清真寺声称,"我们是你们的兄弟,是来帮助你们的,没什么可怕的。"鼓励当地居民回去工作,保证保护他们,并努力向他们提供汽油等生活必需品。③ "伊斯兰国"没有强迫民众行贿,只

---

① Kimiko De Freytas-Tamura, "Teenager who left for ISIS may have inspired others", *International New York Times*, February 26, 2015.

② Steven Erlanger, "From West, women join ISIS as wives and fighters", *International New York Times*, October 24, 2014.

③ Nussaibah Younis, "Helping Baghdad hold on", *International New York Times*, June 20, 2014.

是公平征税，从而赢得不少民心。① **在黎巴嫩**，自 2005 年黎巴嫩前总理拉菲克·哈里里（Rafik Hariri）在贝鲁特圣乔治湾附近遭汽车炸弹袭击身亡后，什叶派武装"真主党"一直在该国占统治地位。武装组织"巴勒贝克自由逊尼派"（The Free Sunnis of Baalbek）在"伊斯兰国"宣布成立后不久即宣誓效忠"伊斯兰国"。该组织 2013 年 12 月 4 日曾暗杀了"真主党"高级成员哈桑·拉基斯（Hassan al-Laqis）。**在叙利亚**，逊尼派反政府武装自 2011 年 3 月至今始终难以推倒阿拉维派巴沙尔·阿萨德政权。总部设在伦敦的泛阿拉伯报纸《生活报》叙利亚记者伊卜拉欣·哈米迪（Ibrahim Hamidi）坦率指出，"逊尼派需要感到自己在政府中有发言权，否则，你只会将更多的逊尼派推向'伊斯兰国'的怀抱。"② 2014 年下半年，有数百名"胜利阵线"和"伊斯兰阵线"的铁杆成员归顺巴格达迪。也门、埃及西奈半岛等地被边缘化的逊尼派人群也纷纷拥抱"伊斯兰国"，以此来消除他们心中的冤苦。③ **在也门**，"伊斯兰国"在"推特"上开设专门的阿语群，旨在通过宣教争取"阿拉伯半岛'基地'组织"成员加入"伊斯兰国"，其喊话内容是"勇敢的也门人，'哈里发国家'是你们的归宿"。④

2014 年 6 月 30 日，"伊斯兰马格里布'基地'组织"中的一伙人通过新媒体宣布效忠"伊斯兰国"，并敦促其领导人也步他们后尘。**在阿尔及利亚**，为报复 9 月份对伊拉克和叙利亚的空袭行动，"伊斯兰国"呼吁世界各地支持者去伤害欧洲人。2014 年 9 月 21 日，55 岁法国登山向导赫维·古尔德尔（Herve Gourdel）在阿尔及利亚提济乌

---

① Mitchell Prothero, "Major Collapse-Islamic State offensive threatens Iraq's integrity", *Jane's Intelligence Review*, September 2014.

② Anne Barnard, "Arab nations give tepid support to U. S. fight", *International New York Times*, September 13 – 14, 2014.

③ Ben Hubbard, "Jihadis tug at edges in Jordan", *International New York Times*, July 9, 2014.

④ Ezzeldeen Khalil, "Storm damage: AQAP vies to exploit failing state of Yemen", *IHS Jane's Intelligence Review*, Vol 27, Issue 4, April 2015.

祖省（Tizi Ouzou）山区遭"哈里发战士"（Jund al-Khilafah）组织绑架。翌日，该组织上传第一个视频，宣布法国要么24小时之内发表谴责空袭"伊斯兰国"行为，要么赫维·古尔德尔被杀害。同月24日，上传第二个视频，记录了赫维·古尔德尔被斩首过程。这一切旨在向外界宣示，"哈里发战士"已宣誓效忠"伊斯兰国"，而且有能力绑架西方人，并利用他们达到恐吓宣传目的。[1] **在突尼斯**，2014年6月30日，"沙里亚法辅士"（Ansar al-Sharia）头目通过"推特"宣布支持"伊斯兰国"。约有2400名年轻人奔赴伊拉克和叙利亚战场。[2]

**在南亚，穆斯林青年受"伊斯兰国"视频召唤奔赴叙利亚、伊拉克"圣战"。在印度**，10余年来，世界各地的年轻穆斯林离开家园，奔赴遥远的冲突地区与激进分子并肩战斗，但几乎不见印度穆斯林的踪影，因为印度有民选政治，而且印度穆斯林一贯是越境到巴基斯坦受训，然后作为一个恐怖小组成员回到印度，在有争议土地上——克什米尔打仗。2014年5月，这一现象一去不复返。5月24日，来自孟买郊区的4名年轻穆斯林——24岁的法赫德·坦弗（Fahad Tanvir）、22岁的阿里夫·马吉德（Arif Majeed，来自医生之家）、20岁的阿曼·坦德尔（Aman Tandel）、26岁的沙西恩·法鲁奎·坦吉（Shaheen Farooqui Tanki）——都来自中产阶级家庭，受过良好教育，留下一张便条——他们要为捍卫伊斯兰教而战，请求家人原谅其不辞而别，将在天堂里再与家人相聚——通过一个宗教旅游团赴伊拉克摩苏尔参加战斗。他们是在网上被"伊拉克和黎凡特伊斯兰国"招募的。据悉，法赫德·坦弗宣称伊斯兰教不许家里有电视机，不许在选举中投票。其叔叔伊夫特哈尔·汗（Iftekhar Khan）说，"这代人都受过良好教育，他们了解伊斯兰教，痛恨罪恶。**他们不太关心印度政**

---

[1] Rukmini Callimachi, "Beheading of Frenchman shows Islamic State's reach", *International New York Times*, September 26, 2014.

[2] David D. Kirkpatrick, "In Tunisia, freedoms open door for militants", *International New York Times*, October 23, 2014.

府造成的怨苦，而是更关注中东地区的伊斯兰斗争。"孟买高级警官德文·巴迪（Deven Bharti）坦言，"这件事让我们大家深感震惊，这么多年轻人想参加全球战争是件新鲜事。"印占克什米尔的官员称，他们发现近来有年轻人展示"伊拉克和黎凡特伊斯兰国"的标语和徽章。8月初，南部泰米尔纳杜邦拘留了一名年轻人，因为他在新媒体上传一群身穿"伊拉克和黎凡特伊斯兰国"T 恤衫的印度穆斯林图片。[1] **在巴基斯坦**，2014年7月9日，由谢赫阿布·耶齐德·阿布德·卡西尔·呼拉萨尼（Abu Yazid Abd al-Qahir Khorasani）为首的巴基斯坦塔利班宣布效忠巴格达迪。[2] **在马尔代夫**，2014年约有20余人参与叙利亚内战，其中加入"伊斯兰国"的人在增多。7月末，"脸谱"上出现成立"马尔代夫伊斯兰国"（the Islamic State of Maldives）的声明，旨在马尔代夫倡导"伊斯兰国"的思想主张，增加国人对该组织的认识。"马尔代夫伊斯兰国"敦促马尔代夫年轻人"为哈里发国家而奋斗，坚决反抗现行民主制度，因为该制度一直在毁灭马尔代夫。"8月23日，"马尔代夫伊斯兰国"在"优兔"上播放一段斩首美国记者詹姆斯·福利（James Foley）的视频，同时还发出杀死马尔代夫无神论者威胁令，声称"我们要借用你们的脑袋"。"马尔代夫伊斯兰国"已发布了不少拉登、扎瓦希里以及在叙利亚参战的马尔代夫人发表的宣教视频，如"圣战的职责"、"今日马尔代夫由不信教者统治着，如果他们是不信教者，那我们就必须向他们宣战。"[3]

在东南亚，"伊斯兰国"宣传攻势——能够参加哈里发国家的斗争是"正义和无比光荣"行为——吸引着众多穆斯林加入该组织。在

---

[1] Ellen Barry and Mansi Choksi, "India shaken by missing Muslims traced to Iraq", *International New York Times*, August 6, 2014.

[2] Ezzeldeen Khalil, "Caliphate Question", *Jane's Intelligence Review*, August 2014.

[3] Animesh Roul, "Low-lying threat: Risk from domestic radicals rises in the Maldives", *HIS Jane's Intelligence Review*, October 2014, Vol 26, Issue 10. 作者是设在印度新德里的政策研究智库"和平与冲突研究会"（the Society for the Study of Peace and Conflict）执行主任。

## 第六章 从"基地"组织到"伊斯兰国"

**印尼**,2014年6月30日,武装组织"印尼帖木儿圣战者"(Mujahidin Indonesia Timur)通过"优兔"上传视频,宣布效忠"伊斯兰国"。① 7月4日,巴格达迪号召全球穆斯林加入"伊斯兰国"后,印尼和马来西亚立即出现本土激进组织头目号召穆斯林加入"圣战"的视频。同月,"伊斯兰国"发布视频,一名印尼籍"圣战"分子号召更多的印尼穆斯林加入"伊斯兰国"事业。8月,在一些大城镇以及雅加达郊外赛里夫·海戴亚图拉国立伊斯兰大学(Syarif Hidayatullah),激进分子还举行支持"伊斯兰国"的民众集会。② 2015年,至少有300名印尼人赴叙利亚参加"伊斯兰国",有50多人已被打死。③ 这些已被招募的人员还不断使用"脸谱"等新媒体开展募人活动。马来西亚官方也表示,"伊斯兰国"已通过"脸谱"招募了小部分马来西亚人加入该组织,名为"吉隆坡小组"(Kuala Lumpur Cell)并通过这一渠道募集大量资金。据统计,截至2011年,印尼的"脸谱"用户已达3500万,"推特"用户达480万。马来西亚社交网络用户也在不断增长,而"伊斯兰国"正是利用网络发起蛊惑性极强的宣传攻势。④ 据悉,来自印尼和马来西亚的激进分子组成"伊斯兰国马来半岛小组",旨在以此扩大"伊斯兰国"在东南亚的影响。**在菲律宾**,2014年8月,"哈里发辅士组织"(Jama'at Ansar al-Khilafa)、由皈依伊斯兰教的基督徒组成的伊斯兰组织"拉贾·苏莱曼运动"(Rajah Solaiman Movement)先后宣布支持"伊斯兰国"。⑤

**在俄罗斯北高加索**,2014年11月,包括车臣指挥官在内的"Imarat Kavkaz"绝大多数指挥官宣誓效忠"伊斯兰国"。2015年6

---

① Ezzeldeen Khalil, "Caliphate Question", *Jane's Intelligence Review*, August 2014.

② Endy Bayuni, "Defusing terror in Indonesia", *International New York Times*, March 9, 2015.

③ Joe Cochrane, "Blasts and gunfire hit central Jakarta", *International New York Times*, January 15, 2016.

④ 蒋天:"东南亚国家防范ISIS本地扩张",《中国青年报》,2014年9月19日。

⑤ Animesh Roul, "Returnee threat: Islamic State expands its influence in Asia", *IHS Jane's Intelligence Review*, Vol 27, Issue 3, March 2015.

月21日,"伊斯兰国"正式接受他们的效忠,宣布成立北高加索分支,并任命"Imarat Kavkaz"达吉斯坦指挥官鲁斯塔姆·阿希尔德洛夫(Rustam Asilderov)为"伊斯兰国"北高加索分支领导人。早在2014年9月,在叙利亚的"伊斯兰国"武装分子就发布视频,扬言该组织将"解放"北高加索。2015年9月2日,北高加索分支发布声明,宣称该组织针对达吉斯坦一处兵营制造了首例袭击行动,并"造成一些士兵死伤"。不过,当下,"伊斯兰国"高层在俄罗斯的目标是提供战略指导,吸引更多的北高加索武装分子赴叙利亚和伊拉克参战,而不是直接派力量前往北高加索发动"解放"战争。据媒体和专家估计,在叙利亚和伊拉克参战的俄罗斯公民介于2000—7000人之间,其中大批是旅居欧洲的车臣侨民。另外,"伊斯兰国"在俄罗斯境内的中亚移民中建有完好的募人网络。[1]

**在中亚**,2014年11月,哈萨克斯坦国家安全委员会主席阿贝卡耶夫(Abykayev)在阿斯塔纳独联体执法、情报委员会第37次会议上宣称,在伊拉克和叙利亚同"伊斯兰国"并肩战斗的哈萨克斯坦人约300名,其中一半为女性。2015年1月底,哈萨克斯坦安全部门官员告诉《简氏情报评论》,人数可能更多。国际危机组织2015年1月20日发表的报告称,在中东参加"伊斯兰国"战斗或支持"伊斯兰国"的中亚人约有2000—4000人。[2]

**在西方,穆斯林青年在叙利亚和伊拉克战场上找到了生命的价值**。有些西方圣战者原来是"坏穆斯林",抽烟、泡妞、吸毒贩毒,属"问题少年",但在叙利亚他们成了虔诚的穆斯林,坚信"圣战"的长期性和毫不动摇性,在建立"沙里亚法"治下的哈里发国家目标上团结一致。绝大多数西方人赴叙利亚是为了参加"圣战",甚至连

---

[1] 材料引自:"Provincial allegiance", *IHS Jane's Intelligence Review*, Vol 27, Issue 11, November 2015.

[2] George Voloshin, "Imminent Threat: Kazakhstan vows to crack down on terrorism", *IHS Jane's Intelligence Review*, Vol 27, Issue 4, April 2015. 作者是法国的前苏联问题政治分析家。

从事人道主义救援的西方人思想也激进化。叙利亚改变了他们,"在英国和欧洲,我们生活在虚幻中,如今我们生活在梦想的土地上,一切都美好"。① 结果,有更多的英国穆斯林宁愿奔赴叙利亚参战,也不在英国应征入伍。英国首相卡梅伦 2015 年 7 月曾坦承,"我们必须直面这样一个悲哀的事实:即在英国生于斯、长于斯的人,根本不认同英国。"②

6. **影响上,重组中东政治版图中的敌友阵营**。"伊斯兰国"使存在数百年之久的逊尼派与什叶派之间、库尔德人与土耳其人之间的紧张关系出现新发展,传统敌友阵营生变,敌友界限模糊混乱。2011年美军准备离开伊拉克之际,当时主要敌人是三支什叶派民兵武装,他们受伊朗情报头子卡西姆·苏莱马尼(Qassim Suleimani)操纵。如今,当美军空袭在伊拉克城镇阿默里(Amerli)的"伊斯兰国"战士时,卡西姆·苏莱马尼也指挥三支民兵武装在地面上与同一敌人作战。伊朗和美国都坚持双方没有战事协调,但双方利益的一致性表明"伊斯兰国"已在重组地区政治版图。"伊斯兰国"在叙利亚和伊拉克屠杀平民、斩首、种族清洗等血腥行动,正在迫使每个地区国家重新考虑它们之间相互竞争的关系,因为这是 7 世纪逊尼派、什叶派分裂后中东历史上最动荡的时刻。③

## (三)"伊斯兰国"前景

### 1. 国际社会剿灭"伊斯兰国"不易

**(1)从"伊斯兰国"角度看,实施"沙里亚法"赋予其统治合法性**。与"基地"组织不同,"伊斯兰国"已占据领土,并严格按照

---

① Kimiko De Freytas-Tamura, "Westerners fighting in Syria pose risk at home", *International New York Times*, May 31-June 1, 2014.

② Katrin Bennhold, "Islamic State winning war of marketing", *International New York Times*, July 29, 2015.

③ Tim Arango, "Longtime rivals look to fight ISIS together", *International New York Times*, September 11, 2014.

"沙里亚法"进行治理。一名美国高官称,"'伊斯兰国'巍然不动,正在进行真正的'圣战'。他们说:'看看我们正在做的事以及已经完成的事,我们是新面孔,我们说到做到。'"①

**地处伊斯兰核心区**。"伊斯兰国"崛起于叙利亚和伊拉克领土上,这里是穆斯林走向兴盛时期的心脏地带。建立地跨三大洲阿拉伯帝国的伍麦叶王朝定都叙利亚大马士革,之后演变成伊斯兰帝国的阿巴斯王朝定都伊拉克巴格达。历史上,叙利亚、伊拉克是整个阿拉伯世界甚至整个伊斯兰文明的中心,其中阿巴斯王朝是阿拉伯——伊斯兰文明的巅峰。设在阿布扎比的德尔马研究所(Delma Institute)叙利亚分析家哈桑·哈桑就表示,"伊斯兰国"试图恢复伊斯兰早期哈里发国家的理想时代,这在中东地区许多穆斯林中产生强烈共鸣。在民众心目中,哈里发国家是穆斯林走向胜利和获得尊严的代名词,哈里发是反抗穆斯林世界内外敌人的捍卫者。②

**武器充足,作战能力强**。"伊斯兰国"武装分子善于武装自己——在叙利亚,从加入"伊斯兰国"的反政府武装手中接管武器弹药;从叙利亚其他反政府武装手里购买武器,这些武器实际上来自美国和其他打击"伊斯兰国"的国家,他们帮助中东国家稳定安全形势的武器反而流落到"伊斯兰国"手中,助其崛起并保持持续的战斗力,出自美国的步枪子弹派上了大用场;从战场上缴获的武器,包括从叙利亚、伊拉克政府军事基地缴获的大量武器;从叙利亚和伊拉克安全部队腐败成员手中非法交易来的武器。③ 2014年10月,"伊斯兰国"发布一系列宣传视频:有的提供如何使用肩扛式导弹击落阿帕奇直升机的在线指南;有的展示在伊拉克北部拜伊吉(Baiji)附近战场上,"伊斯兰国"圣战者发射导弹击落一架伊拉克军队Mi-35M攻击直升

---

① Michael S. Schmidt, "U. S. identifies citizens joining ranks of ISIS", *International New York Times*, August 30 – 31, 2014.

② Scott Shane and Ben Hubbard, "ISIS spreads its message with 21st-century savvy", *International New York Times*, September 1, 2014.

③ C. J. Chivers, "Islamic State firing U. S. bullets", *International New York Times*, October 7, 2014.

机的情况。这些视频证明,"伊斯兰国"战士已在使用先进的地对空导弹,对伊拉克和美国领导的联军空袭行动构成严重威胁,并挑战美国制空权。① 据悉,"伊斯兰国"十分重视让车臣教官帮助"伊斯兰国"成员提升作战能力。②

**掌控战地话语权**。"伊斯兰国"在伊拉克和叙利亚控制区大肆绑架和斩首记者之举,使得胆敢踏入其地盘的西方记者生命危在旦夕,越来越少的救援工作者和记者踏入"伊斯兰国"地盘。这是中东现代史上美国记者和摄影记者不能在战地报道第一手战况以及国际媒体不能近距离见证战事的首场战争,"伊斯兰国"掌控了战地话语权——通过"脸谱"和"推特",告诉国际社会它希望国际社会知道的事;不让国际社会知道它不希望国际社会知道的事。糟糕的是,据《时代》周刊2014年10月底报道,在"伊斯兰国"发自叙利亚城镇科巴尼的一段宣传视频中,一名英国人质甚至充当了题为"面对美军空袭浪潮,预报科巴尼将落入武装分子之手"的战事报道记者,这表明"伊斯兰国"已经越来越懂得如何通过24小时新闻频道来宣传其恐怖事业。该人质一袭黑衣,在视频中说:"大家好,我是约翰·坎特利(John Cantlie),今天我们地处叙土边境的科巴尼市,土耳其就在我身后。"据"Politico"媒体记者迪伦·拜尔斯(Dylan Byers)10月23日透露:美国联邦调查局已给新闻机构下发简报,警告"伊斯兰国"已将记者和媒体从业人员当作回击美军空袭行动的"合法报复目标"。③

**利用网络威力发动媒体战**。"伊斯兰国"媒体战的目标群体主要锁定在伊拉克安全部队、其他伊拉克武装组织、西方国家潜在的被招募者、海湾地区的捐款人等身上。英国国家安全委员会(GCHQ)主

---

① Kirk Semple and Eric Schmitt, "Islamic State missiles may threaten aircrews", *International New York Times*, October 28, 2014.

② Fawaz A. Gerges, "ISIS and the Third Wave of Jihadism", *Current History*, December 2014, p. 342.

③ Thomas L. Friedman, "Flying blind in Iraq and Syria", *International New York Times*, November 3, 2014.

任罗伯特·汉尼根（Robert Hannigan）2014年11月在英国《金融时报》上撰文称，"伊斯兰国"是"首个主要由成长于互联网时代年轻人组成的恐怖组织，正在利用网络威力创造出一个全球性'圣战'威胁。'推特'、'脸谱'、WhatsApp……等新媒体成为'伊斯兰国'手中的指挥控制网络。"目前，"伊斯兰国"正是利用它们招募、协调、鼓励成千上万名来自世界各地的激进分子奔赴伊拉克、叙利亚"圣战"。①

"伊斯兰国"还擅长利用新媒体做宣传，利用"脸谱"发布死亡威胁，利用 app JustPaste 上传长篇激进演说，利用 app SoundCloud 播放"圣战"音乐，利用"优兔"、"推特"发布恐吓对手的视频和不断更新该组织获得的武器装备和新占领地盘。恐怖主义问题专家里塔·卡兹（Rita Katz）在监控网上激进分子活动的"the SITE Intelligence Group"网站撰文称，"伊斯兰国"有效利用手机和新媒体账户"与成千上万名圣战者时刻保持伊拉克、叙利亚战场即时信息共享，弘扬'圣战'，相互通联，招募新人，恐吓对手"。② 据不完全统计，仅"推特"上，"伊斯兰国"就有7万—9万个账户用于发布斩首等暴力视频。③ 该组织还发行刊物《新闻》（Al Naba），让捐款人知晓战况。

**致力于培养"新一代勇士"，使事业后继有人**。在伊拉克和叙利亚控制区，"伊斯兰国"建立了针对青少年的军事、宗教训练中心，向他们灌输激进思想，以便培养出"新一代勇士"。在伊拉克摩苏尔附近的一个训练营，"伊斯兰国"将孩子们称为"哈里发国家童子军"。这些孩子不仅要进行体能训练，背诵《古兰经》，还要被训练成同什叶派拼命的战士。联合国在2014年11月的一份报告中称，

---

① Thomas L. Friedman, "Makers and breakers", *International New York Times*, November 10, 2014.

② Rod Nordland, "ISIS using social media to spread propaganda", *International New York Times*, June 30, 2014.

③ Rick Gladstone, "Behind veil of anonymity, online vigilantes battle ISIS", *International New York Times*, March 26, 2015.

第六章　从"基地"组织到"伊斯兰国"

"伊斯兰国"高度重视孩子,将其视为确保长期忠诚、尊奉其激进思想的工具,使他们成为以暴力为生活主轴的铁杆战士。因此,在叙利亚拉卡,把孩子们集中起来观看放映的当众处决镜头,甚至在许多处决场合,孩子们是观众。联合国儿童基金会中东和北非地区儿童保护顾问劳伦特·查普伊斯(Laurent Chapuis)坦言,在以往的冲突中,"孩子们主要充当信使或间谍,但如今他们担任了更重要的角色。"①

**建立战争经济**。"伊斯兰国"已成为当今世界上最富有的恐怖组织,其成员甚至比叙利亚、伊拉克的国防军薪水更高,训练更有素,装备更精良。在其控制区,"伊斯兰国"迅速控制当地资源,并利用这些资源巩固统治。譬如,他们占领叙利亚北部、东部油田后,恢复采油,利用占领的电厂向政府售电。2014年6月10日,"伊拉克和黎凡特伊斯兰国"攻占摩苏尔,从无人把守的银行盗走4亿美元现金。另外,他们处决基督徒和穆斯林中"伪信者"。一名"伊拉克和黎凡特伊斯兰国"成员称,"不管我们占领哪里,我们都会宣布哪些人是异教徒,然后没收其财产。我们从基督徒和不喜欢的穆斯林那里没收汽车,拿走钱财。"② 此外,就是一些海湾国家的富人资助和穆斯林民众捐赠的天课;绑架外国人(包括国际机构工作人员、西方记者)所获赎金;控制区内的医院、商场、饭店及电力和水利设施每月获得数以百万美元的收入;在控制区向商人、种地的人、开工厂的人和有钱人以及公司和当地社团收税;伊拉克和叙利亚多片农田的粮食收益,倒卖文物,开办瓶装水和软饮料工厂、纺织厂、家具店、买手机公司、水泥厂和化工厂,等等。随着"伊斯兰国"经济实力的不断增强,花钱招募新人的能力也在不断增强,加入"伊斯兰国"并为其卖命者每月挣100美元,他的父母另得100美元,兄弟姐妹每人可得40美元。有约旦安全官员担心,"中东的最大威胁是恐怖

---

① Tim Arango, "Boy's ploy to quit ISIS: Donning a suicide vest", *International New York Times*, December 27-28, 2014.

② Thanassis Cambanis, "Broad agenda for jihadists behind attacks", *International New York Times*, June 13, 2014.

385

主义和极端主义的大范围蔓延，大量外国圣战者进入叙利亚和伊拉克战场。"

**伊拉克境内的逊尼派与什叶派之间难以和解**。2006—2008年，逊尼派与什叶派内战打开了教派仇杀的潘多拉盒子，族群关系撕裂。2010—2014年，什叶派马利基政权歧视性对待逊尼派，进一步深化相互间的不信任，造成逊尼派张开怀抱接纳"伊斯兰国"。如今，在最重要的什叶派领袖阵营，许多人反对和解，因为他们根本不信任逊尼派。而在逊尼派阵营，力量分散，各行其是。两派的政治和解一直处于停滞状态。①

**蓄意外溢逊尼派与什叶派之间的教派冲突**。2015年6月26日，周五聚礼日，"伊斯兰国"人弹在科威特城最大的什叶派清真寺之一制造自杀式袭击，至少造成27人丧生、220多人受伤。这是"伊斯兰国"在海湾国家发动的首次恐怖行动，旨在煽起逊尼派与什叶派之间的教派冲突。在科威特，一向鲜见公开的紧张教派关系。②

**（2）从周边和国际社会角度看，有同情者**。在沙特阿拉伯，2014年7月21日，设在伦敦的《生活报》在新媒体上对沙特人进行民意调查，结果显示92%的人认为，"伊斯兰国"所作所为符合伊斯兰教教义；在25—30岁年龄段的沙特人中，认为"伊斯兰国"根本不是极端组织比率极高。尽管沙特政府加大制止国人前往叙利亚和伊拉克的力度，在"伊斯兰国"中仍有不少沙特人的踪影，沙特阿拉伯与黎凡特地区跨界部族纽带为他们提供了便利。③

在土耳其，政府默许本国成为外国圣战者加入"伊斯兰国"的主

---

① Kenneth M. Pollack, "ISIS is losing, but what happens next?" *International New York Times*, February 5, 2015.

② Ben Hubbard, Alissa J. Rubin, Aurelien Breeden and David D. Kirkpatrick, "Terror attacks leave trail of death on 3 continents", *International New York Times*, June 27 – 28, 2015.

③ Frederic Wehrey, "The Saudi Thermidor", *Current History*, December 2014, p. 346. 作者是卡内基国际和平基金会中东项目副研究员，新近著有《海湾的教派政治：从伊拉克战争到阿拉伯之春》，哥伦比亚大学出版社，2013年版。

要过境通道。外国"圣战者"的通常做法是：大多数人先乘飞机抵达伊斯坦布尔，因为土耳其对绝大多数西方国家公民免签，他们以游客身份入境，过海关很容易。到了伊斯坦布尔后，在廉价旅馆停留数日，然后经两条路线抵达土耳其—叙利亚边境：要么乘飞机前往哈塔伊或阿达纳；要么经公路或铁路抵达边境地区。之后，分小批偷渡进叙利亚，每人付费44美元。土耳其是进出叙利亚的最便宜通道，经约旦或黎巴嫩进出叙利亚要难得多、费用高得多。①

**土耳其对"伊斯兰国"持矛盾心理**。土耳其的战略目标是推翻叙利亚巴沙尔·阿萨德政权，不是打击"伊斯兰国"，甚至直接支持激进分子，对过境外国圣战者"睁一眼闭一眼"，约有1000余名土耳其人在叙利亚参战。2014年9月20日，当包括外交官、特种部队士兵在内的46名土耳其人质（6月初在伊拉克摩苏尔遭绑架）获释后，土耳其总统埃尔多安才将"伊斯兰国"贴上恐怖组织标签。10月2日，土耳其议会通过提议，批准将土耳其军队部署在伊拉克和叙利亚参加美国主导的打击"伊斯兰国"联军，但该提议未明确"伊斯兰国"对土耳其构成直接威胁，而是一再重申推翻巴沙尔·阿萨德政权也是联军打击"伊斯兰国"行动的组成部分。埃尔多安将巴沙尔·阿萨德视为中东地区一切问题的根源，认为巴沙尔·阿萨德为"伊斯兰国"这类组织的兴起创造了条件。10月7日，埃尔多安在土耳其南部的加济安泰普省难民营发表讲话，重申土耳其参与打击"伊斯兰国"军事行动的前提条件是，"伊斯兰国"在土耳其境内发动重大恐怖袭击，或者威胁土耳其在叙利亚北部飞地"苏莱曼·夏陵墓"（Suleiman Shah，奥斯曼帝国创立者之祖父）的安全。②

在叙利亚，库尔德人组织"人民保护委员会"（the People's Protection Committees, Y.P.G.）在科巴尼街头同"伊斯兰国"作战，迫

---

① "Travelling for jihad", HIS Jane's Intelligence Review, Vol 26, Issue 11, November 2014.

② Lale Sariibrahimoglu, "On the borderline: Turkey's ambiguous approach to Islamic State", HIS Jane's Intelligence Review, Vol 26, Issue 11, November 2014.

切需要外界援助。但由于土耳其与库尔德人关系长期紧张，埃尔多安视"人民保护委员会"为敌人，甚至认为其威胁大于"伊斯兰国"，因此拒绝允许该组织通过土耳其通道获得武器补给。若想让土耳其提供支持，该组织必须满足以下政治条件：一是谴责巴沙尔·阿萨德政权，公开加入叙利亚反政府阵营。二是撤销叙利亚境内的库尔德人半自治区。叙利亚内战初期，叙利亚军队撤出库尔德人地区后，"人民保护委员会"及其所属政党"库尔德民主联盟党"①一直控制着该地区，集中精力搞自治而不是同叙利亚政府作战。三是希望"库尔德民主联盟党"与"库尔德工人党"拉开距离。实际上，"人民保护委员会"不可能接受这些条件。另外，截至10月，土耳其境内已接纳150多万叙利亚难民，背上沉重的政治经济包袱。②

  **在美国和约旦，有学者制造接受"伊斯兰国"的舆论**。"伊斯兰国"正在从一个恐怖组织向准国家（a functioning state）转型——占领土地，建立治理能力，动用恐怖迫使占领区的民众服从和恐吓对手，在饱受战争和动乱之苦的地区提供了相对的稳定局面，向居民发放身份证，颁发捕鱼证，要求汽车携带维修工具等。哈佛大学肯尼迪政治学院国政系教授斯蒂芬·沃尔特（Stephen M. Walt）说，"我认为，毋容置疑，'伊斯兰国'是一个革命的建国组织。"他是人数虽少但在增加的专家之一。2015年，斯蒂芬·沃尔特在《外交政策》上撰写了题为"如果'伊斯兰国'赢了，我们该怎么办？"一文，指出"一旦'伊斯兰国'胜利了，将意味着在如今已控制并成功对抗外部势力'消灭它'努力的土地上，该组织保住了权力。美国向'伊斯兰国'发动空袭几近一年，其结果是，显然唯有大规模外部干涉才能扭转进程并最终消灭'伊斯兰国'。"但有越来越多的专家认为，光靠军事打击手段，没有政治和解，不向被孤立的逊尼派提供其他政治选择，根本无法打败"伊斯兰国"，因为对生活在"伊斯兰

---

① 土耳其"库尔德工人党"叙利亚分支，叙利亚境内力量最强大的库尔德人组织。
② Karam Shoumali and Anne Barnard, "Syrian border town may fall to ISIS, Turkey warns", *International New York Times*, October 8, 2014.

国"占领区的叙利亚和伊拉克逊尼派而言,别无他法。伊拉克的逊尼派对什叶派控制的中央政权心怀敌意,而叙利亚阿萨德·巴沙尔政权已在内战中杀害了 20 多万人,使国家半数人口处于无家可归境地,因此"伊斯兰国"成了许多民众一个更能接受的选择,"虽然活得不幸福,但能活在和平下,感到有一个运转的国家存在着"。斯蒂芬·沃尔特继续写道:"当年法国大革命断头台上的斩首、俄国布尔什维克革命的暴行,诸如此类都强调暴力手段,但最终却成为缔造一个革命国家的先导。而在当时,这些运动都被视为对国际秩序的威胁。"2000—2004 年曾任美国中情局副局长的约翰·麦克劳克林也指出,黎巴嫩武装组织"真主党"过去在西方眼里是一个恐怖组织,如今却是一个合法的政治角色。他还提到英国皇室历史上的暴行,"14—15 世纪,为了巩固统治,英国的国王们对百姓不仅砍头,而且切腹。"耶鲁大学政治系教授安德鲁·马奇(Andrew F. March)研究"伊斯兰国",他也在研究报告中写道,"'伊斯兰国'可能日益成为一个'正常国家',选自伊斯兰早期历史的规章制度提供了治国理政的方法及相关法律。"约旦研究"圣战"组织的权威专家哈桑·阿布·哈尼耶(Hassan Abu Hanieh)说,"'伊斯兰国'的司法制度迅捷而有效,这就是为什么当地人在其占领区感到社会稳定,行贿、腐败等劣迹几乎闻所未闻。"[1]

### 2. "伊斯兰国"发展受各方力量钳制

(1) **在穆斯林世界,遭到沙特阿拉伯反对。沙特阿拉伯同"伊斯兰国"的斗争,究其实质,是一场争夺伊斯兰领导权之战**。英国牛津大学圣安东尼学院巴勒斯坦学者艾哈迈德·哈利迪(Ahmad Khalidi)坦承,"这是一场争夺穆斯林灵魂之战",数十年来,沙特阿拉伯一直通过资助欧洲、阿拉伯世界、南亚和中亚的清真寺和经文学校弘扬"萨拉菲主义",而"萨拉菲派"反对现代性、妇女和宗教多元主义,甚至反对伊斯兰多元主义。如今,这场游戏限数已到:首先,"伊斯

---

[1] Tim Arango, "Building on its brutal origins, ISIS learns to lead", *International New York Times*, July 11-12, 2015.

兰国"自称是哈里发国家——伊斯兰教的中心，对沙特阿拉伯也构成挑战，而沙特阿拉伯作为麦加和麦地那两圣地护主，一向自认为它是伊斯兰教的中心。沙特阿拉伯不再能一方面同"伊斯兰国"开战，另一方面继续宣扬孕育"伊斯兰国"的激进意识形态，否则将伤害越来越多的穆斯林。①

沙特政府反对"伊斯兰国"的原因：一是"伊斯兰国"极端宗教思想的内核源自哈瓦利吉派，与沙特政府信奉的"萨拉菲主义"不一样。"萨拉菲主义"源自9世纪逊尼派四大教法学派之一创始人罕百里思想，即坚决反对叛乱、流血、强迫皈依等行为。二是"伊斯兰国"核心目标是恢复哈里发国家，"伊斯兰国"实现哈里发国家之路必须穿越沙特阿拉伯。三是"伊斯兰国"还觊觎沙特阿拉伯的石油财富。实际上，"伊斯兰国"已发动反沙特政府攻势，扬言"我们将接管沙特阿拉伯"。鉴此，沙特政府已将"伊斯兰国"列入恐怖组织名单，宣布资助该组织是大罪，将受到严惩，2014年夏以来逮捕了不少"伊斯兰国"的支持者和成员。② 2014年7月3日，沙特政府追加3万兵力部署在边境线上。内政部和宣教指导部加大监控清真寺宣教和新媒体上言论的力度。

**伊朗出手打击"伊斯兰国"目标**。2014年8月，伊朗组织伊拉克什叶派民兵顶住了"伊斯兰国"对阿默里（Amerli）的围攻。11月底，伊朗又派战机深入伊拉克边境25英里打击缓冲区里的"伊斯兰国"目标，阻止了"伊斯兰国"向巴格达的推进。此举明确宣示伊朗战略发生重大变化，即从过去幕后支持代理人转向公开动用硬实力推进什叶派在中东地区的影响。为此，伊拉克逊尼派担心，这将深化伊拉克境内的教派分裂。③ 截至2015年3月中旬，伊朗在伊拉克部

---

① Thomas L. Friedman, "Take a deep breath", *International New York Times*, September 18, 2014.

② Nawaf Obaid and Saud al-Sarhan, "The Saudis can crush ISIS", *International New York Times*, September 9, 2014.

③ Tim Arango and Thomas Erdbrink, "U. S. and Iran hit Islamic State but try not to look like allies", *International New York Times*, December 5, 2014.

署先进的 Fajr-5 式火箭和征服者—110 导弹打击提克里特的"伊斯兰国"分子，同"伊斯兰国"作战的 2/3 兵力为伊朗支持的什叶派民兵。

**库尔德民兵武装同"伊斯兰国"作战**。库尔德民兵武装称"Peshmerga"，意即"直面死亡之人"，总兵力达 17.5 万人，2014 年 9 月已得到不少国家的武器援助，如阿尔巴尼亚、英国、加拿大、克罗地亚、丹麦、法国、意大利。伊拉克库尔德人领袖巴尔扎尼 9 月 2 日表示，伊朗也在向库尔德民兵武装提供武器。[1]

**印尼、马来西亚等国领导人严防"伊斯兰国"在东南亚地区扩张**。印尼、马来西亚境内已出现传播"伊斯兰国"思想的行为，虽然未对国家、地区安全造成实质性损害，但 2014 年 9 月，印尼政府发布禁令，禁止宣扬"伊斯兰国"激进思想，取缔支持"伊斯兰国"的组织，禁止印尼民众参与"伊斯兰国"组织及其活动。马来西亚总理纳吉布也发表措辞严厉的声明谴责"伊斯兰国"，指出其思想和行为是反人类的，与伊斯兰教教义、文化不相符。[2] 此外，虽然两国不少民众支持"伊斯兰国"建立哈里发国家的目标，但绝大多数民众主张以民主而不是暴力方式去实现该目标。

**遭到支持"基地"组织的激进宗教人士反对**。"伊斯兰国"与"基地"组织决裂后，著名激进宗教人士、"伊拉克'基地'组织"创始人扎卡维的精神导师、被西方圣战者视为"博学谢赫"的阿布·穆罕默德·马克迪西（Abu Muhammad al-Maqdisi）敦促"伊斯兰国"领导人不要杀害穆斯林和非穆斯林人质，因为这些人没有拿起武器反抗"伊斯兰国"。巴勒斯坦裔约旦激进宗教人士、本·拉登在欧洲的代表阿布·卡塔达（Abu Qatada）也加入到马克迪西谴责"伊斯兰

---

[1] Azam Ahmed, "Unconquered warriors no longer", *International New York Times*, September 3, 2014.

[2] 蒋天："东南亚国家防范 ISIS 本地扩张"，《中国青年报》，2014 年 9 月 19 日。

国"的行列。① 在这些激进"萨拉菲派"宗教人士眼中,他们将"伊斯兰国"等同于哈瓦利吉派。

**遭到阿富汗塔利班的抵制**。阿富汗塔利班领导核心始终坚持"由阿富汗人统治阿富汗"的思想主张。面对塔利班少数成员出现效忠"伊斯兰国"的叛离行为,在阿富汗—伊朗边界的法拉省,塔利班着手平息组织的分裂势头。2015年,"伊斯兰国"在该省建立了一个训练营,迅速招募到600余名年轻人,其中绝大多数是当地的塔利班成员或支持者。塔利班在法拉省的高级指挥官要求当地宗教学者在清真寺作宣传,指出"伊斯兰国"在阿富汗的存在将是一个危险的事态发展,结果说服了半数以上的人重返塔利班队伍。之后,5月下旬,塔利班围攻该训练营,经过数日战斗,打死10多名"伊斯兰国"武装分子,另有55人关进塔利班的监狱里,训练营头目及一些非阿富汗成员被勒令离开法拉省。②

**遭到激进组织的反对**。如"印尼圣战者委员会"(Council of Indonesian Mujahideens)和印尼"伊扎布特"(Hizb-ut-Tahrir Indonesia)坚决反对"伊斯兰国"。前者宣称,"伊斯兰国"遵奉"塔克菲尔"思想,偏离了伊斯兰正道;后者则谴责"伊斯兰国"使"哈里发国家"和"沙里亚法"等观念犯罪化,并认为"伊斯兰国"付诸的手段与伊斯兰原则相冲突。③

**"伊斯兰国"的残忍性自毁群众基础**。20世纪80年代阿富汗抗苏"圣战"是第一次国际"圣战"浪潮,当时的头目和行为主体是埃及穆斯林兄弟会精神领袖库特卜的追随者们,其中包括扎瓦希里这代人中的好战宗教人士,主要打击被他们称之为"近敌"的亲西方、世俗阿拉伯政权,首次重大恐怖行动是1981年暗杀了埃及总统萨达

---

① Ranya Kadri and Alan Cowell, "Jordan acquits militant cleric", *International New York Times*, September 25, 2014.

② Joseph Goldstein, "In ISIS, the Taliban face their own insurgent threat", *International New York Times*, June 6 – 7, 2015.

③ Animesh Roul, "Returnee threat: Islamic State expands its influence in Asia", *HIS Jane's Intelligence Review*, Vol 27, Issue 3, March 2015.

## 第六章　从"基地"组织到"伊斯兰国"

特。为了获得攻击萨达特之流的"叛教"、"异教徒"统治者之恐怖行为的神学合法性,他们必须发表声明,在动用政治暴力手段时保持克制,如埃及"伊斯兰圣战"不攻击穆斯林平民。90年代末,激进势力走向全球掀起第二次国际"圣战"浪潮,本·拉登成为这次浪潮的领袖,斗争目标直指美西方为首的"远敌"。为争取民心,本·拉登宣称其恐怖行为是正当自卫,将2001年"9·11"恐怖袭击描绘成报复美国专断穆斯林国家事务的"自卫性圣战"。而掀起第三次国际"圣战"浪潮的"伊斯兰国",头目是巴格达迪,他身边的亲信是前萨达姆复兴党政权军官而不是理论家,因此他丝毫不关注世界舆论,反而在互联网上大秀残忍暴行,强调暴力行为超越神学合法性。巴格达迪的口号是,"通过恐惧和恐怖主义夺取胜利"。[①]

2015年1月20日后持续12天的日本记者后藤健二、探险家汤川遥菜(Haruna Yukawa)、约旦飞行员莫阿兹·卡萨斯贝(Moaz al-Kasasbeh)人质事件,最终以"伊斯兰国"残酷杀害人质收场,既没有从日本勒索到2亿美元赎金,也没有使约旦政府释放一名伊拉克"女人弹"。该事件不仅使日本政府"将同国际社会合作,要令恐怖分子付出代价",而且使约旦社会发生巨变。自2014年9月23日约旦参加美国为首的打击"伊斯兰国"联盟那天起,一些约旦人认为,"这是别人家的事,不是约旦人的战争";还有一些约旦人认为,"迟早会成为约旦人的战争,但最好在他国的后院而不是在约旦的卧室里打。"莫阿兹·卡萨斯贝被害反而使约旦人万众一心,紧密团结在政府的周围一致对抗"伊斯兰国"。[②]

**(2) 在非穆斯林世界,联合国人权高级专员敦促穆斯林世界谴责"伊斯兰国"犯下"滔天罪行",称其行为不仅违反国际法,而且违背伊斯兰教教义**。2014年11月18日,约旦皇家成员、出任联合国人

---

[①] Fawaz A. Gerges, "ISIS and the Third Wave of Jihadism", *Current History*, December 2014, pp. 341–342.

[②] Rod Norland, "Islamic State's tactics questioned", *International New York Times*, February 3, 2015.

权高级专员的首位穆斯林栽德·拉阿德·侯赛因（Zeid Ra'ad Al Hussein），敦促安理会支持反击"伊斯兰国"暴力意识形态的努力。他援引穆斯林宗教人士的话称，"伊斯兰国"在宗教皈依、滥杀无辜平民等方面违背了"沙里亚法"。他还表示，伊斯兰教禁止杀害外交官和使节，这也适用于记者和救援工作者。19日，安理会召开会议，讨论在打击"伊斯兰国"上如何加强国际合作议题。早些时候，安理会已通过一项举措，呼吁世界各国停止向已取缔的恐怖组织输送资金和人员。联合国专家小组还提议，安理会打击"伊斯兰国"的石油收入。①

**美国为首的西方国家开始有限打击"伊斯兰国"。** 2014年8月，在美国记者詹姆斯·福利被该组织斩首后，美国总统奥巴马称之为中东和世界的"癌症"，其"伊斯兰国"幻象"在21世纪没有一席之地"。② 8月初，西方军队开始有限介入。美国当地时间8月8日，奥巴马授权美国军方在伊拉克开展定点空袭行动。随后，美国向伊拉克北部的"伊斯兰国"阵地发动两轮空袭，给保护库尔德城市埃尔比勒的库尔德战士解围，并阻止"伊斯兰国"的推进——威胁到逃往北方城市辛加尔（Sinjar）附近山区避难的亚兹迪人安危。但这些空中打击行动不具有全局性，难以削弱"伊斯兰国"的全面作战能力。8月11日，英国宣布在伊拉克北方部署Panavia Tornado GR.4型战斗机，用于情报收集、侦察、辅助运输机空投物资等行动。③ 9月15日，美国召集30个国家参加的首脑会议，誓言"以一切必要手段"同"伊斯兰国"做斗争。同月23日，美国纠集阿拉伯五国（沙特、约旦、阿联酋、卡塔尔、巴林）空袭叙利亚境内的"伊斯兰国"目标，同

---

① Somini Sengupta, "U. N. urges Muslims to denounce Islamic State", *International New York Times*, November 20, 2014.

② Ross Douthat, "ISIS in the 21st century", *International New York Times*, August 25, 2014.

③ "International eyes on the Islamic State", *Jane's Intelligence Review*, September 2014.

时打击"基地"组织附属组织"呼罗珊"(Khorasan)。① 但由于"伊斯兰国"武装分子分散成小股力量行动,空袭打击效果有限。2014年12月,阿联酋因担心本国飞行员的安全,暂停对"伊斯兰国"的空中打击行动。

**美国重新介入伊拉克、叙利亚战事**。2014年底,美国向伊拉克派出数百名军事顾问,负责今后数月培训三个新组建师,约2万余人。美军顾问还与伊拉克军官一起制定打击"伊斯兰国"战略,致力于使"伊斯兰国"势力龟缩在摩苏尔等大城市里,帮助伊拉克军队、库尔德民兵武装、逊尼派部落战士切断"伊斯兰国"补给线。为此,美军新建一支特种部队,隶属负责中东武装力量的詹姆斯·L·特里中将统帅,基地设在科威特。保罗·E·芬克二世少将则在巴格达总部负责美军顾问团及相关培训工作。②

截至2015年2月初,美国、伊拉克和库尔德人的军队在战场上止住了"伊斯兰国"攻城略地的强劲势头,特别是美军空袭给"伊斯兰国"造成不小损失,如圣战者被打死,一些装备和指挥系统遭破坏,"伊斯兰国"渐趋守势。伊拉克和库尔德人的军队在拜伊吉、萨马拉等城市取得进展,切断了"伊斯兰国"从叙利亚基地支援摩苏尔要塞的道路。③

2015年8月,土耳其宣布向打击"伊斯兰国"的美军开放因吉尔利克(Incirlik)空军基地。

截至2016年1月,在伊拉克,美军已派驻3700人,其中包括教官、顾问和突击队员。在叙利亚,美军派驻了几十名特种部队。④

---

① Mark Landler, Ben Hubbard and Helene Cooper, "U. S. takes fight into Syria", *International New York Times*, September 24, 2014.

② Michael R. Gordon and Eric Schmitt, "With help from U. S., Iraq readies to fight ISIS", *International New York Times*, November 4, 2014.

③ Kenneth M. Pollack, "ISIS is losing, but what happens next?" *International New York Times*, February 5, 2015.

④ Michael S. Schmidt and Eric Schmitt, "U. S. widens anti-ISIS campaign to Afghanistan", *International New York Times*, February 2, 2016.

### 3. "伊斯兰国"将恐怖袭击行动国际化

（1）随着"伊斯兰国"在叙利亚、伊拉克面临越来越大的军事压力，其头目开始将恐怖袭击行动国际化。2015年，由于美、法、俄等国发动空袭行动，库尔德人和什叶派民兵发起新的地面攻势，5月后"伊斯兰国"在攻占土地上没有再取得重大进展。为了保持其宣传的战无不胜形象，"伊斯兰国"开始敦促其海外分支发动大规模恐怖袭击，以此来召唤激进分子继续投奔"伊斯兰国"。

**成立海外行动部**。该部由"伊斯兰国"发言人、叙利亚埃米尔阿布·穆罕默德·阿德纳尼全权负责。起初，海外行动部旨在制造"独狼"式恐怖袭击。2014年秋，美国开始针对"伊斯兰国"发动空中打击行动，当时阿德纳尼发布视频，敦促住在西方的穆斯林向身边的西方人开战，"如果你能杀死一名不信教的美国人或欧洲人——特别是恶意、猥亵的法国人，或者澳大利亚人、加拿大人，那么就托靠真主，对其格杀勿论"。①

如今，海外行动部主要负责指挥重大海外恐怖袭击行动。海外行动部下设欧洲、亚洲、阿拉伯三个行动部。其中，在欧洲主要招募新皈依者人群，他们"清白"，没有涉恐历史；在亚洲的孟加拉国、印尼、马来西亚主要招募"基地"组织网络成员。

**频频制造重大海外恐怖袭击行动**。2015年：3月18日，突尼斯巴尔多国家博物馆（Bardo）发生恐袭案，造成23人丧生，其中20人为外国游客；6月26日，在突尼斯度假胜地苏塞（Sousse）发生恐怖袭击案，造成38名外国游客丧生。在科威特首都伊玛目贾法尔·萨迪克清真寺（Imam Jafar al-Sadiq，属什叶派）发生恐怖袭击案，造成至少27人丧生，220多人受伤。"伊斯兰国"在新媒体和网络论坛上宣布对这三起袭击案负责。② 9月28日，"伊斯兰国"武装分子

---

① David D. Kirkpatrick, Ben Hubbard and Eric Schmitt, "Libyan city may be ISIS' fallback option", *International New York Times*, November 30, 2015.

② "Jihadist web watch: Monitoring Islamist extremist activity online", *Jane's Intelligence Review*, Vol 27, Issue 8, August 2015.

在**孟加拉国**首都达卡枪杀了50岁的意大利人塞萨利·塔维拉（Cesare Tavella，负责南亚地区除贫项目），这是"伊斯兰国"在该国发动的首次恐怖袭击。10月10日，在**土耳其**首都安卡拉市中心，"伊斯兰国"武装分子制造了一起自杀式恐怖袭击，造成100余人丧生。10月31日，**俄罗斯**客机在埃及上空遭"伊斯兰国西奈省"恐怖袭击，机上224人全部遇难，其中许多是到西奈半岛度假的俄罗斯人。11月12日，在**黎巴嫩**贝鲁特，自杀式袭击当地什叶派穆斯林聚居区，至少有43人死亡、200多人受伤。11月13日晚，在**法国**巴黎人口最密集区，4名"伊斯兰国"武装分子针对餐馆、酒吧、剧场、体育场等七处场所制造连环恐怖袭击案，造成129人死亡、352人受伤的惨剧。其中3名武装分子高呼"真主至大"引爆身上炸弹，这是法国境内发生的首例自杀式恐怖袭击事件。

2016年：1月14日，**印尼**首都雅加达市中心发生爆炸、枪击案，有2名平民丧生。袭击者目标是雅加达最著名购物中心附近的交警哨所，并在街对面星巴克咖啡屋外制造爆炸案。这是"伊斯兰国"首次在东南亚制造暴恐事件，表明该组织想在包括印尼、马来西亚、菲律宾、泰国等东南亚国家开展恐怖活动。此起恐怖活动幕后主谋为身居叙利亚的印尼人巴郎·奈姆（Bahrun Naim），"伊斯兰国"东南亚分支"Katibah Nusantara"头目。① 3月23日，在**比利时**首都布鲁塞尔发生针对机场、地铁站的连环恐袭案，造成31人死亡、271人（来自40多个国家）受伤的惨状。嫌疑犯与2015年11月的巴黎连环恐袭案有联系。6月28日，在**土耳其**伊斯坦布尔阿塔图尔克国际机场发生恐怖袭击案，造成41人死亡（十余名外国人）、239人受伤悲剧。7月4日，**沙特**圣城麦地那靠近伊斯兰教圣地之一的先知清真寺发生一起自杀式爆炸案，造成4人死亡、5人受伤。此前，沙特其他城市至少发生两起爆炸案：一起是东部什叶派聚居城市卡提夫一座什叶派清真寺遭人体炸弹袭击，无人员伤亡；另一起发生在美国驻吉达领事

---

① Joe Cochrane, "Blasts and gunfire hit central Jakarta", *International New York Times*, January 15, 2016.

馆附近。7月14日晚22时45分，**法国**国庆日，在南方度假胜地尼斯发生恐怖袭击，一名31岁的突尼斯裔法国人驾驶一辆租用的冷藏货柜卡车，以50—60公里时速在英国人漫步大道上疯狂冲撞碾轧观看国庆节烟火民众，行驶距离达约两公里，并向警方数次开火，最终被击毙。此次恐怖袭击导致儿童在内的84人遇难，202名伤者当中至少有52人伤势严重。7月26日，**法国**鲁昂一座教堂发生人质劫持事件，84岁神父被两名效忠"伊斯兰国"的恐怖分子割喉杀害。

（2）**"伊斯兰国"开始将新的资源和注意力放在利比亚、埃及、尼日利亚、阿富汗等国分支上**。在"伊斯兰国"主办的英文电子杂志"达比格"上，曾明确了作为"伊斯兰国"分支的条件：必须任命一名"省长"，成立执政委员会，执行"伊斯兰国"的规定，并且要劫取"领土"。"伊斯兰国"没有一套严格的收编程序或仪式。譬如，埃及"伊斯兰国"西奈分支与"伊斯兰国"没有严格的隶属关系，"伊斯兰国"并不会向其派遣领导人或指挥官。如果分支采取恐怖袭击行动，一般会提前知会"伊斯兰国"，"伊斯兰国"有时会对分支的行动提供支持。据报道，"伊斯兰国"曾在2014—2015年向西奈分支提供多方面的指导。西奈分支一位高级指挥官曾向埃及媒体透露，"他们教我们如何实施袭击，教我们如何通过互联网通联并扩大影响。"这名指挥官同时表示，虽然"伊斯兰国"会指导他们发动袭击，但不会直接提供武器和指挥人员。①

据英国《经济学人》报道，全世界目前有十余个"伊斯兰国"分支，最重要为以下四个分支。**在"伊斯兰国"海外分支中，利比亚分支最重要**。它以地中海沿岸城市苏尔特港（Surt，距意大利西西里岛东南400英里）为基地。2014年12月，东部拜尔盖（Barqa）以及南部费赞省（Fezzan）一些武装分子宣誓效忠"伊斯兰国"，西部的武装分子则在苏尔特举起"伊斯兰国"黑旗，**自称建立"伊斯兰国的黎波里塔尼亚省"**（the Tripolitania Province of the Islamic State），于2014年12月在的黎波里一座外交部大楼制造爆炸事件，报复该部

---

① 张婷："IS西奈分支为何敢炸俄客机？"，《作家文摘》，2015年11月24日。

一名官员公开祝福"圣诞快乐";2015年1月12日在的黎波里省绑架了21名埃及基督徒。①

迄今,只有利比亚分支受"伊斯兰国"领导人的直接指挥。据美国五角大楼官员2016年2月初估计,目前,利比亚分支约有5000—6500人左右,比2015年秋天的人数翻番,在整个北非招募到的新人没有前往伊拉克或叙利亚战场,许多留在了利比亚。在叙利亚的"伊斯兰国"高层派遣了6—7名高级指挥官来利比亚领导该分支行动。②

**从制造威胁的规模上讲,埃及分支位居第二**。2011年,穆巴拉克下台,埃及国内局势动荡,当时一些西奈半岛武装分子成立"耶路撒冷辅士"(Ansar Beit al-Maqdis,以埃及人为主,又译"耶路撒冷捍卫者")。"伊斯兰国"兴起后,"耶路撒冷辅士"开始受其思想影响,有意向其靠拢。2014年11月2日,"耶路撒冷辅士"在网上发布视频,宣誓效忠"伊斯兰国",成为"伊斯兰国"首个国际附属组织,并派遣"特使"前往叙利亚,向"伊斯兰国"寻求支援和指导。

为了向"伊斯兰国"显示自身能力,"耶路撒冷辅士"于2014年10月在西奈半岛制造两起恐怖袭击案,造成30余名埃及士兵死亡。"伊斯兰国"头目巴格达迪最终同意收编"耶路撒冷辅士",并给予后者"伊斯兰国西奈省"(the Sinai Province of the Islamic State)称号。自此"耶路撒冷辅士"开始以"伊斯兰国西奈省"、"伊斯兰国"西奈分支的名义制造恐怖袭击,斩首"线人",行动愈益策划缜密,在多处地点同时制造暴恐案。此外,该组织武装分子发射导弹,击中在地中海的一艘埃及海军舰只,针对意大利驻开罗领事馆的爆炸案,在网上发布斩首在一家法国能源公司工作的一名克罗地亚员工视频(报复克罗地亚参加反"伊斯兰国"战争)等。

2015年1月29日,"伊斯兰国西奈省"针对西奈阿里什(Arish)、

---

① David D. Kirkpatrick, "21 Christians from Egypt held hostage in Libya", *International New York Times*, January 14, 2015.

② Eric Schmitt, "Obama pressed to open front against ISIS in Libya", *International New York Times*, February 6 – 7, 2016.

拉法（Rafah）、谢赫祖韦德（Sheikh Zuweid）三地10处军警设施同时制造爆炸案，造成至少42军人丧生，100余人受伤，这是埃及境内数年来发生的组织最缜密的恐怖袭击行动。① 同年10月31日，俄罗斯空客A321客机在埃及西奈半岛上空遭"伊斯兰国西奈省"恐怖袭击，机上224人全部遇难。有专家分析，"伊斯兰国西奈省"此举一方面是向"伊斯兰国"表示忠心和支持，报复俄罗斯在叙利亚针对"伊斯兰国"的空袭；另一方面，该组织也希望借此扩大自己的影响力，继而吸引更多资源，扩大自身在西奈半岛及其埃及的势力范围。

**尼日利亚"博科圣地"（Boko Haram）摇身变成"伊斯兰国西非省"。** 2015年3月7日，"博科圣地"头目阿布巴卡尔·谢考② （Abubakar Shekau）通过"推特"视频宣布效忠"伊斯兰国"，将组织重新命名为"伊斯兰国西非省"（Wilayat of West Africa），**此举意味着乍得湖盆地（尼日利亚、喀麦隆、乍得、尼日尔四国交界）进入全球"圣战"版图。**

活动特征。一是注重攻占土地。从2014年中期开始，谢考一直强调攻占土地，这是接纳为"伊斯兰国西非省"的关键因素。此前"博科圣地"虽然一向倡导在尼日利亚实行"沙里亚法"，但没做出什么努力去控制土地或统治民众。2014年8月末，谢考宣布博尔诺州加沃扎镇（Gwoza）实行"沙里亚法"，之后数月里阿达马瓦、约贝等州相继落入"圣战"组织之手。占领土地随之而来的是治理：重新命名城镇，任命当地埃米尔，设立总部，推行"沙里亚法"。二是注重攻击城市"软目标。"效忠"伊斯兰国"后，"博科圣地"开始从大规模袭击村庄转向攻击城市里的"软目标"，如市场和清真寺，甚至还有难民营，以吸引媒体关注，保持知名度。三是大量外国圣战

---

① Michael Horton, "Guns at the gate: Egyptian militants give fealty to Islamic State", *Jane's Intelligence Review*, May 2015.

② 2015年3月7日，"博科圣地"头目阿布巴卡尔·谢考率该组织主要派别宣誓效忠"伊斯兰国"。自2013年初起，"博科圣地"分成三或四派，地理上独立且自治，谢考派最出名。其他派别没有宣誓效忠"伊斯兰国"。

者流入乍得湖盆地。2015年3月,"博科圣地"宣誓效忠"伊斯兰国"后,"伊斯兰国"发言人阿德纳尼敦促武装分子向西非迁徙。随后,一些"伊斯兰国"成员在"推特"上亲"伊斯兰国"账户呼吁不能前往叙利亚的圣战者可前往西非等地"圣战"。目前,有苏丹人、阿尔及利亚人或其他阿拉伯国家的圣战者在乍得湖盆地周边作战。**四是演变成一个地区性威胁**。自宣誓效忠"伊斯兰国"后,"博科圣地"在乍得、尼日尔、喀麦隆北部发动袭击。2015年10月以来,乍得湖盆地部分地区成为恐怖活动区。10月23—25日,在尼日利亚东北地区的约拉(Yola)、迈杜古里(Maiduguri),有两座清真寺发生爆炸案,50余人丧生。11月9日,乍得发生一起自杀式炸弹袭击,2人丧生,乍得政府宣布处于紧急状态。如今,在三国攻击安全部队和平民现象已司空见惯。此外,在尼日利亚周边制造的自杀式袭击事件史无前例。2011—2014年,尼日利亚共发生65起自杀式袭击事件;2015年,至少发生了151起[①],涉及乍得湖盆地周围所有国家。外界担心,"博科圣地"控制区可能成为一个地区募人、培训中心。还有,"博科圣地"成员外溢。据研究"博科圣地"专家雅各布·曾恩(Jacob Zenn)称,2015年8月,"博科圣地"成员前往利比亚的德尔纳,支持当地武装分子;200多名"博科圣地"成员驻扎苏尔特港。在班加西也有"博科圣地"成员活动身影。[②]

**阿富汗"呼罗珊伊斯兰国"**。在阿富汗,前塔利班指挥官毛拉阿卜杜拉·卡卡尔(Abdullah Kakar)及数百名塔利班成员宣誓效忠"伊斯兰国"。截至2015年10月,约有27个塔利班小团伙已效忠"伊斯兰国",使其队伍发展到1100人左右。"伊斯兰国"阿富汗分支自称为"呼罗珊伊斯兰国"(Islamic State in the Khorasan),包括最高指挥官哈菲兹·赛义德·汗(Hafiz Saeed Khan)在内的许多头目都是来自巴基斯坦部落区的前巴基斯坦塔利班成员。2015年,巴

---

① 尼日利亚89起,喀麦隆39起,乍得16起,尼日尔7起。
② Omar Mahmood, "Faction friction: Rebranded Boko Haram threatens West Africa", *Jane's Intelligence Review*, Vol 28, Issue 1, January 2016.

军在部落区发动军事攻势后,哈菲兹·赛义德·汗率领队伍迁往阿富汗。① 他们主要盘踞在楠格哈尔省数个县,包括贾拉拉巴德。阿富汗难民事务部长侯赛因·阿里米·巴尔西(Hussain Alimi Balkhi)2016年4月称,"'伊斯兰国'武装分子在贾拉拉巴德搞斩首行动,在赫尔曼德省、乌鲁兹甘省打仗。"②

阿富汗分支从伊拉克、叙利亚得到一些经费,但不直接受其指挥。随着"伊斯兰国"在阿富汗扩张势力,同阿富汗塔利班之间存在着争夺影响力和资金的情况,比如争夺检查站,争夺毒品贸易控制权,争夺非法商品的走私。③

2016年1月初,美国总统奥巴马下令美军攻击阿富汗境内效忠"伊斯兰国"的塔利班武装。1月,"伊斯兰国"曾在贾拉拉巴德制造自杀式爆炸案,造成至少13人丧生。同月,美国务院宣布"伊斯兰国"阿富汗分支为外国恐怖组织,要对其实施制裁。此前,美军偶尔轰炸"伊斯兰国"附属武装及其在阿富汗的头目。④

迄今,美西方国家没有拿出遏制"伊斯兰国"的长远战略。

---

① Mujib Mashal, "ISIS makes gains against Taliban", *International New York Times*, October 15, 2015.

② May Jeong, "Afghans, the refugees' refugees", *International New York Times*, May 31, 2016.

③ Michael S. Schmidt and Eric Schmitt, "U. S. widens anti-ISIS campaign to Afghanistan", *International New York Times*, February 2, 2016.

④ Charlie Savage, "U. S. relaxes strike rules on ISIS in Afghanistan", *International New York Times*, January 22, 2016.

# 结　语

在写完本书最后一章书稿时，有几个问题需要向未来的读者作一个交待和说明。

## 一、主流伊斯兰是温和的，对激进势力发展有强大制约力

伊斯兰教是崇尚和平的宗教。"伊斯兰"是阿拉伯语的音译，其字面意义为和平、顺从。从宗教意义上说，"伊斯兰"就是对真主的归顺与服从，归顺真主的旨意并服从真主的戒律。**穆斯林**意即"信仰伊斯兰教的人"，就是"和平"的信仰者和归顺者，亦即绝对皈依唯一而至高的真主，并遵从其教诲而生活的人。《古兰经》云："信道的人们啊！你们当全体入在和平教中。"（2∶208）穆斯林间问候语："真主把安宁赐给你们。"回答："真主也把安宁赐给你们。"回答非穆斯林问候："主的安宁是在我们身上。"伊斯兰教坚决反对滥杀无辜："除因复仇或平乱外，凡枉杀一人的，如杀众人。"（5∶32）"你告诉不信道的人们：如果他们停止了战争，那么，他们已往的罪恶将蒙赦宥。"（8∶38）提倡尊重和保护人的生命："每逢他们点燃战火的时候，真主就扑灭它。他们在地方上肆意作恶。真主不喜爱作恶的人。"（5∶64）曾有人问先知穆罕默德，伊斯兰最宝贵者是什么？先知穆罕默德回答："就是用自身的语言和行为使穆斯林得到安宁；穆民就是使人们的生命和财产得到安全的人。"伊斯兰崇尚和平，遂要求个人、民族、国家都和平往来。"众人啊！我确以从一男一女创造你们，我使你们成为许多民族和宗族，以便你们互相认识。"（49∶

13)"真主或许在你们和你们所仇视的人之间造化友谊,真主是全能的,真主是致赦的,是至慈的。"(60:7)和平理念贯穿穆斯林生活始终。

穆罕默德不认为,伊斯兰教是一种普遍的信仰,不认为真主选派他来向阿拉伯人以外的其他人传教。真主派遣他的目的,是要给世界带来和平与幸福。伊斯兰教的不断扩张,在某种程度上,是由于它有力地改变了非穆斯林的信仰——以温和的文明和先进的文化感化他人,让他人自觉自愿地信仰。穆斯林并不像基督徒那样惯于使用强制手段。在四大哈里发时代、伍麦叶王朝和阿巴斯王朝,非穆斯林没有被迫改变信仰,皈依伊斯兰教极不受统治者欢迎,因为这意味着降低税收——在帝国境内,政府向非穆斯林征收的捐税比向穆斯林征收的高。因此,信奉伊斯兰教,当时是阿拉伯武士贵族的特权,他们统治着人数远为众多的各个被征服民族。非穆斯林改宗伊斯兰教,有的是因为伊斯兰教教义魅力而自愿改宗。如阿拉伯帝国征服萨珊王朝的波斯时,当时原本信仰祆教的波斯人皈依伊斯兰教,因为伊斯兰教倡导平等与正义,远较波斯社会严格的阶级分野更具魅力。野蛮的突厥异教徒屈服于高级文明的诱惑而皈依了伊斯兰教。10—15世纪,伊斯兰教在欧亚大陆上朝四面八方扩张,并稳步传入非洲腹地和东南亚,因为皈依伊斯兰教比较容易,宗教仪式简单,适应性强。一个人若想成为穆斯林,只需反复念诵清真言:我证明,"万物非主,唯有真主,穆罕默德是主的使者。"此外,伊斯兰教的传播不是靠剑,而是靠穆斯林宗教人士和商人温和地传教,他们在文明程度较低的民族中尤为成功。通常是,商人先露面,他把劝人改宗和推销商品结合起来。商人的职业使他与所要劝服的人们建立起经常而密切的联系,从而改变商业伙伴的信仰。还有,这里没有种族歧视,即使商人与村民们不属于同一种族,他通过学习当地居民的语言,接受当地习俗,多半会娶土著女子为妻。这种通婚常常导致该女子的家庭成员接受伊斯兰教。很快,孩子们也需要宗教教育,于是经文学校建立起来,不仅穆斯林子女去上学,异教徒的子女也一样。他们学习《古兰经》和伊斯兰教教义及礼仪。这就说明了为什么伊斯兰教自它诞生之日起,在争取皈依者方面比其他任何宗教都成功。即使在今天,伊斯兰教在非洲与基督教的博弈中也占优势,因为它不只极好地顺应了当地人普遍接受的基督教是站在外来白种人一边的认识,而且还十分适应非洲的土著文化。① 伊斯兰教在印度大发展也不是靠剑,而是苏菲派赫瓦贾·穆因丁·契斯提(Khwaja Muinuddin Chishti)的人格魅力。**在印度,一个"圣徒"比一把"圣剑"更有效**。契斯提1236年去世,其门徒在印度大众中继续传播伊斯兰教,发展为契斯提教团。13世纪中叶,苏菲主义另一派苏哈拉瓦迪教团从东进入孟加拉;14世纪,在比哈尔,萨拉福丁·马纳里(Sharafuddin Maneri)创建了费尔道斯教团(the Firdausi Order);15世纪末,卡迪里教团出现;17世纪初,出现纳格什班迪教团,并成为莫卧儿王朝政治的一部分,但该派属保守主义。苏菲派在印度次大陆传播伊斯兰教过程中,主张入乡随俗,如允许穆斯林妇女眉心点朱砂②。还有,在印度某些地区,尤其是一些低级种姓大批居民皈依伊斯兰教,他们是想通过这一新宗教摆脱剥削。

根据《古兰经》和圣训,武力"吉哈德"只能为了反抗对穆斯林的迫害,或为解救处于残暴统治下的人们,或为平息危害伊斯兰政权的叛乱,均属于自卫性质。伊斯兰学者指出,**即便这种迫不得已的战争,也应当严格遵守伊斯兰战争规则**:1. 若敌军放弃侵略和战争念头,伊斯兰民族当倾向和平:"如果他们倾向和平,你也应当倾向和平,应当信赖真主。"(8:61) 2. 如果战事爆发,则要尽量减少其灾难,因而战争中采用计谋是可以的。穆罕默德称战争为诈术,即利用谋略摧毁敌人的运动部署,挫败他们的锐气,以最短时间和最小伤亡尽快结束战争,维护和平。3. 一旦战争不可避免,应当告诫参战士兵,所进行的是为解放弱者和被压迫者的正义战争,要紧缩战争范围,只消灭那些携带武器者或首先进攻的人,不能像敌人对待民众那样滥杀无辜:"你们当为主道而抵抗进攻你们的人,你们不要过分,

---

① 斯塔夫里阿诺斯著,吴象婴、梁赤民、董书慧、王昶译:《全球通史——从史前史到21世纪》,北京大学出版社,2011年第7版/修订版,第214、233、346页。

② 朱砂(sindoor),一种大红色粉末,结婚标志,祈福之意。

因为真主必定不喜爱过分者。"（2：190）在此，伊斯兰教表现了尊重人权的理智，禁止杀害老弱妇孺，禁止杀害宗教人士、乡民以及未参加战斗的和平人士。4.如果敌方在双方交战正酣时，请求和解，穆斯林应当接受，即使将要取得胜利。然后，遵守双方达成的协约："当你们缔结盟约的时候，你们应当履行真主的约言。你们既以真主为你们的保证者，则缔结盟约之后就不要违背誓言。"（16：91）。5.如果战争以敌人的失败、伊斯兰教胜利而告结束，则不应侵害尊严、破坏城市；不应当贪婪财物、损害他人；不应冲动地报复和发泄愤怒；而要善良公正、抑恶施善："如果我使那些人在地面上得势，他们将谨守拜功，完纳天课，劝善戒恶。"（22：41）这节经文规定，获胜的伊斯兰民族在战争结束后应做四件事：谨守拜功，这是伊斯兰教在人类中传播崇高精神的标志；完纳天课，是在人民之间实现社会公正的标志；劝善，是在有益于人类利益、安宁、幸福方面互助的标志；戒恶，是杜绝招致战争以及不安定因素的标志。6.对待俘虏，不能施加酷刑，不能凌辱，不能以饥饿来折磨他们："他们为喜爱真主而赈济贫民、孤儿、俘虏。我们只为爱戴真主而赈济你们，我们不望你们的报酬和感谢。我们的确畏惧从我们的主发出的严酷的一日。"（76：8—10）7.至于被战胜者，伊斯兰教则尊重他们的信仰、生命、财产、宗教，但要求他们忠诚国家，并交纳极少数额人头税。但穆斯林收取的人头税同其他民族收取的人头税本质上大相径庭。①

伊斯兰教的和平本质决定了"圣战"是非常时期的特殊律令，是特定时期的宗教义务。一旦对伊斯兰教的威胁解除，穆斯林就不能继续杀戮。对绝大多数穆斯林来讲，伊斯兰教是其精神世界的源泉，而不是世界性权力的源泉。伊斯兰教教导穆斯林不要以政治议程名义滥杀无辜。因此，1400多年来，暴力恐怖只出现在非主流的原教旨主义派别中，先是哈瓦利吉派，之后是罕百里教法学派、伊斯玛仪派分支尼扎里耶派，最后是从近代延续至今传承了罕百里教法学派的瓦哈

---

① "吉哈德"，http：//baike.baidu.com/link？url=-LQZ7OoJ131riIhlWzwSVsUMwicWI4Pb8dgXWvLGfjxDrxJoeewaEhgFmcYBe1Rw。（上网时间：2014年2月11日）

比派（即"萨拉菲派"）。目前，90%的逊尼派穆斯林根本不是"萨拉菲派"，因为"萨拉菲派"过于僵硬，过于照本宣科。"萨拉菲派"及其他原教旨主义分子仅占世界穆斯林人口的3%左右。[①]

**伊斯兰教是坚守中道的宗教**。中道就是中正之道，是伊斯兰教的正道。"中正"一词是阿拉伯语"瓦索托"的汉译，具有不偏不倚之意。伊斯兰教提倡的中道，主要是指凡事都要持中正、均衡的原则，当行则行，行止有度，不要过分，反对偏激和极端。伊斯兰教基本教义中有大量坚守中道、反对极端的思想。《古兰经》云："我这样以你们为中正的民族，以便你们作证世人，而使者作证你们。"（2：143）"真主的确不喜爱过分的人。"（5：87）中正意味着端正，即不可不及，也不可太过。《古兰经》首章，穆斯林每天拜功中都要反复诵念的"法蒂哈"中，"求你引导我们上正路，你所佑助的路，不是受谴怒者的路，也不是迷误者的路。"（1：6—7）。这里的"正路"，中国穆斯林经堂语中讲"端庄之路"，即"中道"；而"受谴怒者"和"迷误者"的路，则是过激或怠慢的极端之道。"受谴怒者"就是那些在明知真理之后又背离真理以致遭真主怒恨的人。"迷误者"就是那些在自己的信仰中过度以致迷误的人。先知穆罕默德曾说："万事以中正为佳。""你们谨防宗教上的过激，你们之前的民族就因为宗教上的过激而灭亡。"著名伊斯兰学者阿卜杜拉有一段名言："真主的教门是在两个极端之间的中庸，是在两种迷误之间的正道；是在两种虚妄之间的真理。"[②]

中道思想尤其强调诸如"天启"与理性、精神与物质、前定与自由、今世与后世、人文与科学、个人与集体、家庭与社会、传统与现代、权利与义务之间的中正平衡，不偏不倚。中道主张既要体现在宗

---

[①] Ed Husain, "Saudi-exported extremism", *International New York Times*, August 25, 2014.

[②] 云南省伊斯兰教协会会长马开贤："强化伊斯兰教中道思想，正确阐释伊斯兰教经典，积极推动云南省伊斯兰教事业健康发展"，2014年5月14日中国伊斯兰教协会在新疆乌鲁木齐举行的伊斯兰教中道思想研讨会约稿。

教生活中，也要体现在社会生活中。在宗教生活方面，伊斯兰教要求，穆斯林要拜主、记念真主、赞颂圣人，但要讲求适度，反对过分张扬。在社会生活中，伊斯兰教既反对放纵对物质享受的追求，又反对苦行主义，而是取其中道而行之。

**伊斯兰教是倡导团结的宗教**。伊斯兰教要求实现无差别的人类团结。《古兰经》提出，人类同出一源，都是阿丹（亚当）的后裔，是一个大家庭，至于种族、肤色、语言的不同则是为了相互认识和了解，绝对不能以此论贵贱："众人啊！我确已从一男一女创造你们，我使你们成为许多民族和宗族，以便你们互相认识。"（49：13）先知穆罕默德在著名的"辞朝演说"中讲："阿拉伯人不比非阿拉伯人优越，非阿拉伯人不比阿拉伯人优越；红种人不比黑种人优越，黑种人也不比红种人优越。"这些经文和圣训，体现了伊斯兰教对不同民族、不同种族的平等和宽容的思想，有利于增进人类的团结和友爱。[①]

**伊斯兰教是讲求宽容的宗教**。伊斯兰教主张宗教信仰自由，倡导宗教与宗教之间相互理解与宽容："对于信仰，绝无强迫。"（2：256）遵此教道，只要战败者放下武器，不再反对伊斯兰，便让其交纳人头税，保持原来的耶稣、基督、天主教信仰，和平共处。[②] 在绝大多数前现代时期的穆斯林社会里，宗教的多元化深深扎根于其社会结构中。阿巴斯王朝以在宗教事务上比较宽容而闻名于世，伊斯兰教法承认，基督徒和犹太教徒同穆斯林一样，都属于"有经人"——两者都有一部圣典，即成文的启示书。他们的信仰被认为是真实的，不过还不完整，因为穆罕默德已取代了摩西和耶稣基督。因此，伊斯兰教宽容基督徒和犹太教徒，允许他们坚持自己的信仰，只是予以限制和处罚。阿巴斯王朝哈里发得到基督徒、犹太教徒和波斯琐罗亚斯德教徒的有力支持，当时"智慧之城"巴格达拥有一大批翻译家，其中

---

[①] 国家宗教事务局局长王作安："准确阐释教义，促进宗教和谐"，《宗教工作通讯》，2014年第4期，总第283期，第2页。

[②] 穆罕默德·萨利赫："正本清源，搁置内部教争"，《沙甸》，2013年第4期，总第6期，第35页。

## 结　语

著名的翻译家侯赛因·伊本·易司哈格（809—873年）就是一位基督徒。他曾出访希腊语国家，收集手稿，同助手一起翻译了许多著作，其中包括希波克拉底、盖伦、欧几里得、托勒密、柏拉图和亚里士多德的作品。[①] 1187年10月2日，伊斯兰民族英雄萨拉丁（Saladin）统帅阿拉伯大军兵不血刃重新进入耶路撒冷，并在哈廷（Hattin）摧毁了十字军，数千名基督教十字军战士沦为俘虏。按照当时的习惯，这些俘虏只有交纳了赎金后才能生还。但是，这批贫穷的基督教徒无力筹足赎金。仁慈的萨拉丁没有处死这些俘虏，而是把他们全都释放了。奥斯曼帝国是诸民族、诸宗教的一个聚集体，在数百年时间里，各穆斯林民族（土耳其人、阿拉伯人、阿尔巴尼亚人、库尔德人）和各基督教民族（塞尔维亚人、希腊人、保加利亚人、罗马尼亚人）一直以半自治的、自给自足的居民群并肩生活在一起。尽管有个别非穆斯林民族在服装、行为、居住区和较高税收上遭到不公平待遇，但是，每个居民群只要承认苏丹的权力，向帝国国库纳税，就能拥有自己的教会、语言、学校和地方政府。[②] 1453年5月，奥斯曼帝国苏丹麦赫迈特二世（Mehmet II）发动"圣战"，同年征服君士坦丁堡后，他没有驱逐基督徒，反而给他们的活动开绿灯。1492年，当基督教军队重新从阿拉伯穆斯林手中夺回西班牙后，宗教法庭将所有穆斯林和犹太人从基督教帝国疆土上赶出去，留下来的别无选择，只能改信基督教。当许多穆斯林从西班牙穿越大西洋定居在北非时，许多犹太人无家可归。这时，奥斯曼帝国接纳了一大批来自西班牙的犹太难民，把他们安置在帝国的首都君士坦丁堡，并得到哈里发的保护，使其相对和平地与穆斯林相处。奥斯曼帝国的统治者与拜占庭皇帝、法兰克贵族、威尼斯贵族及保加利亚和塞尔维亚的君主相比，是仁慈的，非穆斯林在一定程度上享有基督教欧洲所空前未有的信仰自

---

[①] 斯塔夫里阿诺斯著，吴象婴、梁赤民、董书慧、王昶译：《全球通史——从史前史到21世纪》，北京大学出版社，2011年第7版/修订版，第219—221页。

[②] 斯塔夫里阿诺斯著，吴象婴、梁赤民、董书慧、王昶译：《全球通史——从史前史到21世纪》，北京大学出版社，2011年第7版/修订版，第561—562页。

由。因此,到 1914 年君士坦丁堡人口 22% 为基督徒。今天,土耳其的伊斯坦布尔市仍存在相当大的犹太人社团。

宽容作为世人称道的美德,伊斯兰教也将其作为一种信仰要求加以强调,并作为一项处世原则指导穆斯林的生活。在伊斯兰教看来,宽容是造物主对人的恩赐,是人与生俱来的一种天性,也是人善良心灵的外在表现。伊斯兰教主张,对任何人,包括穆斯林与非穆斯林,都要宽大为怀、友好相处。不仅亲朋好友之间、同事邻里之间应当宽容,即便是敌视自己的人,也要以德报怨。① 因此,许多穆斯林深信,拯救一条生命,哪怕是一名杀人犯的生命,都能在天堂里获得奖赏。② 可见,宽容是一种心态,是一种不苛求、不极端的健康心理。正如《古兰经》云:"敬畏的人,在康乐时施舍,在艰难时也施舍,且能抑怒、又能恕人。"(3:134)

**伊斯兰教是奉劝善行的宗教**。劝善戒恶,是伊斯兰教对穆斯林的基本要求:"你们当崇拜真主,不要以任何物配他,当孝敬父母,当优待亲戚,当怜恤孤儿,当救济贫民,当亲爱近邻、远邻和伴侣,当款待旅客,当宽待奴仆。"(4:36)伊斯兰教认为,善有善报,恶有恶报,每个穆斯林只要坚定信仰,善恶分明,坚持不懈地做善事,就能获得两世吉庆。伊斯兰教不仅要求穆斯林"导人行善",还要"止人作恶",两者互为一体,都是穆斯林责无旁贷的义务。③

**伊斯兰教是顺应时代发展的宗教**。当前,尽管穆斯林看起来与全球化关系不融洽,实际上,在伊斯兰历史上不乏全球化思想与实践。穆斯林世界观是全球性的,没有东方或西方,曾长期承认我们现在称之为全球化的成分:各个社会处在不同的种族、地理、政治疆界内,各个社会都能听懂阿拉伯语,拥有一个共同的文化观。一个人可以从

---

① 国家宗教事务局局长王作安:"准确阐释教义,促进宗教和谐",《宗教工作通讯》,2014 年第 4 期,总第 283 期,第 3 页。

② Ben Hubbard, "Harsh justice in Saudi Arabia, yet capable of sparing the sword", *International New York Times*, March 24, 2015.

③ 国家宗教事务局局长王作安:"准确阐释教义,促进宗教和谐",《宗教工作通讯》,2014 年第 4 期,总第 283 期,第 4 页。

西班牙的格拉纳达经北非的马格里布至开罗,然后赴阿拉伯半岛抵达巴格达,虽跨越三大洲,仍感到处在同一文化圈。全球化时代的文明对话,伊斯兰历史上也有这样的先例。15世纪末之前,伊斯兰文明融合了希腊、波斯、中亚、印度等文明元素,是东西方的桥梁,产生了高水平的文学、艺术和建筑。在漫长的宗教、文化和睦关系下,穆斯林的思想、文化、建筑对欧洲的影响广泛而深远,当时的穆斯林社会是全球化的典范。西班牙科尔多瓦图书馆藏书量超过西班牙以外整个欧洲所有图书馆藏书量总和。① 近10世纪,科尔多瓦已拥有70座图书馆,当中最大的图书馆藏书量达60万册。在整个西班牙,每年都会出版6万篇论文、诗词、论证及文选。而开罗图书馆藏有200万册图书,的黎波里图书馆在被十字军摧毁之前的藏书量据悉多达300万册。②

## 二、激进势力目前尚未强大到足以改变世界格局的地步

**首先,瓦哈比派不代表全球穆斯林**。罕百里教法学派由于在解释伊斯兰法律时,坚决不容忍他人意见,甚至排斥与他们立场不一致的统治者和法官,在伊斯兰历史上被视为反哈里发政权、不断制造麻烦的群体,遭到一次又一次的迫害。鉴此,与逊尼派其他三大教法学派相比,该派追随者一向较少。③ 尽管如此,应当申明一点:不是所有罕百里教法学派或继承该派思想的瓦哈比派都是激进派,他们当中许多人属保守派。

当今世上只有两个瓦哈比派政权,即沙特阿拉伯和卡塔尔。而以

---

① Akbar S. Ahmed, *Islam Under Siege*, Vistaar Publications, New Delhi, 2003, p. 50.
② "伊斯兰黄金时代",http://baike.baidu.com/view/3248880.htm。(上网时间:2014年10月4日)
③ "Hanbaliyyah",http://www.philtar.ac.uk/encyclopedia/islam/sunni/hanb.html。(上网时间:2014年2月7日)

瓦哈比派教义治国的沙特阿拉伯和卡塔尔也不等同于"基地"组织和"伊斯兰国"等激进组织。放眼穆斯林世界，绝大多数国家都是世俗政权或者是温和务实的穆斯林政权，接受西方技术、价值观、生活方式以及依靠西方的军事政治经济援助，参与到现代化大潮中。[1]

**其次，以"基地"组织为核心的恐怖网络不是一场穆斯林全民性社会运动**。目前，全世界穆斯林超过16亿，只有数千人加入"基地"组织恐怖网络。大部分穆斯林都接触过"基地"组织发布的信息，但真正参加"圣战"行动的人毕竟是少数。在欧洲，经受西方种族主义偏见的第二、三代穆斯林移民人数众多，也只有极少数成为恐怖分子。

**第三，激进势力缺乏统一领袖**。历史上，穆斯林势力真正改变世界格局是在穆斯林兴盛时期两次建立地跨欧亚非三大洲的"哈里发帝国"时代，当时都有统一的国家元首哈里发率领穆斯林大军对外征战。2001年"9·11"后，美国发动全球反恐战，"基地"组织不得不改变与主权国家的不对称抗争形态——从跨国性非国家行为体向非组织性暴恐团伙转型，"独狼"行动常态化虽对国家安全和社会稳定带来严重危害，但无法将暴力行动转化为政治资本，不能将这场激进运动打造成一个有治国能力的政治组织。"群龙无首的'圣战'"形态只是使激进势力在各国严打行动面前得以生存发展下去。

**最后，激进势力缺乏国际大协调**。"独狼"每次都宣称其行动是全球激进战略的一部分，但这些袭击不论成功与否，既无协调又无重心。每个当地恐怖组织都生活在自己的世界里，只是通过互联网与整场运动相联系。每次行动都是临时因地制宜袭击当地目标。与2001年以前"基地"组织核心发动的袭击相比，"独狼"恐怖行动规模要小，且不具战略性。[2]

---

[1] Shaul Shay and Yoram Schweitzer, *The "Afghan Alumni" Terrorism: Islamic Militants against the Rest of the World*, ICT Papers, Volume 6, September 2000, p. 3.

[2] Marc Sageman, *Leaderless Jihad: Terror Networks in the Twenty-First Century*, University of Pennsylvania Press, Philadelphia, 2008, pp. 144 – 146.

总而言之，诚如李光耀所言："我没有看到伊斯兰极端分子获得胜利的迹象，他们所说的胜利就是把他们的极端体制强加给其他人。我只看到他们让别人产生恐惧，让别人丧失安全感，但他们的技术水平和组织水平都不足以打败任何一个国家的政府。他们想要建立一个……统一的神权国家的想法肯定会落空。伊斯兰世界接二连三的失败终将表明，神权国家如同乌托邦式的国家，只是海市蜃楼。"①

## 三、面对暴恐乱象，我们怎么办

在本书第四章中，我们看到历史上的穆斯林激进运动要么被强大的伊斯兰政权镇压下去（如7—9世纪哈瓦利吉派、10世纪罕百里教法学派，先后遭到伍麦叶、阿巴斯王朝镇压），要么被强大的外部军事力量所摧毁（如12—13世纪伊斯玛仪派分支尼扎里耶派被蒙古军队打垮），要么穆斯林接纳强大的外部意识形态（如18世纪的瓦哈比运动在19—20世纪中叶让位于西方民族主义、社会主义思想）。但1979年后的激进运动因没有这些条件的制约而逐渐走向全球，日益成为危及世界和平的公害。

经过数十年的演变，如今，恐怖威胁已从个人和组织的威胁发展成一种普世性激进意识形态威胁，让各国政府深感不安和恐惧，纷纷付诸于严厉镇压行动，结果越镇压，激进、暴恐势力的反抗越强烈，不少国家的政府与激进、暴恐势力之间的关系陷入严打—反抗—再严打—再反抗的恶性循环。严打可以阻止激进、暴恐势力上台掌权，甚至可以迫使他们解散和四处逃窜，但不能结束穆斯林世界乃至全球的暴恐活动，反而扩大、延长了暴恐活动。

**1. 短期看，若想切实缓解暴恐乱局的严峻性，必须从两方面同时**

---

① 李光耀："恐怖主义及伊斯兰极端主义的未来"，腾讯文化，2014年3月3日，选自（美）艾利森、（美）布莱克威尔、（美）温尼编，蒋宗强译：《李光耀论中国与世界》，中信出版社，2013年10月版，http://cul.qq.com/a/20140303/003380.htm。（上网时间：2015年2月11日）

入手，同步推进。针对激进、暴恐势力，各国政府必须秉持"平静而坚定"、釜底抽薪原则，缩小暴恐势力范围。在非穆斯林世界，各国政府要在了解伊斯兰历史及其神学的基础上，"平静而坚定"地走进孕育激进分子的穆斯林聚居区，集思广益，智慧地、耐心细致地劝说激进穆斯林青年从狂躁、愤怒走向平和、服从心态，并与主流社会和谐相处。一旦他们做到这一点，政府要跟进相关惠民举措，给他们以关爱，使他们体会到融入主流社会的温暖。这样的话，才能阻断激进运动对年轻穆斯林的召唤，没有后备新鲜血液的持续注入，激进运动肯定会因缺乏后劲而逐渐衰亡。在穆斯林世界动荡地区，国际社会应团结一致遏制暴恐势头，然后分割暴恐地域各个击破，最终歼灭。

**针对温和派穆斯林，各国政府必须通过润物细无声方法，与之结成命运共同体，使他们勇敢地挺身而出，不仅守住温和派阵地，而且向激进派阵地推进**。温和派穆斯林要清醒地认识到，面对暴恐乱局，他们不可能独善其身，也不能一味只靠政府去解决，保卫家园的安宁必须是自己义不容辞的责任。因此，他们不能再做沉默的大多数和旁观者，必须行动起来，向激进分子大声疾呼：正是你们危险的喊叫，你们粗暴的拳头，不仅正在剥夺你们自己，而且给伊斯兰教和整个"乌玛"抹黑。当97%的温和派穆斯林万众一心发出这种振聋发聩的呼喊，并采取不懈行动，才能最终赢得这场同激进主义抗争的胜利。

李光耀一针见血地指出："乍一看来，这场抗争的一方是伊斯兰世界的极端分子，另一方是美国、以色列及其西方盟友。但如果你深入观察，就会发现这场斗争本质上是极端的穆斯林和理性的穆斯林之间的斗争，是信奉原教旨主义的穆斯林和具有现代思想的穆斯林之间的斗争。伊斯兰恐怖主义的问题将无法轻易解决……必须鼓励温和派穆斯林站起来反对极端主义者，他们需要对自己有信心。只有穆斯林能赢得这场抗争。温和的、具备现代化思维的穆斯林、政治领袖、宗教领袖以及民间领袖必须共同参与对原教旨主义者的抗争……以赢得穆斯林灵魂的控制权。穆斯林必须抵制恐怖主义式的意识形态，这种意识形态是以曲解伊斯兰教教义为基础的。如果信奉原教旨主义的伊

## 结 语

斯兰恐怖分子想按照自己的想法建立伊斯兰国家，他们肯定会力图取代现有的穆斯林领导人，到那时，所有人都必须联合起来同这些恐怖分子做斗争。我还要指出，我们的穆斯林领导人是理性的，要解决极端恐怖主义的问题，最终还是让温和的穆斯林获得足够的勇气，让他们能够站起来反对极端分子。归根结底，这是一场复古派和现代派之间的斗争，复古派希望伊斯兰教能回到11世纪的模样（当时穆斯林与世隔绝、自我封闭，拒不接受新思想），现代派则希望看到一个与21世纪的新形势相适应的、现代化的伊斯兰教。"①

李光耀坦言目前的症结在于：其一，"伊斯兰世界的温和派力量不够强大，无法同极端分子抗衡，无法在清真寺、经学院同极端分子展开论战，因此他们就是在回避问题，结果不仅让极端分子曲解了伊斯兰教教义，还绑架了整个伊斯兰世界。大部分穆斯林与恐怖主义和极端主义没有关系。那些试图融入现代科技社会的穆斯林必须抵制这些极端分子，阻止他们宣扬暴力和仇恨，必须让穆斯林学者和宗教导师宣扬伊斯兰教是一个和平的宗教，不是恐怖的宗教，宣扬伊斯兰教能够包容其他民族和信仰……在穆斯林人口较少的国家，比如英国，穆斯林必须立场鲜明地反对恐怖分子……在巴基斯坦和伊拉克这样的穆斯林人口较多的国家，穆斯林将被迫做出选择：要么抵制极端分子，要么眼睁睁地看着他们的现政府被推翻，看着本国人民被拖回到封建时代，正如阿富汗的塔利班政权所做的那样。"其二，"美国人犯了一个错误，即试图以军事手段寻求解决方案。使用武力是必须的，但武力只能解决表面问题。杀掉恐怖分子，你只是杀掉了工蜂，蜂王是那些传教士，他们在学校和清真寺里宣扬扭曲的伊斯兰教教义，污染并俘虏了年轻人的心灵……恐怖分子说：'我乐于献身，之后还会

---

① 李光耀："恐怖主义及伊斯兰极端主义的未来"，腾讯文化，2014年3月3日，选自（美）艾利森、（美）布莱克威尔、（美）温尼编，蒋宗强译：《李光耀论中国与世界》，中信出版社，2013年10月版，http://cul.qq.com/a/20140303/003380.htm。（上网时间：2015年2月11日）

有千千万万的后来人。'"①

2. 长远看，惟有铲除孕育激进分子的激进意识形态，才能真正实现和平与安宁。为此，国际社会要大力推动穆斯林社会向温和主义迈进。破解之道惟有帮助他们实现民族觉醒，重新成为一个包容、自信的民族，并从内心消除挫折和愤怒，才能走出边缘化和社会危机境遇。这一切必须通过倡导发起中外穆斯林第二次思想运动才能得以实现。

迄今，世界范围伊斯兰发展史上只有一次思想运动，即始于伍麦叶王朝、完成于阿巴斯王朝历时 200 年的"阿拉伯百年翻译运动"，使阿拉伯帝国的各族人民在本民族传统文化基础上，将希腊的哲学思想和科学成就以及印度、波斯文化吸收消化，创造了独具特色的伊斯兰文明。这次思想运动的特征是，在"认主独一"信仰原则下，"体、用"均吸收了其他文明成果，实现了伊斯兰从宗教向文明的飞跃，开创了伊斯兰史上第一次黄金岁月。这是穆斯林唯一的一次自发的海纳百川的思想运动，参与"阿拉伯百年翻译运动"的学者多为穆斯林，所有著作和译述都用阿拉伯语写成，有着明显的伊斯兰色彩，在世界思想和文化史上占有极其重要的地位，也是近现代西方文明的发源地之一。

自 11 世纪起，以逊尼派四大教法学派之一罕百里教法学派为鼻祖掀起的"萨拉菲派运动"，大力倡导回归真主运动，使伊斯兰又从文明回归宗教，从此穆斯林再也没有在思想上掀起海纳百川的思想运动。虽然，15—17 世纪，奥斯曼帝国使穆斯林步入第二次黄金岁月，但没有启动第二次思想运动，18 世纪后仅仅是"伊学为体，西学为用"。1924 年，奥斯曼帝国灭亡，现代土耳其诞生，从此穆斯林世界一直在走下坡路，一步一步地陷入越来越深刻的社会危机。**究其根**

---

① 李光耀："恐怖主义及伊斯兰极端主义的未来"，腾讯文化，2014 年 3 月 3 日，选自（美）艾利森、（美）布莱克威尔、（美）温尼编，蒋宗强译：《李光耀论中国与世界》，中信出版社，2013 年 10 月版，http://cul.qq.com/a/20140303/003380.htm。（上网时间：2015 年 2 月 11 日）

源，在于面对现代化浪潮，穆斯林社会一直没有从思想上解决伊斯兰教学术思想与现代化相结合的宗教学理论问题，教内缺乏统一、自发的思想启蒙运动，"圣战"救赎一而再、再而三地成为唯一选择。

在中国伊斯兰发展史上，也只有一次思想运动，即以刘智为代表的明末清初伊斯兰教汉文译著运动，它将伊斯兰教学术思想与中国传统理性思想相结合，成功地解决了伊斯兰教彻底民族化（中国化）的重大宗教学理论问题，对当时处于被歧视、受迫害的中国穆斯林寻求生存与发展，起到了不可忽视的作用。

中外穆斯林第一次思想运动——"阿拉伯百年翻译运动"与明末清初汉文译著运动的共性：都是来自穆斯林的自觉思想行为，这些穆斯林是充满自信的一代，拥有海纳百川的胸怀与气度，是运动的行为主体，不是被动的接受者。他们是中外伊斯兰文明的奠基石。

**当前，我们应当倡导发起中外穆斯林第二次思想运动。**这场思想运动将具有启蒙性质，其使命是如何使全球穆斯林重新成为充满自信的一代，成为解决 21 世纪穆斯林深刻社会危机的行为主体。我们知道，穆斯林除了"认主独一"的信仰体系不容变更原则之外，其他则可做出适应社会发展的诠释，可以实现传统与现代相结合，经典与理性相结合，历史与现实相结合。尽管伊斯兰教核心地带仍是阿拉伯世界，从教义角度讲，任何时候都是一面旗子。但回望历史，1400 多年里，伊斯兰教先后通过阿拉伯人、波斯人、蒙古人和突厥人的引领而得以广泛传播，今后也可以由中国穆斯林来引领。还有，放眼当今世界战略格局，穆斯林世界不论政治、经济还是文化影响都边缘化，暴恐乱象蔓延；而中国穆斯林是全球化、现代化大潮的参与者，也是真正的行为主体，伊斯兰教的复兴可以在和平稳定的中国实现。因此，我们要从思想领域率先推动中国穆斯林发起这场思想启蒙运动，即与时俱进地将伊斯兰教学术思想与中国共产党带领全体中国人民实现"中国梦"进程相结合，并解决中国伊斯兰教现代化——即中国伊斯兰教进一步向前发展的重大宗教学理论问题，不仅对参与现代化进程的中国穆斯林未来寻求更大发展空间将起到重大引领作用，也将对新疆维吾尔社会乃至穆斯林世界走出目前深刻的社会危机，具有重大现实指导意义。再者，第一次世界伊斯兰思想运动是穆斯林海纳百川，吸收消化古希腊、古印度、古波斯文明后取得了辉煌成就，那么在 21 世纪的今天，穆斯林为什么不能再次海纳百川，吸收消化中华文明，再度走向兴盛？！

  **第二次思想运动目标就是要推动中国伊斯兰教现代化和国际化。**即分两步走战略：第一步是实现中国伊斯兰教学术思想与现代化相结合；第二步是实现中国伊斯兰教与国际化相结合。正如中国回族是陆续来中国传教、经商、迁徙、定居的波斯、阿拉伯、土耳其等不同语种、不同国度的穆斯林，与华夏古国的汉、蒙古等民族长期融合繁衍、发展形成的一个独具特色的新生民族，中国传统文化与伊斯兰文化有许多相通之处，可以兼容并蓄，最终诞生出一种引领世界的新文明，从而使伊斯兰再一次实现从宗教向文明的飞跃。这不仅将是中国也是世界伊斯兰发展史上第二次思想运动，如若成功，必将引领中国伊斯兰教走向世界，并成为世界伊斯兰教发展的新方向。**伊斯兰格言："知识虽远在中国，亦当求之。"**

# 后　记

　　自1999年开始从事伊斯兰研究以来，已走过17个年头。这些年，除了博览群书之外，也致力于用双脚去丈量中外有穆斯林居住的每一块土地，迄今已赴30余个国家和国内20余个省市进行田野调研，逐渐从一个门外汉成长为一名伊斯兰研究学者。

　　随着2001年"9·11"后世界范围的暴恐活动愈演愈烈，我更侧重于全球以及各地区穆斯林中的激进主义来龙去脉情况研究，相关知识有了不少积淀。2013年天安门发生"10·28恐怖袭击"事件后，我下决心着手撰写一部相关论著。正如我在该书导论中所说，"目的不是渲染激进思想及其行为，而是力求提供一份能够正确把脉激进势力历史发展趋势的资料，让政府和社会了解这段激进历史，并以史为鉴，找到同激进势力做斗争的坚定信念和智慧，最终为实现国家的长治久安大局和世界和平添砖加瓦。"

　　2014年11月中旬，《穆斯林激进主义：历史与现实》初稿完成后，得到中国现代国际关系研究院原院长陆忠伟研究员，国家宗教事务局三司副司长李革先生，中国伊斯兰教经学院副院长、中国伊斯兰教协会教育工作委员会副主任高占福研究员从百忙中抽出时间鼎力把关。从书名到目录到行文的内容、观点、措辞等方方面面，他们均提出非常中肯的建设性修改意见，使本书得以减少谬误。陆忠伟原院长、高占福副院长还亲自拨冗写序，为本书增色不少。在此向他们表达我发自肺腑的感谢！同年12月，在中国现代国际关系研究院季志业院长的大力支持下，将本书列为院出版基金资助项目，得以于2015年7月以《穆斯林激进主义：历史与现实》（内部发行）出版面世。在此也表达我诚挚的感谢！

一年多来，该书得到社会有关方面的关注和认可，并提出了修改意见。张维真、吐尔文江·吐尔逊、敏承喜、林江成等朋友们也从宗教的角度提出了不少修改意见。2016年9月，在综合各方意见的基础上，对该书的一些提法作了更妥善的修改和一些新的补充后，将于2016年11月与其姊妹篇《文明的交融与和平的未来》一起公开出版发行，书名改为《穆斯林与激进主义》。在此，我也向这些朋友们表达真心的感谢！

修改后的书继续沿用内部发行版的序，特做此说明。

虽然本着认真、负责的态度撰写这部专著，文中仍不免有错误、不当的地方，真诚地希望得到有兴趣读到本书的相关部门专家、研究者和读者的批评指正。同时，也希望本书的出版能为相关部门的工作提供一定的参考。

**方金英**
2016年10月于京城

图书在版编目（CIP）数据

穆斯林与激进主义/方金英著.—北京：时事出版社，2018.9
ISBN 978-7-5195-0244-7

Ⅰ.①穆…　Ⅱ.①方…　Ⅲ.①穆斯林—研究　Ⅳ.①B968

中国版本图书馆 CIP 数据核字（2018）第 124621 号

出 版 发 行：时事出版社
地　　　　址：北京市海淀区万寿寺甲 2 号
邮　　　　编：100081
发 行 热 线：（010）88547590　88547591
读者服务部：（010）88547595
传　　　　真：（010）88547592
电 子 邮 箱：shishichubanshe@ sina. com
网　　　　址：www. shishishe. com
印　　　　刷：北京朝阳印刷厂有限责任公司

开本：787×1092　1/16　印张：26.75　字数：374 千字
2018 年 9 月第 1 版　2018 年 9 月第 1 次印刷
定价：148.00 元
（如有印装质量问题，请与本社发行部联系调换）